Erik Zimen

Der Wolf

Verhalten, Ökologie und Mythos

Bechtermünz Verlag

Genehmigte Lizenzausgabe für
Weltbild Verlag GmbH, Augsburg 2000

Bildnachweis: Peter Thormann (1),
Peter Chr. Hammelsbeck (7),
Erik Zimen (11)
Zeichnungen: Prill Barrett
Einbandgestaltung: Dieter Zembsch, München
Gesamtherstellung: Druckerei Pustet, Regensburg
Printed in Germany
ISBN 3-8289-1581-7

Inhalt

Zehntes Kapitel
Zur Ökologie des Wolfes 275

Elftes Kapitel
Wölfe in den Abruzzen 316

Zwölftes Kapitel
Der Wolf: verehrt, verkannt, verleumdet 381

grämig und nicht selten tölpelhaft vor allem von dem viel kleineren Reineke, dem Fuchs, überlisten, während im Märchen der böse Wolf blutrünstig die sechs Zicklein verschlingt – das siebente kann sich verstecken –, ebenso die Großmutter und ein kleines Mädchen mit rotem Käppchen, die dann freilich, wie wir alle wissen, am Ende doch noch von dem ach so guten Jägersmann gerettet werden. Später dann Inbegriff desjenigen, der sich im Daseinskampf durchsetzt, und in dieser Eigenschaft noch in unserem Jahrhundert politisch mißbraucht, gilt der Wolf heute manchen Zeitgenossen als letzte Bastion einer vermeintlich intakten nördlichen Wildnis, als verkannter Held im neuromantischen Traum vom unverdorbenen Leben in ungeschändeter Natur.

Diese unterschiedlichen Wolfsbilder werden zudem fast überall von der Vorstellung überlagert, der Wolf sei eine gefährliche Bestie, die wahllos Vieh, Weib und Kind anfalle – das Raubtier schlechthin. Kein Tier wurde daher so gehaßt, keines so erbarmungslos verfolgt wie der Wolf. Regelrechte Kriege wurden gegen ihn geführt, und noch heute entzünden sich an ihm wie an keinem anderen Tier erbitterte Auseinandersetzungen zwischen Naturnutzern und Naturschützern; zwischen Jägern und Hirten einerseits und denjenigen andererseits, die meinen, wir müßten endlich damit aufhören, die Natur zu schänden, oder gar damit beginnen, Wiedergutmachung an ihr zu leisten.

All diese Projektionen des Menschen auf den Wolf haben mit dem Wolf selbst wenig zu tun. Sie entstammen vielmehr den nur langsam sich wandelnden moralischen Wertvorstellungen innerhalb der verschiedenen menschlichen Gesellschaften. Wie sonst wäre etwa das Rotkäppchensyndrom in unserem Kulturkreis erklärbar, obwohl der Wolf, als dessen Verursacher, meistenorts seit hundert und mehr Jahren verschwunden ist? Hier hat sich etwas verselbständigt, zu dessen Erklärung es kaum noch der Kenntnisse über den Wolf bedarf. Moralische Kategorien wie Gut und Böse, Mutig und Feige, Treu und Falsch, Tugendsam und Lasterhaft sind jedenfalls weder aus Vorgängen in der Natur für uns ableitbar noch von uns auf sie übertragbar.

Trotzdem möchte ich auf eine erste Analyse des Mythos Wolf in diesem Buch nicht ganz verzichten, obwohl hier eher der Kulturhistoriker und wohl auch der Psychoanalytiker gefragt sind. Zuerst aber will ich der Frage nachgehen, wie dieses Tier, das bei uns Menschen solche Emotionen und auch solche Energien zu seiner Vernichtung freizusetzen vermocht hat, wirklich ist. Anhand meiner eigenen Arbeiten über das Verhalten und über die Ökologie des Wolfes, ergänzt durch die Ergebnisse von Forschungen zahlreicher Kollegen, vor allem in Nordamerika, werde ich am Ende des Buches vielleicht dann doch einiges zur Klärung der Frage beigetragen haben, warum gerade der Wolf für uns Menschen zum Symbol so vieler ihm eigentlich fremder Werte geworden ist.

So kam ich auf den Wolf

Meine erste Begegnung mit Wölfen fand kurz nach Weihnachten 1956 mitten in New York statt. Mit meinen Eltern und meinen Geschwistern war ich als Vierzehnjähriger nach stürmischer Überfahrt aus Schweden für ein Jahr in die USA gekommen. Die Faszination dieses Landes, dieses gewaltigen Kontinents konnte nicht größer, meine Erwartungen konnten nicht gespannter sein. So eingestimmt, sah ich kurz vor der Weiterfahrt nach Kalifornien in einer großen Vitrine des Museum of Natural History die grandiose Inszenierung eines ausgestopften Wolfsrudels, das unter dem realistisch flakkernden Licht der Polarnacht über einen gefrorenen See lief.

Dieses Bild war für mich Leben, Abenteuer, Traum zugleich; bis heute ist es mir in jedem Detail gegenwärtig: ein Bild unendlicher Einsamkeit und Freiheit inmitten dieser übervölkerten Irrsinnsstadt, ein Bild, das meine nach all der verschlungenen Lektüre von Fridtjof Nansen, Sven Hedin und Jack London stetig gewachsene Sehnsucht nach künftiger Identität hoch oben in nördlicher Wildnis auf den Punkt brachte.

Natürlich kam es dann unter der Sonne Kaliforniens, in dem noch tristen Berlin der späten fünfziger Jahre und schließlich beim Studium der Zoologie an den lieblichen Ufern des Zürichsees für eine gute Weile ganz anders. Geistige Ansprüche überwogen; fast vergessen waren die Jugendträume. Doch als ich für meine Doktorarbeit plötzlich die Wahl hatte zwischen einer Arbeit über Dreizehenmöwen an einer der beiden renommierten Universitäten Englands und einer Arbeit über Wölfe an der Universität Kiel, war es wohl die alte Sehnsucht, die den Ausschlag zugunsten der Wölfe gab.

Folgerichtigerweise zog ich daraufhin zunächst einmal zusammen mit meinem alten und nicht minder abenteuersüchtigen Schulfreund Christian Bahner durch die Wildnis Kanadas, um Wölfe in freier Wildbahn zu beobachten. Nach allerlei Hindernissen und monatelangem Suchen hörten wir eines Abends im Herbst tatsächlich das Geheul mehrerer Wölfe, das von den Ufern eines Sees tief unter uns heraufdrang. Langgezogen schwoll es an, zuerst vereinzelt, dann vielstimmig und dumpf, schließlich laut und weittragend im Chor, ebbte dann ab, schwoll wenig später von irgendwo anders in der Dunkelheit unter uns erneut an – wie Wellen am Strand und schöner als jede Musik.

Geschlafen haben wir in jener Nacht kaum. Im ersten Dämmerlicht sahen wir dann endlich ein ganzes Rudel von mindestens fünfzehn Wölfen am Ufer rasten. Mehrere offensichtlich jüngere Tiere spielten im flachen Wasser, versuchten auf einen großen runden Stein hinaufzuspringen, auf dem ein weiterer Wolf stand, der jeden Belagerer zurückschubste, dann selber ins Wasser sprang und bald in der dichten Vegetation am Ufer verschwand, gefolgt von einer Meute ausgelassener Jungtiere. Wasser spritzte auf, Bäumchen bogen sich unter sich balgenden Leibern. Andere Tiere schliefen zusammengerollt im Sand oder im plattgedrückten Gras. Nur ein, zwei Wölfe hielten an jedem Ende des Strandes Wache und beobachteten aufmerksam die Umgebung.

Der Wind stand für uns günstig. Die Wölfe konnten uns hoch oben am gegenüberliegenden Steilufer weder sehen noch wittern, während wir sie mit unseren Ferngläsern bestens im Auge hatten. Doch dann wollte Christian versuchen, näher an die Wölfe heranzukommen, um einen von ihnen abzuschießen. Der Wolf fehle ihm noch in seiner Trophäensammlung, meinte er. Ich war entsetzt und außer mir vor Wut darüber, daß ein Mensch dieses Idyll ungestörter Natürlichkeit, wie ich es empfand, nicht nur stören, sondern zerstören wollte. Es entstand ein heftiger Streit, der schließlich in einem Kompromiß endete: Wir wollten gemeinsam näher an die Wölfe herankriechen, und Christian würde nicht schießen. Doch wir kamen nicht weit. Ein leiser Aufschrei Christians, als er in ein Sumpfloch fiel, ließ das ganze Rudel binnen Sekunden verschwinden. Nicht ein Schatten war mehr von den Tieren zu sehen, nicht einmal ein Knacken von Ästen, ein Spritzen von Wasser waren zu hören.

Wenige Tage später trat ich meine Arbeit in Kiel an. Jetzt galt es nicht mehr irgendwelchen romantischen Jugendträumen nachzuhängen, sondern eine anspruchsvolle Fragestellung der experimentellen Ethologie anzugehen – eine zu anspruchsvolle, wie sich bald herausstellen sollte. Professor Wolf Herre, mein Doktorvater, kreuzte im Tiergarten des Instituts Wölfe mit Königspudeln, um so mehr über den Erbgang verschiedener Merkmale des Hundes und seines wilden Stammvaters zu erfahren. Meine Aufgabe sollte es sein, neben den beiden Ausgangstypen auch das Verhalten der »Puwos«, wie die Bastarde von Pudel und Wolf genannt wurden, zu studieren. Eine Verhaltensgenetik der Domestikation war geplant; wir sahen uns der Evolution der Haustierwerdung auf der Spur.

Zusammen mit meiner Frau zog ich Anfang 1967 in die Försterei Rickling, wo uns die Forstverwaltung des Landes Schleswig-Holstein ein kleines Haus samt Gelände für Gehege zur Verfügung stellte. Wir bauten vier Gehege, je eines für die Wölfe, die Pudel, die Puwos der ersten und die der zweiten Generation. Kaum waren wir damit fertig, kam im April schon der erste Wolfswelpe zu uns, Anfa, ein Weibchen, von dem noch viel zu berichten sein wird. Dann folgten weitere Welpen aller vier Gruppen, und die Arbeit begann. Doch bald waren die Zäune zwischen den Gehegen zu schwach – dem ungestüm sich äußernden Zusammengehörigkeitsdrang der Welpen hielten sie nicht stand. So rannten die Jungtiere fortan alle durcheinander, sechzehn an der Zahl. Der Hof wurde eingezäunt, der Garten auch; bald lebten wir inmitten dieser wilden Schar. An eine systematische Beobachtung war schwerlich noch zu denken. Ohnehin kannte ich das Verhalten der beiden Ausgangsgruppen, der Wölfe und der Pudel, fast nicht. Wie sollte ich unter solchen Bedingungen das ungemein vielschichtige Verhalten der Puwos nicht nur erfassen, sondern – was auch unter günstigeren Voraussetzungen kaum möglich gewesen wäre – angeborene von erworbenen Verhaltenselementen unterscheiden können?

Ein chaotisches Jahr lang hielt ich stur an der ursprünglichen Fragestellung fest, bis ich, einsichtig geworden, aufgab. Ich brachte die Puwos zurück in den Tiergarten des Instituts und konzentrierte mich von nun an ausschließlich auf das Verhalten von Wolf und Pudel. Der Vergleich von Wild- und Haustierform sollte Auskunft geben über die Verhaltensveränderungen im Laufe der Domestikation. Neue Wölfe kamen hinzu, darunter die vier Geschwister Alexander, Näschen, Wölfchen und Mädchen. Auch von ihnen wird noch viel die Rede sein.

Am Ende der Arbeit mußte ich feststellen, daß auch die neue, einfachere Fragestellung recht anspruchsvoll war. Das Verhalten von Wolf und Hund ist allzu komplex, als daß es in wenigen Jahren und auch noch an nur wenigen Tieren beziehungsweise an nur einer Rasse vollständig zu erfassen wäre. So verschenkte ich die meisten Pudel und siedelte nach glücklich bestandenem Examen im Winter 1971 mit meiner Frau und den vier zahmen Wölfen, die mir noch geblieben waren, in den Bayerischen Wald über. Eigentlich hätte ich als neuer Mitarbeiter der Abteilung Lorenz im Max-Planck-Institut für Verhaltensphysiologie nach Seewiesen bei Starnberg gehört. Doch den vielen Gänsen und Enten dort wäre die Nachbarschaft zu Wölfen sicher nicht gut bekommen. So bauten wir im neugegründeten Nationalpark Bayerischer Wald ein großes Gehege für die Wölfe, in dem ich sieben Jahre lang das soziale Verhalten der Tiere im Rudel unter nahezu optimalen Bedingungen studieren konnte. Daneben reiste ich immer wieder nach Italien, um in den Abruzzen im Auftrag des World Wildlife Fund for Nature die Ökologie der letzten dort lebenden Wölfe zu erforschen und Maßnahmen zu ihrem Schutz auszuarbeiten.

Nachdem im Winter 1976 neun Wölfe aus dem Gehege im Bayerischen Wald ausgebrochen waren und eine Zeitlang mehr in den Medien als bei der einheimischen Bevölkerung für Furore gesorgt hatten, war meine Arbeit beendet. Zum Abschluß schrieb ich ein Buch, den Vorgänger dieses Buches. Eigentlich hätte es meine Habilitationsschrift werden sollen. Doch es fehlte uns das Geld, damit ich ein Jahr lang die vielen gesammelten Daten ungestört hätte auswerten können. Mit Hilfe eines Verlags – des Meyster Verlags – konnte ich dann doch an die Arbeit gehen. Das Ergebnis war dementsprechend ein Zwitter: halb wissenschaftlich, halb »populär«.

Um so froher bin ich darüber, daß ich jetzt, ein Dutzend Jahre später, eine einesteils erweiterte, anderenteils um überholt erscheinende sowie allzu wissenschaftliche Passagen erleichterte Neuausgabe des seit Jahren vergriffenen Buches vorlegen kann. Denn in der Zwischenzeit habe ich einiges mit Wölfen erlebt, auch wenn meine Arbeit nach der Zeit im Bayerischen Wald eine andere Richtung genommen hat. Zuerst folgte ich dem »kleinen Bruder« des Wolfes, dem Rotfuchs, nachts über die Felder im südlichen Saarland und im Wald um die Universität von Saarbrücken. Danach verfiel ich immer mehr dem Filmen von Tieren und Menschen. Doch immer hielt ich nebenbei auch einige Wölfe. Zwei von ihnen wuchsen mit unseren beiden Kindern und zwei Fuchswelpen gemeinsam auf, was die Möglichkeit zu allerlei Vergleichen bot. Doch nur einen Sommer lang. Dann war es mit der Freude vorbei, und zwar nicht wegen der Kinder, sondern wegen der zunehmenden Feindschaft zwischen Wolf und Fuchs. Was beim einen die Stärke war, war beim anderen die List, ganz wie in der Fabel. So mußte ich schließlich die beiden Wölfe an einen Tierpark abgeben. Übrig blieb uns nur der alte, gutmütige Alexander. Mit stoischer Ruhe überstand er alle Quälereien der Füchse wie die der Kinder. Als er im Alter von achtzehn Jahren starb, waren wir alle traurig. Die schöne Zeit mit den Wölfen schien vorbei.

Dann aber zogen wir wieder nach Bayern, nach Niederbayern, wo wir eine alte Burg vor dem Verfall zu retten versuchen. Hier baute ich erneut Gehege, in denen ich viele Tiere, größtenteils Hauptdarsteller bereits gedrehter Filme, unterbrachte. Nur Wölfe fehlten noch. Ein Film über Wölfe in den Abruzzen war schließlich der Grund dafür, wieder vier Welpen mit der Flasche aufzuziehen. Am Ende des Buches werde ich von ihnen berichten: von Peter, der inzwischen riesengroß geworden ist und mich ständig anknurrt; von Zora, der Roten, die so souverän ihre führende Stellung behauptet, von Rintin-tin, dem kleinsten aber zugleich lebendigsten der Weibchen, und von Knurre, die so herrlich schielt und ansonsten gutmütiger ist, als ich jemals einen Wolf erlebt habe.

Doch vorher berichte ich über all das, was ich in den Jahren, die ich mit Wölfen verbrachte, an deren Verhalten beobachten konnte, von ihrer Zeit als Welpen und junge »Halbstarke«, von ihrem Hineinwachsen in die Rangordnung der Älteren und von deren wechselhaften Beziehungen untereinander, von den aufregenden Ereignissen in jedem Winter, zur Paarungszeit der Wölfe, der Ranz, und von dem, was regelmäßig zwei Monate danach bei der Geburt der neuen Welpen und in der Folge bei deren Aufzucht geschah. Ich beschreibe, wie das Rudel zusammenhielt, aber auch, wie einzelne Tiere das Rudel verlassen mußten oder freiwillig eigene Wege gingen, wie die Rudelwölfe sich gegenüber fremden Wölfen und Hunden verhielten, wie sie jagten und wie sie die Beute und das Futter unter sich verteilten. Auch von meiner Rolle im Rudel und von den Schwierigkeiten, die ich manchmal mit einigen der allzu dominanzlüsternen unter den Wölfen hatte, will ich nüchtern zu berichten versuchen, ebenso von all den Problemen, die dann entstehen, wenn man in Deutschland und anderswo mit einem Rudel ausgewachsener Wölfe unterwegs ist. Dabei wird auch von den Reaktionen der Leute in unserem niederbayerischen Dorf die Rede sein, wenn die Wölfe die Mißtöne der Blaskapelle der freiwilligen Feuerwehr bei jedem Begräbnis mit ihrem Heulen zu übertönen suchten. Was in den Wäldern Kanadas als so schön empfunden wird, gilt anderwärts eben nur noch als schaurig.

Daß meine Darstellung im übrigen nicht frei ist von subjektiven Wertungen, Sympathien und Antipathien, versteht sich von selbst. Was ich zu berichten habe, ist ohnehin nur ein kleiner Ausschnitt aus der Realität der vielleicht hunderttausend oder mehr Wölfe, die heute noch auf der Erde leben. Der Leser, der mehr wissenschaftliche Daten zu dieser Subjektivität wünscht, sei auf die erste Ausgabe des Buches verwiesen.

An dieser Stelle möchte ich, neben all denen, die ich in dem bei Meyster erschienenen Band mit Dank für ihre Unterstützung bedachte, insbesondere Wolf Herre und Konrad Lorenz, Paul Leyhausen, Heinz Bibelriether, Hermann Puchinger, Hartmut Pruscha, Friedl Thiel, Eva und Karl-Erik Zimen, auch noch Anja Wolff, Peter Hammelsbeck und Bernhard Pack danken, die mit mir zusammen die letzten Wolfswelpen aufzogen und sie später quer durch Europa kutschierten, sowie Paolo Barrasso, der jetzt die Wölfe am Rande des Valle di Orfento in den Abruzzen betreut. Prill Barrett hat auch für diese Ausgabe die Zeichnungen gemacht. Ganz besonders zu danken habe ich zu guter Letzt meiner Frau, die es trotz zunehmender Heftigkeit ihrer Proteste wohl doch nicht gar so ernst meint mit ihrem Wunsch, ein ganz normales Leben mit mir zu führen.

E. Z.

Erstes Kapitel
Am Anfang war Anfa

Wölfe werden, nach einer Tragdauer von 61–63 Tagen, in einer von der Mutter gegrabenen Höhle geboren: etwa 4 bis 7 Welpen je Wurf. Bei der Geburt sind sie blind und taub. Sie können sich langsam kriechend bewegen. Der Bauch liegt dabei auf, und der Kopf pendelt hin und her. Berühren sie mit dem Kopf etwas Warmes, bewegen sie sich in dieser Richtung. So finden sie die Mutter und die Zitzen zum Trinken, und wenn die Mutter weg ist, finden die Welpen so zueinander. Zum Vorteil für die Wärmeregulation liegen sie auf einem kleinen Haufen zusammengedrängt, den Kopf dabei möglichst im Knäuel versteckt. Wenn die Mutter in die Höhle zurückkehrt, kommt Leben in den Haufen. Vermutlich merken die Welpen dies an der Bewegung, an der Erschütterung der Erde; denn sie reagieren erst viel später, etwa im Alter von vierzehn Tagen, auf laute und plötzliche Geräusche.

Anfa war erst sechs Tage alt, als ich sie aus einer Höhle im Wolfsgehege des Tierparks Neumünster, südlich von Kiel, herausholte. Vorher hatte ich im Tiergarten des Instituts für Haustierkunde in Kiel die Geburt und das Verhalten verschiedener Welpen von Wölfen, Hunden und Wolfshund-Bastarden beobachtet. Um die ontogenetische Entwicklung von Wolfswelpen genau verfolgen zu können, schien es mir sinnvoll, sie schon früh von ihrer Mutter zu trennen und zur besseren Beobachtung künstlich aufzuziehen.

Während mehrere Wärter die Eltern der Welpen auf Abstand hielten, kroch ich, mit dem Kopf voran, in die Höhle hinein. Etwa einen halben Meter schräg unter der Erde wurde der Gang gerade und zunehmend enger. Nach etwa zwei Metern kam eine ganz schmale Stelle. Einer der Wärter kroch mir nach und hielt meine Füße fest. Ich zwängte mich durch den Engpaß und sah im Scheinwerferlicht eine runde Höhle mit einem Haufen dunkler Welpen. Ich zählte und fand nur drei. Das war schlecht. Für meine Arbeit hätte ich gern vier Welpen gehabt. Der Tierpark wollte sicherlich auch einige für sich behalten. Und dann waren es auch noch drei Weibchen. Ich leuchtete die Höhle aus, aber es waren keine weiteren Welpen vorhanden. Über mir hörte ich die Mutter aufgeregt wuffen und ständig hin und her rennen. Die Männer schrien sie vorsorglich an, aber sie machte keine Anstalten, ihre Höhle zu verteidigen. Ich nahm einen der drei gleich großen Welpen in den Arm und robbte zurück, von oben an den Füßen gezogen. Alle im Tierpark waren sich einig, daß wenigstens zwei der Welpen bei der Mutter bleiben sollten; also blieb für mich nur ein einziger übrig. Ich steckte ihn unter meine Jacke und fuhr nach Hause.

Die Aufzucht Anfas

Anfa bekam ihren Namen von meiner Frau. Nach der Planung sollten alle Wölfe Namen auf A bekommen. Der kleine Wolf war der Anfang, daher der Name. Zumindest bei der Namengebung stimmten Anspruch – auf System in der Arbeit – und Wirklichkeit noch überein. Doch das sollte sich bald ändern. Glücklicherweise hatte ich keine Ahnung von all den Schwierigkeiten, die sich in der Folge in Rickling auftürmen sollten. Auf einen kleinen Wolf kann man sich konzentrieren; bei den sechzehn wilden, ausgelassenen Jungtieren, die wir binnen kurzem beisammenhatten, ging das nicht mehr.

Mit ihrem runden Kopf, ihren kleinen Ohren

und ihren kurzen Beinen war Anfa ein wirklich anrührendes Geschöpf. Jahre später, als unsere eigenen Kinder mich mit ihren großen Augen anschauten, erinnerte ich mich häufig an jene Gefühle damals einem kleinen Wolf gegenüber. Ich muß zugeben, daß sie nicht wesentlich anders waren. Das Kindchenschema, das bei uns Menschen Gefühle der Zärtlichkeit und der Fürsorge dem Kleinkind gegenüber auslöst, scheint – und das wohl nicht nur bei mir – recht undifferenziert zu sein. Jedenfalls war meine Beziehung zu diesem Tierkind sicher nicht nur rein wissenschaftlicher Art. Ich trug Anfa ständig bei mir, um ihr so die verlorene Nestwärme zu ersetzen. Mit der Nuckelflasche kam sie nicht zurecht. Im Institut hatte man aber eine andere Methode der Fütterung entwickelt. So kaufte ich mir einen Ventilgummischlauch und eine große 50-Millimeter-Spritze. Der Schlauch wurde Anfa durch das Maul bis in den Magen gestopft, und dann wurde sie mit Hilfe der Spritze mit Milch vollgepumpt: sicher keine meinen »Vatergefühlen« entsprechende Methode, aber rationell und relativ sicher im Vergleich zu der Nuckelflasche, bei deren Benutzung Anfa sich ständig verschluckte und ich Angst hatte, sie könne an einer durch Fremdstoffe in der Lunge verursachten Lungenentzündung sterben.

Anfa war ungewöhnlich früh im Jahr geboren, am 31. März 1967, und so wuchs sie die ersten neun Wochen, bis die anderen Welpen kamen, allein bei uns auf. Wir hatten für sie eine Kiste im Wohnzimmer gebaut. Ein Wärmekissen sorgte, wenn ich sie nicht gerade bei mir herumtrug, für die nötige Temperatur. Um ihr Saugbedürfnis zu stillen, versuchte ich es mit verschiedenen Babysaugern, aber sie nahm keinen an. So steckte ich ihr einen Finger ins Maul, an welchem sie dann stundenlang nuckelte. Im Alter von zwölf Tagen war rechts und links ein ganz kleiner Spalt im Fell zu sehen, und zwei Tage später waren beide Augen offen. Inzwischen konnte Anfa auch schon sehr geschickt aus der Kiste herausklettern, indem sie sich mit den Vorderpfoten hochzog und gleichzeitig die Hinterbeine schräg gegen die Wand stemmte. Sie war sehr lebendig und kaum noch zu halten. Unser Wohnzimmer wurde von ihr ungeniert zu einem Spielzimmer umfunktioniert. Die ersten Zähne brachen durch, und was nicht gerade aus Stahl war, wurde in kleine Teile zerlegt: ein Stuhlbein, die Decke auf dem Sofa und vorzugsweise meine Protokolle. Zuerst kotete und urinierte Anfa nur nach einer Bauchmassage. Mit zehn Tagen machte sie es zum erstenmal selbständig auf kleinen, wackligen Beinen, und schon mit vierzehn Tagen setzte sie den Kot möglichst weit von ihrer Kiste ab. Offensichtlich konnte sie sich jetzt schon im Raum orientieren. Setzte ich sie aber außerhalb des Zimmers ab, fing sie laut an zu »weinen«. Sie befand sich in einer Phase sehr schneller Entwicklung, und ich kam mit dem Protokollieren neu beobachteter Verhaltensweisen kaum nach.

Wenn ich ins Institut nach Kiel fuhr, steckte ich Anfa unter meine Jacke und trug sie, wie ein Känguruh sein Junges, mit mir herum. Meistens schlief sie die ganze Strecke. Im Alter von siebzehn Tagen aber steckte sie einmal ihren Kopf aus der Jacke und fing an zu heulen. Es war ein helles, aber schönes, melodisches Heulen und dauerte vielleicht zwanzig Sekunden. Danach verkroch sie sich wieder in meine Jacke, rollte sich ein und schlief weiter.

Als Anfa vierundzwanzig Tage alt war, gab ich ihr zum erstenmal gehacktes Fleisch. Sie verschlang es und bekam von da an täglich größere Portionen. Entsprechend der Zunahme festen Futters im Speiseplan wurde aber auch der Kot Anfas größer und, was noch schlimmer war, übelriechender. Trotz meiner Bemühungen, Kot und Urin sofort aufzuwischen, zerfetzte Kleidungsstücke zu entfernen, umgefallene Kisten, Stühle, niedergerissene Bücher wieder aufzustellen, mehrten sich Dagmars Proteste, und schließlich mußte ich nachgeben: Anfa kam aus dem Haus, vorerst tagsüber. Während sie wenige Tage zuvor in fremder Umgebung noch große Angst gezeigt hatte, tollte sie jetzt – wieder ein Entwicklungssprung – im Garten herum, untersuchte jede Ecke, spielte mit Stöcken, biß in Blumen hinein und rollte sich schließlich neben mir im Gras ein und schlief. Erst Jahre später konnte ich beobachten, wie natürlich aufwachsende Wolfswelpen im Alter von gut drei Wochen zum erstenmal ihre Wolfshöhle verlassen und immer größere Erkundungsgänge um die Höhle machen. Im Alter von sechs Wochen halten sie sich schon recht lange außerhalb der Höhle auf und schlafen auch mal, in einem Haufen zusammengedrängt, im Freien.

Anfa entwickelte sich also in dieser Hinsicht recht normal. Nachts kam sie vorerst wieder ins Haus und in ihre Kiste. Da sie jetzt mehr und mehr feste Nahrung zu sich nahm, brauchte sie nicht mehr, wie anfänglich alle zwei Stunden, Tag und Nacht ihre Milch. Die Pausen zwischen den Fütterungen wurden immer länger. Sie wurde zunehmend selbständiger und suchte nur noch beim Schlafen den engen Kontakt zu mir. Außerhalb des Gartens jedoch lief sie mir auf Schritt und Tritt nach und traute sich nur in meiner Begleitung auf längere Erkundungsausflüge.

Erster Spaziergang

Im Alter von acht Wochen folgte mir Anfa zum erstenmal über das große Feld in den etwa vierhundert Meter entfernten Wald. Während sie sich im offenen Gelände sehr unsicher verhielt und leise winselte, war sie im geschlossenen Wald wie verändert. Sie sprang im dichten Unterholz herum, und ich hatte alle Mühe, sie im Auge zu behalten. Einmal blieb sie plötzlich wie angewurzelt stehen und starrte in den Hochwald. Ich ging weiter, aber sie blieb stehen. Unruhig, mit leicht eingeknickten Hinterbeinen, aber hochgehobenem Kopf und gespitzten Ohren, starrte sie voraus, wuffte, machte ein paar Schritte vorwärts, kehrte um, rannte zurück. Ich hatte keine Ahnung, was los war, konnte auch vor uns nichts erkennen und ging wieder weiter. Mit eingeknickten Beinen und immer aufs neue sichernd schlich Anfa sich hinterher. Schließlich erkannte ich, was sie so beunruhigte: Etwa fünfzig Meter vor uns stand ein alter, überwachsener Pflug, wie man ihn früher im Wald benutzte. Unter dem vergilbten Gras und mit seiner rostigbraunen Farbe war er kaum als etwas dem Wald nicht Zugehöriges zu erkennen. Auch die Form fügte sich in die Unterholzvegetation ein. Er sah aus wie das Wurzelwerk eines umgefallenen und vermoderten Baumes. Obwohl ich hier schon häufig vorbeigegangen war, hatte ich diesen Pflug noch nie bemerkt. Doch Anfa, die kaum über das Gras hinwegschauen konnte, erkannte das Gerät schon von weitem und reagierte, als bedeute der Pflug eine große Gefahr für sie. Wie war das nur möglich? Wie erkannte sie, die zum erstenmal in ihrem Leben in einem Wald war, daß der Pflug etwas Fremdes, vom Menschen Gemachtes war?

Wir gingen weiter und erreichten eine kleine Lichtung mit einem Hochstand, zu dem eine Holzleiter hinaufführte. Als wir an diesem Hochstand vorbeikamen, machte Anfa unvermittelt einen riesigen Satz in den Wald hinein. Wieder fragte ich mich, wie sie wohl erkannte, daß die Leiter und der Hochstand oben in der alten Fichte etwas Naturfremdes waren, und warum sie davor Angst hatte. Langsam führte ich sie an die Holzleiter heran. Vorsichtig beschnupperte sie diese und lief dann unbekümmert weiter, und ich war wieder voller neuer Fragen.

In den nächsten Tagen und Wochen wurde Anfa auch außerhalb von Haus und Garten immer selbständiger. Das von ihr erkundete Gebiet um unser Haus wurde ständig größer, doch blieb sie, wenn allein, stets in Hausnähe. Nur Dagmar und mir folgte sie auf weitere Ausflüge. Dabei entfernte sie sich kaum weiter als dreißig Meter von uns. Hatte sie uns einmal verloren, winselte sie, zuerst leise, dann immer lauter; manchmal ging das Winseln in ein Heulen über. Fand sie uns wieder, kam sie schnell angerannt. Die Beine waren dabei eingeknickt. Kurz vor uns ging sie hinten fast in eine Hocke und urinierte nicht selten dabei. Sie wedelte mit dem Schwanz, rollte sich auf den Rücken, sprang an uns hoch und versuchte, wenn wir uns niederbeugten, das Gesicht oder die hingehaltene Hand zu lecken. Alles war sehr stürmisch, sehr ausdrucksstark. Im Haus oder im Garten begrüßte sie auch ihr fremde Personen auf jene Weise, wenn diese sich langsam und vorsichtig bewegten. Auf dem Feld oder im Wald geriet sie dagegen geradezu in Panik, wenn sie einen fremden Menschen entdeckte, und flüchtete sofort ins nächste dichte Unterholz. Auch zeigte sie im Gelände immer noch vor vom Menschen hergestellten Geräten großen Respekt. Einen abgestellten Anhänger auf dem Feld umkreiste sie, bis sie ihn im Wind hatte, und näherte sich dann vorsichtig.

Anfas Angst vor Fremden brachte uns auch die erste Erfahrung mit einem ganz anderen Aspekt wölfischer Wirklichkeit: der Beziehung des Menschen zum Wolf. Am 25. Mai 1967 – Anfa war gerade acht Wochen alt und hatte etwa die Größe eines Zwergpudels – schrieb ich in mein Tagebuch:

»Morgens lange mit Anfa im Garten. Sie folgt auf Schritt und Tritt. Winselt viel. Ich fahre kurz ins Dorf. Als ich zurückkomme, ist Anfa weg. Dagmar sagt, Anfa sei dem Auto hinterhergelaufen. Auf dem Weg vor der Försterei hätte sie mich verloren. Jess [der Förster] sieht sie und will sie zurückbringen.

Anfa flieht. Daraufhin bittet Jess einen Waldarbeiter, Anfa einzufangen, aber Anfa ist zu schnell und rennt dem Waldarbeiter davon in den Wald. Dagmar und ich gehen sofort los und rufen. Anfa kommt gleich, wedelt aufgeregt mit dem Schwanz, winselt, sieht den Waldarbeiter und rennt wieder ins Gebüsch. Erst als der Waldarbeiter weg ist, kommt sie hervor und folgt uns ganz dicht zurück zur Försterei.«

Das Ganze dauerte vielleicht zwanzig Minuten. Uns wurde klar, daß wir Anfa bald in den Zwinger sperren mußten; aber sonst ahnten wir nicht, welche Folgen dieser Ausflug haben würde. Am nächsten Tag kam ein Journalist vorbei. Er hatte im Dorf die Geschichte gehört – offensichtlich hatte der Waldarbeiter davon erzählt – und wollte sich diesen kleinen Wolf selber anschauen. Anfa sprang an ihm hoch und zerrte an seinen Schnürsenkeln, leckte seine Hände, und er machte Fotos von ihr und von Dagmar, wie sie Anfa die Flasche gab. Er sagte, er würde einen kleinen Bericht für die lokale Presse schreiben, vielleicht auch für eine Zeitung in Hamburg.

Nun gut, wir dachten nicht weiter daran, bis uns einige Tage später die »Bildzeitung« gezeigt wurde. Große Überschrift auf der Titelseite: »Holsteinisches Dorf in Angst vor dem Wolf«. Wie ein Lauffeuer verbreitete sich die Schreckensnachricht: »Der Wolf ist los.« Im Text wurde berichtet, wie die Mütter angeblich Kinderwagen eilig ins Haus gebracht hätten und die Männer mit angelegten Gewehren durch Wald und Flur gezogen seien, »um das böse sibirische Ungeheuer zu erlegen«. Erst ganz unten, im letzten Teil des Artikels, erfuhr der wohl entsetzte Leser, daß das Ganze doch nicht so schlimm gewesen war, denn der Wolf sei erst ein »Wölfchen«, liege noch im »Körbchen« und bekomme »Fläschchen« von »Frauchen«.

Wütend rief ich den Journalisten an. Er war vorbereitet und las mir seinen eigenen Bericht vor, den er der »Bildzeitung« in Hamburg zugeschickt hatte. An diesem Text war nichts auszusetzen; er schilderte recht genau, was er selbst erlebt hatte und auch, daß Anfa kurz weggelaufen war, weil sie vor dem wohlbeleibten Förster Angst bekommen hatte. Offensichtlich wurde der Bericht in der Hamburger Redaktion nach bewährtem Muster unter Ausnutzung alter Vorurteile völlig neu erdichtet. Über den letzten Satz des Artikels mußten wir alle lachen: »Im übrigen, wer zu Hause einen jungen Wolf hat, soll ihn Zimen bringen, er sucht noch welche.«

Kaum zwei Monate lang arbeiteten wir mit einem jungen Wolf, und schon zeichnete sich die Beziehung Mensch–Wolf in ihren Umrissen als das ab, was sich später häufig bestätigen sollte: als eine Beziehung gegenseitiger Angst. Wie sehr diese begründet ist, werden wir noch erfahren, aber auch, welch trübe Geschäfte damit gemacht werden.

Zweites Kapitel
Die Entwicklung des Verhaltens

Im Mai 1967 – gerade hatten wir Anfa über die Zeit von Fütterung und Pflege gebracht – kamen neue Welpen aus Kiel: drei Königspudel, vier Puwos der ersten und vier Puwos der zweiten Nachzuchtgeneration. Sie waren alle erst zehn Tage alt, hatten die Augen noch nicht geöffnet und wurden wie Anfa bei uns im Wohnzimmer künstlich gefüttert, zuerst alle zwei, dann alle drei Stunden, Tag und Nacht. Ich kam überhaupt nicht mehr zum Schlafen. Hatte ich alle Tiere durchgefüttert und durch Bauch- und Genitalmassage »entleert« und schließlich trocken gerieben, begann schon der erste Welpe erneut nach Milch zu winseln. Da die Welpen zum Ersatz für das fehlende Saugen an den Zitzen ihrer Mutter bald damit begannen, sich gegenseitig an den Genitalien zu saugen, was wiederum zu Entzündungen führte, mußte ich sie vorerst voneinander trennen. Jeder kam in eine eigene Kiste. Aufgereiht standen die Kisten im Wohnzimmer. Einige Welpen schliefen satt und zufrieden, andere schrien nach Futter oder nach meinen Fingern, an denen sie ihr Saugbedürfnis abreagieren durften, während da oder dort ein Welpe gerade über den Rand seiner Kiste zu klettern versuchte. Dazwischen lief ständig Anfa hin und her, zerriß Protokolle oder warf eine volle Milchflasche um. Es war ein herrliches Durcheinander. Dagmar, meine Frau, war freilich nicht allzu begeistert, hatte sie sich doch ihr neues Heim etwas geordneter vorgestellt; ich allerdings auch, zumindest was das regelmäßige Beobachten der Tiere betraf. Doch vor lauter Ersatzmutterschaft war dazu kaum Zeit. Es ging auch alles unerhört schnell. An einem Tag konnten die Welpen gerade auf dem Bauch herumrutschen, am nächsten standen sie schon, und als gleich danach kein Hindernis mehr hoch genug war, nicht überklettert zu werden, waren alle Dämme gebrochen. Unser Wohnzimmer wurde zum Spielplatz umfunktioniert. Über den Zustand, in dem sich alsbald Teppiche und Möbel befanden, will ich gar nicht erst berichten, auch nicht über den sich allmählich im ganzen Haus verbreitenden Duft.

So war alles mehr oder weniger in bester Ordnung. Nur weitere Wolfswelpen fehlten mir noch. Nachdem ich aus Neumünster nur einen Welpen bekommen hatte, erkundigten wir uns bei einer Vielzahl zoologischer Gärten, ob sie die Geburt junger europäischer Wölfe erwarteten und einige davon abgeben könnten. Die meisten europäischen Zoos haben aber Wölfe aus Nordamerika oder irgendwelche Mischlinge unbekannter Herkunft. So wurde die Situation allmählich brenzlig. Was sollte ich ohne Wölfe machen?

Dann kam eines Tages jemand bei uns vorbei, der sagte, in der Zeitung habe er gelesen, ich suchte junge Wölfe; er habe einen. Wir waren sprachlos. Sollte dieser unsinnige »Bildzeitungs«-Bericht doch von Nutzen gewesen sein? Der Mann war Schäferhundzüchter und wollte zur Verbesserung der Zucht, wie er meinte, einen Wolf in seine Gruppe einkreuzen. Dazu hatte er bei einem privaten Händler ein junges Weibchen gekauft, das er mit seinem Schäferhund kreuzen wollte. Der Händler hatte ihm aber auch noch einen Bruder des Weibchens mitgegeben, und da er diesen nicht brauchen konnte, brachte er ihn uns gleich mit.

Der kleine Wolf lag zusammen mit seiner Schwester völlig verdreckt und stinkend in einer engen Kiste. Der Tierhändler hatte behauptet, die beiden Welpen stammten von sibirischen Wölfen ab; wo und wann sie geboren waren, konnte er jedoch nicht sagen. Ich schätzte ihr Alter auf etwa fünf bis sechs Wochen. Beide Tiere waren sehr scheu. Sie verkrochen sich sofort in eine Ecke unter dem Bett, wobei jedes versuchte, den Kopf unter dem Körper des anderen zu verstecken. Wir hoben sie in dieser Vogel-Strauß-Haltung hoch, aber sie rührten sich nicht; vor Angst waren sie völlig steif. Offenbar hatten sie seit Tagen nichts zu fressen bekommen, denn ihre Mägen waren leer. Das dargebotene Futter rührten sie indes nicht an, auch dann nicht, als wir uns entfernten und sie von außen durch das Fenster beobachteten. So, wie wir sie auf den Boden hingelegt hatten, blieben sie wie erstarrt liegen. Eine Empfehlung für den Tierhandel war dieser kleine Haufen Elend wahrlich nicht. Ich zögerte lange, ob ich den Rüden behalten sollte. Da er nicht wie die anderen Tiere unter kontrollierten Bedingungen aufgezogen war, konnte ich ihn für meine Arbeit nicht verwenden. Aber was sollte ich sonst mit ihm tun? Schließlich hatte ich bis jetzt ja nur einen Wolf. Wir behielten ihn also und nannten ihn Alec.

Einige Tage nachdem wir diesen scheuen Wolf bekommen hatten, erhielten wir gute Nachricht. Im Rotterdamer Zoo waren Welpen von finnischen Wölfen geboren worden. Sie waren allerdings schon drei Wochen alt. Wir fuhren sofort hin. Es waren sieben Welpen, von denen ich drei aussuchte: zwei Rüden und ein Weibchen.

Flucht und Sozialisation

Die Rotterdamer Welpen – Andra (schwedisch »die zweite«), Anselm und Großkopf (sein Kopfumfang ließ uns unsere Vorsätze für die Namengebung vergessen) – zeigten schon erste Ansätze von Fluchtverhalten bei der Fütterung, und trotz unserer intensiven Bemühungen wurden sie nicht zahmer. Im Gegenteil, mit jedem Tag wurden sie scheuer, und es wurde immer schwieriger, sie zur Fütterung einzufangen. Auch zeigten sie uns gegenüber nicht jene sozialen Verhaltensweisen, die Anfa im gleichen Alter schon so intensiv an den Tag gelegt hatte. Offensichtlich verhinderten die frühreifen Fluchttendenzen eine Sozialisation an den Menschen. Dabei spielte sicherlich auch der Umstand eine Rolle, daß diese Welpen anders als Anfa nicht allein mit dem Menschen aufwuchsen, sondern zu dritt. Und was vermutlich noch wichtiger war: In der zwei Monate älteren und entsprechend größeren Anfa fanden sie eine Art Muttersatz. Menschen hingegen lösten zunehmend Flucht aus. Die drei Welpen folgten Anfa, wie diese mir seinerzeit nachgefolgt war, rollten vor ihr auf den Rücken, winselten, sprangen an ihr hoch, leckten ihr das Gesicht. Anfa wiederum verhielt sich – selbst gerade erst drei Monate alt – manchmal schon wie ein erwachsener Wolf gegenüber den Welpen. Wenn diese winselten, lief sie zu ihnen hin, legte sich zu ihnen, leckte ihnen den Bauch und das Fell und trug ihnen manchmal Futter zu. Auf intensives Futterbetteln hin erbrach sie sogar einige Male Nahrung für die kleinen Welpen, zeigte also ein Verhalten, das normalerweise erst bei einjährigen Wölfen zu beobachten ist, wenn neue Welpen im Rudel um Futter betteln. Die ihr abverlangte Mutterrolle zeitigte bei Anfa somit Verhaltensweisen, die bei einer natürlichen Entwicklung sehr viel später reifen. Vielleicht trug diese unnatürliche Entwicklung auch zu ihren späteren Verhaltensstörungen bei, die uns noch viel Sorge bereiten sollten.

Es schien, daß bei der Sozialisation der Welpen die Größe des Sozialisierungsobjektes, hier also die von Anfa, eine wichtige Rolle spielte. Das entspricht der Situation der in Freiheit aufwachsenden Wolfswelpen, die sich erwachsenen großen Rudelmitgliedern anschließen müssen. Manchmal meinte ich, bei den drei neuen Wolfswelpen den Versuch einer freundlichen Kontaktnahme mir gegenüber beobachten zu können. Auf zwei bis drei Meter Abstand wedelten sie plötzlich mit dem Schwanz, knickten die Beine ein, zogen die Ohren nach hinten und nach unten und machten ein paar hopsende Bewegungen auf mich zu. Aber dann schienen sie doch Angst zu bekommen, drehten sich um und rannten weg.

Es war, als bestimmten zwei entgegengesetzte Antriebe ihr Verhalten mir gegenüber: Flucht vor dem Menschen und gleichzeitig eine Sozialisationstendenz gegenüber dem größeren, Wärme und Futter spendenden Wesen. Bei Anfa war die Fluchttendenz durch rechtzeitige Gewöhnung überwunden worden. Der ältere Welpe, den wir einige Tage zuvor bekommen hatten, zeigte hingegen überhaupt keinen Ansatz zur Sozialisation. Bei Alec war die Zeit möglicher Bindungen an Menschen schon weitgehend vorbei. Er blieb äußerst scheu. Das Fressen verschlang er in großer Hast. Dabei schluckte er im Alter von einem halben Jahr einmal einen Stein und starb wenige Tage später an Darmverschluß.

Diese eher zufälligen Beobachtungen an den verschieden aufgezogenen Wölfen lassen erkennen, daß die Sozialisationsphase in eine kurze Periode innerhalb der ersten Lebenswochen fällt. Systematischer durchgeführte Versuche im Zoo von Chicago zeigen allerdings, daß Wölfe jeden Alters unter bestimmten Voraussetzungen an Menschen sozialisiert werden können. Es wurden hier adulte Wölfe lange Zeit von anderen Artgenossen isoliert gehalten. Gleichzeitig setzte sich jeden Tag ein Mensch für viele Stunden in den Zwinger, bis der Wolf schließlich seine anfängliche große Scheu überwand und erste Kontaktversuche unternahm. Verschiedene Medikamente halfen, diesen sonst sehr lange dauernden Prozeß zu beschleunigen.

Solche Bedingungen entsprechen natürlich nicht den Verhältnissen, unter denen Wolfswelpen normalerweise aufwachsen. Bei ihnen erfolgt der Prozeß des Erlernens sozialer Identifikation, des Erkennens von Artgenossen, in früher Kindheit, danach läßt er sich nur schwer verändern. Diese Sozialisation findet bevorzugt mit größeren Individuen statt, die keine Flucht auslösen, also vertraut sind. Da die Ausprägung des Fluchtverhaltens sehr früh im Laufe der Entwicklung eintritt, wird normalerweise eine Sozialisation an Artfremde verhindert. Nur wenn das Fluchtverhalten gegenüber dem Menschen durch rechtzeitiges Gewöhnen überwunden wird, kann auch mit ihm eine Sozialisation stattfinden.

Im Vergleich zu den Wölfen zeigten die drei Pudelwelpen einige wesentliche Unterschiede in ihrem Sozialisationsverhalten. Irgendwelche Fluchttendenzen gegenüber Menschen waren bei ihnen überhaupt nicht zu bemerken. Obwohl sie zusammen mit den anderen Welpen gehalten wurden, bemühten sie sich immer wieder, Kontakt zu mir oder Dagmar herzustellen, und zeigten bald in der für Hunde typischen Weise sowohl uns wie ihren Artgenossen gegenüber soziales Verhalten.

Eine wesentliche Voraussetzung für diese zweifache Prägung des Hundes ist die gering entwickelte Fluchttendenz der Hundewelpen. Aufgrund dessen können auch normal aufwachsende Welpen, die in ihren ersten Lebenswochen meistens bei der Mutter gemeinsam mit den Wurfgeschwistern gehalten werden, nach der üblichen Trennung von diesen im Alter von sechs bis zehn Wochen immer noch eine starke Bindung zum Menschen entwickeln. Nur Welpen, die fernab von Menschen, etwa im Wald von einer verwilderten Hündin, aufgezogen werden, entwickeln große Scheu und Vorsicht gegenüber Menschen. Trotzdem sind auch ältere Welpen, die zum erstenmal mit den Menschen direkt Kontakt haben, relativ leicht zu zähmen.

In den Abruzzen ging uns einmal eine Hündin in

eine Wolfsfalle. Ihre Zitzen waren voll mit Milch. Wir mußten nicht lange suchen, bis wir in einem Abflußrohr unter einer Straße im Wald zwei erst zehn Wochen alte Welpen fanden. Zuerst zogen sie sich vor uns zurück, aber wenige Stunden später spielten sie schon mit uns wie ganz normale Hundewelpen. Dies wäre bei gleichaltrigen Wolfswelpen undenkbar gewesen. Erst verwilderte Hunde erwachsenen Alters lassen sich nicht mehr so leicht an Menschen sozialisieren; bei ihnen ist eine solche Sozialisierung nur möglich nach längerer Isolation von anderen Hunden und einer langsamen Überwindung der Fluchttendenzen durch monatelange vorsichtige Annäherungsbemühungen eines Menschen, ähnlich der Zähmung der Wölfe im Zoo von Chicago.

Eine Sozialisation an eine andere Art ist bei Hunden demnach im ganzen Leben möglich, wenn auch die Zeitspanne von der vierten bis zur fünfzehnten Lebenswoche, wie die Amerikaner Scott und Fuller herausfanden, die Zeitspanne größter Sozialisationsbereitschaft darstellt. Wie lang die optimale Sozialisationsphase bei den Wölfen ist, läßt sich wegen der starken Fluchttendenzen nicht in einem Experiment vergleichbar jenem von Scott und Fuller feststellen. Das Verhalten von Alec, der trotz aller Bemühungen auch nicht den geringsten Ansatz zu sozialer Kontaktnahme uns gegenüber zeigte, läßt aber vermuten, daß diese Phase bei den Wölfen kürzer ist als beim Hund.

Die längere Sozialisationsphase beim Hund ist sinnvoll, wenn man bedenkt, daß die meisten Hundewelpen in den ersten Wochen von Menschen getrennt aufwachsen. Erst dann werden sie von ihren Artgenossen isoliert und von Menschen übernommen. Trotzdem findet auch jetzt die Sozialisation mit der fremden Art ohne Probleme statt. Dabei zeigten die Versuche von Scott und Fuller, daß sehr früh von der Mutter und den Geschwistern entfernte Welpen zu stark an Menschen gebunden wurden und kaum noch zu normalen Kontakten mit Artgenossen fähig waren. Welpen hingegen, die erst im Alter von drei Monaten oder später zu Menschen kamen, entwickelten eine geringe Bindung an Menschen.

Diese Beobachtungen bei der Verhaltensentwicklung der Welpen machen also deutlich, daß an der Formung sozialer Beziehungen mindestens zwei vermutlich voneinander getrennte Erbfaktoren beteiligt sind, die zunächst unabhängig voneinander heranreifen: das Flucht- und das Sozialisationsverhalten. Erst im Laufe der Entwicklung kommt es zu einer wechselseitigen Beeinflussung beider Faktoren, wobei eine frühe Entwicklung des Fluchtverhaltens beim Wolf die Möglichkeiten der Sozialisation stark einengt. In diesem Zusammenhang sind die Beobachtungen von Niko Tinbergen und seiner Frau von Interesse, nach denen bei manchen verhaltensgestörten, sogenannten autistischen Kindern ebenfalls frühentwickelte Fluchttendenzen den Sozialisationsprozeß verhinderten.

Das Ethogramm

In jedem Lehrbuch der Verhaltensforschung steht, daß das Aufstellen eines Verhaltenskataloges, eines Ethogramms, Voraussetzung sei für das Studium des Verhaltens einer Tierart. Das ist freilich gar nicht so einfach, wie jeder, der eine Tierart zu beobachten beginnt, feststellen wird. Das Verhalten eines Tieres ist ein Kontinuum; es bedarf langfristiger und genauer Beobachtungen, bis man sich wiederholende, formkonstante Einheiten zu erkennen lernt.

Das Verhalten eines Tieres läßt sich zudem von ganz verschiedenen Seiten betrachten. Bei der *formalen Beschreibung* wird der erkennbare Ablauf des

Verhaltens aufgezeigt, etwa die Abfolge der Bewegungen einzelner Gliedmaßen, die möglichen Lautäußerungen und so weiter. Oder man untersucht das Verhalten nach der zugrunde liegenden Motivation des Tieres, nach seiner jeweiligen Stimmung, nach dem Antriebssystem, nach auslösenden Reizen für das Verhalten, anders gesagt: nach der *kausalen Verursachung*. Ferner läßt sich das Verhalten nach der *ontogenetischen Entwicklung* des einzelnen Tieres analysieren; die Frage lautet dann: Welche Lernprozesse finden statt? Schließlich kann man auch die *stammesgeschichtliche Entwicklung* des Verhaltens betrachten, es mit dem Verhalten verwandter Arten vergleichen, nach seiner Herkunft, seiner Vererbung fragen. Das ist die Frage nach der Funktion des Verhaltens, also danach, welche Folgen es für das Tier hat, was es ihm nutzt. Es gibt demnach unterschiedliche Betrachtungsebenen: eine formale, eine proximativ-kausale, eine ontogenetische und eine stammesgeschichtliche funktionale, also ultimativ-kausale Ebene. Alles hängt natürlich zusammen, denn das Verhalten ist eine Einheit. Für menschliche Betrachter ist es aber zweckmäßig, diese Ebenen zu unterscheiden, da sie auch mit unterschiedlichen Methoden erfaßt werden müssen.

Trotz des oben geschilderten Durcheinanders gelang es mir, zuerst in unserem Wohnzimmer und später, als Dagmar endgültig der Geduldsfaden gerissen und alle Welpen des Hauses verwiesen waren, in den Gehegen um das Haus so viel zu beobachten, daß ich ein vorläufiges Ethogramm aufstellen konnte. Darin versuchte ich alle formkonstanten und von anderen Bewegungs- oder Haltungsweisen unterscheidbaren Einheiten im Verhalten der Wölfe nach ihrem formalen Ablauf genauestens zu beschreiben. Da gab es Verhaltensweisen wie Sich-hinter-dem-Ohr-Kratzen, Trinken, Zähneblecken, Sitzen sowie Lautäußerungen wie Knurren, Winseln, Heulen und so weiter. Die zunächst ungeordnet hintereinander aufgezählten Verhaltensweisen faßte ich dann nach ihrer jeweiligen Funktion zu größeren Einheiten zusammen. Solche Funktionskreise waren etwa allgemeine Bewegungsformen, Komfortverhalten, Nahrungsaufnahme und Sozialverhalten.

Über die Jahre wurde daraus ein Katalog von insgesamt 369 verschiedenen Verhaltensweisen beziehungsweise Körperhaltungen: das Verhaltensinventar des Wolfes. Von ihnen wählte ich 131 besonders auffällige Verhaltensweisen aus, etwa Traben, Galoppieren, Sich-hinter-dem-Ohr-Kratzen, Fliehen, Fressen, Knurren, sexuelles Aufreiten. Anhand dieses Katalogs registrierte ich dann bei jedem Wolfswelpen, den ich in diesem und den folgenden Jahren aufzog, an welchem Lebenstag ich das jeweilige Verhalten zum erstenmal beobachtete.

Die schnelle Entwicklung

Die Lebensäußerungen der neugeborenen Welpen beschränken sich bis zum Alter von zehn Tagen im wesentlichen auf Saugen mit Milchtritt, Herumrobben und Winseln. Auch in den folgenden zehn Tagen entwickelt sich ihr Verhalten nur langsam. Sie werden beweglicher und reagieren erstmals auf laute Geräusche und schattenhafte Bewegungen. Gelegentlich krabbeln sie ein wenig umher; am Ende dieser Periode versuchen sie bereits, sich gegenseitig über den Rücken zu beißen – die ersten noch sehr unbeholfenen Spiele. Ansonsten aber ähneln sie eher vollgestopften Würsten mit kleinen Beinen und winzigen, noch hängenden Ohren zu beiden Seiten einer breiten Schnauze, deren Hauptaufgabe nach wie vor das Saugen an der prallen Zitze ist.

Dann aber geht es los. Binnen weniger Tage entwachsen sie ihrem Säuglingsdasein. Die Beine werden deutlich kräftiger, die Ohren stellen sich auf, und die Schnauze mit den ersten spitzen Milchzähnen streckt sich zur Wolfsähnlichkeit. Doch diese äußere Veränderung ist gering im Vergleich zu der stürmischen Verhaltensentwicklung. Allein in den zehn Tagen bis zum Ende ihres ersten Lebensmonats entwickeln sich 60 Prozent aller einem Wolf zur Verfügung stehenden Verhaltensweisen, und zehn Tage später verfügen sie schon über 80 Prozent ihres gesamten späteren Repertoires. Es ist wie eine Metamorphose, ein Wandel vom Baby zum Kleinkind, wie wir es uns schneller nicht vorstellen können. Danach fehlen eigentlich nur noch jene Verhaltensweisen, die mit der Fortpflanzung zusammenhängen, wie das Sexualverhalten, das Gebären und die Aufzucht eigener Welpen. Doch auch viele dieser Verhaltensweisen können bei entsprechender Auslösung zumindest formal auftreten, wie wir am Beispiel Anfas gesehen haben.

So ist die Zeit vom Beginn der vierten bis zum Ende der fünften Lebenswoche eine für die Welpen ganz entscheidende Phase, in der sie sich von frischgeborenen Nesthockern zu richtigen kleinen Wölfen entwickeln, und das in einem wahrhaft erstaunlichen Tempo. Der »Ernst des Lebens« beginnt eben auch für einen kleinen Wolf sehr früh. Schon in zartem Alter wird er dazu angehalten, sich auf die Wechselfälle des Erwachsenendaseins vorzubereiten. Viele der dazu erforderlichen Verhaltensweisen zeigt er zuerst im Spiel, das so zu einer Art Training für den Ernstfall wird. Noch bevor sie selber Fleisch fressen oder gar eigene Beutetiere töten können, schleichen sich die Wolfswelpen an und springen mit tapsigen Bewegungen alles an, was wie ein Beuteobjekt erscheint, sei es ein Stück Fell, sei es tatsächlich Fleisch oder sei es eines der Geschwister, packen die „Beute“ mit ihren gerade durchbrechenden Zähnen und schütteln sie, als gelte es, sie schnellstmöglich ins Jenseits zu befördern. Wenn sie dann auch noch das angebotene Fleisch zu fressen beginnen, sind sie kaum noch davon zu trennen. Wütend knurren und greifen sie jeden sich Nähernden an, und sei dieser um noch so vieles größer als sie selber. Bei der Futterfrage tritt der »Ernstfall« – die Konkurrenz mit den Geschwistern – offensichtlich sehr bald ein.

Unterschiede bei Wolf und Fuchs

Jahre später konnte ich einige interessante Unterschiede im Verhalten junger Wölfe und junger Füchse beobachten. Anfänglich waren sie alle gleich groß und auch gleich »egoistisch« – nicht minder als die Kinder unserer eigenen Art. Tierjunge wie Menschenkinder sind darauf aus, möglichst viel vom Kuchen zu bekommen und sich das, was sie nicht sofort verzehren können, für später zu sichern. Wolfs- und Fuchswelpen gleichen sich zudem in der aggressiven Potenz ihrer Selbstbehauptung. Wenn es ums Futter geht, hört jede Freundschaft auf. Wie kleine Wüteriche gingen die Welpen der einen wie der anderen Art aufeinander los. Hatten sie dann möglichst viel vom Futter erobert, nutzten sie verschiedene Strategien, um es sich für den Augenblick und für später zu sichern.

Noch bevor sie angefangen hatten zu fressen, rannten die Fuchswelpen bei der gemeinsamen Fütterung, so schnell sie konnten, mit je einem Futterstück im Maul davon und vergruben es irgendwo in der Umgebung, liefen dann schleunigst zurück, griffen sich das nächste Stück und vergruben es ebenfalls. So legte jeder Welpe ringsum kleine Depots an, in den Büschen, in einem Winkel unseres Gartens, überall dort, wo sich rasch ein Loch graben, das Futter darin verbergen und das Ganze mit der Schnauze zuschütten ließ. Erst wenn das meiste Futter weg war, machten sie sich daran, die Stücke wieder auszubuddeln und in aller Ruhe ihren Teil zu vertilgen. Zwar fanden sie hinterher nie alle Verstecke wieder, und manch eines ging auch an andere Welpen verloren, doch das hob sich auf Dauer gegenseitig auf.

Die kleinen Wölfe gingen ganz anders vor. Als wären sie am Verhungern, stürzten sie sich jedesmal auf das Futter und verschlangen soviel wie möglich. Nach ein, zwei Minuten lagen sie dann kugelrund und erschöpft im Gras; nicht selten mußten sie das gerade Hinuntergeschlungene wieder hervorwürgen, worauf sie es sogleich erneut fraßen. Erst danach bemühten sie sich, sofern noch Futterstücke vorhanden waren, hier und dort Depots anzulegen. Davon gefressen haben sie allerdings selten, denn meistens waren die Füchse vor ihnen dort. In den nächsten vierundzwanzig Stunden war ihnen ohnehin wohl nicht danach zumute. Dann aber ging das große Fressen von neuem los.

Inzwischen hatten sie, schon wenige Stunden nach der Fütterung, den ersten, dünnen und dunklen Kot abgesetzt, der auch für erwachsene Wölfe typisch ist, nachdem sie viel frisches, gerade erbeutetes Fleisch und Innereien gefressen haben. Erst danach wird der Kot fester und enthält dann auch Knochensplitter, Haare, Federn oder andere unverdauliche Teile. Zum Schluß wird der Kot ganz fest und hell, woran man im Feld erkennen kann, daß die Tiere darangehen, die letzten Reste ihrer Beute zu verzehren.

Hier erhebt sich nun die Frage, warum die Welpen zweier so nah verwandter Arten wie Wolf und Fuchs sich dermaßen unterschiedlich verhalten, zumal ihre Lebenssituation im und am Bau sehr ähnlich ist. Die einen wie die anderen bekommen von ihren Eltern das Futter zugetragen und müssen es mit ihren Geschwistern teilen. Warum also gehen sie auf so unterschiedliche Weise ans Fressen? Nun, für die Füchse bleibt die enge Bindung an einen Bau oder bestimmte andere Orte im Revier ein Leben lang bestehen. Wenn sie irgendwo Futter vergraben, steht ihnen das leicht wieder zur Verfügung. Die jungen Wölfe hingegen ziehen bald mit ihrem Rudel fort, wandern stets in ihrem großen Revier umher und kommen womöglich erst Wochen später wieder an denselben Ort. Dann aber kann das vergrabene Futter längst verdorben oder von anderen Tieren entdeckt und ausgegraben worden sein. Für Wölfe wäre das Verstecken von Futter also unökonomisch. Hinzu kommt, daß sie zumeist von großen Beutetieren leben, die sie nicht jeden Tag, sondern nur unregelmäßig erlegen können. Da gilt es soviel zu nutzen wie nur möglich, solange der Vorrat reicht. Danach muß man auch hungern können. Die Füchse indessen können immer wieder ein paar Mäuse fangen oder, wenn diese wieder einmal ein Populationstief haben, sogar von Regenwürmern und Insekten leben, was zwar nicht gerade viel ist, aber im Sommer immerhin den täglichen Hunger stillt.

Als die Wolfswelpen älter wurden, kam ein weiterer erheblicher Unterschied in ihrem Verhalten gegenüber dem der Fuchswelpen zum Vorschein. Während bei diesen weiterhin jeder sich selbst der Nächste blieb, wandelte sich das Verhalten der Wölfe im Alter von vier Monaten deutlich. Vor allem bei größeren Futterstücken fraßen sie zunehmend ohne starke gegenseitige Aggression, wie es auch für die erwachsenen Rudelmitglieder typisch ist. Hier und dort wird geknurrt, ein rangniedriges Tier manchmal auch vom Futter kurz vertrieben; ansonsten aber bekommt jeder seinen Teil. Allerdings: Auch dann wird gefressen, bis nichts mehr hineinpaßt.

Jagd- und Tötungsverhalten

Bei der schnellen Verhaltensentwicklung der Wolfswelpen hatten wir festgestellt, daß sie – wie übrigens auch die Fuchswelpen, aber kaum jemals ein Hundewelpe – schon im Alter von nur sechs Wochen fast das gesamte Verhaltensrepertoire ihres späteren Lebens beherrschen. Das heißt freilich noch lange nicht, daß dieses Verhalten auch immer sinnvoll und mit den anderen Verhaltensweisen koordiniert auftritt. Von den dafür notwendigen Lernprozessen, die oftmals im Spiel erfolgen, wird noch ausführlich die Rede sein. Nur an einem Beispiel möchte ich hier beschreiben, wie unabhängig voneinander reifende Verhaltensweisen zu einem koordinierten Ganzen verknüpft werden, und zwar am Jagdverhalten.

Zu diesem Verhaltenskomplex habe ich keine systematischen Versuche gemacht. Vielmehr fanden alle Beobachtungen sozusagen irregulär statt, als Nebenprodukt ungeplanter und meistens auch ungewollter Situationen, von denen mich manche nachträglich teuer zu stehen kamen. Auch entstanden hierbei in zwanzig Jahren immer wieder Konflikte mit den Herren von der jagenden Zunft. Hunde zu halten, die gelegentlich auch mal jagen, ist schon schlimm genug, jedoch nichts gegenüber dem Affront, in einem Jagdrevier mit Wölfen aufzutreten, und seien sie noch so jung und harmlos. Auch darüber später mehr.

Von den ersten Versuchen der ganz kleinen, gerade drei bis vier Wochen alten Welpen, vermeintlichen Beuteobjekten nachzujagen und sie zu töten, habe ich schon erzählt. Die einzelnen Elemente sinnvoller Handlungsketten treten dabei noch völlig getrennt und häufig auch in falscher Reihenfolge auf: Zuerst wird »totgeschüttelt«, dann das Objekt angesprungen und in die Luft geworfen, und zuletzt wird es angeschlichen. Dies ist typisch für alle Spiele, und um solche handelt es sich hier auch zunächst. Sehr bald aber kann aus dem Spiel Ernst werden, und dann funktioniert es auf Anhieb erstaunlich gut.

Von einer Hühnerschlachterei in der Nähe von Rickling, aus der ich dreimal in der Woche Futter für die Tiere abholte, nahm ich eines Tages drei junge lebende Hähnchen mit nach Hause. Ich wollte sehen, zu welchen Verhaltensweisen diese verkrüppelten, halb federlosen Lebewesen noch fähig waren. Doch mit dieser Untersuchung kam es nicht weit. Die gerade zehn Wochen alte Anfa interessierte sich sehr für ihre schreienden und herumflatternden neuen Nachbarn in dem provisorisch hergerichteten Hühnerhof. Als ich sie am folgenden Tag zum täglichen Spaziergang aus dem Gehege ließ, schlich sie langsam auf die Hühner zu. Dann ging plötzlich alles sehr schnell: Anfa rannte die letzten Meter auf den Zaun des Hühnerhofes zu, biß schnell ein Loch in den dünnen Draht und stürzte sich auf eines der Hähnchen. Mit den Vorderpfoten sprang sie ihr Opfer an, drückte es damit zu Boden, stieß mit der Schnauze nach, biß schnell mehrmals zu und rannte dann mit der toten und für sie riesengroßen Beute weg. Dann begann sie ihrer Beute die Federn auszureißen. Sie tat es vom Bauch her, riß dabei die Haut auf, verschlang die Innereien zuerst und fraß dann den Rest, sozusagen von innen heraus, auf. Übrig blieben zuletzt nur die Deckfedern, einige Daunen und die äußeren Enden der Flügel mit den Schwingfedern sowie die Schwanzfedern.

Einige Wochen später lief Anfa auf dem Weg zurück zur Försterei zum erstenmal weg. Ich merkte es zu spät und konnte sie nur noch zwischen den Häusern des Dorfes verschwinden sehen. Laut schreiend rannte ich hinterher. Auf dem Hof des ersten Bauernhauses sah ich sie wieder, wie sie in Richtung auf ein Dickicht davonlief, im Maul eine große Gans. Die Schar der Gänse lief aufgeregt und zeternd umher. Auf dem Hof stand der Bauer. Ihn schien das Ganze nicht sonderlich aufzuregen. Er nannte seelenruhig den Preis für die Gans, und ich versprach zu zahlen. Dieser verdammte kleine Wolf, dachte ich, und rannte weiter hinterher.

Auf der anderen Seite des Baches hörte ich Leute schreien, und auf dem Kinderspielplatz, zwischen einer Schar begeisterter Kinder, fand ich Anfa wieder: ohne Gans. Winselnd trabte sie mir entgegen, die Kinder alle hinterher. Sie sprang an mir hoch, zerrte an meinen Kleidern und ließ sich ohne Protest anleinen. Als wir dann endlich zu Hause angekommen waren, fuhr der Bauer mit einem Traktor vor. »Die Gans lebt«, sagte er, »brauchst nichts zu zahlen.« Wie war denn das nun wieder möglich? Anfa hatte doch die Gans im Maul davongetragen! »Nein, sicher, die Gans lebt, sie ist nicht einmal verletzt.« Ich hatte keinen Grund, dem Bauern nicht zu glauben.

Die Jagd auf Beutetiere dieser Größe setzt sich beim Wolf offensichtlich aus mehreren, teilweise voneinander unabhängigen Verhaltenseinheiten zusammen: dem langsamen Anschleichen, dann dem Nachjagen, dem Anspringen und dem Nachfassen mit der Schnauze und schließlich dem eigentlichen Töten durch mehrmaliges Zubeißen. Danach wird die Beute normalerweise eine Strecke lang im Maul getragen, an einem ruhigen Ort abgelegt und gefressen. Auch Anfa war der Gans nachgejagt und hatte sie gepackt, aber wohl wegen der Größe der Beute und der vielen Störungen um sie herum nicht getötet, sondern nach dem Fassen nur davongetragen, und zwar über einen Kilometer weit, wo sie dann, vermutlich wieder stark gestört, die für sie überaus schwere Gans fallen gelassen hatte. Je nach äußerer Situation und wohl auch je nach Stimmungslage, etwa bei Hunger, führt der Wolf die einzelnen Elemente der gesamten Handlungskette also entweder aus oder nicht.

Im Laufe des Sommers wurden Hasen, Fasane und Rehe auf dem Feld und im Wald für Anfa immer interessanter. Zuerst jagte sie nur hinter sich schnell bewegenden Tieren her. Dabei kam es manchmal zu Verwechslungen. Einmal sah sie beispielsweise das von der Sonne beschienene Dach eines schnell fahrenden Autos, dessen unterer Teil durch eine Hecke verdeckt wurde. Anfa jagte sofort hinterher und war dann sehr erschrocken, als sie den Irrtum bemerkte. Später hat sie nie wieder denselben Fehler gemacht.

Andere mögliche Beutetiere erkannte sie zuerst gar nicht als solche. Die Kühe auf der Weide etwa ließen sich durch Anfa nicht beeindrucken, als wir durch die Herde gingen, und Anfa machte keine Anstalten, eines der Tiere anzugreifen. Erst anderthalb Jahre später, als weitere vier zahme Wölfe bei unseren Spaziergängen dabei waren und eine Kuhherde plötzlich vor dem Wolfsrudel Reißaus nahm, begriff Anfa, daß auch Kühe als mögliche Beute in Betracht kamen; das Fluchtverhalten der Kühe schien dies bewirkt zu haben. In der Folge lernte sie auch Pferde als potentielle Beutetiere erkennen.

Nach dieser Erfahrung waren weder Anfa noch die vier jungen Wölfe fortan von der Rinder- und Pferdejagd abzuhalten. Natürlich waren es für sie zu große Beuteobjekte, und kein Rind, kein Pferd kam jemals zu Schaden. Die Wölfe griffen zwar an, mußten aber bald einsehen, daß die Hörner der Rinder und die Hufe der Pferde allzu gefährliche Waffen waren. Immerhin waren die Herden nach solchen Attacken schnell über die Felder verstreut – und die Bauern in entsprechender Stimmung. So mußte ich notgedrungen die Wölfe an die Leine nehmen, wenn Rinder oder Pferde in der Nähe der Försterei auf der Weide standen. Mit der Zeit lernten die Wölfe dann, daß Beutetiere dieser Größenordnung für sie um einiges zu groß waren, und der Jagdeifer ließ allmählich nach.

Diese Beobachtungen zeigen, daß Wölfe offenbar erst lernen müssen, was mögliche Beute ist. Ein wichtiges Beutemerkmal ist dabei die schnelle Bewegung. Diese löst bei den jungen Wölfen zunächst Jagdverhalten aus. Ein möglicher Erfolg, etwa der Fang eines Junghasen, verstärkt den Jagdeifer für diese Sorte von Beute. Schon die ersten Versuche der jungen Welpen, Heuschrecken oder Mäuse zu erjagen, dienen wohl eher der Einübung, der Koordination der Bewegungen beim Beutegreifen und der Verstärkung der Jagdmotivation als dem eigentlichen Nahrungserwerb. Bereits nach einmaligem Fehlverhalten, wie bei der Autojagd, oder aufgrund wiederholter Mißerfolge, wie bei der Rinder- und Pferdejagd, lernen die Wölfe aber ebenso, was nicht als Beutetier in Frage kommt.

Unterschiede zwischen Wolf und Hund

Im Vergleich mit den Pudeln in Rickling und mit meinen späteren Jagdhunden fielen mir zwei wesentliche Besonderheiten im Verhalten der Wölfe auf. Die eine ist, daß sie sehr früh und ungemein geschickt einer für sie erlegbaren Beute nachstellen und sie töten. Die hierfür notwendige Erfahrung scheinen sie ausschließlich im Spiel zu erwerben. Zwar müssen sie lernen, welche Beute ihnen gemäß ist; doch wie sie dem jeweiligen Beutetier am besten nachstellen, wie sie es anspringen und töten müssen, das beherrschen sie auf Anhieb. Alle Hunde hingegen, also auch die speziell für die Jagd gezüchteten, stellen sich anfänglich sehr viel weniger geschickt an, insbesondere dann, wenn es sich um wehrhafte Beutetiere wie etwa Katzen handelt. Was die Wölfe sofort und perfekt können, müssen die Hunde sich mühsam aneignen.

Welche Verhaltensweisen aus dem Jagdrepertoire des Wolfes ein Hund besonders gut erlernt und welche er niemals erlernen wird, ist von Rasse zu

Rasse unterschiedlich. Alle Hunde sind zwar in dieser Hinsicht irgendwie Wölfe geblieben, also Raubtiere; Motivation und Können variieren indes je nach Zuchtziel beträchtlich, wobei immer wieder einzelne Elemente aus der ursprünglichen Handlungskette hervorgehoben oder unterdrückt worden sind. So ist der Spurhund auf die Arbeit an der Fährte spezialisiert, der Windhund auf die schnelle Jagd hinter der Beute her. Der Vorstehhund bleibt in der Anschleichphase mit gehobener Vorderpfote wie erstarrt vor der entdeckten Beute stehen und zeigt diese so seinem Herrn an. Der Apportierhund wiederum sucht und bringt seinem Herrn die erlegte Beute, wobei er möglichst sanft anpackt, um diese nicht noch mehr zu zerstören. Viele Terriers hingegen sind gerade auf das feste Zupacken bei kleineren und wehrhaften Tieren gezüchtet, die sie mit kräftigem Schütteln töten. Wieder andere Rassen sind darauf abgerichtet, die Beute im Dickicht zu suchen oder sie auf langen Jagden zu treiben. So ist jeder Spezialist in einem kleinen Ausschnitt des Gesamtrepertoires wölfischer Jagd. Wie der in einer Disziplin beschlagene Hochleistungssportler sind auch sie sportlich genug, in anderen Sparten Passables zu leisten. Demgegenüber entspricht der Wolf dem Zehnkämpfer unter den Leichtathleten, beherrscht er doch alle Sparten der Jagd gleich gut und sehr früh in seinem Leben. Doch wen wundert das? Auch der Jagdhund bekommt sein Fressen ja vom Menschen, während der Wolf sich bald selbst zu helfen wissen muß.

Die zweite Besonderheit, die mir beim Verhalten des Wolfes gegenüber dem des Hundes auffiel, ist die, daß Wölfe viel schneller lernen, was sie bei der Jagd nicht können oder was sinnlose Jagd ist. Die eine Erfahrung mit der nicht als Auto erkannten »Beute« war für Anfa genug; danach traten solche Fehler nicht mehr auf. Das gleiche galt für Vögel, die auf dem Feld saßen, und für flüchtende Hasen –

einmaliges erfolgloses Hinterherjagen reichte für alle Zukunft. Die Pudel hingegen konnten vom Spiel mit den Krähen auf dem Feld ebensowenig genug bekommen wie meine späteren Jagdhunde, die etwa davonrasende Hasen über Berg und Tal verfolgten. Natürlich gelingt es einem Jagdhund hin und wieder, bei dieser wahllosen Jagd einen kranken oder angeschossenen Hasen zu greifen; doch dafür bedarf es nicht hartnäckigen Nachhetzens. Ein Jagdhund, der einfach allem hinterherjagt, lernt erst langsam und mit wachsender Erfahrung zu unterscheiden, welche Beute sich lohnt und welche nicht.

Ganz anders die Wölfe. Schon als große Welpen erscheinen sie in dieser Hinsicht wie der abgebrühteste Jagdhund. Fast würde man meinen, es fehle ihnen an der nötigen Jagdmotivation, wenn sie hier einen davonrennenden Hasen ignorieren und kurz darauf einem Reh gerade noch nachschauen, während der uns begleitende Jagdhund, vor Eifer zitternd, kaum zurückzuhalten ist. Doch wenn sie einmal loshetzen, ist ein Erfolg fast immer gegeben. So scheinen sie in ihrem Leben sehr bald und erfolgreich ihre Chancen richtig einzuschätzen, ganz nach dem Grundsatz der Effektivität. Nur der Hund kann sich den Luxus ständiger Fehljagden erlauben. Der Wolf indes muß früh lernen, mit seinen Kräften sparsam umzugehen.

Drittes Kapitel

Die »Sprache« der Wölfe

Die Sinnesleistungen der Wölfe

Grundsätzlich stehen den Wölfen dieselben auf den fünf Sinnen basierenden Informationsträger zur Verfügung wie den Menschen, nur sind die Leistungen ihrer Sinnesorgane verschieden von denen der unsrigen. Als ich zum Beispiel mit Anfa einmal im Wald lief und der Wind von hinten kam, erkannte sie ein etwa fünfzig Meter vor uns still stehendes Reh nicht. Erst als sich das Reh bewegte, bemerkte sie die mögliche Beute und jagte hinterher, dann allerdings sehr geschickt jeder plötzlichen Richtungsänderung des Rehes folgend.

Bei der Beurteilung der Leistungsfähigkeit von Sinnesorganen unterscheidet der Physiologe

a) den »adäquaten Reiz« des Sinnesorgans, also die Art des Reizes, der die Sinnesleistung ermöglicht;

b) die Empfindlichkeit des Sinnesorgans, also die Stärke des adäquaten Reizes, ab der es zu einer Sinneswahrnehmung kommt.

Was den adäquaten Reiz des Gesichtssinnes des Wolfes betrifft, so dürfte er für das Hell-Dunkel-Sehen dem des Menschen weitgehend ähnlich sein. Farben hingegen sollen Wölfe (und auch Hunde) nicht erkennen können; der hierfür notwendige Wahrnehmungsapparat fehlt ihnen anscheinend. Was andererseits die Empfindlichkeit des Auges betrifft, so ist sie beim Wolf am Tag nicht ganz so gut wie die des gut sehenden Menschen. Das Auflösungsvermögen des menschlichen Auges scheint etwas besser zu sein; das heißt, was der Mensch gerade noch als getrennte Punkte wahrnimmt, sehen Wolf und Hund als einen Punkt, ähnlich wie bei einem grobkörnigen Film. Die zeitliche Trennbarkeit von dicht aufeinanderfolgenden Reizen dürfte dagegen der des menschlichen Auges ebenbürtig, wenn nicht sogar besser sein als diese, so daß die Wölfe schnelle Bewegungen gut erkennen und ihnen folgen können.

Der adäquate Reiz für die akustische Wahrnehmung entspricht im unteren Frequenzbereich, also bei den tiefen Tönen, dem des Menschen, während Wolf und Hund im oberen Bereich auch Töne mit einer Frequenz von mehr als 21000 Hertz (Obergrenze für das menschliche Ohr) hören können. Die bekannte Hundepfeife, die einen für das menschliche Ohr kaum noch wahrnehmbaren hohen Ton sendet, kann der Wolf also gut hören. Trotzdem liegen vermutlich alle akustischen Signale, die der Wolf bei der innerartlichen Kommunikation verwendet, in auch für uns wahrnehmbaren Frequenzbereichen. Auch seine akustische Sinnesleistung entspricht vermutlich der eines gut hörenden Menschen.

Eine ungleich höhere Leistung erbringt aber sein Geruchssystem. Wie gut er riechen kann, wissen wir zwar nicht genau, doch seine Leistung dürfte mit der des Hundes vergleichbar sein. In ihrem letzten Lebensjahr war die Wölfin mit dem Namen »Mädchen« offenbar fast völlig erblindet. Trotzdem war sie in der Lage, Menschen und Wölfe schon von weitem, bei Windstille bis auf etwa zwanzig Meter Entfernung, zu unterscheiden, und hatte sie einmal deren Spur aufgenommen, konnte sie dieser kilometerweit folgen. Dabei war sie imstande, sich auch in unbekanntem Gelände gut zurechtzufinden. Gegen einen plötzlich vor sie hingestellten Gegenstand rannte sie allerdings mit voller Wucht an. Wir Menschen mit unserem kümmerlichen Riechorgan können uns vermutlich gar keine Vorstellung machen von dem reich gegliederten »Duftbild« des Wolfes und des Hundes, wo jeder Grashalm, jeder Stock und wohl auch die Landschaft als Ganzes und erst recht die Spuren von Freund, Feind und Beute vor allem durch den Geruch wahrgenommen werden.

Interessant in diesem Zusammenhang ist weiterhin, daß Wölfe und Hunde sich nicht vor bestimmten Gerüchen »ekeln«, wie wir, die soviel schlechter riechenden Menschen, es tun. So fressen sie beispielsweise verfaultes Fleisch, was bei uns Brechreiz erzeugt, oder sie wälzen sich darin. Vermutlich hängt dies mit ihrer Anpassung an die Verwertung jeglichen Nahrungsangebotes zusammen. Ihr Magen kann Substanzen verdauen, die uns Zivilisationsmenschen womöglich umbringen oder zumindest krank machen würden. Entsprechend der hohen Geruchsleistung können die Wölfe wohl auch sehr viel besser schmecken als der Mensch.

Über den Tastsinn des Wolfes schließlich läßt sich nicht viel mehr sagen, als daß Wölfe Berührungen, Kälte, Wärme und Schmerz wohl ähnlich wie der Mensch wahrnehmen. Besonders empfindliche Stellen für Berührungen sind die Schnauze mit den Tasthaaren und vermutlich auch die Pfoten; hier ist der Haarwuchs entweder kurz oder nicht vorhanden.

Was ist Kommunikation?

Die unterschiedliche Leistung unserer Sinnesorgane, vor allem unseres schwach entwickelten Geruchssinnes, macht es dem menschlichen Beobachter nicht immer leicht, die Kommunikation zwischen Wölfen zu erkennen und zu deuten. Unter »Kommunikation« verstehen wir eine von einem Tier (Sender) auf ein anderes Tier (Empfänger) gerichtete Aktion (Signal), die das Verhalten des Empfängers verändert.

Natürlich können wir uns auch eine Form der Kommunikation vorstellen, bei der das Verfahren des Empfängers nicht beeinflußt wird, doch läßt sich diese vom menschlichen Beobachter nicht feststellen. Bleiben wir also bei der operationalen Definition. Kommunikation ist demnach nicht das Signal allein, sondern die Beziehung zwischen dem Signal und seiner Deutung, die sich im Verhalten beider Tiere ausdrückt. In der Regel sind »Sender« und »Empfänger« Tiere derselben Art. Jagd als eine gerichtete Aktion mit einer entsprechenden Reaktion der Beute ist also in diesem Sinne nicht als Kommunikation zu verstehen. Auch die bloße Existenz eines Tieres, die das Verhalten eines anderen Tieres verändern kann – was in einem sozialen Verband ja ständig passiert –, ist noch keine Kommunikation, da es sich hier nicht um *gerichtete* Aktionen handelt. Unter »gerichtet« verstehen wir dabei nicht nur eine vom Sender auf einen Empfänger bezogene Aktion, zum Beispiel Zähneblecken, sondern auch Aktionen, die nicht auf einen bestimmten Empfänger bezogen sind, auf die aber irgendwann eine Reaktion erfolgen kann. Das Absetzen von Duftmarken in Form von Urin ist eine solche auf einen unbestimmten Empfänger bezogene Aktion.

Die Kommunikation zwischen höheren Tieren ist der nichtverbalen Verständigung zwischen Menschen – Gesichtsmimik, Körperhaltung, taktile Signale wie Streicheln und elementare Lautäußerungen wie Lachen und Weinen – durchaus vergleichbar. Wie diese ist sie für die Art spezifisch und universell. Sie ist nicht begrifflich, drückt also Gegenstände, Eigenschaften und vor allem Geschehnisse nicht symbolhaft aus und ist somit nicht in der Lage, dem Partner Vorgänge in Vergangenheit und Zukunft zu schildern. Es fehlt ihr also, entsprechend der geringen geistigen Leistungsfähigkeit der Tiere, jede Vermittlung abstrakter Zustände. Weiter fehlt jede Syntax; das heißt, die Reihenfolge, in der die

Signale übermittelt werden, hat keinen Einfluß auf ihre Bedeutung. In der menschlichen verbalen Sprache bedeutet »der Wolf jagt den Menschen« und »der Mensch jagt den Wolf« etwas ganz Verschiedenes. Eine ähnliche Umkehrung der Bedeutung durch eine Veränderung der Reihenfolge der Signale ist in der tierischen Kommunikation nicht möglich. Das Tier ist vielmehr nur in der Lage, seinen jeweiligen Ist-Zustand zu übermitteln: »Hier bin ich, ich tue dies (oder das) in dieser (oder jener) Stimmung.«

Signale, die Pflegeverhalten auslösen

Bei Konrad Lorenz stand neben dem Erfassen des arttypischen Verhaltens auch immer das Individuum mit seiner ganz bestimmten Vergangenheit und seinen Eigenarten im Vordergrund. Wie bei keinem Tier später sollte ich diese Individualität bei Anfa kennenlernen. Für sie waren neben den vielen Tieren im Gehege vor allem Menschen Sozialpartner. Die Begrüßung war jeden Morgen, wenn ich in den Zwinger kam, gleich stürmisch. Mit eingeknickten Hinterbeinen, eingeklemmtem Schwanz, der nur an der Spitze aufgeregt wedelte, rannte sie auf mich zu. Den Kopf hielt sie tief, die Ohren waren nach hinten gelegt, die Ohrwurzel war nach unten gezogen. Schon bevor sie mich erreichte, hob sie den Kopf, sprang dann an mir hoch, biß sich in meinen Kleidern fest, leckte mich im Gesicht, wenn sie es schaffte, rollte schließlich auf den Rücken und winselte. Später habe ich das gleiche Verhalten bei normal aufwachsenden Welpen im Rudel beobachten können, die immer wieder den erwachsenen Rudelmitgliedern so begegnen. Diese beriechen die Welpen, lecken ihnen manchmal das Fell, besonders in der Anogenitalregion und am Bauch, lassen sich im Fell ziehen, an sich herumklettern, ja sind überhaupt sehr geduldig mit den Welpen.

Erblickte Anfa im Wald oder auf dem Feld einen fremden Menschen, wurde sie unruhig. Zu Hause hingegen, in für sie vertrauter Umgebung, war sie in ihrer Begeisterung auch Fremden gegenüber kaum zu halten. Es kamen viele Freunde nach Rickling, um von einem Wolf begrüßt zu werden, und jedesmal war ich für Anfa nur noch Nebenfigur. Bei unseren ersten Spaziergängen mit Anfa hatten Dagmar und ich uns im Gelände manchmal getrennt, um zu sehen, wem Anfa folgte. Damals lief sie stets mit mir. Im Alter von einigen Monaten folgte sie im bekannten Gelände aber oft den für sie fremden Menschen. Nur wenn wir sehr weite Ausflüge machten, kam sie zu mir zurückgerannt.

Mir war die Bedeutung dieser momentanen Bevorzugung anderer Menschen durch Anfa zuerst unerklärlich. Erst Jahre später sollte ich es richtig verstehen. Wie ich noch schildern werde, sind die Wölfe eines Rudels in der Regel sehr aggressiv gegen andere, rudelfremde Artgenossen. Im Sommer kommt es vor, daß einzelne Rudelmitglieder oder auch kleinere Gruppen von Wölfen sich für längere Zeit vom Rudel absetzen und eigene Wege gehen. Wenn sie dann zurückkehren, sind für sie plötzlich fremde Wölfe im Rudel: die Welpen. Deren stürmisch-unterwürfiges Verhalten kennzeichnet sie aber sofort als Welpen – als klein, abhängig, ungefährlich –, und die älteren Tiere reagieren entsprechend. So hatten wir auch in den meisten Fällen keine Schwierigkeiten, fremde Welpen und junge Wölfe bis zum Alter von etwa acht bis zehn Monaten in ein bestehendes Rudel einzuführen. Erst bei älteren Tieren gab es erhebliche Schwierigkeiten, ja es erwies sich oft als ganz unmöglich, sie in das Rudel zu integrieren.

Diese Aggression der Rudelwölfe gegen rudelfremde Tiere mag erklären, warum besonders fremde Wölfe so stürmisch von Jungwölfen begrüßt werden. Schon auf Abstand sind sie auf diese Weise nicht nur durch ihre Größe, sondern auch durch ihr Verhalten als Welpen zu erkennen. Eine genaue geruchliche Kontrolle bestätigt dann nur noch den ersten Eindruck. In einer Art vorbeugender Beschwichtigung verhindern die Welpen also eine Aggression und lösen zusätzlich auf sie gerichtetes Pflegeverhalten aus.

Aus dem Verhalten von Anfa erkennen wir, daß die Art und Weise, wie sie Teile ihres Körpers hielt oder bewegte, für andere Wölfe einen Informationswert besitzen mußte. Rudolf Schenkel aus Basel, der kurz nach dem Krieg das Verhalten der Baseler Zoowölfe beobachtete, nannte diese Form einer optischen Kommunikation mit Hilfe des Körpers »Ausdrucksverhalten«. Mit Hilfe dieser Körpersprache drücken die Wölfe ihre Stimmung, ihre Handlungsbereitschaft aus, und diese wird von den anderen Wölfen verstanden. Den vorhin bei Anfa geschilderten Bewegungsablauf nannte Schenkel »aktive Unterwerfung«, das Rollen auf den Rücken sowie das Stilliegen mit gespreizten Beinen »passive Unterwerfung«.

Aktive und passive Unterwerfung.

Bei der aktiven Unterwerfung hört man zumeist ein deutliches Winseln, und wenn der Wolf auf den Rücken fällt und dann still auf dem Boden liegt, schnuppern die anderen Wölfe ihm häufig ins Fell und in die Anogenitalregion. Nicht selten lecken sie auch den auf dem Rücken Liegenden, und solange dies geschieht, verharrt der Wolf in dieser Haltung. Offensichtlich läuft ein Informationsaustausch ab, nicht nur im optischen, sondern auch im akustischen, im olfaktorischen und im taktilen Bereich, in manchen Fällen vielleicht sogar mit Hilfe des Geschmackssinns.

Das Erlernen von Signalbedeutungen

Kommunikation setzt voraus, daß zwischen Sender und Empfänger Übereinstimmung herrscht über die Bedeutung der Signale. Wir müssen demnach genau unterscheiden zwischen der Form des Signals, das heißt, wie es entsteht und übermittelt wird, seinen physikalischen Merkmalen also, und der Bedeutung des Signals, das heißt, wie es vom Partner verstanden wird. Bei den Wölfen dürfte die Form der meisten Verhaltensweisen, die der Kommunikation dienen, angeboren sein. Anfa zum Beispiel, die zuerst bei uns allein, ohne Kontakt mit anderen Wölfen oder Hunden, aufgezogen wurde, hat die Zähne gebleckt, geknurrt, geheult, mit dem Schwanz gewedelt und die Ohren bewegt wie jeder andere Wolf in ihrem Alter auch.

Wie kleine Quälgeister bestürmen Welpen ältere Wölfe, überrumpeln sie, springen sie an und klettern auf ihnen herum, ohne sich um deren manchmal doch sehr deutliche Proteste zu kümmern. Sie sind völlig respektlos und bar jeder Autoritätshörigkeit. Dabei könnten ihnen die Altwölfe mit einem einzigen Biß den Schädel zertrümmern.

Selber also senden die Welpen ihre Signale völlig arttypisch, verstehen aber nicht gleich, was die anderen »sagen«. Warum nicht? Warum lernen die Welpen zum Beispiel die Bedeutung der Drohsignale ihrer älteren Artgenossen nicht schneller, und wieso verschaffen sich diese nicht mehr Respekt? Die wilde Schar muß ihnen doch recht lästig sein. Manchmal werden die nicht enden wollenden Zärtlichkeitsbekundungen der Welpen geradezu gefährlich, zumindest aber nachteilig für das gesamte Rudel. So kommt es nicht selten vor, daß alle erwachsenen Tiere die Welpen verlassen, um sich in größerer Entfernung von den Strapazen einer Jagd auszuruhen, und die Welpen unbewacht bleiben. Umgekehrt können diese in ihrem Sturm und

Über-die-Schnauze-Beißen.

Drang den geordneten Aufbruch der älteren Rudelmitglieder zu neuen Jagden verhindern, was zweifellos nicht im Interesse der immer hungrigen Welpen liegt.

Wie wohl bei Menschenkindern nicht anders liegt die Erklärung für die fehlende Einsicht der Welpen in die Konsequenzen einer Nichtbeachtung von Drohsignalen im Ausbleiben ebendieser Konsequenzen. Die Altwölfe könnten zwar fester zubeißen, wenn die Welpen auf ihre Drohsignale nicht richtig reagieren; sie tun es aber nicht. Auf das deutliche Zähneblecken und das laute Knurren folgt nicht die angedrohte Strafe, und so lernen die Welpen im Umgang mit den erwachsenen Wölfen auch nicht die Bedeutung dieser Signale; trotz aller Proteste seitens der Älteren hört man Welpen nur sehr selten vor Schmerz aufschreien. Ganz anders ist es jedoch, wenn sie unter sich spielen oder gar miteinander kämpfen. Dann sind die Schreie laut, ist wildes Umsichbeißen häufig, vor allem im dritten und im vierten Lebensmonat, wenn die spitzen Milchzähne voll ausgebildet und die Kiefermuskeln stark genug sind, um schmerzhafte Bisse auszuteilen. So scheint es, daß die Welpen hauptsächlich im Spiel untereinander die Bedeutung vieler Signale richtig einzuschätzen lernen, die für sie später von so großer Wichtigkeit sein werden. Denn spätestens in ihrem ersten Winter, im Alter von acht bis zwölf Monaten, verlieren sie ihren Babyschutz im Rudel; dann müssen sie auch auf eine Drohung richtig reagieren können.

Angeborenes Signalverstehen

Doch nicht alle Signale müssen die Welpen erst lernen. Manche Signale scheinen ihnen angeboren zu sein. Im großen Wolfsgehege im Nationalpark Bayerischer Wald wurden im Frühjahr 1976 Welpen geboren. Mit meinem Hund Flow wollte ich das Gehege nach den Welpen absuchen. In einer Felsregion mit sehr dichter Buschvegetation fand sie der Hund schließlich. Die Kleinen zeigten vor Flow keine Angst, obwohl sie ihm zum erstenmal begegneten. Die Mutter und die anderen Rudelwölfe waren uns bis zu den Welpen gefolgt. Ich saß etwa dreißig Meter oberhalb auf einem Felsvorsprung und konnte schließlich vier Welpen zählen.

Nach vielem gegenseitigem Beschnüffeln, Winseln und Umeinanderrennen entfernte sich das Rudel wieder. Die Welpen rannten noch ein paar Meter mit, verloren dann aber die Spur und kehrten zum Höhleneingang zurück. Ich wollte sehen, wie nahe ich herankäme, ohne daß sie mich bemerkten, und kletterte hinunter. Etwa sieben Meter vor dem Höhleneingang setzte ich mich auf einen Stein. Die Welpen schauten in meine Richtung, konnten mich jedoch mit ihren noch trüben blauen Augen offenbar nicht genau erkennen. Trotzdem waren sie sehr unruhig und zuckten bei jedem kleinsten Geräusch zusammen. Ich vermute, daß sie meinen Geruch wahrgenommen hatten, aber nicht genau wußten, was er bedeutete. Damit ich sie in dem dichten Gestrüpp besser ausmachen konnte, schickte ich Flow voraus. Dieses Mal rannten sie vor ihm weg. Flow lief einem der Welpen nach und stupste ihn mit der Vorderpfote an. Der Welpe schrie ganz laut, und augenblicklich rannten die anderen drei los, jeder in eine andere Richtung. Nach der friedlichen Szene von vorhin waren sie wie umgewandelt. Der Schrei des einen hatte eine für die Welpen dieser Größe phänomenal schnelle Flucht ausgelöst. Ein Welpe versteckte sich in einem Felsspalt, ein anderer rannte direkt auf mich zu. Ich erwischte ihn; es war ein Weibchen. Die Kleine knurrte und biß um sich, so klein sie war. Erst als ich sie am Rücken faßte und hochhob, verfiel sie in eine Starre ähnlich der »Tragestarre«, in welche die Wolfskinder verfallen, wenn die Mutter sie im Maul wegschleppt. Ich setzte die Kleine wieder ab. So schnell ihre kurzen Beine sie trugen, rannte und kletterte sie den Hang hoch und verschwand oberhalb der Felsen.

Inzwischen waren die Rudelwölfe zurückgekehrt und bemerkten, daß die Welpen verschwunden waren; aufgeregt rannten sie umher. Die Mutter dagegen lief zielstrebig auf eine etwa zweihundert Meter entfernte Böschung zu, kam mit einem Welpen im Maul hervor und trug ihn in die Höhle zurück. Dann rannte sie wieder zur selben Böschung. Von meinem Platz oben auf dem Felsen über der Höhle konnte ich sehen, wie ein zweiter Welpe, von der Mutter und den beiden Rüden gefolgt, den Hang hinunterrannte. Schließlich konnten sie ihn, etwa vierhundert Meter von der Höhle entfernt, zum Halten bringen, und wieder war es die Mutter, die ihn nach Hause trug. Unterwegs bemerkte sie den dritten Welpen. Sie lief an ihm vorbei, und während sie den einen noch zurück zur Höhle trug, blieben die beiden Rüden bei dem Welpen. In Gesellschaft der größeren Wölfe beruhigte er sich deutlich. Dann wurde auch er von der Mutter zur Höhle zurückgetragen.

Eine Wölfin hat es offensichtlich gar nicht so leicht, ihre Jungen beisammenzuhalten! Aber das war in diesem Zusammenhang weniger bedeutsam und auch kein neuerlicher Beweis für die außerordentliche Scheu der Welpen vor dem Menschen, mit dem sie hier zum erstenmal in Berührung kamen. Was uns an diesem Vorfall interessiert, ist die blitzartige Flucht der kleinen Wölfe, als einer von ihnen, wohl eher aus Schreck als vor Schmerz, so laut aufschrie. Das Fluchtverhalten als Reaktion auf dieses Signal muß vermutlich nicht erst gelernt werden, sondern ist wohl angeboren. Ähnliches Verhalten der Welpen habe ich häufig auch als Reaktion auf Warnlaute älterer Wölfe beobachtet. Ein Welpe, der erst lernen muß, daß das Wuffen der Mutter Gefahr bedeutet, lernt womöglich das letztemal.

Ob angeboren oder ob erlernt – welches sind die verschiedenen Formen von Signalen, mit denen sich Wölfe untereinander verständigen? Fangen wir gleich mit der schwierigsten Kommunikation an: der geruchlichen.

Kommunikation mit Hilfe des Geruchssinns

Der Geruch spielt eine große Rolle beim individuellen Erkennen der Rudelwölfe untereinander. Sicher erkennen sich zwei Rudelmitglieder auch optisch. Im unübersichtlichen Gelände oder auf größeren Abstand gewinnt dagegen die Spur des anderen Wolfes an Bedeutung. Dies wurde deutlich bei unseren Trennungsversuchen, von denen später die Rede sein wird. Wir ließen einen Wolf frei laufen, während die anderen mit zwei Gruppen von Menschen unterschiedlicher Zusammensetzung und Zahl im Gelände getrennte Wege gingen. Mir kam es darauf an festzustellen, welcher Gruppe der frei laufende Wolf folgen würde. Häufig ließ sich dieser viel Zeit und entschloß sich erst nach langem Herumlaufen, einer der Gruppen zu folgen. Diese war inzwischen aber längst außer Sichtweite, und so fiel die Entscheidung, welcher Gruppe zu folgen sei, häufig nur anhand der hinterlassenen Spur.

Auch am direkten Geruch erkennen sich die Rudelwölfe untereinander offensichtlich sehr gut. Daher kommt es unter ihnen viel seltener zu Anogenitalkontrollen, als wir es etwa von Hunden auf der Straße gewohnt sind. Nur wenn ein Wolf längere Zeit eigene Wege gegangen ist und dann zum Rudel zurückkehrt, wird er intensiv berochen. Dies gilt auch für fremde Wölfe, an deren Geruch die Tiere vermutlich Alter und Geschlecht feststellen. Handelt es sich um ein erwachsenes Tier, bedarf es aber keiner näheren Kontrolle. Schon auf Abstand erkennen Wölfe den fremden Artgenossen und gehen direkt zum Angriff über. Mit den älteren, frei lebenden Wölfen in Rickling hatte ich manchmal erhebliche Schwierigkeiten deswegen. Bemerkten sie einen erwachsenen Hund im Revier, war die Aufregung immer groß, und sie zerrten wie verrückt an ihren Ketten. Kamen oder waren sie frei, gab es eine wilde Jagd, wobei sich der Hund nur durch Flucht retten konnte.

Mit Kommunikation im anfangs definierten Sinn hat die geruchliche Individualerkennung vermutlich noch wenig zu tun; jedenfalls wissen wir nicht, ob es sich hierbei manchmal doch um gerichtete Signale und eine entsprechende Reaktion darauf handelt. Auch was der Duft der verschiedenen Drüsen, etwa der zwei Analdrüsen am After oder der Pecaudaldrüse am oberen Schwanzansatz, den Wölfen möglicherweise mitteilt, wissen wir nicht.

Etwas besser unterrichtet sind wir dagegen über das Markierungsverhalten der Wölfe. Es ist eine Kommunikation mit zeitlicher Verzögerung, zu der bei Tieren mit guter Nase geruchliche Informationsträger natürlich besonders geeignet sind. Bei den Wölfen spielen dabei der Kot und vor allem der Urin die wichtigste Rolle. Kot wird häufig an auffallenden Stellen, etwa auf einem Stein, an einem Busch oder auf einem Baumstumpf, abgesetzt. Sein Geruch ist im frischen Zustand sehr stark, und auch mehrere Tage alte Kotstellen werden von anderen Wölfen intensiv berochen, manchmal sogar unter tiefem Schnee hervorgegraben.

Wichtiger als das Markieren mit Kot scheint für die Wölfe das Urinieren zu sein. Wölfe können wie Hunde Urin auf zwei verschiedene Weisen absetzen: Entweder sie stehen mit eingeknickten Beinen und geben den Urin, zumeist in größeren Mengen, direkt nach unten ab, wobei die Weibchen viel tiefer in die Hocke gehen als die fast aufrecht stehenden Rüden. Oder sie heben ein Hinterbein – der Rüde nach außen, das Weibchen mehr nach vorne – und spritzen den Urin, meistens nur eine kleine Menge, seitlich gegen einen Gegenstand. Dieses »Spritzharnen« wird nur von geschlechtsreifen und ranghohen Wölfen des Rudels ausgeführt. Danach laufen sie oft, wie auch in seltenen Fällen nach dem

Koten, einige Schritte weiter und kratzen dann alternierend mit allen vier Beinen auf dem Boden. Sie wühlen so Sand, Erde, Laub auf und hinterlassen dadurch auch eine optische Marke neben dem Uringeruch.

Dave Mech, der seit Mitte der sechziger Jahre in Minnesota die Ökologie der dort frei lebenden Wölfe untersucht und von dessen Arbeit noch viel zu berichten sein wird, hat zusammen mit seinem Mitarbeiter Roger Peters interessante Beobachtungen zur Geruchsmarkierung der Wölfe gemacht. Die einzelnen Rudel jagen hier in Gebieten von hundert bis dreihundert Quadratkilometern. Diese Gebiete werden gegen rudelfremde Wölfe verteidigt, und so kann man von echten »Territorien« sprechen. Die Größe der Territorien bleibt über mehrere Jahre hinweg konstant, und obwohl jedes Revier an mehrere Territorien benachbarter Rudel angrenzt, sind Konflikte zwischen den Rudeln relativ selten. Auch Begegnungen mit rudelfremden Einzelgängern sind selten. Bei diesen handelt es sich in der Regel um jüngere Wölfe, die aus bestehenden Rudeln ausgeschieden sind und eigene Wege gehen.

Mech erforschte, wie die räumliche Organisation der von ihm untersuchten Wolfspopulation aufrechterhalten wird. Früh begann er damit, Wölfe in Fallen zu fangen und sie mit kleinen, in Halsbänder eingebauten Radiosendern zu versehen. Mit Hilfe eines Empfängers und einer Richtantenne konnten er und seine Mitarbeiter so die markierten Wölfe von einem Flugzeug aus orten. Im Winter, bei Spurschnee, konnten sie außerdem die Spuren der Wölfe verfolgen und so Informationen über das Verhalten der Wölfe sammeln, beispielsweise auch über ihre Markierungsgewohnheiten.

Dabei stellten sie fest, daß das Spritzharnen der ranghöchsten Wölfe sehr viel häufiger stattfindet als das gewöhnliche Urinieren in der Hocke und das

Markieren mit Kot. Während das gewöhnliche Urinieren und das Koten in der Regel eine defäkierende Funktion haben und erst in zweiter Linie auch geruchliche Informationsstellen schaffen, handelt es sich beim Spritzharnen um ein echtes Markierungsverhalten. Vor allem werden markante Büsche, Steine, Bäume oder Grasbüschel entlang eines traditionellen Wanderweges mit ein paar Tropfen Urin markiert: bis zu vier Stellen je zurückgelegten Kilometer. Bevorzugt wird an Wegkreuzungen markiert, ebenso an den bereits früher von demselben Tier markierten Stellen. Der Geruch scheint sich fast einen Monat lang zu halten, denn so lange löste ein erneutes Vorbeilaufen wieder Spritzharnen aus. Da das Rudel nun in der Regel jedes Gebiet seines Reviers mindestens einmal alle drei bis vier Wochen durchwandert, wird das ganze vom Rudel in Anspruch genommene Gebiet auf diese Weise ständig durchmarkiert. Besonders häufig markieren sie, wie Mech und Rogers weiter herausfanden, in den Grenzgebieten zu den benachbarten Territorien. Häufig benutzen zwei Nachbarrudel in Grenzgebieten dieselben Markierungsplätze, wobei sie hier besonders aufgeregt die Stellen beriechen, aufs neue markieren und danach intensiv kratzen.

So scheint es, daß diese Form einer indirekten geruchlichen Kommunikation nicht nur innerhalb des Rudels den einzelnen Rudelmitgliedern über den Aufenthaltsort und die Bewegungen der anderen Auskunft gibt, sondern auch zur räumlichen Organisation der gesamten Wolfspopulation beiträgt. Die Jagdgebiete der einzelnen Rudel werden dadurch behauptet. Benachbarte Rudel können sich aus dem Wege gehen und eine Konfrontation vermeiden. Die nichtterritorialen Einzelwölfe, die sich auch zu Paaren oder kleinen Gruppen zusammentun, können ebenfalls auf diese Weise einer Konfrontation mit den territorienbesitzenden Rudeln ausweichen und vielleicht auch auf ihren langen

Wanderungen ein nichtmarkiertes Gebiet finden, in dem sie bleiben, Junge aufziehen und ein neues territoriales Rudel bilden.

Auch im sexuellen Bereich spielt die geruchliche Kommunikation eine wesentliche Rolle. Das ganze Jahr lang, besonders häufig aber vor und während der Ranzzeit im Winter uriniert das sogenannte Alpha-Paar, die beiden ranghöchsten Wölfe des Rudels, hintereinander am selben Fleck. Manchmal beteiligen sich auch weitere ranghohe Rüden an diesen »Urinierzeremonien«. Jeder beschnuppert intensiv den durch Spritzharnen abgegebenen Urin der anderen Rudelmitglieder, bevor der eigene Urin dicht daneben abgesetzt wird. Vermutlich erfahren die Rüden so den Stand der Hitze beim Weibchen, und womöglich dient das gemeinsame Urinieren auch der Bindung. »Wolves that pee together, stay together« (»Wölfe, die zusammen pinkeln, bleiben zusammen«).

Schließlich gibt es ein Verhalten möglicher geruchlicher Kommunikation, von deren Funktion wir so gut wie nichts wissen: Warum wälzen und rollen sich Wölfe (und auch Hunde) in übelriechenden Substanzen, in Aas und Dreck? Anfa war erst ein paar Monate alt, als sie sich in den stinkenden Überresten eines ziemlich verwesten Hasen suhlte. Dementsprechend roch sie dann auch – zum Davonlaufen. Dieser Abscheu der Menschen von starken Gerüchen der Verwesung ist offensichtlich bei den Wölfen nicht vorhanden; vielmehr fressen sie das Zeug oft noch auf, wie es auch Anfa mit diesem Hasen tat. Bevorzugt werden vor allem Kadaver von Wildtieren. Als wir zum Beispiel die Wölfe mit den Innereien von Wildenten fütterten, rollten sich alle zuerst darin, ehe sie fraßen. Die Reste oder auch die ganzen Hausenten, die wir manchmal aus der Schlachterei bekamen, fraßen sie dagegen stets gleich auf, ohne sich darin zu rollen. Daneben wälzten sich die Wölfe gern in faulem Obst und in Kot.

Die nichtzahmen Gehegewölfe, die wir nicht aus dem Gehege herausnehmen konnten, waren dabei besonders leicht zum Wälzen zu bringen. Fast jeden fremden Gegenstand, der ins Gehege geworfen wurde, ob Zigarettenschachtel, Zitronenschale oder Kleidungsstück, trugen sie herum, legten ihn hin und wälzten sich darauf. Anfa und auch die anderen Wölfe, die ich aus dem Gehege herausnehmen konnte, wälzten sich vor allem am Anfang von Spaziergängen. Wenn wir dann zum Gehege zurückkamen, wurden sie von den anderen Wölfen immer ganz intensiv berochen. Manchmal versuchten diese sogar, sich an dem Fell eines Heimkehrenden zu reiben. Der Reiz übelriechender Substanzen ist offenbar sehr groß.

Dieses Wälzen ist für uns Menschen mit unserem verkümmerten Riechorgan eine seltsam anmutende Verhaltensweise, über deren Funktion wir bis jetzt nur spekulieren können. Es gibt die Vermutung, das »Sichparfümieren« mit Aas habe den Zweck, die anderen Rudelmitglieder auf vorhandene Futterquellen aufmerksam zu machen. Eine andere Hypothese besagt, es könne einer geruchlichen Camouflage der Wölfe gegenüber Beutetieren dienen, da so ihr Eigengeruch übertönt werde und sie sich besser dem Beutetier nähern könnten. Schließlich ist daran gedacht worden, das Wälzen in Aas diene ausschließlich einer individuellen Befriedigung der Wölfe und habe ansonsten keine weitere Funktion.

Die letztere Hypothese ist deshalb unbefriedigend, weil es unmöglich ist, sie experimentell zu testen. Solange keine genauen Beobachtungen an frei lebenden Wölfen vorliegen und auch keine Experimente zu den anderen beiden Erklärungsversuchen gemacht worden sind, ist es müßig, über die Funktion dieser Verhaltensweise zu streiten. Möglicherweise haben alle drei Deutungen eine gewisse Berechtigung.

Die optische Kommunikation

Ist uns die Bedeutung vieler geruchlicher Signale noch unbekannt, so wissen wir im Bereich der optischen Kommunikation, entsprechend unseren eigenen Fähigkeiten, etwas besser Bescheid. Schon Darwin hat sich mit der Äußerung von Emotionen bei Mensch und Tier beschäftigt. Am Beispiel des Ausdrucksverhaltens von Hunden entwickelte er sein Prinzip von der Antithesis, wonach Tier und Mensch bei einer Umkehrung ihrer Intentionen, etwa von Aggression zur Freundlichkeit, auch alle Signale des Ausdrucksverhaltens umkehren. Ein aggressiv angreifender Hund macht sich möglichst groß; die Beine sind gestreckt, die Rückenhaare gesträubt, die Ohren stehen nach vorne, der Schwanz steif nach oben, und mit runden Augen starrt er seinen Gegner an. Beim freundlich-unterwürfigen Hund dagegen sind alle Signale des Ausdrucks umgekehrt: Er macht sich klein, die Beine sind eingeknickt, die Körperhaare angelegt, der Schwanz wedelt, die Ohren werden nach unten gezogen und nach hinten gelegt, wodurch das Gesicht glatt und die Augen nicht mehr so groß und fixierend erscheinen.

Diese stimmungsabhängige Umkehrung von Ausdruckselementen können wir bei vielen Tierarten wie auch beim Menschen beobachten. Es ist aber kein Zufall, daß Darwin gerade den Hund als Beispiel hervorhob. Außer bei den Primaten (Affen, Menschenaffen und Menschen) ist die Körpersprache beim Wolf (und damit auch beim Hund) besonders entwickelt. Anders gesagt: Für uns Menschen erscheint die optische Kommunikation des Wolfes differenziert und vielseitig. Es ist allerdings möglich, daß Tierarten mit besseren Sehfähigkeiten, etwa die Katzenarten, weniger ausgeprägte Signale zur Verständigung benötigen und uns nur deswegen auch weniger entwickelt erscheinen. Viele Katzenliebhaber werden diese Gedanken sicherlich unterstützen, Pferdeliebhaber wiederum die Gesichtsmimik des Pferdes hervorheben und so weiter. Unsere

Aggression und aktive Unterwerfung beim Hund (nach Darwin, 1872).

Sehfähigkeiten sind eben auch stark abhängig von subjektiven Faktoren, etwa Gewohnheiten und Interessen. Das zeigt aufs neue, wie schwierig es ist, objektive Kriterien für die Beurteilung kommunikativer Vorgänge zu finden, sogar in dem uns vertrautesten, dem optischen Bereich.

Aus diesem Grund beschränken wir unseren Vergleich doch lieber auf eine spezielle Gruppe, auf die hundeartigen Raubtiere *(Canidae)*. Hier können wir, trotz aller methodischen Unzulänglichkeiten, relativ gesichert feststellen, daß das Ausdrucksverhalten beim Wolf, im Vergleich etwa zum Fuchs oder zum Schakal, besonders differenziert entwickelt ist. Warum aber gerade beim Wolf?

Bei normaler, ungestörter Haltung steht oder geht der Wolf auf aufrecht, aber nicht steif gehaltenen Beinen, der Schwanz hängt locker nach unten, das Gesicht ist glatt, die Lippen sind nicht angespannt, und die Ohren werden hauptsächlich zur Geräuschwahrnehmung bewegt. Er kann sie nach vorne, zur Seite und nach hinten stellen, und zwar zum Teil unabhängig voneinander, so daß die Öffnung des einen Ohrs nach hinten zeigen kann, die des anderen zur Seite. Wenn der Wolf den Kopf nach vorne zieht, etwa beim Beriechen eines Gegenstandes oder im Galoppsprung, werden die Ohren normalerweise auch zurückgelegt.

Abweichungen von dieser Grundhaltung treten bei sozialen Auseinandersetzungen auf: Die Körperhaltung wird zum Signal. Die Haltung, die ein Wolf dabei einnimmt, ist natürlich abhängig vom Verhalten des Partners, das seinerseits abhängig ist vom Verhalten des anderen. Eine derartige Beziehung zwischen zwei oder mehreren Tieren ist bestimmt durch mehrere Faktoren, von denen mindestens zwei konstant sind: das Geschlecht der Tiere und deren Altersunterschied. Ein dritter Faktor dagegen ist variabel und bringt die Geschichte dieser Beziehung zum Ausdruck: das Rangverhältnis zwischen den Tieren. Weitere das Ausdrucksverhalten beeinflussende Faktoren sind neben dem Ort des Geschehens vor allem jene, die wir als Motivation oder Handlungsbereitschaft der Tiere zusammenfassen können: ihre endogenen Antriebe, etwa Sexualität, Hunger, Müdigkeit und so fort. Welchen Einfluß diese Faktoren auf die soziale Beziehung zwischen den Wölfen haben, werden wir in den nächsten Kapiteln kennenlernen. Jetzt wollen wir versuchen, diese so weit wie möglich unberücksichtigt zu lassen und nur die kommunikativen Signale und ihren Ursprung bei den verschiedenen Formen sozialer Auseinandersetzungen zwischen zwei Tieren zu betrachten.

Ausdruckselemente des Angriffs und der Angst

Seit Darwin haben wir uns daran gewöhnt, das expressive Verhalten von Tieren als Ausdruck von entgegengesetzten Antrieben zu deuten. Konrad Lorenz zum Beispiel deutete in einer berühmt gewordenen Graphik die Gesichtsmimik eines Hundes als Ausdruck des Wechselspiels zwischen mehr oder weniger Wut und mehr oder weniger Angst. Ein Tier ohne Angst und Wut hält die Ohren aufrecht und den Mund geschlossen. Bei zunehmender Angst werden die Ohren zurückgelegt, bei zunehmender Wut dann das Maul aufgerissen und die Zähne gebleckt. Bei angstvoll Wütenden ist demnach das Maul offen, und die Ohren sind zurückge-

Ausdrucksverhalten des Wolfes. Im Hintergrund frißt ein Weibchen in normaler Haltung. Die Rangordnung der drei Rüden im Vordergrund erkennt man deutlich an ihrer Schwanz-, Kopf- und Körperhaltung.

legt. Wut und Angst können sich also überlagern und gegebenenfalls beide gleichzeitig sehr stark sein (Abb. S. 74).

Diese Deutung der hündischen Mimik scheint zunächst einleuchtend. Einige Beobachtungen lassen mich aber daran zweifeln, daß sie zutrifft.

Nur in wenigen Fällen habe ich Wölfe wirklich ernsthaft miteinander kämpfen sehen. Auch hemmungslose Angriffe eines Wolfes zur Unterdrükkung eines anderen Rudelmitgliedes sind verhältnismäßig selten. In beiden Fällen wird jedoch ohne jede Vorwarnung angegriffen und mit aller Kraft gebissen, und in beiden Fällen fehlen alle optischen und akustischen Ausdruckselemente: kein Wutgesicht, kein Zähneblecken, keine gesträubten Nakkenhaare, kein steif nach oben gehaltener Schwanz, kein Knurren. Die Körperhaltung des angreifenden Wolfes entspricht vielmehr ganz der neutralen Grundhaltung. Nur am Verhalten selbst, nicht am Ausdruck ist die Stimmung der Tiere zu erkennen. In der Lorenzschen Graphik hätte sich demnach bei zunehmender Wut ohne Angst der Gesichtsausdruck gar nicht verändern dürfen.

Eine weitere Beobachtung widerspricht Lorenz' Deutung: Der Gesichtsausdruck mit weit geöffnetem Maul, Zähneblecken und zurückgelegten Ohren, bei Lorenz der Ausdruck maximaler Wut und Angst, tritt nie spontan auf, sondern stets nur reaktiv, als Folge einer starken Bedrohung. Hört die Bedrohung auf, zeigt der angegriffene Wolf dieses Gesicht nicht mehr, sondern erst wieder bei einem neuerlichen Angriff. Es ist ein Ausdruck größter Verteidigungsbereitschaft. Der Wolf hat fraglos Angst dabei. Aber ist er gleichzeitig auch »wütend«, also auch aggressiv?

Sicherlich sind Deutungen affektiver Zustände bei Tieren weitgehend spekulativ. Darauf zu verzichten wäre aber trotzdem falsch, denn sie ermöglichen unter Umständen, der Wirklichkeit doch et-

Das Ausdrucksmodell von Konrad Lorenz. Von a zu c: zunehmend ängstlich; von a zu g: zunehmend aggressiv; i: maximale Überlagerung von Angst und Aggression.

was näher zu kommen. Nur muß immer deutlich darauf hingewiesen werden, ob es sich um objektivierbare Beobachtungen beziehungsweise Versuchsergebnisse oder um Spekulationen handelt. So möchte ich jetzt versuchen, eine etwas andere spekulative Deutung des wölfischen Ausdrucksverhaltens zu geben.

Auch mein Modell geht von denselben beiden Antrieben aus: von der Aggression als Angriffstendenz und von der Angst vor Verletzungen, die sich bis zur Flucht steigern kann.

Anders als bei Lorenz beschrieben hemmt wachsende Angst in zunehmender Weise die Angriffstendenz. Daher bleibt bei diesem Modell die obere rechte Hälfte (Abb. S. 75) unausgefüllt, da nicht existent; eine *Überlagerung* der beiden Faktoren in beliebiger Stärke ist nicht möglich. Das expressive Verhalten des Wolfes ist vielmehr Ausdruck für die Stärke der Angst in Relation zur Angriffstendenz. Fehlt jede aggressive Komponente und auch die Angst, kommt es zu vielen verschiedenen Formen neutraler Kontaktnahmen, wo alle Ausdruckselemente – wie Mundwinkel, Ohren, Schwanz, Augen, Körperhaltung – normal gehalten und locker bewegt werden. Bei zunehmender Angst infolge eines großen Rangunterschiedes zum Gegner oder bei direkten Angriffen von dessen Seite kommt es zuerst zu Verhaltensweisen der Beschwichtigung, wie der aktiven und, bei größerer Unsicherheit, der passiven Unterwerfung. Hier drücken alle Ausdruckselemente das Fehlen jeder eigenen Angriffstendenz

Das neue Ausdrucksmodell. Von unten links nach unten rechts: zunehmende Angriffstendenz; von unten links nach oben links: zunehmende Angst.

aus. Erst wachsende Stärke des gegnerischen Angriffs führt dann zum Verteidigungsverhalten und schließlich zur Flucht.

Nimmt beim Wolf die Angriffstendenz bei fehlender Angst zu, kommt es erst zu der üblichen Rangdemonstration des stark rangüberlegenen Wolfes. Die Haltung und die Bewegungen sind noch locker, die Rückenhaare in keinem Fall gesträubt. Auch bei größter Angriffstendenz bleiben die Bewegungen locker. Die Motivation des Wolfes ist ausschließlich am Verhalten selbst, nicht an irgendwelchen begleitenden Ausdruckselementen zu erkennen. Er greift, ohne seine äußerst aggressive Stimmung zu zeigen, hemmungslos an. Stellt sich der Gegner, kommt es zu einem ernsten Kampf. Zumeist aber flieht er. Reine Angriffstendenz ohne Angst ist jedoch selten.

Jagen.

Die allermeisten aggressiven Auseinandersetzungen treten in gehemmten Formen auf; das heißt, die beteiligten Tiere haben auch Angst vor ihrem Gegner, vor dessen Reaktion bei einem Angriff. Beim Vorstoßen wird der Gegner fixiert, alle Ausdruckselemente sind auf ihn gerichtet. Verteidigt er sich als Folge des Vorstoßens und Schnappens, springt der Angreifer sofort zurück und hält Abstand. Ist der Stärke- beziehungweise der Rangunterschied zwischen beiden wenig ausgeprägt, greift der Angreifer nicht mehr durch gezielte Bisse, sondern durch Einsetzen seines Körpergewichts an. Er drückt vor allem mit dem Hinterkörper gegen den Gegner, der durch mehrmaliges schnelles Vorstoßen des Kopfes

Vorstoßen.

gegen die Halspartie des Angreifers schnappt. Der leicht Überlegene wendet seinen Kopf und präsentiert so seine empfindlichste Körperstelle dem Unterlegenen. Durch das Abwenden des Kopfes, also seiner einzig gefährlichen Waffe, wird auch die intensive Verteidigungsbereitschaft des Unterlegenen abgeschwächt. Seine Schnappbewegungen hören auf. Sollte er aber das momentane Gleichgewicht zwischen Angriffstendenz und Angst beim Angreifer stören, etwa durch weitere Schnappbewegungen und Bisse, erfolgt sofort eine heftige Reaktion des Angreifers.

Wohl in keiner anderen Situation wird das fein abgestimmte Verhältnis zwischen Angriffstendenz und Angst beim Angreifer und zwischen Angst und Verteidigungsbereitschaft beim Verteidiger so deutlich demonstriert wie beim Halsdarbieten. Die Angst bei beiden verhindert, daß beim einen die Angriffs-, beim anderen die Verteidigungstendenz überhandnimmt. Beides würde sofort wieder zu einer Intensivierung der Auseinandersetzung mit Beißen und zu womöglich ernsthaften Verletzungen führen. Voraussetzung für die Hemmung ist die

Imponieren mit Halsdarbieten.

richtige Einschätzung des Gegners, das genaue Verstehen seiner Signale.

Bei einem noch weiter reduzierten Rangunterschied zwischen den Gegnern beobachten wir das »Imponieren«. Es gibt einseitiges Imponieren, bei dem nur der Ranghöhere imponiert, und es gibt gegenseitiges Imponieren zweier fast gleichrangiger Wölfe. Die gesträubten Rückenhaare, die stark gehemmten Bewegungen und der abgewandte Blick

Gegenseitiges Imponieren.

sind alles deutliche Zeichen für die mit einer Angriffstendenz gekoppelte Angst. Diese verhindert in der Regel wiederum, daß sich aus einer derartigen Situation ein Ernstkampf entwickelt.

Imponieren und passive Unterwerfung.

Eine besondere Form gehemmter Aggressivität ist das Drohverhalten, das bei den Wölfen durch eine ritualisierte Beißhemmung zum Ausdruck kommt: das Zähneblecken. Es stellt stets eine Warnung für den Gegner dar. Reagiert dieser entsprechend, indem er die Distanz zum Gegner vergrößert oder wenigstens nicht verkleinert, folgt auf die Drohung meistens kein Angriff. Tut er es nicht, kommt es je nach Rangbeziehung zu den oben beschriebenen

Verfolgen.

Formen aggressiver Auseinandersetzung. Nur den beiden intensivsten Formen – dem Ernstkampf und der Flucht – gehen keine Drohungen voraus.

Zunehmende Angriffs- beziehungsweise Verteidigungstendenz beim Drohen wird durch das Ausmaß des Nasenrückenrunzelns und des Zähneblekkens ausgedrückt. Auch die Öffnung des Mauls zeigt an, wie groß die Beißbereitschaft ist. Kurz vor dem Beißen wird das Maul ganz weit aufgerissen. Reagiert der Gegner immer noch nicht, wird jetzt auch tatsächlich zugebissen.

Angst wird durch die Länge der Mundwinkel und durch die Ohrhaltung ausgedrückt: Je länger der Mundwinkel, je weiter die Ohren nach unten gezogen und nach hinten gelegt sind, desto größer ist die Angst. Durch das Zurückziehen der Ohrwurzeln wird auch die Fellstruktur im Gesicht glatt, die neben dem »flackernden« Blick zu dem sehr schwer zu beschreibenden angstvollen Ausdruck der Augen beiträgt. Bei geringer Angst und starker Angriffstendenz sind die Ohren dagegen nach oben gezogen und nach vorne gestellt. Die jetzt voll zum Ausdruck kommenden Fellstrukturen im Gesicht, vor allem die schwarzen Flecken unter den Augen sowie der fixierende Blick selbst, lassen die Augen jetzt ganz anders erscheinen als beim angstvollen Drohen.

Drohen zwischen Angst und Aggression.

Interessanterweise wird der Mundwinkel beim intensiven Verteidigungsdrohen wieder kürzer: dies als Ausdruck größter Beißbereitschaft. Nur die Ohrhaltung und die Augen verraten jetzt, wieviel Angst der Wolf tatsächlich hat.

Zwischen den verschiedenen Ausdruckselementen gibt es viele Übergänge. Manchmal kommt es zu geradezu komischen Kombinationen. Mehrmals habe ich einen rangniedrigen Wolf beobachten können, der ein Stück Futter verteidigte, wobei es so aussah, als habe er vorne Mut und hinten Angst. Vorn drohte er mit kurzen Lippen und nach vorne gestellten Ohren, hinten aber waren die Hinterbeine eingeknickt und der Schwanz zwischen die Beine geklemmt.

Die Beißhemmung

Wir haben gesehen, daß es in den wenigsten Fällen aggressiver Konfrontationen zwischen Wölfen zu ernsthaften Kämpfen kommt. Die Angst der Tiere scheint hier eine ganz besondere und wichtige Rolle zu spielen. Sie verhindert in der Regel, daß fest zugebissen wird, denn darauf reagiert der Gegner ebenfalls mit festem Beißen. Bei den harten Bedingungen, unter denen die Wölfe leben, ist jede Verletzung lebensbedrohend. Ein System, das sol-

che Verletzungen verhindert, scheint daher äußerst »sinnvoll«.

Über diese Beißhemmung bei Wölfen und Hunden ist schon viel geschrieben worden. Lorenz nahm an, daß sie erstens angeboren sei, zweitens ausgelöst werde, wenn der Gegner seine Unterlegenheit durch Demutsverhalten zeigt, und drittens der Arterhaltung diene, da sie Verletzungen oder den Tod des Unterlegenen verhindert.

Wieder waren es Beobachtungen an Anfa, die erste Zweifel an bestehenden Vorstellungen weckten. Im rauhen Spiel mit den anderen jungen Welpen gab es anfangs viel Geschrei. Offensichtlich waren Anfas Spielbisse zu fest. Die jungen Welpen reagierten darauf mit Schreien und bissen kräftig und wütend zurück. Der relativ großen Anfa machten diese Angriffe aber nichts aus; sie spielte einfach weiter, und die Spiele waren daher sehr aggressiv. Mir schien es zuerst, als sei sie verhaltensgestört und verstehe gar nicht, um was es ging. Erst als Anfa fünf und die anderen Welpen knapp vier Monate alt waren, wurde das Spiel friedlicher.

Damals wußte ich noch zuwenig, um diese Entwicklung der Aggressivität bei den Welpen zu verstehen. Ich dachte, es hinge mit Anfas besonderer Situation zusammen. Doch bei den Beobachtungen der weiteren Würfe in den nächsten Jahren ergab sich ein ähnliches Bild. In den ersten Lebensmonaten war die Häufigkeit, mit der aggressive Verhaltensweisen bei den Welpen auftraten, vor allem im Spiel, stets sehr hoch, sank dann aber während der kommenden Monate schnell ab. Erst bei den über einjährigen Wölfen stieg die Häufigkeit wieder.

Nun muß die hohe Frequenz aggressiven Verhaltens bei den Welpen nicht auf einer hohen endogen bedingten Aggressivität beruhen; sie kann auch mit dem Fehlen einer Beißhemmung und der schon früher erwähnten Unkenntnis über die Bedeutung vieler kommunikativer Signale zusammenhängen.

Erst im Spiel lernen die Welpen die Bedeutung der Signale, ebenso, daß eigenes zu festes Zubeißen wiederum Beißen der Partner zur Folge hat, also weh tut. Die Beißhemmung beim Spiel der Welpen wie auch bei den meisten Formen aggressiver Auseinandersetzung unter den älteren Wölfen wäre demnach ein durch Lernprozeß bedingter und auf der Angst vor Schmerz beruhender Mechanismus, der Verletzungen im Rudel weitgehend verhindert.

Wie häufig bei der Analyse des Verhaltens höher entwickelter Tiere reicht aber diese Erklärung für das Entstehen der Beißhemmung allein nicht aus. Warum sind zum Beispiel die erwachsenen Wölfe so vorsichtig im Umgang mit den Welpen? Das kann ja nicht auf der Angst beruhen, selbst gebissen zu werden. Hier scheinen vielmehr – genau wie bei der Deutung lebenswichtiger Signale – angeborene Hemmungsmechanismen vorzuliegen. Diese kommen den unterlegenen Wölfen beim Demutsverhalten zugute, bei dem sie sich wie Welpen verhalten, sich also scheinbar völlig hilflos dem Ranghöheren ausliefern und sich so dessen Beißhemmung gegenüber Welpen zunutze machen. Im Tierreich ist Aggressionsbeschwichtigung mit Hilfe infantiler Signale recht häufig zu beobachten. Wir werden aber in den folgenden Kapiteln sehen, daß beschwichtigende Verhaltensweisen beim Wolf nur dann beschwichtigend wirken, wenn die Situation von vornherein nicht so aggressiv ist, daß fest gebissen wird. Der demütige Wolf »weiß« offensichtlich, daß er nicht in Gefahr ist, fest gebissen zu werden. Ansonsten würde er Abstand halten oder, wenn dies nicht möglich ist, sich intensiv verteidigen. Die Beißhemmung wird also nicht in erster Linie durch Demutsverhalten ausgelöst, wie Lorenz annahm, sondern beruht auf der Erfahrung des Angreifers, hängt zusammen mit seiner Angst, selbst gebissen zu werden, wenn sein Beißen intensives Verteidigungsverhalten beim Angegriffenen auslöst.

Die Beißhemmung dient somit auch nicht einem abstrakten, allen Beteiligten gemeinsamen Ziel wie der Arterhaltung, sondern nur den individuellen Interessen des nicht fest Zubeißenden, der dadurch der Gefahr, selbst gebissen zu werden, aus dem Weg geht beziehungsweise die Gefährdung eigenen oder verwandten Nachwuchses vermeidet. Dementsprechend beobachten wir bei den Wölfen hemmungsloses Beißen – bis hin zum Töten von Artgenossen – nur dann, wenn ganz wesentliche eigene Interessen auf dem Spiel stehen, etwa beim Machtkampf um eine Vorrang-, eine Alpha-Position, bei der Vertreibung von Konkurrenten aus dem Rudel oder bei Auseinandersetzungen mit rudelfremden Tieren. Im siebten Kapitel werde ich auf die in diesem Zusammenhang wesentlichen Fragen der Gruppen- und Individualselektion (beziehungsweise Genselektion) näher eingehen.

Ausdruckselemente freundlicher Stimmung

Wie beim Demutsverhalten vermeiden Wölfe auch bei Sozialkontakten in freundlicher Absicht jedes Signal aggressiver Stimmung: Alles ist locker, und der Schwanz wedelt. Schwanzwedeln ist vor allem ein Zeichen für Aufregung. Bei den kleinen Welpen wedeln die Schwänze stark, wenn sie bei der Mutter saugen. Später wedeln sie auch aufgeregt mit dem Schwanz, wenn sie bei den erwachsenen Wölfen um Futter betteln. Sie springen an den größeren Wölfen hoch und versuchen, sie am Mundwinkel zu lecken. Daraufhin läßt häufig der Größere sein im Maul getragenes Futterstück los, oder er erbricht im Magen transportiertes Futter. Das ganze Verhalten ähnelt sehr dem der aktiven Unterwerfung, wenn auch beim Futterbetteln die Leckbewegungen ausschließlich auf das Maul des großen Wolfes gerichtet und die Ausdruckselemente der Unterwerfung, wie Ohr- und Schwanzhaltung, nicht so ausgeprägt sind.

Vermutlich ist die aktive Unterwerfung aus dem Futterbetteln entstanden. Das heißt allerdings nicht, daß sich die aktive Unterwerfung im Laufe der ontogenetischen Reifung aus dem Bettelverhalten sozusagen als individueller Lernprozeß entwickelt, wie wir es etwa bei der Beißhemmung kennengelernt haben. Eine einfache Beobachtung zeigt, daß dies nicht so sein kann. Bei allen meinen Wolfswelpen habe ich die ersten Ansätze zu aktiver und auch zu passiver Unterwerfung beobachten können, lange bevor die Welpen festes Futter im größeren Ausmaß fraßen und darum bei den erwachsenen Wölfen bettelten. Es handelt sich vielmehr um einen stammesgeschichtlichen Prozeß, um eine »Ritualisierung«, wie wir es in der Ethologie nennen. Darunter verstehen wir eine Veränderung von Verhaltensweisen im Dienste der Signalwirkung. Manchmal stammen diese Verhaltensweisen aus demselben Funktionskreis, in dem das Signal eingesetzt wird, zum Beispiel bei der Beißintention, die zu einem Signal der Drohung wird. Bei der aktiven Unterwerfung dagegen stammt die Verhaltensweise aus einem ganz anderen Funktionskreis, nämlich aus dem Nahrungserwerbsverhalten. Auch aus den aufgeregten Schwanzbewegungen beim Futterbetteln hat sich ein Signal entwickelt. Es zeigt stets an, daß der Wolf sich in einem Zustand erhöhter Erregung befindet. Beim Imponieren etwa wird meistens der Schwanz langsam und sehr steif bewegt, bei der freundlichen Begrüßung dagegen locker hin und her gewedelt. Erst die Art und Weise, wie der Schwanz bewegt wird, zeigt also an, ob der Wolf aggressiv oder freundlich gestimmt ist.

Nun ist es aber nicht so, daß ein Partner nur an der Schwanzbewegung allein erkennen kann, in welcher Stimmung der andere sich befindet. Vielmehr verständigen sich die Wölfe mit Hilfe einer Kombination vieler Ausdruckselemente, etwa der Ohren, der Gesichtsmimik, der Körper- und der

Schwanzhaltung. Allein für sich gesehen läßt sich beispielsweise an der Ohrhaltung die Stimmung des Wolfes nicht erkennen. Neben den Ausdrucksfunktionen hat ja die Stellung der Ohren gleichzeitig eine Funktion bei der Ortung von Geräuschen, und so werden sie nie für mehr als nur kurze Augenblikke in einer bestimmten Stellung gehalten. Den Partner zu verstehen bedarf also der Einbeziehung des Ausdrucks des ganzen Körpers wie auch aller Lautäußerungen. Außerdem kennt das einzelne Rudelmitglied ja jeden anderen Wolf im Rudel und seine Beziehungen zu diesem, so daß ihm schon aus Erfahrung das Anliegen des anderen deutlich wird.

Spielaufforderung.

Spielverhalten

Dieses situationsbedingte Erkennen von Signalen läßt sich sehr deutlich im letzten der zu behandelnden sozialen Bereiche beobachten: beim Spielverhalten.

Unter Wölfen gibt es im wesentlichen drei Formen einer Attacke auf einen Rudelgenossen. Die erste – ich nenne sie »Angriff« – haben wir schon kennengelernt: Ohne Zeichen von Aggression läuft der Angreifer mit großer Geschwindigkeit auf einen anderen Wolf zu und beißt ihn, wenn dieser sich nicht durch Flucht retten kann. Bei der zweiten

Form – nennen wir sie zur Unterscheidung »Überfall« – handelt es sich auch um eine, jetzt allerdings gehemmte, Attacke auf einen Rangniedrigeren: Bei vollständigem Ablauf fixiert der Angreifer zuerst von weitem sein Opfer. Dann schleicht er sich langsam näher, und plötzlich prescht er los, wobei er in der letzten Phase besonders hohe Sprünge macht. Dadurch entsteht beim fast gleichzeitigen festen Aufsetzen aller vier Beine auf der Erde ein leicht dumpfes Geräusch. Wenn nicht schon früher, so bemerkt das Opfer spätestens jetzt, was vor sich

Anstarren.

geht, und rennt in der Regel weg. Es scheint dem Angreifer also gar nicht darum zu gehen, seinen Gegner zu erreichen, sondern nur darum, ihn zu vertreiben.

Bei der dritten Form schließlich handelt es sich um eine »Spielattacke«. Vom aggressiven Überfall ist diese Spielaufforderung aber kaum zu unterscheiden. Es sieht aus wie jener mit fixiertem Anschleichen und hopsendem Voranpreschen. Erst kurz bevor der Gegner erreicht wird, zeigt der Angreifer womöglich seine Spielintention an, etwa durch Kopfschleudern oder Zickzacksprünge. Trotzdem nimmt das Opfer jetzt nicht Reißaus, sondern stellt sich dem Angriff, und bald wird intensiv gespielt.

Die Absicht des Angreifers ist also in den beiden letzten Fällen nicht aus der Körperhaltung allein zu erkennen und auch nicht aus etwaigen Lautäußerungen, denn in beiden Situationen geht es, mit Ausnahme des Bodenaufsetzens, geräuschlos zu. Aber zwischen Angreifer und Opfer besteht, wie schon häufig betont, eine auf der gemeinsamen Vergangenheit basierende Beziehung, aus der dem einen die Absichten des anderen eindeutig verständlich werden.

Rennspiel.

Diese Form einer signalunabhängigen Verständigung hat einen wesentlichen Anteil an der Kommunikation sowohl zwischen höher entwickelten Tieren als auch bei Menschen. Sie führt dazu, daß sich viele Signale bis auf ein Minimum reduzieren lassen und trotzdem noch verstanden werden. Oft reicht schon eine leichte Überfalldrohung auf Abstand, etwa um einen rangniedrigen Wolf von seinem Vorhaben abzuhalten. Es bedarf nicht des ganzen Zeit-und Energieaufwandes für einen vollständigen Überfall. Natürlich kann eine solche Signalreduktion auch Gefahren mit sich bringen: Die langsame Veränderung des üblichen Verhaltens eines Partners wird möglicherweise nicht registriert. Deshalb ist es verständlich, warum bei den Wölfen einige für sie besonders wesentliche Verhaltensweisen trotz aller Gewöhnung stets in eindeutiger Form ausgeführt werden. Das sind vor allem Verhaltensweisen der Unterwerfung, des Protests und der Rangdemonstration, also solche, die letztlich einen direkten Konfliktausbruch und die Gefahr des Verletztwerdens vermeiden helfen.

Spielgesicht.

Doch zurück zum Spiel. Es sind vor allem die obenerwähnten, scheinbar überflüssigen und plötzlichen Bewegungen wie Körper- und Kopfschleudern, Zickzacksprünge und hopsende Fortbewegungen, die das Spiel kennzeichnen. Diese Spielausdruckselemente treten hauptsächlich am Anfang des Spiels auf, bei der Spielaufforderung. Eine Form haben wir schon kennengelernt: den gespielten Überfall. Bei einer weiteren legt sich der Wolf vor den Partner auf die ausgebreiteten Vorderbeine, den Vorderkörper fast auf dem Boden. Der Schwanz, manchmal der ganze Hinterkörper wird ruckartig bewegt, ebenso der Kopf. Die Augen sind groß und rund und fixieren kurzfristig den Partner. Aus dieser Haltung springt der Wolf plötzlich los, entweder vom Partner weg, um ihn so zu einer Verfolgungsjagd aufzufordern, oder auf ihn zu, woraus sich dann ein Beißspiel entwickelt.

Im Spiel lassen sich bestimmte Rollen erkennen. Beim Rennspiel sind dies Verfolger und Verfolgter. Der erstere zeigt Ausdruckselemente der Aggression. Der letztere kneift den Schwanz zwischen die Beine und legt die Ohren zurück, als wollte er wirklich fliehen. Anders als im Ernstfall kann er aber im Kreis laufen und so bald selbst zum Verfolger werden. Oder er stellt sich plötzlich, und es kommt zu einem Beißspiel. Der Verfolger kann aber auch ausweichen und weiterrennen, wodurch er jetzt, mit eingekniffenem Schwanz, zum Verfolgten wird.

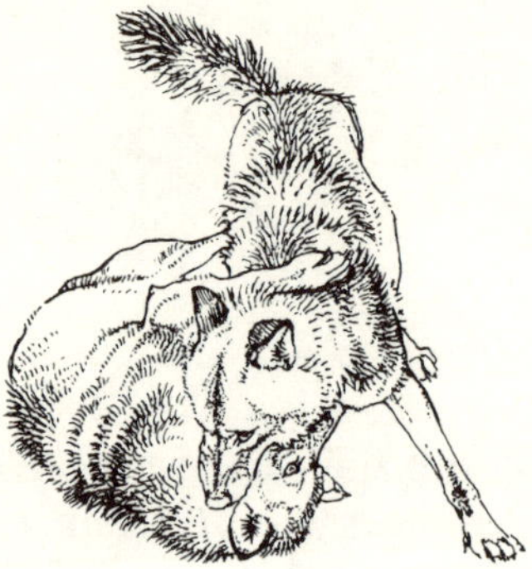

Beißspiel.

Auch bei anderen Spielen gibt es diesen Rollenwechsel zwischen Angreifer und Verteidiger. Und auch hier werden Ausdruckselemente aus dem Ernstverhalten übernommen, zum Beispiel das Maulaufreißen. Dieses unterscheidet sich aber vom aggressiven Maulaufreißen dadurch, daß die Zähne dabei nicht gebleckt werden und auch keine Drohlaute zu hören sind, so daß über die spielerische Absicht der Partner niemals Unklarheit herrscht.

Bei erwachsenen Wölfen gilt dies aber nur für das reine, unaggressive Spiel. Bei ihnen geht spielerisches leicht in aggressives Verhalten über. Dabei können spielerische Ausdruckselemente als Tarnung von in Wirklichkeit aggressiven Absichten dienen. Nicht nur Menschen können bluffen! Doch mehr davon später.

Kommen wir jetzt kurz auf die anfänglich gestellte Frage zurück, warum gerade beim Wolf das Ausdrucksverhalten so hoch entwickelt ist im Vergleich zu dem seiner nächsten Verwandten Schakal und Kojote oder auch dem des Fuchses. Diese drohen beispielsweise in einer recht stereotypen Weise durch einfaches Aufreißen des Maules – ähnlich dem extremen Abwehrdrohen beim Wolf – unabhängig von der Rangbeziehung zum Gegner und von sonstigen Kräfteverhältnissen. Devra Kleiman, die viele verschiedene Canidenarten im Londoner Zoo beobachtet hat, führte das hochentwickelte Ausdrucksverhalten des Wolfes auf seine nahrungsökologische Situation zurück: Während die meisten Caniden, so auch Schakal und Fuchs, in der Regel kleinere Beutetiere jagen, die sie allein töten, lebt der Wolf hauptsächlich von Beutetieren, die größer sind als er und die er daher nur gemeinsam mit anderen Wölfen erlegen kann. In Anpassung hierzu hat sich beim Wolf eine Tendenz zum Zusammenleben in größeren Gruppen entwickelt, während die meisten anderen Canidenarten solitär oder in kleinen Familiengruppen leben. Die notwendigerweise komplexeren Entscheidungsvorgänge in einem größeren Rudel haben beim Wolf zu einer Differenzierung kommunikativer Signale geführt, und dies vor allem im Bereich der optischen Kommunikation.

Die akustische Kommunikation

Bei den Wölfen können wir sechs verschiedene Grundlautäußerungen unterscheiden. Es sind dies Winseln, Wuff-, Knurr-, Schrei- und Heullaute sowie Geräusche, die nicht mit den Stimmbändern und der Mundhöhle, sondern mit Hilfe anderer Körperteile zustande kommen. Lautäußerungen werden entweder zusammen mit den optischen und den geruchlichen Signalen im Nahbereich benutzt oder dienen als Informationsträger über weite Distanzen. Innerhalb der einzelnen Lautäußerungsformen gibt es viele Abstufungen und auch individuelle Variationen, viele Übergänge und Mischlaute. Ähnlich den einzelnen optischen Ausdruckselementen stellen die meisten Laute für sich allein keine genaue Aussage dar, sondern erlangen ihre volle Bedeutung nur im Zusammenhang mit dem gesamten Verhalten der Wölfe in einer bestimmten Situation.

Winseln ist eine sehr variable Lautäußerung. Es sind zumeist recht leise und helle Töne, die Unruhe, Unzufriedenheit oder leichte Erregung zum Ausdruck bringen, die aber auch bei Aufforderungen, etwa im sexuellen Bereich, zu hören sind. Welpen winseln, wenn sie frieren, hungrig oder allein sind, ältere Wölfe, wenn sie zu den Welpen gehen, um sie aus der Höhle oder einem Versteck hervorzulocken, oder wenn sie ihnen Futter zutragen. Selber habe ich häufig junge Welpen im großen Gehege im Bayerischen Wald durch Winseln heranlocken können. In der Annahme, die Mutter komme zurück, rannten sie auf mich zu; erst im letzten Augenblick erkannten sie ihren Fehler und rannten wieder davon. Dieser Trick funktioniert allerdings nur in den ersten Wochen, nachdem sie laufen können. Später scheinen sie die Winsellaute der Mutter und der anderen Wölfe von denen des Menschen unterscheiden zu können. Auch am Geruch erkennen sie wohl den Fremden und sind dann sehr viel vorsichtiger.

Die älteren Wölfe winseln in einer Vielzahl sozialer Situationen; es ist bei weitem die häufigste Lautäußerung überhaupt. Vor allem sind es die jüngeren und rangniedrigeren Wölfe, die bei Einzelbegegnungen mit Älteren und Ranghöheren, aber auch bei den für die Wölfe so typischen Gruppenzeremonien aufgeregt winseln. Weiter winseln die

Wölfe bei allen Formen der Aufforderung, etwa wenn sie einen anderen Wolf zum Aufstehen zu bringen suchen. In der Vorranz winselt das Weibchen bei der Aufforderung der Rüden. In der Hochranz ist es dann umgekehrt: Die Rüden winseln, wenn sie vom Weibchen wieder etwas wollen.

Einsilbiges Wuffen ist ein Warnlaut. Es lenkt die Aufmerksamkeit des ganzen Rudels auf eine mögliche Gefahr und führt, je nach Situation, zur Flucht der Welpen oder des ganzen Rudels. Bei geringer Intensität geht dem Wuffen häufig ein Laut voraus, der durch ruckartiges Ausblasen von Luft durch die Nasenlöcher entsteht. Bei höherer Intensität kann das Wuffen auch mehrsilbig zu einem ersten Ansatz von Bellen werden. Es ist ein Laut größter Erregung. Ein sich nähernder Feind wird so auf Abstand von den älteren Rudelmitgliedern angebellt, während die Welpen und die jüngeren Wölfe sich in Sicherheit bringen. Vermutlich dient das Bellen der Ablenkung und der Warnung vor einem Feind, einem Bären etwa, einem Menschen oder auch fremden Wölfen. Auch aggressive Kämpfe im Rudel lösen bei Rudelmitgliedern, die sich nicht direkt am Kampf beteiligen, manchmal aufgeregtes Bellen aus. Im Vergleich zum Bellen des Hundes ist dieser Laut beim Wolf aber recht undifferenziert und auch sehr viel seltener zu hören.

Knurren untermalt das optische Zähneblecken und ist somit ein Drohlaut. Ein Wolf protestiert gegen Belästigung durch allzu aufdringliche Welpen, ein Ranghoher gegen unerlaubtes Verhalten eines Rangniedrigen, dieser gegen Unterdrückungsversuche des Ranghöheren, fressende Wölfe gegen Annäherung anderer und so weiter. Bei geringer Intensität wird manchmal geknurrt, ohne daß die Zähne auch nur leicht gebleckt sind. In seltenen Fällen geht es auch umgekehrt: Die Zähne werden lautlos gebleckt. Bei zunehmender Intensität treten die beiden Informationsträger aber stets zusammen auf; je intensiver die Zähne gebleckt sind und das Maul geöffnet ist, desto lauter wird auch das Knurren.

Bei zunehmender Abwehrtendenz mischen sich in das Drohen Laute hinein, die schließlich in Schreien übergehen können. Es sind helle, grelle Laute des Schreckens, des Schmerzes und der großen Angst. Ein Wolf, der von einem Ranghöheren oder mehreren Wölfen »verprügelt«, also noch nicht ganz fest gebissen wird (in diesem Fall versucht er, sich nur noch zu verteidigen oder zu fliehen), schreit laut. Häufiger als bei erwachsenen Wölfen tritt das Schreien bei den Welpen auf, die in dem ersten, noch sehr rauhen Spiel miteinander oft schreien. Auch bei plötzlich auftretender Gefahr schreien die Welpen; ihr Schreien ist dann ein Schrecklaut. In diesem Fall reagieren die anderen Welpen, wie schon geschildert, mit jäher Flucht, und die erwachsenen Wölfe richten ihre Aufmerksamkeit sofort auf die Welpen.

Im Zusammenhang mit der passiven Verteidigung durch Schreien gibt es einen weiteren Drohlaut, der zur Kategorie der nicht mit den Stimmbändern produzierten Laute gehört: das Zähneklappern. Ein in die Ecke getriebener und sich heftig verteidigender Wolf schlägt beim Abwehrdrohen in einer Art Schnappbewegung in der Luft die Zähne von Ober- und Unterkiefer hart aufeinander, wodurch ein dumpfer, oft mehrmals wiederholter Laut entsteht. Er drückt größte Verteidigungsbereitschaft aus und dient auf sehr markante Weise der Abschreckung vor weiteren Angriffen.

Ein weiteres Fremdgeräusch mit Signalwirkung ist das bereits erwähnte harte Aufschlagen der vier Füße beim Überfallgalopp. Schließlich gibt es Laute, die bei bestimmten Aktivitäten entstehen und denen selbst keine Signalfunktion zugesprochen werden kann, die aber trotzdem die Aufmerksamkeit anderer Wölfe erregen. Beim Fressen etwa entstehen Geräusche, beim Abreißen des Fleisches, beim Knacken der Knochen, beim Hervorwürgen von Futter ebenso. Diese Geräusche lenken vor allem die Welpen auf mögliche Futterquellen. Sie rennen in Richtung des Geräusches und versuchen aufgeregt, einen Teil der Nahrung zu ergattern.

Das Heulen

Der wohl charakteristischste Laut des Wolfes ist das Heulen: ein langgezogener melodischer U-Laut, der durch Ausblasen von Luft bei nach vorne gezogenen Lippen und leicht geöffnetem Maul zustande kommt. Meistens hebt der heulende Wolf auch den Kopf nach oben und legt die Ohren zurück.

Eine Heulstrophe hält oft bis zu zwanzig Sekunden lang an. Nach neuem kurzem Einatmen kann eine weitere Strophe folgen, so daß das Heulen mehrere Minuten lang andauert. Manchmal heulen einzelne Wölfe sogar stundenlang. Dann sind die Pausen zwischen jeder Strophe in der Regel etwas länger.

Die einzelnen Wölfe eines Rudels haben zum Teil ein recht charakteristisches Heulen. Mir ist es nie besonders schwergefallen, das Heulen meiner Wölfe auseinanderzuhalten, und die Tiere selber können es auch. Dies geht vor allem aus Aufzeichnungen über die Reihenfolge hervor, in der die Rudelwölfe in den Chor einfallen. Für Wölfe ist das Heulen eines anderen Wolfes ein sehr starker Auslöser, selbst zu heulen, und so ergibt sich aus dem anfänglichen Heulen eines Wolfes oft bald ein Chorheulen des ganzen Rudels. Nicht immer aber zieht ein Einzelheulen das Heulen des Chors nach sich. Das anfängliche Heulen eines randniedrigen Wolfes zum Beispiel ist seltener der Anlaß als das eines ranghohen. Offensichtlich sind die Wölfe in der Lage, nicht nur individuelles Heulen zu unterscheiden, sondern dieses auch mit einem bestimmten

Tier zu verbinden. Ebenso sind sie imstande, das Heulen fremder Wölfe (oder Hunde) von dem der ihnen bekannten Wölfe zu unterscheiden.

Das Heulen der Welpen und der Jungwölfe liegt im Ton etwas höher als das von erwachsenen Wölfen. Sie fangen im Rudel seltener selbst an zu heulen, reagieren aber auf das Heulen der Altwölfe sehr schnell. Das geschilderte spontane Heulen von Anfa schon im Alter von siebzehn Tagen zeigt, daß auch das Heulen für die Welpen von großer Bedeutung ist.

Über die Funktion des Heulens ist viel spekuliert worden, aber erst langsam erhalten wir brauchbare Daten, die eine objektive Beurteilung erlauben. Danach hat das Heulen mehrere Funktionen. Theberge und Falls haben – im Zusammenhang mit den Wolfsforschungen von Doug Pimlott und seinen Mitarbeitern im Algonquin Park in Ontario, Kanada – festgestellt, daß die voneinander getrennten Wölfe eines Gefangenschaftsrudels sehr viel häufiger heulten, als wenn sie zusammen im Gehege gehalten wurden. Bei unseren Spaziergängen in Rickling heulten auch die zurückgelassenen Wölfe regelmäßig, wenn wir uns mit Anfa und den anderen zahmen Wölfen von der Försterei entfernten. Spätere Versuche in Bayern zeigten dann, daß hauptsächlich zurückgelassene ranghohe Wölfe heulen, und dies vor allem dann, wenn entweder ihr Partner, andere ranghohe Wölfe oder aber Welpen aus dem Gehege entfernt wurden. Wurde umgekehrt ein ranghoher oder sogar der ranghöchste Wolf aus dem Gehege genommen, heulte das zurückgelassene Rudel eher und häufiger, als wenn ein rangniedriger Wolf entfernt wurde.

Diese Versuche zeigten auch, wie sehr ich selbst im Rudel integriert war – jedenfalls zeitweise. In Rickling wohnten wir direkt am Gehege, im Bayerischen Wald dagegen lag unser Haus etwa fünf Kilometer von dem großen Wolfsgehege entfernt.

Jahrelang besaß ich zwei Norwegerpferde, mit denen ich tagtäglich zu den Wölfen ritt. Abends, nach Beendigung der Beobachtungen, ritt ich wieder nach Hause, und fast jedesmal während jener Zeit heulten die Wölfe, als ich eine kleine Anhöhe, einige hundert Meter von meiner Beobachtungshütte und dem Gehege entfernt, erreicht hatte. Von hier aus konnte ich das Konzert gut hören. Fand es einmal nicht statt, brauchte ich nur selbst kurz zu heulen, um sofort Antwort zu erhalten.

Diese Beobachtungen und Versuche zeigen, daß die Wölfe mit Hilfe des Heulens bei einer Trennung Kontakt zu den anderen Rudelmitgliedern aufrechterhalten oder aufs neue suchen. Dabei fragt es sich, ob das Heulen mehr mitteilt als nur den eigenen Standort, verbunden mit der »Bitte« um Antwort über den Standort der anderen Rudelmitglieder. Theberge und Falls erkannten, daß die Wölfe unterschiedlich heulen, je nachdem, ob sie spontan einsetzen oder ob sie auf das Heulen eines anderen reagieren. Sie schlossen daraus, daß möglicherweise mehr Informationen als nur der jeweilige Standort und die Anzahl der Wölfe in der Gruppe mit dem Heulen übermittelt werden.

Mir kommt dies nicht unwahrscheinlich vor. Zwar glaube ich nicht, daß differenziertere Aussagen, etwa über Laufrichtung, momentane Beschäftigung oder Jagderfolg, mit dem Heulen übermittelt werden. Das Jagen zum Beispiel erfolgt bei den Wölfen völlig lautlos. Einfachere Informationen, etwa über die Stimmungslage des heulenden Wolfes, könnten dagegen enthalten sein.

Wir sind heute in der Lage, mit Hilfe des Heulens Wölfe in einem Gebiet zu orten und sogar zu zählen. Die ersten, die damit anfingen, waren wiederum Doug Pimlott und seine Mitarbeiter im Algonquin Park. Sie heulten regelmäßig während der Sommermonate an bestimmten Stellen in ihrem Untersuchungsgebiet. Da die Welpen besonders gern darauf antworteten, wohl in der Erwartung, die Älteren kämen mit Futter zurück, konnten sie so die jeweiligen Aufenthaltsorte der Welpen feststellen. Sie erfuhren außerdem die wahrscheinliche Anzahl der Welpen, und da manchmal auch die Älteren antworteten, überdies die Mindestzahl der erwachsenen Rudelmitglieder. Es war ihnen ferner möglich, nicht nur den Ort der Welpenaufzucht, sondern auch die Ausmaße des Rudelterritoriums sowie der Territorien der Nachbarrudel festzustellen. Daraus konnten sie die wahrscheinliche Zahl aller Wölfe im Gebiet schätzen, ebenso den Aufzuchterfolg der einzelnen Rudel sowie deren Altersstruktur, was wiederum Aufschluß über Altersstruktur und Geburtenrate der Gesamtpopulation gab. Da sie die Beobachtungen mehrere Sommer lang wiederholten, erhielten sie mittels dieser verhältnismäßig einfachen Methode, zusammen mit anderen direkten Beobachtungen, ein recht gutes Bild über die Population. Die Methode war so erfolgreich, daß inzwischen abends regelrechte »Heulexkursionen« veranstaltet werden, an denen sich viele Parkbesucher beteiligen, was sicherlich dazu beiträgt, die übliche Vorstellung vom bösen Wolf abzubauen.

Dave Mech übernahm diese Methode bei seiner Arbeit im weiter südlich gelegenen Minnesota als zusätzliche Informationsquelle neben der Telemetrie mit Hilfe von Radiosendern, die ich schon erwähnt habe. Er ging sogar einen Schritt weiter. Er stellte die Frage, ob das Heulen möglicherweise eine ähnliche territoriale Funktion haben könnte wie das Urinmarkieren. Vielleicht übermittelt das Heulen Information nicht nur für die Rudelmitglieder, sondern auch für Rudelfremde und Nachbarrudel und trägt so zur räumlichen Organisation der Gesamtpopulation bei.

Zuerst lokalisierte Mech, wie zuvor Pimlott und dessen Mitarbeiter, durch das Heulen den Aufenthaltsort der Welpen, die sogenannten Rendezvous-Stellen. Nachdem die Welpen im Alter von acht bis zwölf Wochen nicht mehr die Höhle benutzen, werden sie von den älteren Wölfen in ein meistens durch dichte Unterholzvegetation geschütztes und abseits gelegenes Gebiet geführt, in dem sie die nächsten Wochen und Monate verbringen. Hier treffen sich auch die erwachsenen Rudelmitglieder immer wieder nach ihren Jagdausflügen, die sie alle zusammen oder in kleinen Gruppen, manchmal auch allein, unternehmen – daher der Name.

Mech lud mich ein, seine Arbeit zu beobachten. An einer bekannten Rendezvous-Stelle, einem vormaligen, wieder dicht bewachsenen Kahlschlag im Wald, bekamen wir sofort von etwa fünf Welpen und einem älteren Wolf Antwort. Ich kletterte auf einen Baum, um besser zu sehen. Von hier oben heulte ich immer wieder in meinem »europäischen Wolfsdialekt«, und die Welpen antworteten auf »amerikanisch«. In der Tat hört sich das Heulen der amerikanischen Wölfe etwas anders an als das der europäischen. Ich behauptete, unsere Wölfe heulten langgezogener und melodischer, während sich die amerikanischen, vielleicht durch eine stärkere Betonung der Anfangssilben, ein wenig kräftiger anhören. Natürlich waren Mech und seine Mitarbeiter in bezug auf das Melodische nicht meiner Meinung.

So saß ich also in dem Baum und heulte, während die anderen das Heulen der Welpen auf Tonband aufnahmen. Angelockt von meinem Heulen, kamen die Welpen immer näher, und schließlich saßen fünf etwa vier Monate alte Wolfskinder, magere kleine Kerle, unter meinem Baum, und wir heulten uns gegenseitig an.

Bei ihrer Arbeit registrierten die Amerikaner die Antworthäufigkeit der erwachsenen Wölfe in Relation zum Abstand von den Rendezvous-Stellen und von der Territoriumsgrenze. Dabei stellte sich heraus, daß die Wölfe besonders im Grenzgebiet gern antworteten. Dies legt die Annahme nahe, daß das Heulen – ähnlich dem Singen der Vögel oder den Brüllkonzerten mancher Affenarten – auch eine akustische Territoriumsmarkierung darstellt.

Bei unseren Spaziergängen mit Anfa in Rickling konnte es nicht ausbleiben, daß Anfa sich weit von uns entfernte. Alles Rufen half in solchen Fällen wenig; doch bald lernte ich, daß Heulen geradezu Wunder wirkte. Anfa kam dann aufgeregt zurückgerannt, sprang an mir hoch, wedelte mit dem Schwanz, hob schließlich ebenfalls den Kopf und heulte mit.

Ähnliches Verhalten habe ich später viele hundertmal bei den Rudelwölfen beobachtet. Nach der langen Ruhepause am Nachmittag steht ein Wolf langsam auf, streckt sich, gähnt und verschwindet dann, am Boden schnüffelnd, im Gebüsch. Ein zweiter Wolf schaut ihm zu, steht ebenfalls auf, streckt sich, gähnt und legt sich wieder hin. Ein weiterer blinzelt in die Sonne, ein anderer knabbert an einem Knochen; doch die meisten im Umkreis von etwa fünfzig Meter liegenden Wölfe schlafen noch. Plötzlich fängt der im Gebüsch verschwundene Wolf, unterhalb des Rudels auf einem Stein stehend, an zu heulen – leise zuerst, dann immer lauter. Die restlichen Wölfe kommen schnell auf die Beine, strecken sich, wedeln mit den Schwänzen und rennen aufeinander zu. Die Jüngeren versuchen, den Älteren ins Gesicht zu lecken, drängen sich um diese, springen aneinander hoch, fallen auf den Rücken, winseln, alles sehr aufgeregt. Das ganze Rudel bildet einen engen Haufen, in dem jedes Tier mit jedem in direkten körperlichen Kontakt kommt. Ein zweiter Wolf hebt den Kopf und fängt an zu heulen, die anderen fallen ein, und bald heult das ganze Rudel. Anfänglich quäken noch einige – eine Mischung zwischen Winseln und Heulen und nicht gerade schön. Das Maul ist dabei nicht so rund geformt wie beim reinen Heulen, sondern weiter aufgesperrt. Vor allem die Jüngeren und Rangniedrigen quäken, wobei sie noch unruhig umeinanderlaufen. Dann bleiben aber auch sie stehen, heben den Kopf ganz hoch und heulen im Chor mit.

Adolph Murie, der als erster in den frühen vierziger Jahren Wölfe systematisch in freier Wildbahn, im Mount McKinley National Park in Alaska, beobachtete, nannte diese Rudelzeremonie »the friendly get together«, das freundliche Zusammenkommen des Rudels. Nicht immer heulten seine Wölfe dabei. So war es auch in meinem Rudel. Zumeist gehört aber das Heulen dazu.

Welche Funktion hat nun dieses allgemein freundliche Zusammenkommen mit anschließendem Chorheulen? Murie beobachtete es hauptsächlich vor dem abendlichen Aufbruch zur Jagd. In meinem Rudel trat es ebenfalls meistens in den frühen Abendstunden und früh am Morgen ein, als Auftakt zur abendlichen oder morgendlichen Aktivitätsphase. Nicht beteiligt waren dabei alle unterdrückten, aus dem Rudel ausgestoßenen oder ausgeschiedenen Wölfe.

Diese Beschränkung auf das engere Rudel läßt vermuten, daß es sich hier um eine Verhaltensweise handelt, die den Zusammenhalt des Rudels stärkt. Die Wölfe bestätigen sich sozusagen gegenseitig ihre freundliche, kooperative Stimmung. Der Zeitpunkt des Auftretens läßt weiter vermuten, daß diese Rudelzeremonie der Synchronisation, der Gleichschaltung der Aktivitätsphase dient. Auf diese Weise kommen die Wölfe nach dem Schlafen bald in eine ähnliche Stimmung, die einen gemeinsamen Aufbruch ermöglicht.

In Rickling habe ich ein Jahr lang jedes Chorheulen registriert. Dabei stellte es sich heraus, daß die Wölfe in den Wintermonaten sehr viel häufiger heulen als im Sommer. Da das Rudel in jedem Winter auch enger zusammenhielt als während der

Sommermonate – ähnliche Beobachtungen liegen auch aus freier Wildbahn vor –, entspricht dies der rudelintegrierenden Funktion des Heulens. Aber da ist noch etwas zu bedenken: Mehrere Jahre lang registrierte ich im Bayerischen Wald, welcher Wolf mit dem Heulen anfing. Während es im Sommer fast immer ein Rudelmitglied war, fingen in den Wintermonaten – und hier vor allem zur Ranzzeit von Januar bis März – ganz bevorzugt jene Wölfe spontan an zu heulen, die nicht im Rudel integriert waren. Diese Einzelgänger standen dabei immer weit weg vom Rudel und richteten ihr Heulen auch nicht gegen dieses, sondern aus dem Gehege heraus. Auch aus der freien Wildbahn kennen wir dieses Heulen. Die Amerikaner nennen es manchmal »the loneliness cry«, das Einsamkeitsheulen – sicher keine schlechte Bezeichnung. Es scheint, daß der einsame Wolf auf diese Weise nach Gesellschaft, nach einem anderen Wolf in einer ähnlichen Situation sucht. Einzelwölfe reagieren dementsprechend auch nicht aggressiv gegen rudelfremde Wölfe, sondern sehr freundlich und versuchen, möglichst schnell einen Kontakt herzustellen.

Neben der Funktion des Heulens als Kommunikation über weite Distanzen innerhalb des Rudels und seiner rudelintegrierten Funktion beim gemeinsamen Chorheulen sowie bei der territorialen Abgrenzung gegenüber fremden Rudeln scheint es somit auch eine Rolle bei der Bildung neuer Rudel zu spielen. Einzelwölfe können auf diese Weise Kontakt zueinander aufnehmen, sich treffen, zusammen laufen, vielleicht auch sich paaren und, falls sie ein unbesetztes Gebiet finden, ihre Welpen erfolgreich aufziehen.

Die taktile Kommunikation

Viele Formen von körperlicher Berührung mit Signalfunktion haben wir schon kennengelernt, so Schnappen, Beißen, Lecken im Gesicht und die, bei der sich ein Wolf mit dem ganzen Körper gegen den Partner drängt. Es sind alles Elemente komplexer kommunikativer Verhaltensweisen. Auch bei den zwei häufigsten sozialen Verhaltensweisen überhaupt, dem Fell- und dem Schnauzenkontakt, kommt es neben einem möglichen geruchlichen Informationsaustausch auch zu Berührungen, die vermutlich eine Signalfunktion haben. Auf meinen Wanderungen mit mehreren frei laufenden Wölfen zählte ich an einem Tag die Anzahl solcher schnellen, direkten Kontaktaufnahmen und war sehr erstaunt, wie häufig sie auftraten. Im Durchschnitt kam es zu einem direkten Schnauze-zu-Schnauze- oder Schnauze-zu-Fell-Kontakt sechsmal je Stunde und Wolf. Vor allem waren es wieder die zentralen Wölfe des Rudels, die ranghohen Erwachsenen und die Welpen, die untereinander Kontakt aufnahmen. Das deutet darauf hin, daß diese ständige gegenseitige Berührung dem Zusammenhalt des Rudels dient.

Eine weitere taktile Informationsübertragung ist das Fell-Lecken. Die Mutter leckt ihre Welpen nach der Geburt trocken und dann in den ersten Wochen bevorzugt im Anogenitalbereich und am Bauch. Diese Massage löst Urinieren und Koten der Welpen aus. Die Produkte werden von der Mutter aufgefressen (wohl zwecks Reinhaltung der Höhle). Später beteiligen sich alle Rudelmitglieder an der Pflege der Welpen. Wieder ist es die Bauchregion, die bevorzugt geleckt wird. Die Welpen liegen dabei ganz still auf dem Rücken. Auch erwachsene Wölfe lecken sich gegenseitig das Fell. In der Ranzzeit leckt der Rüde die Genitalregion des Weibchens und vor dem Aufreiten häufig auch deren Rückenhaare. Offene Wunden werden von anderen Rudelmitgliedern beleckt. Dabei ist viel Interessantes zu beobachten. Es sind häufig Rüden, die in der Rangordnung nahe beieinanderstehen, die sich gegenseitig – mitunter stundenlang – ihre Wunden lecken. Oft tut es gerade der Wolf, der selbst die Wunde verursacht hat. Gerade in der Ranzzeit beobachten wir häufiger aggressive Auseinandersetzungen zwischen den Wölfen, die auch kleinere Wunden zur Folge haben. Abseits vom Weibchen werden die Rüden dagegen wieder friedlicher und lecken sich dann gegenseitig die Wunden. Es scheint, daß diese Verhaltensweise neben ihrer hygienischen Funktion auch die eines Beschwichtigungssignals für den Partner hat: »Trotz aller Interessengegensätze bleiben wir noch Freunde.«

Am-Fell-Riechen.

Viertes Kapitel

Die Rangordnung

Das Verhalten im Rudel wird von den wechselseitigen Erfahrungen der Wölfe untereinander bestimmt, die sich in der Rangbeziehung ausdrückt. In diesem Kapitel möchte ich deshalb auf die Entwicklung hierarchischer Strukturen im Wolfsrudel eingehen. Sie werden verständlich, wenn wir die Beziehungen zwischen den Welpen eines Wurfes im Laufe ihrer Entwicklung betrachten, wie sie sich dann im juvenilen Alter mit den älteren Rudelmitgliedern arrangieren und wie sie sich schließlich als erwachsene Wölfe untereinander verhalten.

Weitere Welpen

Wölfe werden in der Regel mit zwei Jahren geschlechtsreif. Von Anfa und den anderen Wölfen war daher im Frühjahr 1968 noch kein Nachwuchs zu erwarten. Also suchte ich wieder nach Welpen, um sie selbst aufzuziehen. Diesmal hatten wir mehr Glück als im letzten Jahr. Aus Finnland stammende Wölfe in Hagenbecks Tierpark bekamen fünf Junge, die ich alle übernehmen konnte. Als sie dreizehn Tage alt waren, holte ich sie in Hamburg ab und zog sie dann, ähnlich den anderen Welpen, in unserem Haus auf. Ich wollte wieder ihre Entwicklung genau verfolgen und außerdem die Welpen nicht an einen Zwinger binden. Sie mußten also zahm und leinenführig werden.

Für Anfa waren es ihre »Jungen«, und für diese wurde Anfa bald ein fast vollwertiger Muttersatz. Nur Milch konnte sie nicht liefern, und so fütterten wir die Welpen, wie im Jahr zuvor, mit Hilfe einer

Spritze und eines Ventilgummischlauches. Die Welpen wurden völlig zahm. Das lag vermutlich zum einen an unserer intensiven Betreuung und unserer ständigen Präsenz und zum anderen daran, daß Anfa so zahm war und uns gegenüber keine Angst zeigte. Die Welpen lernten daraus, vor uns keine Angst haben zu müssen, wenn sie auch nie so stark an uns gebunden wurden wie Anfa. Ihre Sozialpartner haben sie ihr Leben lang unter Wölfen gesucht und zu Menschen eher eine reservierte Haltung eingenommen. Vor großen oder lauten und mit technischen Gegenständen hantierenden Menschen, besonders in Arbeitskleidung, haben sie auch stets große Angst gezeigt.

In unserem Wohnzimmer herrschten bald wieder chaotische Verhältnisse, und Dagmar war entsprechender Laune. Ich wollte deswegen die Welpen gern tagsüber ins Gehege zu den anderen Wölfen bringen. Das ging aber nicht: Der etwas kleinere und inzwischen rangunterlegene Rüde Anselm reagierte auf die Jungen sehr aggressiv. Solange ich noch im Zwinger war, hielt er Abstand und rannte auch vor den stürmisch auf ihn zulaufenden Welpen fort. Ging ich aber aus dem Zwinger heraus, so griff er sie an und biß voll zu. Die Welpen schrien, ich tobte, und Anselm ließ die Kleinen los. Dies wiederholte sich mehrmals, so daß ich die Welpen aus dem Gehege ganz fernhalten mußte. Großkopf und Andra waren dagegen sehr freundlich und fürsorglich gegenüber den Welpen.

In späteren Jahren habe ich ähnliches, wenn auch nie wieder so aggressives Verhalten der rangniedrigeren Jungwölfe gegenüber Welpen beobachtet. Bei Anselm wurde es derart schlimm, daß er sogar die Welpen durch den Zaun hindurch zu beißen versuchte. Ich verstärkte deshalb den Zaun zwischen dem Wolfszwinger und jenem Teil des Gartens, in dem sich die Kleinen aufhielten. Trotzdem gelang es einem Welpen, die Schnauze durch den

Zaun zu stecken bei seinen Versuchen, Kontakt mit den großen Wölfen zu bekommen. Anselm biß ihn daraufhin so kräftig in die Schnauze, daß diese an mehreren Stellen gebrochen wurde. Uns blieb nichts anderes übrig, als den kleinen Wolf zu töten.

Auch ein zweiter Welpe machte denselben Fehler, konnte sich aber gerade noch zurückziehen und verlor so nur einen kleinen Teil seiner Nase. Er hieß fortan »Näschen«. Auch Wölfchen, der dritte Welpe, wurde am Zaun von Anselm gebissen und verlor dabei mehrere Zähne; dem einzigen Weibchen des Wurfes, »Mädchen«, biß Anselm schließlich noch einen Zeh ab.

Die Welpen konnten nicht immer in unserem Haus bleiben, und daher mußte Anselm weg. Bei dem Versuch, ihn einzufangen, habe ich einen meiner größten Fehler im Laufe der Arbeit mit Wölfen gemacht. Wir hatten keine Fangeinrichtung im Gehege. Also mußte ich Anselm irgendwie betäuben, um an ihn heranzukommen. Im Institut hatten wir noch kein Betäubungsgewehr. So blieb nur übrig, Anselm irgend etwas ins Futter zu mischen. Der Kieler Tierarzt, der das Institut mitbetreute, kannte kein orales Betäubungsmittel für Hunde. (Ein befriedigendes Betäubungsmittel für Hunde und Wölfe, das man etwa ins Futter oder ins Trinkwasser träufeln kann, gibt es tatsächlich nicht.) Er schlug daher Valium vor, zwei Tabletten von je zehn Milligramm. Ich versteckte die Tabletten in einem Stück Fleisch, warf den anderen drei Wölfen im Gehege je ein totes Huhn zu und Anselm das präparierte Futterstück, das er sofort verschlang.

Ich wartete eine Stunde, zwei, drei Stunden; nichts passierte. Anselm war so frisch und munter wie immer. So warf ich ihm noch ein Futterstück, wieder mit zwei Tabletten, zu, und als sich nach weiteren drei Stunden immer noch keine Ermüdungserscheinungen zeigten, abermals eines mit zwei

Tabletten. Inzwischen war es später Nachmittag geworden. Als ich jetzt zum wiederholten Male ins Gehege ging, zeigte Anselm sich etwas träge beim Aufstehen. Aber einfangen – daran war nicht zu denken. Ich rannte ihm hinterher, aber er war viel zu schnell. Verflucht, dachte ich, mit sechs Tabletten muß er doch mal untenbleiben, und rannte weiter. Es waren vielleicht zehn Minuten, die ich ihn so im Gehege herumjagte; dann wurde er langsam schwächer, und ich erwischte ihn. Völlig hilflos und schwer atmend ließ er sich in unseren VW tragen. Dagmar fuhr, und ich blieb bei ihm für den Fall, daß er wieder aufstehen sollte. Aber Anselm stand nicht mehr auf, nie mehr. Drei Tage später starb er in Kiel an den Folgen eines Kreislaufkollapses.

Rangordnung bei den Welpen

Wie bei allen Welpen kam es auch zwischen Alexander, Wölfchen, Näschen und Mädchen in den ersten Wochen und Monaten häufig zu heftigen Streitereien. Beim Spiel wurde geknurrt und gebissen, und im Zusammenhang mit dem Futter entbrannten manchmal kleine Kämpfe. Nicht immer ging es dabei Welpe gegen Welpe, sondern manchmal fielen zwei oder sogar drei über den vierten her. Trotzdem konnten sie Minuten später ganz friedlich, auf einen Haufen zusammengedrängt, schlafen. Und beim nächsten Streit hatten sich drei neue Freunde gefunden. Irgendwelche Feindschaften oder traditionelle, die Kämpfe bereits vorentscheidende Kräfteverhältnisse ergaben sich aus diesen Streitigkeiten nicht. Auch das Geschlecht spielte gar keine Rolle. Mädchen mußte sich gegenüber ihren Brüdern voll und ganz durchsetzen, manchmal durch Angriffe, manchmal durch beschwichtigendes Auf-den-Rücken-Fallen. Aus dem momentanen Ausdrucksverhalten zweier kämpfender Welpen resultierte auch keine Dauerhaltung. Es war stets nur Ausdruck der augenblicklichen Kräfteverhältnisse und konnte Minuten später, in einer neuen Situation, völlig anders sein.

Kampf um Futter
(links Näschen, Mitte Wölfchen, rechts Alexander).

Dies alles unterscheidet das aggressive Verhalten der Welpen ganz wesentlich von dem der älteren Wölfe. Es scheint, daß es den Welpen bei ihren Auseinandersetzungen nur um augenblickliche Interessenkonflikte geht und nicht um irgendwelche Statusfragen. Sie versuchen, ihre Geschwister nicht längerfristig zu unterdrücken, und haben entsprechend auch keine Expansionstendenz, um den eigenen Freiheitsraum auf Kosten der anderen zu erweitern – außer natürlich für den augenblicklichen Bedarf.

Aus diesen Beobachtungen schloß ich, daß zwischen Wolfswelpen in der Regel noch keine Rangordnung besteht. Diese Feststellung habe ich in den folgenden Jahren auch nicht revidieren müssen. Sie steht aber im Widerspruch zu den Beobachtungen anderer Autoren sowohl an Wolfs- wie an Hundewelpen.

Scott und Fuller testeten die Rangbeziehungen zwischen Wurfgeschwistern verschiedener Hunderassen mit Hilfe eines Knochens. Dieser wurde in einer kleinen Arena, in der die Welpen vorher gespielt hatten, zwischen jeweils zwei Welpen gelegt. Danach wurde das Verhalten der Welpen zehn Minuten lang beobachtet. In den seltensten Fällen beknabberten die Wurfgeschwister gemeinsam den Knochen. Manchmal wechselten die Welpen sich im Besitz des Knochens ab. Häufiger jedoch kam es zu Kämpfen, und in einigen Fällen schnappte sich einer der Welpen den Knochen und gab ihn während der nächsten zehn Minuten nicht wieder her. Ein Welpe, der den Knochen mindestens acht Minuten lang im Besitz behielt, wurde als »dominant« bezeichnet. Am Ende der Beobachtungszeit nahm man ihm den Knochen weg und gab ihn seinem Testpartner. Holte er sich dann den Knochen sofort wieder, wurde er als »vollständig dominant« bezeichnet, wenn er es nicht tat, als »unvollständig dominant«.

Im Alter von sechs Wochen hatten sich bei den Welpen aller fünf untersuchten Rassen kaum irgendwelche Dominanzbeziehungen entwickelt. Aber schon mit elf Wochen war in fast fünfzig Prozent aller Paarungen ein Welpe voll dominant über seinen Partner. An diesem durchschnittlichen Prozentsatz änderte sich dann bis zum Alter von einem Jahr wenig, wenn auch jetzt eine größere Differenz zwischen den Rassen zu beobachten war. Zwischen den Welpen der drei aggressiveren Rassen – Foxterrier, Bassenjies und Shelties – stellten die Autoren vollständige Dominanzbeziehungen in nahezu 75 Prozent aller Paarungen fest, bei den eher friedfertigen Beagles und Cockerspaniels lag der Durchschnitt dagegen weit unter 50 Prozent.

Auch zwischen den Pudelwelpen in Rickling bildete sich recht früh eine Rangordnung beim Fressen aus, die bis ins erwachsene Alter bestehenblieb. Unterscheiden sich demnach Hundewelpen von den Wolfswelpen, die ja keine Dominanzbeziehungen ausbilden? Ich glaube nicht. Was Scott und Fuller bei ihren Tests feststellten und ich bei den Pudeln beobachtete, waren lediglich Dominanzverhältnisse im Zusammenhang mit dem Futter. Sie testeten also die Futter-Rangordnung und nicht eine soziale Rangordnung. Nun, was ist das für ein Unterschied? Mir scheint es an der Zeit, daß ich die Begriffe »Dominanz« und »Rangordnung«, so, wie ich sie verstehe, näher umschreibe.

Eine Rang- oder Dominanzbeziehung zwischen zwei Tieren beruht auf der Einschätzung der Stärke des anderen in Relation zur eigenen in einer bestimmten Situation. Sie entspricht also nicht unbedingt dem wirklichen Kräfteverhältnis und muß auch nicht notwendigerweise durch eine direkte Konfrontation erfahren werden. Dominanz drückt sich unter anderem aus (und läßt sich somit auch messen) im individuellen Freiheitsraum, den ein Tier im Umgang mit den Partnern innehat. Der Freiheitsraum kann sich im Zugang zu bestimmten Objekten wie Futter oder Sexualpartner äußern oder in der Bewegungsfreiheit bei rein sozialen Begegnungen. Je größer die Differenz zwischen dem Freiheitsraum der Partner ist, desto größer ist der Rangunterschied.

Wir werden später sehen, daß es nur ausnahmsweise, etwa in der Beziehung zwischen jungen Welpen und erwachsenen Wölfen, vollständige Dominanzbeziehungen gibt. In den allermeisten sonstigen Zweierbeziehungen ist der eigene Freiheitsraum stets durch den des anderen mehr oder weniger eingeschränkt. Selbstsicherheit, Hemmung und Angst im Umgang mit Artgenossen drücken sich bei vielen höher entwickelten Arten, so auch in besonderem Ausmaß bei Wölfen, in Körperhaltung und Bewegung aus. Am Ausdrucksverhalten der beteiligten Tiere läßt sich also ebenfalls ihre Rangbeziehung erkennen. Aus dem vorigen Kapitel wissen wir, daß der ranghöhere Wolf zum Beispiel Schwanz und Kopf höher trägt, der rangunterlegene dagegen die Beine einknickt und bei großer Unsicherheit den Schwanz zwischen die Beine klemmt.

Das Gleichgewicht zwischen dem eigenen Freiheitsraum und dem des Partners ist nicht stabil, sondern häufigen Verschiebungen unterworfen durch die Tendenz beider Partner, ihren Freiheitsraum zu erweitern. Dabei sind manche Gleichgewichtszustände stabiler als andere. Stabil sind vor allem die objektbezogenen Beziehungen, bei denen es den Partnern nur darum geht, den eigenen Freiheitsraum zu halten oder zu erweitern im Interesse des Zugangs zu einem bestimmten Objekt, nicht aber darum, den Freiheitsraum des anderen zu verringern. Dies ist typisch für die Futterkonkurrenz. Ein Welpe ist daran interessiert, selbst zu fressen, nicht aber daran, den anderen vom Futter fernzuhalten, solange er nur selbst genug bekommt.

Die Beziehungen im rein sozialen Bereich, die nicht unmittelbar durch einen Konflikt in Zusammenhang mit dem Zugang zu einem Objekt entstehen, sind hingegen anderer Art. Hier beobachten wir neben der Tendenz, den eigenen Freiheitsraum auszuweiten, auch den Versuch, den des Partners einzuschränken. Diese Beziehungen sind besonders labil. Offensichtlich ist hier die Interessenlage anders, und in der Tat werden wir am Ende erkennen, daß es für manche Wölfe von Vorteil ist, andere zu unterdrücken. Wir werden weiter sehen, daß die Beziehungen zwischen zwei Wölfen *auch* abhängig sind von deren jeweiligen Beziehungen zu einem dritten Wolf. Die Rangordnung zwischen allen Wölfen eines Rudels ist also mehr als nur die Summe aller Zweier-Rangbeziehungen.

Nach der Definition der Rangbeziehungen ist die Einschätzung der vermeintlichen Stärke des Gegners abhängig von der Situation. Scott und Fuller haben demnach nicht die soziale Rangordnung ihrer Welpengruppen untersucht, sondern die Futter-Rangordnung. Sicherlich bestehen Querverbindungen zwischen den unterschiedlichen Situations-Rangordnungen; sie müssen aber nicht gleichartig sein, wie viele Beobachtungen an den Wölfen zeigten. Ein im sozialen Geschehen unterlegener Wolf kann ohne weiteres über längere Zeitspannen erfolgreich den Vortritt am Futter behalten. Vergleichen lassen sich die Ergebnisse von Scott und Fuller also nur mit Beobachtungen zur Futter-Rangordnung bei den Wolfswelpen.

In Rickling habe ich daher versucht, ähnliche Tests mit einem Knochen anzustellen. Sie schlugen aber fehl, da jede Veränderung der üblichen Situation beim Fressen auf die Welpen sehr störend wirkte, und zwar bei den einzelnen Welpen ganz unterschiedlich. Während es Alexander nur wenig ausmachte, herumgetragen und in der kleinen »Wettkampfarena« abgesetzt zu werden, reagierte Wölfchen sehr empfindlich darauf und verkroch sich beim Versuch regelmäßig in eine Ecke. Beim normalen Fressen dagegen behauptete er sich gegenüber seinen Geschwistern ohne weiteres. Diese Versuche wurden daher nicht weitergeführt.

Beim Vergleich zwischen den Wolfs- und den Pudelwelpen, die unter vergleichbaren Bedingungen ihr Futter bekamen, zeigte sich aber, daß in der Tat die Hundewelpen eher eine feste Futter-Rangordnung entwickeln als die Wölfe. Ich führe das auf zwei Umstände zurück. Erstens sind die Unterschiede in der Körpergröße bei den Pudelwelpen sehr viel größer als bei den Wolfswelpen, die alle zuerst etwa gleich groß sind. Auch die weiblichen Welpen bei den Wölfen haben in den ersten Monaten in der Regel dieselbe Körpergröße wie die männlichen. Bei den Hunden sind dagegen sowohl zwischen den Geschlechtern als auch innerhalb jeder Geschlechtsgruppe viel größere Unterschiede festzustellen. Womöglich waren diese Unterschiede auch bei den von Scott und Fuller untersuchten Welpen vorhanden. Große Unterschiede in Körpergröße und Stärke begünstigen natürlich die Stabilisierung von Dominanzbeziehungen.

Zweitens könnte es sein, daß im Laufe der Domestikation viele soziale Elemente des Verhaltens zurückgedrängt worden sind zugunsten von Verhaltensweisen, die den Interessen des einzelnen dienen. Für das eigene Überleben ist der Pudel nicht vom Überleben anderer Pudel abhängig, sondern nur vom menschlichen Halter. Der Wolf hingegen ist viel abhängiger vom Wohlergehen seiner Rudelmitglieder, mit denen er ja gemeinsam jagen muß. So fressen die Wölfe bei reichlichem Futter meistens ohne Konflikte nebeneinander, während bei den Pudeln die Reihenfolge, mit der die einzelnen Tiere zum Futter gelangen, genau festgelegt war. Zuerst fraß der ranghöchste Rüde, dann kam der zweite Rüde an die Reihe, danach das älteste Weibchen und zuallerletzt der kleinste Welpe. Diese Ordnung wurde nur durch die ganz jungen Welpen gestört, die für kurze Zeit relative Freiheit genossen.

Macht also die Domestikation egoistisch? Wohl nur scheinbar. Es geht in der Evolution letztlich *immer* nur um das Überleben und die Fortpflanzung der eigenen Gene. Um dies zu erreichen, muß sich der Wolf mit seinen Rudelgenossen arrangieren, von denen er beziehungsweise das Fortleben seiner Gene auch abhängt. Den Pudelgenen dagegen sind die anderen Pudel sozusagen »egal«. Im Grunde sind sie nur lästige Konkurrenten, und dementsprechend verhalten sich die Tiere.

So weit, so gut. Aber ein Schüler von Scott und Fuller, Mike Fox, hat bei seinen umfassenden Arbeiten über das Verhalten verschiedener Caniden festgestellt, daß auch junge Wölfe untereinander eine soziale Rangordnung ausbilden. Er behauptete sogar, die zukünftige Rangstellung eines Wolfes schon im frühen Welpenalter anhand physiologischer Werte voraussagen zu können.

Nun, ich hoffe, in diesem und im nächsten Kapitel zeigen zu können, daß der spätere Rang eines Wolfes von vielen verschiedenen Faktoren und nicht zuletzt in erheblichem Ausmaß vom Zufall abhängig ist. Vermutlich gibt es auch bei den Wölfen solche mit einem stärkeren Antrieb, in der Rangordnung hochzusteigen, als andere, friedfertigere Artgenossen. Inwieweit diese Unterschiede aber angeboren, auf Erfahrung im Welpenalter beruhend oder rein situationsbedingt sind, das ist heute noch nicht zu entscheiden.

Wie kam dann die Rangordnung bei Fox' Welpen zustande? Ich kann sie mir nur mit dem Fehlen erwachsener Wölfe in seinen Aufzuchtgruppen erklären. Ähnlich wie Anfa, die auch ohne ältere Artgenossen aufwuchs, entwickeln sich diese Tiere in vieler Hinsicht sehr viel schneller. Vermutlich hat die ständige Unterordnung unter ältere Tiere für die normal aufwachsenden Welpen in einem Rudel einen wesentlichen Einfluß auf ihr Verhalten auch gegenüber den Wurfgeschwistern. Sie bleiben länger welpenhaft und verhalten sich entsprechend. Allein aufwachsende Welpen dagegen werden frühzeitiger in die Rolle von Erwachsenen hineingedrängt und verhalten sich ebenfalls entsprechend.

Rudelwanderungen

Die langen Wanderungen mit Anfa und den vier Welpen um die Försterei waren sehr schön. Anfa und ich waren für die Welpen so etwas wie Rudelführer. So konnte ich, solange ich Anfa unter Kontrolle behielt, auch die Welpen einigermaßen im Gelände lenken. Erst bei der Jagd nach einem Hasen oder im wilden Rennspiel entfernten sie sich in der Gruppe manchmal außer Sichtweite; aber wieder half hier das Heulen. Anfa hingegen mußte ich jetzt an die Leine nehmen. Sie rannte sonst gleich los und die vier Welpen hinter ihr her. Fünf frei laufende Wölfe hätten aber sicher bald großen Ärger verursacht. Ich konnte statt Anfas auch einen der Welpen an die Leine nehmen, denn dann kam Anfa immer wieder zurück, da sie stets bemüht war, alle Welpen zusammenzuhalten. Auch die Welpen entfernten sich nicht einzeln. Wenigstens zwei mußten es sein, um längere Abstecher zu machen. Allein verschwanden sie nur bei Gefahr oder bei unserer Rückkehr zur Försterei.

Dann war es allerdings der reinste Flohzirkus. Schon wenn wir über die Felder auf unser Haus zugingen, folgten die Welpen immer zögernder. Kurz vor dem Zaun tobten sie schließlich auseinander und ich hinterher. Es blieb mir nichts anderes übrig, als jeden Welpen einzeln hineinzutragen oder an der Leine zurückzuschleppen. Da sie jeden Strick oder jedes Lederband wütend durchbissen, besorgte ich mir lange dünne Eisenketten, die sie nicht durchbeißen konnten. Bald waren sie natürlich auch viel schneller als ich. Doch es gab einen Trick, sie trotzdem einzuholen: Beim Hinterherrennen schrie ich laut und schmiß die Ketten nach ihnen, und manchmal traf ich sogar. Sie drückten sich sofort zu Boden und blieben unterwürfig auf dem Rücken liegen.

Das, glaube ich, war der einzige »Befehl«, den ich jemals den Wölfen habe beibringen können. Alle sonstigen Versuche mit »Komm!« oder »Sitz!« und ähnlichem schlugen völlig fehl. In all diesen Jahren haben mir aber wenigstens dieses brüllende Hinterherrennen und die ängstliche Reaktion der Welpen darauf geholfen, immer wieder ein neuerliches Weglaufen zu verhindern.

Den ganzen Sommer über gab es so bei den Wanderungen eigentlich keine größeren Schwierigkeiten. Natürlich, einige Spaziergänger und nichtsahnende Schwammerlsucher waren manchmal etwas erschrocken, aber nie mehr als die Wölfe selber. Auch die Jäger wurden mit der Zeit leicht unruhig. Sie behaupteten, die Hirsche würden nicht über eine Wolfsspur wechseln und seien damit in ihrer Bewegungsfreiheit stark eingeschränkt. Nach dem ersten Schneefall im späten Herbst konnte ich ihnen aber beweisen, daß dem nicht so ist. Ich ging am Abend mit allen fünf Wölfen, jetzt angekettet, um den ganzen Wald. Am nächsten Morgen zählten wir die Hirsch- und Rehfährten, welche die breite Spur des Wolfsrudels kreuzten. Es waren nicht weniger als sonst ohne Wolfsspuren.

Das Gebiet, in dem ich mit den Wölfen umherwanderte, gehörte zum größten Teil zur Ricklinger Gemeindejagd. Die Bauern, die mitjagten, kannte ich, und ich kam recht gut mit ihnen aus. Ich glaube, sie haben auch ihre Freude an den Wölfen gehabt. Nur ein Mitpächter aus Kiel war wohl etwas ungehalten.

Vielleicht hatte er aus seiner Sicht noch nicht einmal ganz unrecht. Im späten Herbst wurden die jetzt fast wie ausgewachsene Tiere aussehenden Jungwölfe immer selbständiger. Sie begannen, sich auch einzeln von Anfa und mir sowie den anderen Welpen zu entfernen. Solange wir zügig in einer Richtung gingen, hielten sie noch zusammen. Aber blieben wir stehen oder liefen wir gar zur Försterei zurück, wurde ihre Tendenz, auf eigene Faust loszurennen, immer größer. Stundenlang mußte ich sie manchmal suchen. Als mir das dann zu dumm wurde, verband ich entweder alle vier oder jeweils zwei Tiere mit einer langen Kette und ließ sie dann wieder laufen. Irgendeinmal kam sicher ein Baum, an dem der eine auf der einen, der andere auf der anderen Seite vorbeigehen wollte.

Das war natürlich keine befriedigende Lösung. Inzwischen waren die Welpen, nach einem langen, friedlichen Sommer, deutlich rauhbeiniger geworden. Jeder hatte jetzt eine deutliche Individualdistanz, die sich dadurch äußerte, daß ein anderer Wolf nur in freundlicher oder spielerischer Absicht bis auf Körpernähe herankommen durfte; sonst wurde auf der Stelle aggressiv protestiert.

Unter »Individualdistanz« verstehen wir in der Verhaltensforschung die Distanz zwischen zwei Tieren, die in normalen sozialen Situationen nicht unterschritten wird. Bei den Wölfen ist sie recht gering, und da die sozialen Situationen, in denen sie unterschritten werden darf, häufig vorkommen, ist sie auch recht schwierig zu beobachten. Am besten erkennt man sie, wenn die Wölfe schlafen. Während die Welpen meistens in engem Kontakt zueinander liegen, liegen die erwachsenen Tiere selten weniger als etwa einen Meter voneinander. Auch beim gemeinsamen Rennen im Rudel erkennt man deutlich, daß sie eine direkte körperliche Kontaktnahme vermeiden. Kommt ein Wolf trotzdem bis auf Körpernähe heran, so signalisiert sein Ausdrucksverhalten friedliche oder wenigstens nichtaggressive Stimmung. Es kann dann zu einem kurzen Kontakt kommen, etwa Schnauze zu Schnauze oder kurzes Hineinstoßen mit der Schnauze ins Fell des anderen. Dann gehen sie wieder auseinander. Längeren Kontakten gehen deutliche Spiel- oder Demutssignale voraus. Bei aggressiver Beeinträchtigung der Individualdistanz kommt es dagegen stets zu irgendeiner Form von Verteidigungsreaktion von seiten jenes Tieres, dessen Individualdistanz verletzt wurde.

Dementsprechend kam es dann auch zwischen den im Buschwerk oder an einem Baum verhedderten Wölfen manchmal zu stärkeren aggressiven

Auseinandersetzungen. Dann hatte Dagmar eine Idee: Wenn die Wölfe jetzt doch an der Kette laufen mußten – warum sie dann nicht vor einen Schlitten spannen, um so auch das herkömmliche Bild Schlitten angreifender Wölfe auf den Kopf zu stellen? Ich war skeptisch. Ein Sattler in Rickling war jedoch begeistert und sofort bereit, das Geschirr dazu herzustellen; das fertige Geschirr forderte natürlich auch erste Versuche damit heraus.

Die Wölfe waren zuerst über die Lederriemen, die sie über Brust und Bauch zusammenschnürten, sehr beunruhigt. Sie versuchten, sie abzustreifen, abzubeißen, abzuschütteln, und beim ersten, etwas zu großen Geschirr gelang es ihnen auch. Die nächsten Geschirre wurden kleiner gemacht, und langsam gewöhnten sich die Wölfe daran. Nur das Anlegen war etwas kompliziert, da es eine nicht gerade friedliche Beeinträchtigung ihrer Individualdistanz und ihrer Bewegungsfreiheit bedeutete. Sie protestierten lautstark, knurrten und bissen um sich. Alle diese Bisse waren aber nicht fest. Bei jedem Versuch, fest zuzuschnappen, gab es von mir sofort einen ordentlichen Schlag, und so behielten sie ihre auch im sonstigen Umgang mit mir gezeigte Beißhemmung. Ich versuchte auch immer, das Ganze in einer relativ spielerischen Weise durchzuführen. Trotzdem war der Spektakel immer groß, bis alle Wölfe ihr Geschirr anhatten.

Auch die ersten Versuche, die Wölfe hintereinander in den Zugketten einzuspannen, waren chaotisch. Zuerst übte ich mit Anfa. Sie ließ sich recht willig an die zwei Längsstränge festbinden und zog sogar den Schlitten damit allein. Die jüngeren Wölfe hingegen wehrten sich zuerst wie verrückt. Dabei verhedderten sie sich in den Ketten, gingen aufeinander los – wohl in der Meinung, der Nächststehende sei an ihrer eigenen Beeinträchtigung schuld –, und der »Kettensalat« war bald perfekt. Ich machte daraufhin die Ketten länger, so daß die Tiere nicht so nahe beieinander standen. Dann legte ich Anfa im Geschirr fest und band sie an einen Baum. Die beiden hinteren Enden der Zugketten wiederum band ich hinten fest, so daß beide Ketten gut gestreckt waren. Die vier jungen Wölfe wurden dann einzeln an die Kette gehängt. Der größte Raufer, Näschen, kam hinter Anfa und hinter ihm wieder Mädchen, so daß er von seinen Brüdern isoliert war. Auf Mädchen folgte Wölfchen, und zuletzt spannte ich Alexander ein. Er war immer der Ruhigste und auch der Bewegungsfaulste. Im Schlittengeschirr funktionierte er also als eine Art Bremser. Die zwei parallel an den Außenseiten der Wölfe vorbeilaufenden Zugketten blieben dadurch gespannt und die Wölfe so voneinander getrennt. Hinter Alexander wurde schließlich ein Schlitten angekoppelt. Dagmar setzte sich darauf – eine zusätzliche Bremse. Ich führte Anfa vorn aus dem Garten und auf die Felder, hinter mir vier störrische, einen Schlitten ziehende Wölfe.

Der Winter 1968/1969 war ungewöhnlich kalt, und die Schneedecke lag lange. Wir übten unsere Schlittenpartie fast jeden Tag und hatten die Wölfe zuletzt soweit, daß das Ganze einige Augenblicke lang tatsächlich wie ein Schlittenzug aussah: Die Wölfe zogen den Schlitten, auf dem Dagmar saß, und ich rannte nebenher und feuerte sie an. Es machte sogar den Eindruck, als hätten die Wölfe ihr Gefallen daran. Dann wollte einer aber nicht mehr und legte sich einfach hin. Oder Anfa entschied sich für eine Richtung, die garantiert Probleme bedeutete, zum Beispiel eine Böschung hinauf oder hinunter oder in den Wald hinein.

Den größten Kettensalat hatten wir an einem kalten, stürmischen Tag im Februar. Auf einem Waldweg machten wir Rast. Über die Felder jagte der Schneesturm, aber hinter ein paar dichten Fichten war es ruhig. Die Wölfe lagen friedlich nebeneinander im Schnee, als ein Rotkehlchen – tatsächlich ein Rotkehlchen – sich auf Näschen niederließ. Der Wolf schaute sich um, und der Vogel flog auf, setzte sich aber gleich wieder direkt vor Näschen in den Schnee. Offensichtlich suchte er bei dieser Kälte die wärmende Nähe der Wölfe. Näschen stand langsam auf und versuchte das Rotkehlchen zu beschnuppern, das aber wieder aufflog und sich auf Anfa setzte. Darauf stand auch Anfa auf. Der Vogel flog weiter und setzte sich mal in den Schnee zwischen die Wölfe, mal auf die Wölfe. Diese waren zuerst ganz ruhig, nur eben neugierig, was da so herumflog, kletterten übereinander, sprangen empor, als der Vogel hochflog, und versuchten ihn zu beschnuppern, als er sich neben sie setzte. Das Kettendurcheinander wurde immer größer und die Wölfe untereinander immer aggressiver. Näschen ging auf Wölfchen los, Alexander auf Mädchen, und Anfa auf alle.

Wölfe vor dem Schlitten (Reihenfolge: Anfa, Näschen, Mädchen, Wölfchen, Alexander).

Kennzeichnend für solche Auseinandersetzungen ist, daß nicht wirklich fest gebissen wird; aber dafür geht es um so lauter zu. Das Rotkehlchen war längst weggeflogen, der Schnee stäubte von den Bäumen herunter, und das Durcheinander war kaum zu überbieten. So ganz traute ich mich auch nicht in diesen Haufen wütender Wölfe hinein, erwischte dann aber doch einen Teil der Zugkette und band diese an einem Baum fest. Dadurch konnte ich langsam einen Wolf am Schwanz aus dem Knäuel herausziehen und ihn schließlich auch von seinen Ketten befreien. Dann wurde der nächste aus dem Knäuel gezogen und losgebunden, darauf wieder der nächste, bis zuletzt nur noch Näschen übrig war, der immer noch wild um sich biß. Ich schmiß meinen Mantel auf ihn und drückte ihn dann mit dem Körpergewicht zu Boden, bis auch er befreit war. Dagmar rannte inzwischen den Wölfen im tiefen Schnee hinterher und band sie an den Halsbändern fest. Irgendwann hatten wir sie dann auch alle wieder. An diesem Tag aber zogen *wir* den Schlitten durch den Schneesturm nach Hause.

Die jetzt fast einjährigen Wölfe waren inzwischen recht groß geworden. Die drei Rüden wogen um vierzig Kilogramm, Mädchen – jetzt deutlich kleiner – knapp über dreißig Kilogramm. Mit Einbruch des Winters zeigten sie eine erhöhte Tendenz zur Aggression. Vor allem zwischen Alexander und Näschen gab es manchmal Auseinandersetzungen, die den Eindruck erweckten, als dienten sie nicht nur situationsgebunden der Behauptung des eigenen Freiheitsraumes, sondern seien auch erste Stellungskämpfe für den Platz zwei im Rudel nach Großkopf. Alexander war dabei stets der Herausforderer, indem er mit hochgehobenem Schwanz und Kopf an Näschen vorbeistolzierte. Näschen drohte daraufhin, und Alexander drohte zurück. Auch bei Futterstreitigkeiten und machmal sogar im Spiel entwickelten sich zwischen diesen beiden Jungwölfen ähnlich lautstarke, wenn auch immer noch harmlose Beißereien wie die im Schlittengeschirr.

Wölfchen versuchte sich weitgehend aus diesen Streitigkeiten herauszuhalten.

Im Februar und im März 1969 – Anfa und Andra waren jetzt knapp zwei Jahre, Mädchen knapp ein Jahr alt – wurden die beiden älteren Weibchen läufig. Der einzige erwachsene Rüde im Rudel, Großkopf, zeigte sich aber daran überhaupt nicht interessiert. In späteren Jahren haben auch zweijährige Rüden Sexualverhalten gezeigt und sogar Welpen gezeugt, wenn auch erst bei den dreijährigen und älteren Rüden das Sexualverhalten in seiner vollen Stärke auftrat. Bei Großkopf war aber überhaupt keine Reaktion zu erkennen. Womöglich hing das mit einer Inzestbarriere zusammen, die bei Wölfen zu beobachten ist, von der aber erst später die Rede sein soll.

Wenn es auch zu keiner richtigen Ranzzeit in diesem Winter kam – zwischen den drei Weibchen entwickelte sich trotzdem ein sehr interessantes Verhalten.

Rangauseinandersetzungen bei den Weibchen

Zum Ende des Sommers 1968 – Anfa und Andra waren anderthalb Jahre, Mädchen war sechs Monate alt – zeigte sich Anfa den anderen beiden Weibchen sozial deutlich überlegen. Die soziale Rangordnung bei den Weibchen war aus dem Altersunterschied hervorgegangen. Aggressive Auseinandersetzungen zwischen den Weibchen waren selten und dann nur harmloser Natur. Alle drei Weibchen spielten ausgiebig miteinander.

In den Herbst hinein wurden die beiden älteren Weibchen zunehmend aggressiver zueinander. Andra zeigte eine deutliche Expansionstendenz gegen die soziale Vormachtstellung Anfas. Dies geschah zuerst im Spiel, und ich habe es deswegen zuerst auch gar nicht richtig bemerkt. Ich wunderte mich nur, daß Anfa im Spiel plötzlich laut aufbrüllte und gegen Andra drohte, zuweilen auch zuschnappte. Andra sprang dann sofort weg und umkreiste Anfa mit hochgehobenem Schwanz. Das war ein ganz ungewöhnliches Verhalten, und langsam bemerkte ich, daß Andra im Spiel Anfa etwas fester als gewöhnlich biß.

Diese zuerst vom Spielverhalten überdeckte Aggressivität Andras nahm immer deutlichere Formen an, und schließlich zeigte Andra ganz offensichtlich – auch außerhalb des Spiels –, daß sie Anfas Vormachtstellung nicht mehr akzeptierte. So war in den Wintermonaten Januar und Februar keines der älteren Weibchen dem anderen überlegen. Immer aufs neue rannte Andra in Imponierhaltung um Anfa herum, die aber ihre Stellung nicht aufgab. Die Situation zwischen den beiden Weibchen wurde äußerst gespannt, und vom Spielverhalten war nichts mehr zu beobachten. Andra wurde zudem auch gegenüber Mädchen zunehmend aggressiver und unterdrückte sie durch ganz direkte Angriffe, durch Demonstration und Drohungen, so daß Mädchen schließlich in ihrer sozialen Aktivität stark gehemmt war und auch mit ihren Brüdern kaum noch spielte. Gegenüber Anfa zeigte sie noch deutliches Demutsverhalten, gegen Andra hielt sie nur noch Abstand.

Im März wurden Anfa und Andra heiß, und auch Mädchen bekam schwache vaginale Blutungen. Durch das ständige Drohen und Imponieren hatte Andra jetzt eine leichte Vormachtstellung, ohne daß es meines Wissens zu einem ernsthaften Kampf zwischen ihr und Anfa gekommen war. Sie versuchte, jede Form sozialer Aktivität der anderen beiden Weibchen zu unterdrücken. Diese hielten sich abseits, spielten nicht mehr und waren in ihrer Bewegungsfreiheit deutlich eingeschränkt. Jedesmal wenn sie von sich aus den Kontakt untereinander oder zu einem der Rüden aufzunehmen suchten, kam Andra sofort herangesprungen und versuchte, dieses zu verhindern. Anfa protestierte lauthals gegen diese Unterdrückungen, während Mädchen sofort mit dem Schwanz zwischen den Beinen verschwand. Die Situation zwischen den drei Weibchen war äußerst gespannt; die Rüden hingegen kümmerten sich überhaupt nicht um diese Auseinandersetzungen. Wenn wir tagtäglich Anfa und Mädchen aus dem Zwinger – zusammen mit den drei Brüdern von Mädchen – zum Spazierengehen herausnahmen, spielten die beiden Weibchen ausgiebig miteinander und mit den drei Rüden. Wenn wir dann aber zum Gehege zurückkamen, ging das Theater zwischen Andra und Anfa von vorne los.

Im Mai ließ dann die Aggressivität Andras aus irgendeinem Grund deutlich nach. Das war vor allem an der neuerlichen Zunahme der Spielaktivität von Anfa und Mädchen zu erkennen, und wenn einmal Andra doch gegen die soziale Aktivität der anderen beiden demonstrierte, wurde jetzt der Protest von Anfa deutlich stärker. Es war nun interessant zu beobachten, daß die zunehmende soziale Freiheit der beiden Unterdrückten gekoppelt war mit einer Häufung der aggressiven Auseinandersetzungen. Dies war das erste Zeichen dafür, daß stabile Rangverhältnisse – wie auch immer strukturiert – aggressives Verhalten verhindern, während jede Veränderung dieser Beziehungen von einer Häufung aggressiver Auseinandersetzungen begleitet ist.

Die Instabilität in den Beziehungen blieb bis in den Juni hinein bestehen, beschränkte sich allerdings auf die beiden älteren Weibchen. Mädchen hatte inzwischen ihre soziale Freiheit weitgehend zurückerlangt, steckte ihren Schwanz nicht mehr zwischen die Beine und spielte wieder recht häufig. Am 29. Juni 1969 veränderte sich dann das Verhältnis zwischen den drei Wölfinnen schlagartig. Vormittags hatten die Tiere alle untereinander im Regen recht ausgiebig gespielt, wobei diesmal Anfa immer wieder Vorstöße in spielerischer Haltung gegen Andra richtete. Am Nachmittag kam es dann zu dem großen Kampf.

Auszug aus meinem Tagebuch vom 29. Juni 1969:

»16.30 Uhr: Stelle einen Eimer mit Futter vor den Gartenzwinger. Die Wölfe sind sehr aufgeregt. Kleinere Beißereien, Knurren, Fauchen usw.

16.35 Uhr: Füttere die Pudel im Gartenzwinger. Die Aggressivität bei den Wölfen ist groß.

16.40 Uhr: Plötzlich, nach Angriff von Anfa, großer Kampf zwischen Anfa und Andra. Mädchen ist sofort dabei und kämpft gegen Andra. Es wird hemmungslos gebissen, der Kopf nach dem Festbeißen kräftig geschüttelt, auch das Gewicht des eigenen Körpers total zum Einsatz gebracht. Es ist ein Ernstkampf. Durch die wütenden Angriffe der beiden anderen ist Andra bald unterlegen und zieht sich in defensiver Haltung in eine Ecke des Zwingers zurück. Die anderen greifen weiter wie irrsinnig an. Totaler Einsatz. Ich versuche, sie zu trennen. Es ist unmöglich. Die Rüden stehen um die drei Weibchen, aber beteiligen sich nur am Rande durch gelegentliches Schnappen nach einem vorbeilaufenden Weibchen. Die Pudel bellen wie verrückt. Ich hole das Futter in den Zwinger, wodurch die Rüden abgelenkt werden. Nur die drei Wölfinnen sind nicht zu trennen. Es fließt schon viel Blut. Andra verteidigt sich kaum noch.

16.50 Uhr: Endlich gelingt es mir, die Wölfinnen zu trennen. Binde Anfa am Zaun fest. Sie zeigt keine Aggressivität mir gegenüber oder gegen die anderen Tiere. Im Gegenteil, sie wedelt mit dem Schwanz, leckt mich im Gesicht usw. Dann sieht sie Andra im hinteren Teil des Zwingers, und sofort gehen die Rückenhaare und der Schwanz wieder hoch. Sie kann sich losreißen und rennt auf Andra los. Andra verteidigt sich jetzt aber intensiver in ihrer Ecke. Sie knurrt laut und richtet kräftige Schnappbewegungen mit Zähneklappern gegen Anfa. Ein paarmal gelingt es Anfa, die Verteidigung zu durchbrechen und mit Körpereinsatz durch Runterdrücken weitere Beschädigungsbisse gegen Flanken und Hinterkörper von Andra zu richten. Mädchen ist auch dabei. Mir ist völlig unklar, wie die Wölfinnen es schaffen, in dem Durcheinander immer in das richtige Bein, den richtigen Hals zu beißen.

17.30 Uhr: Die Verletzungen: Andra ist am ganzen Körper verletzt, am Rücken, an den Flanken, und auch die Beine sind voller Wunden. Anfa hat tiefe Wunden an Kopf, Schwanz und Hals. Sie hinkt vorne links, und die linke Oberlippe ist stark geschwollen. Mädchen hat leichtere Wunden am Kopf und an der Schnauze. Anfa und Mädchen laufen lange in Imponierhaltung. Die Rückenhaare sind gesträubt. Andra bleibt in ihrer extrem defensiven Haltung.«

In den nächsten Tagen wurde Andra von den beiden anderen Weibchen immer wieder angegriffen. Dabei umstellten sie Andra, und während diese verteidigende Vorstöße gegen die eine richtete, schoß die andere von hinten heran und biß sie kräftig in die Hinterflanken. Daraufhin drehte sich Andra um und stieß gegen die neue Angreiferin vor, wobei wieder die andere von hinten angriff und so weiter. Andras ganzer Hinterkörper war dadurch zu einer einzigen offenen Wunde geworden. Da Andra sich aber sehr intensiv verteidigte, kam es nicht wieder zu diesen völlig hemmungslosen Kämpfen. Auch die Rüden beteiligten sich manchmal an den Vorstößen, allerdings eher in einer spielerischen Art und Weise. So wurde Andra zum »Prügelknaben« des Rudels und war sozial völlig rechtlos. Sie hielt Abstand zu allen anderen Wölfen des Rudels. Dabei wußte sie aber ganz genau, wer für sie gefährlich werden konnte und wer nicht. So ließ sie die Rüden ziemlich nahe an sich herankommen, bevor sie die Zähne bleckte oder Vorstöße mit Schnappbewegungen gegen sie richtete. Anfa und Mädchen dagegen wurden schon von weitem intensiv angedroht. Nur Großkopf, Andras Wurfbruder, beteiligte sich in keiner Weise an den Auseinandersetzungen.

Mit der Umstellung in der Rangordnung veränderte sich das Verhalten von Anfa und Mädchen schlagartig. Anfa wurde wieder zu der großen Spielinitiatorin des Rudels, und obwohl sie lange noch durch die Wunden aus dem Kampf behindert war, war sie im Spiel sehr wild und ausgelassen. Auch Mädchen spielte sehr intensiv mit, und dabei zeigte auch sie, wie früher die beiden älteren Weibchen, im Spiel erste Expansionstendenzen gegen Anfa. Sie biß mal etwas kräftiger zu, und das Spiel zwischen den beiden Weibchen wurde zunehmend aggressiver.

Auszug aus dem Tagebuch vom 12. Juli 1969:

»Beim Spazierengehen am Nachmittag greift Mädchen mehrmals unerwartet Anfa an. Anfa protestiert heftig gegen diese Angriffe, aber Mädchen springt nur weg und greift von hinten aufs neue an. Erst als ich Mädchen an die Kette nehme und Anfa frei laufen lasse, hört die Aggressivität auf.

20.35 Uhr: Den ganzen Abend ist die Stimmung zwischen Anfa und Mädchen explosiv. Ich beobachte vom Fenster aus. Plötzlich rennt Mädchen wieder auf Anfa zu und beißt sich diesmal in den Nackenhaaren von Anfa fest. Beißschütteln. Anfa verteidigt sich intensiv, und es kommt zu einem hemmungslosen Kampf. Ich renne schreiend in den Zwinger hinein, aber der Kampf ist schon zu Ende. Trotzdem sind beide stark verletzt. Der Sandboden im Zwinger ist rot von Blut. Beide legen sich, die andere fixierend, hin und lecken sich ihre Wunden.«

Auszug aus dem Tagebuch vom 13. Juli 1969:

»6.30 Uhr: Die Nacht habe ich im Gehege geschlafen und keine weiteren Kämpfe zwischen Mädchen und Anfa beobachtet, aber schon in der Dämmerung fängt Mädchen wieder an, Anfa zu umkreisen. Noch hält sie Abstand. Anfa protestiert sehr lautstark, aber hat offensichtlich starke Hemmungen, Mädchen anzugreifen. Mädchen trägt jetzt den Schwanz hoch und läuft in federndem Schritt, während Anfa, den Schwanz leicht eingeklemmt, in gebückter Haltung herumläuft. Keine der beiden nimmt von Andra mehr Notiz.«

In den nächsten Tagen war die Situation zwischen Anfa und Mädchen sehr labil. Keine der beiden spielte, sie waren ständig nur damit beschäftigt, sich gegenseitig im Auge zu behalten, einander zu umkreisen, zu drohen und zu imponieren. Vor allem Anfa war durch ihre Wunden an den Beinen in ihren Bewegungsmöglichkeiten eingeschränkt.

Auszug aus dem Tagebuch vom 21. August 1969:

»17.30 Uhr: Mädchen imponiert wie üblich gegen Anfa. Anfa greift an und richtet kräftige Schnappbewegungen gegen den Hals von Mädchen, die den Kopf wegdreht. Längere Zeit stehen sie so Seite an Seite und drohen laut. Wieder schnappt Anfa gegen den Hals von Mädchen, die darauf hochspringt und den Kopf gegen Anfa wendet. Es entwickelt sich plötzlich nochmals ein Ernstkampf. Andra schießt von hinten dazu und greift mit Anfa zusammen Mädchen an. Der Kampf dauert rund zehn Minuten und ist wie immer völlig lautlos. Mädchen verteidigt sich intensiv, kann aber dann die heftigen Angriffe der beiden Älteren nicht mehr abwehren und flieht in defensiver Haltung. Anfa rennt hinterher, jetzt mit hochgehobenem Schwanz und im Federschritt. Die Rücken- und Nackenhaare stehen hoch. Mädchen verteidigt sich in einer Ecke.«

In den nächsten Tagen und Wochen unternahm Anfa, jetzt wieder als Alpha-Weibchen, immer wieder intensive Unterdrückungsausfälle gegen Mädchen und gelegentlich auch schwächere gegen Andra. Mädchen war wieder ganz unten in der Rangordnung. Sie versuchte am 22. August – also einen Tag nach dem Verlust ihrer Alpha-Stellung – einmal einen Ausfall gegen Andra, wurde aber sofort von Anfa in eine Ecke vertrieben. Andra wurde langsam sozial freier und spielte ab und zu. Gegen Anfa zeigte sie intensives Demutsverhalten, und diese ließ sie mehr oder weniger in Ruhe.

Nach dieser langen Phase von Rangkämpfen wurde es im Rudel zwischen den Weibchen langsam friedlicher. Zu einer ähnlichen Unterdrückung wie im Winter kam es nicht mehr. Offensichtlich handelte es sich bei den letzten Kämpfen um reine Rangpositionskämpfe und ihre Nachspiele. Als die Rangfolge dann endgültig festlag und von allen akzeptiert wurde, kam es immer seltener zu aggressiven Auseinandersetzungen. Die soziale Rangordnung war festgelegt und der Friede im Wolfsrudel wieder eingekehrt.

Die zunehmende Aggressivität bei Anfa und Andra im Herbst 1968 war mit der Geschlechtsreife gekoppelt. Sie erreichte ihren vorläufigen Höhepunkt zur Ranzzeit im Spätwinter. Bei Mädchen dagegen trat der Versuch, die Alpha-Position zu erreichen, früher ein. Vermutlich wurde sie durch die Aggressivität zwischen den beiden älteren Weibchen zu diesem Versuch animiert, und Anfas Schwäche nach ihrem Kampf mit Andra ausnutzend, gelang es ihr sogar, die höchste Position, wenn auch nur für kurze Zeit, zu erreichen. Interessant ist, daß sie auf jeden Fall bereits einjährig, also bevor sie selbst die Geschlechtsreife erreicht hatte, in der Lage war, das Geschlecht der anderen Wölfe im Rudel zu erkennen, wie sie sich auch über ihr eigenes Geschlecht »im klaren war«.

Angriffe gegen Menschen

Die mit Erlangung der Geschlechtsreife zunehmende Aggressivität der Wölfe äußerte sich bei den nichtzahmen Wölfen nur bei innerartlichen Auseinandersetzungen. Andra und Großkopf waren Menschen gegenüber in keiner Weise aggressiver oder weniger scheu. Bei den gegenüber Menschen sozialisierten Wölfen, die den Menschen also ebenfalls als Sozialpartner betrachteten, war es aber anders – und leider sehr unangenehm, ja sogar gefährlich. Wieder hob sich hier Anfa, der am meisten auf den Menschen bezogene Wolf, hervor.

Ihre langsamen Verhaltensveränderungen Menschen gegenüber beobachtete ich bei Anfa erstmals im Sommer 1968, als sie etwas über ein Jahr alt war. Ein älterer, schmächtiger und nicht allzu großer Herr, ein Rentner aus Rickling, besuchte uns des öfteren. Er stand manchmal stundenlang vor dem Wolfsgehege und beobachtete die Tiere. Lange Zeit begrüßte ihn Anfa überschwenglich, wie alle anderen Menschen auch. Aber dann sah ich eines Tages, wie sie den Mann wütend hinter dem Zaun angriff, gegen den Maschendraht sprang und sich darin verbiß. Ihr Verhalten war sehr ungewöhnlich, so daß ich glaubte, der Mann habe Anfa durch den Zaun hindurch gereizt, vielleicht Steine geworfen oder sie mit einem Stock geprügelt – ein falscher Verdacht, wie sich herausstellen sollte.

Das zweite Opfer von Anfas Aggressivität wurde unser guter Freund Jasper, Arzt in Rickling. Jedesmal wenn Dagmar und ich für einige Tage wegfahren mußten, hatte er die Tiere versorgt. Anfa war seine große Favoritin, und die Freundschaft schien gegenseitig zu sein. Eines Tages aber, als er im Winter 1969 wieder Futter in das Gehege trug, kam Anfa wie gewöhnlich aufgeregt angerannt und begrüßte ihn in ihrer üblichen stürmischen Weise. Immer wieder rannte sie schwanzwedelnd auf ihn zu, mit eingeknickten Beinen und zurückgelegten Ohren, sprang an ihm hoch, leckte ihm ins Gesicht und rannte wieder weg, kam zurück, und plötzlich, ohne Vorwarnung, biß sie zu. Es war kein fester Biß, eher ein Schnappen, aber es traf Jasper an einer äußerst empfindlichen Stelle: am Penis. Das war das Ende einer Freundschaft.

Ähnlich erging es nicht viel später einem anderen Freund, Peter, Fotograf beim »Stern«. Gemeinsam waren wir mit allen Wölfen lange unterwegs gewesen. Die Wölfe hatten Peter völlig akzeptiert. Er konnte an sie herangehen, sie an der Leine führen, mit ihnen spielen, und wieder war natürlich Anfa die Favoritin. Spät am Nachmittag kamen wir zur Försterei zurück und brachten gemeinsam die Wölfe ins Gehege. Peter machte noch ein paar Fotos, dann verließen wir das Gehege. Ohne daß ich es bemerkte, ging dann Peter allein in das Gehege zurück. Ich hörte nur sein unterdrücktes Aufschreien: Anfa war auf ihn zugelaufen und hatte, wieder ohne Vorwarnung, zugeschnappt; wie bei Jasper nicht sehr fest, aber am gleichen Körperteil.

Peter war ganz blaß geworden, konnte aber schon wenig später wieder lachen. Auch seine Kollegen in Hamburg haben dann viel über diesen Vorfall gelacht, und heute noch, wenn ich einen Journalisten oder einen Fotografen vom »Stern« treffe, spielen sie auf die Geschichte von Peter und dem Wolf an. Daß Peter ein Jahr später mit seiner Frau ein Kind bekam, wurde als »Wunder« bezeichnet.

Nun, zum Lachen war das Ganze eigentlich doch nicht, wenn auch bis jetzt jeder mit dem Schrekken davongekommen war. Anfa entwickelte zunehmend Aggressionen gegen manche Menschen, während sie andere wie üblich stürmisch und freundlich begrüßte. Es handelte sich überwiegend um kleinere, schmächtige, nicht gerade laut auftretende junge Männer, die sie derart angriff, und zwar vorerst nur im Gehege gegen den Zaun. Von jetzt an ging nur noch ich zu ihr hinein. Außerhalb des Geheges war Anfa hingegen vorerst immer noch friedlich, bis sie eines Tages auch hier angriff: diesmal Arndt, einen Freund und Kollegen aus dem Institut.

Wir wollten zusammen mit mehreren Leuten und den Wölfen eine Wanderung machen. Anfa hatte Arndt schon hinter dem Zaun wütend angegriffen, und deshalb nahm ich sie gleich an die Kette und band sie dann außerhalb an einen Baum, während ich die anderen vier Wölfe herausließ. Plötzlich riß sich Anfa los, rannte geduckt auf Arndt zu und biß ihn, diesmal sehr fest, ins Bein. Arndt stand wie erstarrt und sagte kein Wort, und ich war sofort da und konnte Anfas Maul aufreißen, so daß Arndt freikam. Es war keine große Wunde, nur zwei tiefe, kaum blutende Einbisse. Wir brachten Arndt sofort zu einem Arzt, der ihm eine Tetanusspritze gab. Die Wunde selbst mußte nicht genäht, nicht einmal verbunden werden. So schien alles wieder relativ glimpflich abgegangen zu sein.

Bis Arndt drei Tage später hohes Fieber bekam. Er fuhr mit dem Taxi in die Universitätsklinik und erwähnte bei der Aufnahme nebenbei, daß er vor ein paar Tagen von einem Wolf gebissen worden sei. Damit war die Aufregung perfekt. Der Chef persönlich nahm ihn auf seine Privatstation und setzte sich mit unserem Chef, Professor Herre, in Verbindung. Dieser wiederum rief mich an und erzählte wütend, Arndt sei sehr schwer verletzt; man rechne möglicherweise mit dem Schlimmsten.

Das saß. Ich hatte ganz schwere Glieder von dem Schock. Dagmar aber sagte als erste, daß da wohl etwas nicht stimmen könne. Wir fuhren zu Jasper, der in Rickling Arzt war. Er konnte sich das Ganze auch nicht erklären und rief in Kiel an. Ein Studienkollege von ihm, Oberarzt an der Universitätsklinik, hatte Arndt selbst untersucht und meinte, das hohe Fieber hänge womöglich gar nicht mit dem Biß zusammen. Sein Chef habe dagegen von einer möglichen Unverträglichkeitsreaktion gesprochen. Was damit gemeint sei, wisse er auch nicht, doch die Aufregung sei immer noch sehr groß.

Drei Tage später wurde Arndt aus dem Krankenhaus entlassen; es war eine Angina gewesen – also viel Aufregung um relativ wenig. Ich bin überzeugt: Wenn Arndt erwähnt hätte, er sei von einem Hund gebissen worden – niemand im Krankenhaus hätte das mit seinem Fieber in Verbindung gebracht. Aber ein Wolf! Wieder diese Irrationalität. Es war uns allen eine Lehre. Mir wurde darüber hinaus klar, daß Anfa nicht mehr freigelassen werden konnte.

Meine Arbeit mit den Wölfen und den Pudeln war jetzt nach zweieinhalb Jahren ohnehin beendet. Im Sommer 1969 hatte ich angefangen, die Ergebnisse auszuwerten, und die ersten Seiten der Doktorarbeit waren geschrieben. Es fiel uns natürlich schwer, Rickling und unser Leben mit den Wölfen aufzugeben. Aber da die Forstverwaltung unser Haus für einen neuen Waldarbeiter brauchte, war der Abschied unumgänglich, und die Freiheit der Wölfe hatte ein Ende.

Im Herbst 1969 brachen wir auf. Zuerst kamen die drei älteren, später auch die vier jüngeren Wölfe nach Kiel in den Haustiergarten des Instituts (diesmal wurden die nichtzahmen Wölfe mit Hilfe eines Narkosegewehrs immobilisiert). Die neuen Zwinger waren sehr klein, und so trennten wir die Tiere. Anfa und Großkopf kamen in ein Gehege, Alexander, Näschen, Wölfchen und Mädchen in ein weiteres. Andra sollte forthin Puwos »produzieren« und wurde mit einem der Pudelrüden zusammen in ein Gehege gesperrt. Die meisten anderen Pudel konnte ich verschenken. Ich weiß nicht mehr, wie viele es im Laufe der Jahre gewesen sind, die ich auf diese Weise vor der Präparation im Institut retten konnte. Daß die Besitzer dieser seltsamen wolligen, langschwänzigen Königspudel aber zufrieden waren, habe ich immer wieder zu hören bekommen.

Als die Zwinger alle leer waren, zogen Dagmar und ich fort nach Sylt, wo ich einige Monate ungestört meine Arbeit schreiben konnte. In dieser Zeit beobachteten wir die Anfänge einer interessanten Veränderung in der Rangordnung der Rüden, wovon ich noch berichten möchte.

Rangauseinandersetzungen bei den Rüden

Solange Großkopf noch im Rudel war, war er eindeutig der Alpha-Rüde. Zwischen Alexander, Näschen und Wölfchen gab es keine erkennbare Rangordnung. Großkopf spielte mit allen dreien und zeigte keine Form von Unterdrückung. Nur gegenüber Alexander, dem stärksten der drei Brüder, demonstrierte er manchmal seinen höheren Rang durch leichtes Imponiergehabe oder indem er Alexander ansprang und ihn mit dem Körper nach unten drückte. Vermutlich hing dies damit zusammen, daß Alexander die Alpha-Stellung von Großkopf nicht so völlig akzeptierte wie Wölfchen und Näschen, sondern leichte Expansionstendenz nach oben, wiederum besonders im Spiel, zum Ausdruck brachte. Insgesamt aber war die Rangordnung zwischen den Rüden bis zu ihrer Trennung stabil.

Als Ende Oktober 1969 Großkopf aus dem Rudel entfernt wurde, nahmen die aggressiven Auseinandersetzungen zwischen den drei jüngeren Rüden schlagartig zu – als seien sie plötzlich von einer Hemmung befreit. Sie drohten und imponierten gegeneinander, manchmal kam es auch zu Beißereien. Aber immer noch war der Respekt vor dem Gegner so groß, daß wirklich festes Beißen nicht beobachtet wurde. Näschen war der weitaus Aggressivste der drei, konnte aber die Alpha-Stellung nicht sichern. Langsam ebbte die Aggressivität wieder ab.

Beißerei.

Als die Wölfe im Dezember 1969 nach Kiel kamen, gingen die Auseinandersetzungen weiter. Nach wie vor war Näschen der Aktivere und Aggressivere, aber allmählich hörten die Angriffe gegen Alexander auf, und nur noch Wölfchen wurde von Näschen angegriffen. Alexander wiederum griff hauptsächlich Näschen an, wurde immer stärker, und am 23. Januar 1970 kam es zu einem Machtkampf. Auch Wölfchen war sofort dabei. Gemeinsam mit Alexander kämpfte er gegen Näschen. Alle drei Tiere zeigten Beißschütteln und lautloses, hemmungsloses Beißen, also Ernstkampf, der aber längst nicht so hart geführt wurde wie der bei den Weibchen. Schon nach wenigen Minuten hatte Näschen den Kampf verloren. Er war nicht schwer verletzt und konnte die weiteren Angriffe abwehren. Aber seine wenn auch nur schwache Alpha-Position hatte er eingebüßt; neuer Alpha-Rüde war jetzt Alexander.

In der nächsten Zeit war die soziale Rangordnung zwischen den Rüden recht stabil; die aggressiven

Auseinandersetzungen waren selten und harmlos. Dagegen wurde Alexander mir gegenüber immer aggressiver. Einmal in der Woche fuhr ich von Sylt nach Kiel, um nach den Tieren zu schauen und die Zwinger sauberzumachen. Zuerst bemerkte ich gar nicht die Veränderung bei Alexander. Aber als ich eines Tages in den Zwinger kam, sprang er plötzlich an mir hoch und legte beide Vorderpfoten auf meine Schulter. So groß, wie er war, schaute er mich mit zähnebleckendem Gesicht von oben an. Jedesmal wenn ich mich bewegte, knurrte er lauter, und seine großen weißen Zähne kamen mir wirklich bedenklich nahe. Wohl war mir in dieser Situation nicht. Ich versuchte ihn zu beruhigen, sprach langsam mit ihm, sagte: »Alexander, Alexander, sei ruhig, sei ruhig!« Aber es half nichts – er stand aufrecht vor mir und knurrte weiter. Die Kollegen im Institut hatten inzwischen auch bemerkt, was los war, und hingen alle, das Schauspiel beobachtend, in den Fenstern. Ich wußte nicht, wie ich mich ehrenhaft aus der Situation retten sollte, und sprach weiter auf Alexander ein. Sobald ich mich jedoch nur ein wenig rührte, wurde das Knurren wieder lauter, das Zähneblecken noch bedrohlicher. Vermutlich hatte Alexander genausoviel Angst wie ich. Jede plötzliche oder unvorsichtige Bewegung hätte ihn zum Angriff bewegen können, und dem wäre ich wohl kaum gewachsen gewesen. So blieb mir nichts anderes übrig, als auszuharren und ständig auf ihn einzureden. Langsam wurde das Knurren leiser und sein Gesicht freundlicher. Ich redete weiter, und schließlich – vermutlich zum Ärger einiger der Kollegen, die wohl mehr Aktion erwartet hatten – rutschte Alexander mit den Vorderfüßen an mir herab, ging einige Schritte knurrend zum nächsten Busch, hob dort das Bein und urinierte. Um das Gesicht nicht völlig zu verlieren, tat ich das gleiche, stolzierte im Gehege umher und ging dann langsam zur Tür und aus dem Gehege hinaus.

Als ich in der nächsten Woche wieder nach Kiel kam, nahm ich mir vorsorglich einen Spaten mit ins Gehege, und dieses Mal schien Alexander vor mir größeren Respekt zu haben. Nach der Übersiedlung nach Sylt hatte ich bei jedem Besuch die Wölfe noch an der Leine im Universitätsgelände herumgeführt; jetzt war dies aber mit Alexander kaum noch möglich. Zwar ließ er sich immer noch von mir anketten und aus dem Zwinger herausnehmen, und außerhalb des Zwingers hörte seine Aggressivität mir gegenüber sowieso weitgehend auf, aber er war hier sehr aufgeregt, mußte an jedem Baum urinieren und intensiv drohend mit hochgestellten Rückenhaaren scharren, so daß das Spazierengehen mit ihm keine Freude war. Fremden Menschen gegenüber drohte er auch, und bei Hunden war er kaum noch an der Kette zu halten. Unter diesen Umständen ließ ich ihn lieber im Zwinger.

Ein paar Wochen später wurde es dann mit einem anderen Wolf, mit Anfa, wirklich kritisch. Bei meinen ersten Besuchen von Sylt aus hatte sie mich immer noch stürmisch-freundlich begrüßt und war nicht von meiner Seite gewichen. Bei einem Besuch im Februar merkte ich aber schon außerhalb des Zwingers, daß sich ihr Verhalten mir gegenüber irgendwie verändert hatte. Sie wedelte zwar mit dem Schwanz und winselte aufgeregt, aber gleichzeitig biß sie leicht in den Zaun hinein. So dachte ich, daß es besser wäre, Anfa in den anschließenden Stall einzusperren, während ich den Zwinger saubermachte. Ich lockte sie hinein und schloß dann von außen die Schiebetür zum Zwinger. Durch eine kleine rechteckige Luke in knapp zwei Meter Höhe beobachtete ich sie im Stall. Sie erkannte mich und stemmte die Vorderbeine hoch gegen die Tür und knurrte leise. Ich ging hinaus, und über einen Gang erreichte ich von draußen durch eine Tür den Zwinger. Gerade hatte ich angefangen, den Dreck wegzuräumen, als vom Stall her laute Geräusche hörbar wurden. Verflucht, dachte ich, die Luke zum Stall ist nicht zu; vielleicht versucht sie jetzt, sich durch die Öffnung hindurchzuzwängen. Ich rannte aus dem Zwinger heraus in Richtung Stall – und da kam mir Anfa schon entgegen. Sie machte einen riesigen Satz und sprang mich mit voller Wucht an. Mit meinen Händen konnte ich sie im Sprung abfangen und an beiden Seiten des Halses festhalten. Ich hob sie dann so hoch, daß sie mit den Füßen nicht auf dem Boden aufsetzen konnte, und trug sie – wo ich die Kräfte dazu hernahm, weiß ich nicht – zu der Zwingertür, stieß diese mit dem Fuß auf und schmiß die Wölfin in den Zwinger hinein. Noch in der Luft drehte Anfa sich um, und kaum auf dem Boden, machte sie wieder einen Sprung auf mich zu. Gerade noch rechtzeitig konnte ich die Tür zwischen uns beide bringen, und sie sprang in das Gitter hinein. Wütend biß sie in die Maschen, so daß sie sich das Zahnfleisch blutig riß; vor Aufregung war sie wie verrückt.

Ich war froh, draußen zu sein. Von dieser Begegnung an hat sich Anfas Aggression mir gegenüber nicht mehr gelegt, und ich bin danach nie wieder in ihren Zwinger hineingegangen. Ein halbes Jahr später kam sie, zusammen mit Großkopf, in den Tierpark Neumünster. Dort haben Dagmar und ich sie ein paarmal besucht. Einmal waren fast zwei Jahre seit dem letzten Besuch verstrichen. Anfa erkannte uns sofort wieder, und während sie mich wie in Wut hinter dem Zaun angriff, rannte sie auf Dagmar in freundlich-demütiger Haltung zu, drehte sich um, rannte erneut wie eine Irrsinnige auf mich los, drehte sich wieder um und war der friedlichste Wolf, den man sich denken konnte: das alles binnen Sekunden. Noch nie habe ich bei einem anderen Wolf eine derart schnelle und totale Umkehr der Ausdrucksstrukturen erlebt.

Warum hat Anfa mich nach einer so langen und intensiven Freundschaft derart plötzlich zu »hassen« begonnen? Die Aggression Alexanders mir gegenüber ist verständlich: Als neuer Alpha-Rüde war er wohl bemüht, auch mir gegenüber seine Vormachtstellung zu behaupten. Bei Anfa hingegen, glaube ich, lagen die Ursachen woanders. Ihr Verhalten läßt sich nur noch als neurotisch bezeichnen. Vermutlich hängt das Ganze mit der Geschichte ihrer Welpenzeit zusammen, als sie zunächst von Menschen aufgezogen und stark an sie gebunden wurde, dann aber von diesen ihren bevorzugten Sozialpartnern zumeist getrennt leben mußte.

Um alle Mißdeutungen von vornherein zu vermeiden: Weder das Verhalten Anfas noch das Alexanders ist typisch für einen Wolf. Bei diesen beiden handelte es sich um gezähmte Tiere, die sich Menschen gegenüber ähnlich wie gegen Wölfe verhielten. Und das bedeutet auch Aggression. Für natürlich, in freier Wildbahn aufwachsende Wölfe ist der Mensch hingegen ein Feind und kein Sozialpartner.

Ich könnte jetzt viele Geschichten, die andere mit zahmen Wölfen erlebt haben, berichten. Fast immer ähneln sie der von Anfa und Alexander: Wenn die Wölfe als Welpen überhaupt zahm wurden, waren sie in ihren ersten Lebensjahren außerordentlich freundlich und machten ihren Haltern viel Freude. Zu fremden Menschen waren sie jedoch immer recht scheu und deswegen auch schwer zu halten. Besondere Schwierigkeiten traten dann auf, wenn die Wölfe die Geschlechtsreife erreichten, mit der sie aggressiv und gefährlich wurden. Jeder, der mit dem Gedanken spielt, einen Wolf als Haustier aufzuziehen, sei hiermit gewarnt.

Kommen wir aber nochmals zurück zu den Auseinandersetzungen unter den Rüden. Die soziale Rangordnung, die sich zwischen ihnen im Winter 1969/1970 herausgebildet hatte, mit Alexander als Alpha-Rüden sowie Näschen und Wölfchen gleichberechtigt auf dem zweiten Platz, blieb nicht lange stabil. Schon im Februar 1970 bahnte sich Wölfchens »langer Marsch nach oben« an. Er, der bei den früheren Auseinandersetzungen nur eine Nebenrolle gespielt hatte, fing langsam an, aggressiv zu werden, zuerst gegen Näschen. Diese Auseinandersetzungen wurden immer häufiger und intensiver. Am 23. März kam es zu einem kurzen, recht intensiven Kampf zwischen Näschen und Wölfchen, den Wölfchen noch verlor. Alexander war zu der Zeit im Stall eingesperrt und konnte nicht in den Kampf eingreifen. Einige Tage war Näschen schwach dominant über Wölfchen, was sich aber bald durch Alexanders Unterstützung für Wölfchen änderte. Wölfchen kämpfte auf seinem Weg nach oben vorerst nur gegen seinen nächsten Rivalen, gegen Näschen, und war ihm schließlich deutlich überlegen. Die Position Alexanders hingegen blieb die ganzen Sommermonate über unangefochten.

Allmählich zeigte Wölfchen dann die ersten Expansionstendenzen gegen Alexander, wie üblich zuerst im Spiel. Die aggressiven Auseinandersetzungen nahmen schnell an Häufigkeit und Intensität zu, während die freundlich-spielerischen Verhaltensweisen seltener wurden. Die Initiative ging jetzt vorwiegend von Wölfchen aus, der sich ständig in der Nähe von Alexander aufhielt und ihn bei jeder Gelegenheit mit gesenktem Schwanz und eingeknickten Beinen angriff. Alexander zeigte fast nur noch Imponierverhalten, griff aber Wölfchen kaum noch direkt an.

Am 1. Oktober 1970 kam es dann zu dem erwarteten Machtkampf. Ich habe den Kampf leider nicht selber gesehen, aber der Tierwärter, Herr Zobel, ein sehr guter Beobachter, berichtete, daß Wölfchen Alexander plötzlich von hinten sehr hart angriff, sich festbiß und kräftiges Beißschütteln zeigte. Näschen stieß hinzu und kämpfte, etwas am Rande, gegen Wölfchen mit. Der Kampf dauerte ungefähr fünfzehn Minuten und soll sehr hart geführt worden sein. Es gelang Herrn Zobel nicht, trotz Einsatzes eines kräftigen Wasserstrahls, vor dem die Wölfe sich sonst fürchten, sie zu trennen. Im Laufe des Kampfes wurde Alexander an mehreren Körperstellen schwer verletzt. Er zog sich in den Stall zurück, wo er sich noch mehrere Stunden lang verteidigen mußte.

Dies ist der einzige Ernstkampf aus meiner Erfahrung, bei dem ein Einzeltier sich gegen zwei Gegner durchsetzen konnte. Vermutlich hatte Näschen nicht sehr aktiv in den Kampf eingegriffen.

Auch in den folgenden Tagen versuchte Wölfchen, jetzt neuer Alpha-Rüde, den verletzten Alexander im Stall anzugreifen. Alexander blieb ständig dort und wurde erst zwanzig Tage später wieder im Zwinger gesehen.

Das Verhältnis zwischen Wölfchen und Näschen war ebenfalls durch häufige aggressive Auseinandersetzungen gekennzeichnet. Wieder war es der Rangniedrige, also Näschen, der die aktivere Rolle spielte. Er ging laut knurrend und zähnebleckend auf Wölfchen zu, der dann meistens nur in Imponierhaltung den Kopf wegdrehte und so die Angriffe Näschens abblockte. War Näschen jedoch einen Augenblick unaufmerksam, griff ihn Wölfchen intensiv von hinten an und biß, nach dem Aufschrei und den heftigen Reaktionen Näschens zu schließen, sehr kräftig zu.

Es schien, als sei es Wölfchen durch diese »hinterhältigen« Angriffe gelungen, seine Position zu festigen. Im späteren Herbst war dann das Verhältnis zwischen den drei Rüden weitgehend stabil. In dem Maße, wie die Angriffe Wölfchens schwächer wurden, reagierten die beiden subdominanten Rüden darauf mit Demutsverhalten statt mit Flucht oder Protest. Bald spielten alle Rüden wieder miteinander.

Zwischen Näschen und Alexander gab es interessanterweise keine Rangdifferenz. Nach dem verlorenen Machtkampf war Alexander nicht zum allgemeinen Prügelknaben geworden, wie wir es sonst bei ehemaligen Alpha-Tieren beobachtet haben. Vielmehr zeigte sich Näschen sehr besorgt um den verletzten Alexander. Er leckte ihm die Wunden und lag häufig neben ihm im Stall. Versuchte Wölfchen, Alexander dort anzugreifen, kam Näschen sofort hinzu und griff Wölfchen protestierend an. Das Verhältnis zwischen den beiden rangniedrigeren Rüden entsprach ganz dem Verhältnis der drei Brüder untereinander, als Großkopf noch Alpha-Rüde gewesen war: geringe Aggressivität, geringe Individualdistanz, viel Spiel und freundliches Verhalten.

Interessant waren die allgemeinen Veränderungen im Verhalten von Wölfchen und Alexander nach dem Machtkampf. Sofort nach dem Kampf lief Wölfchen in der Haltung des ranghöchsten Tieres im Zwinger umher. Auch außerhalb des Zwingers verhielt er sich genauso wie vorher Alexander. Mit hochgehobenem Schwanz und an jeder Ecke spritzharnend, lief er winselnd und sehr unruhig an der Kette. Im Zwinger zeigte er auch bald mir gegenüber erste Imponierversuche, die zuerst im Spiel auftraten, später auch gleich bei meinem Eintreten in den Zwinger.

Der früher so aggressive Alexander hingegen war von dem Tag an, an dem er seine hohe Position verlor, der denkbar »liebste« Wolf. An der Kette lief er ruhig, und jeder fremde Mensch wurde mit einer Intensität unterwürfig begrüßt, wie es sonst nur bei Jungwölfen zu beobachten ist.

Erstes Modell der sozialen Rangordnung

Bis jetzt haben wir nur beobachten können, wie sich die soziale Rangordnung zwischen jungen Tieren entwickelt, und dies außerdem in einem sich nicht durch eigene Welpen vergrößernden Rudel. Trotzdem können wir jetzt schon einige Merkmale dieser Ordnung erkennen.

Zwischen den Wölfen gibt es objektbezogene Rangverhältnisse, etwa im Zusammenhang mit dem Futter, sowie Rangbeziehungen, die sich nicht unmittelbar auf den Zugang zu einem Objekt beziehen, sondern aus dem sozialen Geschehen selbst entstehen. Auseinandersetzungen, die den Zweck haben, diese sozialen Rangbeziehungen zu verändern, finden nur zwischen gleichgeschlechtlichen Wölfen statt. Demnach gibt es im Wolfsrudel zwei getrennte Rangordnungen: eine für die Rüden und eine für die Weibchen. Spätestens mit einem Jahr erkennen die jüngeren Wölfe sowohl das Geschlecht der anderen Rudelmitglieder als auch das eigene.

Besonders wenn es um die härter umkämpften Rangpositionen zwischen den älteren Wölfen geht, sind die Rangauseinandersetzungen nicht »Privatangelegenheit« von nur zwei Tieren; vielmehr beteiligen sich auch die anderen Tiere des Rudels, vor allem die gleichgeschlechtlichen, mehr oder weniger intensiv daran. So führt jede Veränderung in der Rangbeziehung zweier Tiere, sei es, daß der Rangniedrigere eine Expansionstendenz nach oben zeigt, sei es, daß der Druck des Ranghöheren nach unten stärker oder schwächer wird, zu einer Häufung aggressiven Verhaltens nicht nur zwischen diesen beiden Tieren, sondern auch bei weiteren Mitgliedern des Rudels. Stabile Rangbeziehungen scheinen demnach einen dämpfenden Einfluß auf die Häufigkeit aggressiven Verhaltens zu haben.

Die sozialen Beziehungen zwischen gleichgeschlechtlichen Tieren sind vermutlich auch von inneren, hormonellen Faktoren abhängig, denn in den Wintermonaten, dann vor allem zur Ranzzeit, zeigt der Ranghöchste eine verstärkte Tendenz, die Rangniedrigeren zu unterdrücken. Dies war besonders bei den Weibchen zu beobachten.

Fünftes Kapitel
Entwicklung der Rangordnung

Nach Abschluß der Doktorarbeit in Kiel im Herbst 1970 war zu entscheiden, wie die Arbeit weitergehen sollte. Viele Fragen über das Sozialverhalten der Wölfe waren noch offen, und wegen der guten menschlichen Atmosphäre bei Professor Herre wäre ich gern im Kieler Institut geblieben. Andererseits hatte ich ein Angebot von Konrad Lorenz und Paul Leyhausen, die Arbeit am Max-Planck-Institut in Seewiesen fortzusetzen. Wegen der vielen Enten und Gänse in Seewiesen konnte dort allerdings kein Gehege ausgerechnet für Wölfe gebaut werden, aber inzwischen lag auch ein Angebot der bayerischen Staatsforstverwaltung vor, im neugegründeten Nationalpark Bayerischer Wald ein großes Forschungsgehege zu bauen.

Das gab den Ausschlag. Dieses Gehege bedeutete eine einmalige Gelegenheit, Wölfe wenn nicht in freier Wildbahn, so doch in sehr viel größerer Freiheit als in den kleinen Gehegen Ricklings zu beobachten. So möchte ich in diesem Kapitel schildern, wie sich, ausgehend von den vier Kieler Wölfen, ein neues Rudel bildete, wie sich die Wölfe ins Rudel integrierten, wie andere aus dem Rudel ausgestoßen wurden oder es freiwillig verließen und wie die beiden Rangordnungen bis zur Spitze hin sich langsam veränderten. Aus diesen Beobachtungen wird sich ein allgemeines Modell für die soziale Rangordnung der Wölfe entwickeln. Doch zuvor passierte einiges Interessantes am Rande.

Das Wolfsgehege im Bayerischen Wald

Im Februar 1971 mieteten wir uns einen Lastwagen und beluden ihn mit unseren wenigen Möbeln sowie vier Kisten, in denen sich jeweils ein Wolf befand: Alexander, Näschen, Wölfchen und Mädchen. Unser Tierwärter in Kiel hatte die Kisten gut präpariert – vor allem die von Näschen, der gleich wütend versuchte, sie von innen zu zerlegen. Aber sie hielt bis Waldhäuser, das unser neues Zuhause im Nationalpark Bayerischer Wald sein sollte.

Waldhäuser ist eine hochgelegene Rodungsinsel an den Hängen des Grenzgebirges zwischen Bayern und Böhmen. Einst führte hier der berühmte »Goldene Steig«, eine alte Salz- und Handelsstraße, über Passau und Grafenau ins Böhmische hinein. Waldhäuser war dabei die letzte Station, an der Ochsen und Pferde gewechselt werden konnten, bevor der lange Aufstieg und die Durchquerung des Böhmerwaldes begannen. Heute ist es ein Dorf, das hauptsächlich von der Waldwirtschaft und vom Fremdenverkehr lebt. Hier zogen wir in das leerstehende Haus der Grenzpolizei, um das die Nationalparkverwaltung schon vorher ein provisorisches Gehege für die Wölfe gebaut hatte. Bei unserer Ankunft schneite es; auch während der nächsten Tage hörte es nicht auf zu schneien. Vorsichtig und dem unbekannten Gefühl bodenloser Schneemassen mißtrauend, nahmen die Wölfe ihr neues Revier in Besitz.

In Kiel hatte sich im letzten Winter keiner der drei Rüden für die läufige Mädchen besonders interessiert. In diesem Winter aber versuchten Alexander und Näschen, wie zuletzt auch Wölfchen, schon wenige Tage nach unserer Ankunft in Waldhäuser, auf Mädchen aufzureiten; aber Mädchen lehnte jede Annäherung ab. Bei der Begegnung mit einem Hund außerhalb des Geheges blieb sie jedoch sofort stehen, als dieser aufritt. Wir konnten die beiden gerade noch rechtzeitig trennen; ich wollte ja nicht Bastarde von Wolf und Hund haben, sondern reine Wolfswelpen. Doch Mädchen weigerte sich weiterhin, sich mit einem ihrer Brüder zu paaren. Auch in den folgenden Jahren waren es immer die Weibchen, die den Inzest verhinderten; doch darüber später mehr. Zunächst stand ich vor der Tatsache, daß für Frühjahr wieder keine Welpen zu erwarten waren.

Während des Sommers bauten wir ein neues, sechs Hektar großes Gehege für die Wölfe in der sogenannten Gehegezone des Nationalparks. Hier sollten die Besucher Gelegenheit haben, all die größeren Tierarten, die in diesem Waldgebirge noch lebten oder einst heimisch gewesen waren, wenigstens in Gefangenschaft zu beobachten, denn im Bayerischen Wald ist außer Bäumen wenig zu sehen. Doch zum Serengeti-Image eines Nationalparks gehört es eben auch, daß dort möglichst viele Tiere zu erleben sind. So gingen wir mit einem etwas schlechten Gewissen ob dieses Etikettenschwindels daran, für Hirsch, Bär, Luchs, Uhu, Wisent, Wolf, Otter und viele andere Tiere Gehege zu konzipieren. Zumindest der Tierpark sollte etwas Einmaliges werden, und das, glaube ich, ist dann auch im Laufe der Jahre entstanden: eine auch für die Tiere großzügige Einrichtung, an der die wachsenden Besucherscharen ihre Freude haben. Allerdings wird den Besuchern einiges an Bewegung abverlangt, denn die Tiere lassen sich nicht hintereinander vorführen wie in einer Manege.

Eines der schönsten Gehege entstand für die Wölfe. Um einen großen Felsen herum rodeten wir den Wald und setzten dann mitten auf den Felsen eine große Tribüne, von der aus man das ganze Gehege überblicken konnte. In den folgenden sieben Jahren sollte ich von hier aus in den frühen Morgenstunden und abends vor Sonnenuntergang bis zum Einbruch der Dunkelheit die Wölfe viele tausend Stunden lang beobachten. Das waren die Zeiten am Tag, zu denen die Tiere am aktivsten, die Besucher hingegen noch nicht da oder schon wieder weg waren. Damit ich die Wölfe jederzeit auch tagsüber beobachten konnte, bauten wir einen Hochstand zwischen dem großen Gehege und dem kleineren, das wir daneben angelegt hatten. In das letztere schlepppten wir das ganze Reisig der gefällten Bäume und setzten darunter Wildkaninchen aus. Diese hielten sich jahrelang dort; den Wölfen boten sie immer wieder Gelegenheit zur Jagd, wenn sie sich unter dem vielen Holz hervorwagten.

Als das Doppelgehege im August 1971 fertig war, luden wir einige Freunde und Bekannte sowie alle am Bau beteiligten Arbeiter zu einem Einweihungsfest in das Gehege ein. Dort ließen wir dann die Wölfe frei, und ich denke, manch einer der Gäste wunderte sich, daß er nicht gleich gefressen wurde. Während die Wölfe ihr großes neues Gehege untersuchten, saßen wir um ein Feuer; das Bier floß reichlich, einige der Holzfäller sangen zur Ziehharmonika oder diskutierten über Rangordnung bei Wolf und Mensch. Ab und zu kamen ein Wolf oder zwei vorbei, und die Kinder, bald nicht mehr so ängstlich von ihren Müttern bewacht, liefen ihnen hinterher. Es war ein schönes Fest.

Der weggelaufene Wolf

Einige Tage nach dem Einweihungsfest rannte Näschen weg. Seit unserem Umzug in den Bayerischen Wald war ich fast jeden Tag mit den Wölfen im Nationalpark unterwegs, so auch am 1. September 1971. Nach langem Aufstieg machte ich auf einer Lichtung in den Hochlagen Rast und band alle Wölfe bis auf Näschen fest. Ein Wolf allein geht nicht eigene Wege. In der Tat legte sich auch Näschen zunächst zu uns ins fahle Gras. Als wir weiterzogen, war er dann plötzlich nicht mehr da. Das war jedoch nicht ungewöhnlich. Er würde schon kommen, dachte ich und lief weiter. Aber er kam nicht. Ich rannte zurück, fand aber keine Spur; auf mein Rufen und unser aller gemeinsames Heulen kam keine Antwort.

Beunruhigt zog ich mit den anderen zurück zum Gehege. Dort wartete ich die ganze Nacht, aber Näschen kam nicht. Tags darauf suchte ich überall in dem Gebiet, in dem er verschwunden war, und erfuhr dabei, daß ein Förster ihn am Abend vom Hochsitz aus beobachtet hatte, nicht weit von der Stelle, wo er weggelaufen war. Anhand einzelner Spuren konnte ich dann seine ersten Stunden in Freiheit rekonstruieren. Vermutlich hatte er einen Hirsch aufgestöbert und war ihm nachgejagt, bis er ihn aus den Augen verloren hatte, war dann noch im Gebiet herumgestreunt und danach langsam in Richtung Gehege zurückgelaufen. Ich fuhr zum Gehege zurück, aber zu spät. Touristen erzählten mir, ein Wolf sei an ihnen vorbeigelaufen, aber wo er jetzt sei, wüßten sie nicht. So ging es in den nächsten Tagen weiter. Wenn ich im Gelände suchte, hielt Näschen sich beim Gehege auf, und wenn ich dort wartete, sah man ihn nahe am Dorf unterhalb der Gehegezone.

In wenigen Tagen wurde er, der sonst unbeschwert zwischen Menschen laufen konnte, zunehmend scheuer, so daß man ihn immer seltener zu sehen bekam. Waldarbeiter, die ihn von ihrer Arbeit am Wolfsgehege kannten, erzählten, sie hätten ihn bereits drei Tage nach seinem Weglaufen gesehen: Etwa hundertfünfzig Meter unterhalb der Stelle, wo sie arbeiteten, sei er aus dem Hochwald herausgekommen. Sie hätten ganz still gestanden. Trotzdem habe er sie entdeckt und sei sofort in gebückter Haltung in einem Dickicht verschwunden.

Näschens Verschwinden konnte der Presse natürlich nicht verheimlicht werden. Kurz nach unserer Übersiedlung in den Bayerischen Wald hatte sich »Bild am Sonntag« bereits einen Schauerbericht geleistet: »Ein Dorf lebt in Angst vor den Wölfen«; damit war Waldhäuser gemeint. Mir kam es vor, als sei derselbe Mann in Hamburg, der vor vier Jahren aus Anfas Welpenabenteuer eine Sensation gemacht hatte, wieder am Werk gewesen. Nur hatten diesmal nicht Mütter eilig ihre Kinderwagen in die Häuser geschoben, sondern ängstliche Bauern ihr Vieh in die Ställe getrieben. Und wie bei Anfas Abenteuer schwor der Journalist, der uns in Waldhäuser besucht hatte, er habe einen ganz anderen Bericht abgeliefert. Ich ahnte daher Schlimmes. Die Bevölkerung im Bayerischen Wald war nicht gegen die Wölfe eingestellt, im Gegenteil. Falls aber aufgrund weiterer Schauermärchen in der Presse der Fremdenverkehr leiden sollte, konnte die Stimmung leicht umschlagen.

Deshalb erzählte ich den Journalisten, wie harmlos Näschen sei und warum, und daß die Bevölkerung bei der Suche nach ihm aktiv mithelfe. Zum Schluß bat ich, sie sollten nicht sensationell übertreiben. Die Folge war überraschend: Diesmal wurde das übliche Wolfsklischee völlig umgedreht. So berichtete etwa »Bild« München von dem armen kleinen Näschen, der allein und hungrig im Wald umherstreife und nicht nach Hause finde, von seinem Herrchen, das ihn verzweifelt suche, und von all den guten Menschen, die ihm dabei hülfen. Berichte anderer Zeitungen waren im Tenor ähnlich, wenn auch nicht so dick aufgetragen.

Wohl als Folge dieses allgemeinen Wohlwollens für den Wolf erließ das Landratsamt im nahe gelegenen Grafenau vorerst Schießverbot. Als Näschen aber nach drei Wochen immer noch nicht zurück war, erhielten alle Grenzpolizeiposten, Zoll- und Forstdienststellen sowie die Jagdpächter vom Landrat Schießgebot. Als Begründung gab er an, er habe in Rußland sechs Wölfe geschossen und wisse, wie gefährlich diese Tiere seien.

Ein Sturm der Entrüstung brach aus. Näschen wurde geradezu zum Symbol der mißverstandenen und geplagten Kreatur. Von überall bekam ich Unterstützung angeboten in meinem, wie man meinte, gerechten Kampf. Dabei verstand ich den Landrat recht gut. Wenn tatsächlich irgend etwas passieren würde, wäre er mitverantwortlich gewesen. Ich wußte, daß Näschen wirklich harmlos war. Aber wie sollte der Landrat das wissen? Trotzdem war ich natürlich froh, als viele Jäger mich anriefen und mir versicherten, sie würden nicht schießen. Der Leiter einer Polizeistation erzählte, er habe den Abschußbefehl an seine Leute weitergeben müssen, habe aber gleichzeitig nur den Schuß mit dem Gewehr erlaubt, und Gewehre sollten auch weiterhin nicht auf der Streife getragen werden.

In dieser Stimmung verbreiteter Geneigtheit wurde Näschen bald überall in Bayern, ja bis nach Norddeutschland hin gesichtet. Eine Arztfrau schrieb mir aus der Eifel, sie erahne den Wolf in ihrer Nähe; eine andere Frau rief aus Oberbayern an und teilte mit, er heule nachts vor ihrem Fenster. Auf meine Frage, woher sie wisse, daß das Heulen von einem Wolf stamme, antwortete sie: »Es hört sich so schaurig an.« Was das wohl gewesen sein mag? Feriengäste in Waldhäuser berichteten mir tagtäglich über »ganz sichere« Beobachtungen, und eine ganze Reisegesellschaft hatte vom Bus aus gesehen, wie der Wolf bei einem Bauernhaus Hühner jagte. Das Gespräch mit dem Busfahrer ergab, daß ein Tier, wohl ein Fuchs oder ein Hund, über ein Feld in Richtung Wald gelaufen war, wobei Tauben vor ihm aufflogen.

Auch einige Jäger ließen sich täuschen. Fünf Wochen nach Näschens Verschwinden rief mich ein Jagdpächter aus einem Dorf in der Nähe an. Er berichtete, einer seiner Jäger, der schon in den Karpaten Wölfe beobachtet habe, habe Näschen mehrmals mit hundertprozentiger Sicherheit gesehen, das letztemal vor nur wenigen Minuten.

Mir kam es etwas seltsam vor, daß Näschen, der sich bis jetzt vermutlich nur im geschlossenen Wald entlang des Grenzkammes aufgehalten hatte, plötzlich in bewohnte Gebiete gezogen sein sollte, und dann sogar in ein so offenes Gelände wie um dieses Dorf. Trotzdem fuhr ich sofort hin. Auf dem Dorfplatz fand ich den gleich mir skeptischen Jagdpächter, mehrere Dorfbewohner und einige aufgeregte Jäger versammelt. Wir suchten lange im Gelände – ohne Erfolg. Ich wollte mich gerade verabschieden, als neue Kunde vom »Wolf« kam; diesmal war er von Bauern auf dem Feld beobachtet worden. Wir rasten in mehreren Autos auf das Feld hinaus. Die Bauern riefen uns zu und zeigten in Richtung auf einen kleinen Hügel. Wir rannten hinauf und hörten dann von unten aufgeregtes Geschrei: »Der Wolf, der Wolf!« Also alle wieder hinunter, wo wir ein Dickicht umstellten, in dem der »Wolf« gerade verschwunden sein sollte. Langsam ging ich in das Dickicht hinein – und trieb einen kleinen zottigen Hund heraus, der irgendwo weggelaufen war und jetzt zitternd vor Angst, mit dem Schwanz zwischen den Beinen, abzog.

Ich berichte dies nicht in der Absicht, all jene Menschen, die ja guten Willens waren, lächerlich zu machen, sondern um zu zeigen, wie leicht man sich täuschen kann bei der Beobachtung von Vorgängen in einer nicht ganz vertrauten Umgebung – wie es die Natur für die allermeisten von uns ist. Wenn die eigene Erwartung das tatsächliche Geschehen allzu stark überlagert, kommt es zu solchen Fehlleistungen. Es soll ein Wolf in der Gegend sein! Und aus einem Geräusch, aus einem Schatten, aus einem Fuchs oder einem Hund, die alle unter normalen Umständen als solche erkannt worden wären, wird ebendieser Wolf, und zwar mit großer Gewißheit.

In anderen Situationen, ohne die hochgeschraubte Erwartung, war es gerade umgekehrt: Die Wölfe wurden nicht als solche erkannt, etwa als ich sie einmal in Kiel an der Kette durch die Fußgängerzone der Innenstadt führte. Nur Kinder ließen sich durch Konventionen nicht so leicht täuschen. Das schönste derartige Erlebnis hatten wir im Tierpark Neumünster. Mit der einjährigen Anfa besuchten wir dort ihre Eltern. Als wir vor dem Wolfszwinger standen, in dem sich die Eltern befanden, sagte ein etwa zehn Jahre altes Mädchen zu seiner Mutter, das Tier an der Leine sei auch ein Wolf. Die Mutter erwiderte recht ungehalten, es sei ein Schäferhund. »Nein«, sagte das Mädchen, »es ist ein Wolf. Das sehe ich.« Es standen recht viele Leute um den Wolfszwinger, und die Mutter schämte sich wohl für ihre dumme Tochter. Sie zerrte das Mädchen weg, das immer noch vom Wolf redete. Da sagte ich zu der Frau, ihre Tochter habe recht; es sei wirklich ein Wolf. Sie drehte sich mit großen Augen und errötendem Gesicht um, und das Mädchen jubelte. Dann zog die Frau ihre Tochter weiter, und auch andere Zuschauer verließen recht schnell den Platz. Kinder waren dagegen bald viele da, und alle wollten Anfa einmal streicheln, die sich übrigens gar nicht um ihre eigenen Eltern gekümmert hatte.

Nun, im Bayerischen Wald gab es trotz allem auch einige Wolfsbeobachtungen, die recht zuverlässig erschienen, vor allem jene von Forstleuten und Waldarbeitern. Demnach muß Näschen seine Wanderungen im Grenzgebiet immer weiter und länger ausgedehnt haben. Er kam zwar häufiger zurück in den Gehegebereich; wegen seiner großen Scheu wurde er aber nur selten gesehen und ging dort auch nicht in die für ihn aufgestellten Fallen. Diese Besuche wurden schließlich immer seltener. Eine Zeitlang hielt er sich im Arber- und Ossergebiet auf, etwa dreißig Kilometer nordwestlich vom Gehege. Dort fand ich Kot, der vermutlich von ihm stammte. Danach hatte er in der Hauptsache vom Aufbruch der jetzt im Herbst erlegten Hirsche und Rehe gelebt, vielleicht auch von vereinzelt selbst erbeuteten Rehen. Daneben enthielt der Kot immer viele Blaubeeren und in einigen Fällen Obstkerne und Insektenreste. Der Schnee fiel in diesem Winter spät; ein Aufspüren seiner Fährte war daher nicht möglich.

Näschen.

Am 10. Januar 1972 berichtete mir dann unser Nachbar, der die Wölfe gut kannte, er habe Näschen gerade in der Nähe der Gehegezone schnell die Straße überqueren sehen. Ich fuhr sofort hin; da aber noch immer kein Schnee lag, konnte ich keine Spur entdecken. Also nahm ich Alexander und Mädchen an die Leine und suchte das Gebiet mit ihnen ab. An mehreren Stellen im Gelände blieben sie stehen, schnupperten lange und zogen dann aufgeregt immer in Richtung auf das Gehege los. Da wir jedoch gerade von dort gekommen waren, zog ich die Wölfe in der anderen Richtung weiter. Am Abend hatten wir noch nichts von Näschen gesehen und kehrten zurück zum Gehege. Da – direkt am Eingang kam er uns entgegen, wedelte mit dem Schwanz und sprang an uns hoch, als sei er nicht vier Monate und zehn Tage über alle Berge gewesen.

Bei uns in der Gegend herrschte Tollwut, und aus Sicherheitgründen nahm ich Näschen fürs erste mit nach Waldhäuser. Er war in recht guter Verfassung, aber der erste in Gefangenschaft abgesetzte Kot bestand nur aus trockenen Blättern, Gras und Fichtennadeln. Er hatte offensichtlich großen Hunger und fraß dann auch riesige Mengen Fleisch.

Rangbeziehungen

Neue Wölfe

Da Mädchen nicht dazu zu bringen war, sich mit einem ihrer Brüder zu paaren, mußte ich mich nach fremden Welpen umsehen. Der erste, ein Rüde, kam aus Innsbruck und wurde dem dortigen Zoodirektor zu Ehren Psenner genannt. Aus Kiel erhielt ich einen weiteren Rüden und vier Weibchen, die irgendwo in Afghanistan gefunden und soeben mit sechs anderen Welpen, die in Kiel blieben, aus Kabul eingeflogen worden waren. Als sie zu uns kamen, waren sie etwa sechs Wochen alt. Sie wurden sofort von den Altwölfen adoptiert. Vor allem Näschen kümmerte sich rührend um sie; er trug ihnen Futter zu, legte sich zu ihnen, spielte mit ihnen und beschützte sie. Man hätte meinen können, es sei sein eigener Nachwuchs. Auch Alexander und Wölfchen zeigten sich an den Welpen recht interessiert. Nur Mädchen hielt sich zurück, blieb aber neutral und zeigte entgegen meiner Befürchtung keine Aggression. Die afghanischen Welpen bekamen alle Namen nach Orten in der Umgebung: St. Oswald, Schönbrunn, Finsterau, Rachel und Lusen. Finsterau, der wildeste von ihnen, sollte bald im Rudel eine bedeutende Rolle spielen.

Auch im nächsten Winter kam es zwischen den Altwölfen zu keiner Paarung. So beschaffte ich erneut vier Welpen, diesmal aus dem Zoo der Stadt Olmütz in der ČSSR; die Eltern waren Wildfänge aus den Karpaten. Einige Wochen bekamen sie von mir noch Milch gefüttert, aber ansonsten kümmerte ich mich wenig um sie. Als die Milchfütterung langsam zu Ende ging, wurden sie zunehmend scheuer und ließen sich schließlich nicht mehr einfangen.

Trotzdem konnte ich sie zu Versuchszwecken, zusammen mit Näschen, aus dem Zwinger herausführen und frei im Gelände laufen lassen. Sie hielten sich eng an ihren Stiefvater, und solange ich diesen im Auge behielt, waren auch die Welpen unter Kontrolle. Doch einmal im Juli, die Welpen waren zehn Wochen alt, rannte Näschen plötzlich weg und die Welpen hinter ihm her. Sie verloren ihn bald aus der Sicht und rannten ratlos umeinander. Als ich sie einzufangen versuchte, versteckten sie sich in einer Fichtenschonung; jedes Suchen dort war hoffnungslos.

Sollte das ganze Theater mit Näschen, diesmal von vier Welpen begleitet, von vorne anfangen? Glücklicherweise nicht! Näschen kam ein paar Stunden später zurück und half intensiv mit, die Welpen zu suchen. Vermutlich trieb ihn seine angenommene Vaterrolle dazu. Den Rüden fanden wir in derselben Fichtenschonung; die Wiedersehensfreude war stürmisch. Von den drei Weibchen aber keine Spur. Wir suchten die ganze Umgebung ab, bis zu zwei Kilometer von unserem Haus entfernt: ohne Erfolg.

Spät am Abend hörte ich dann Winseln unten am Zwinger und fand zwei der Welpen, die sofort in den Zwinger rannten, als ich die Tür aufmachte. Aus dem dunklen Zwinger unter unserem Fenster hörten wir noch lange das aufgeregte Umeinanderlaufen der Wölfe. Schönbrunn hatte, allein zurückgelassen, stundenlang geheult und vermutlich so die Orientierung der jungen Welpen und ihre Rückkehr erleichtert. Jetzt aber hatte sie drei ihrer Zöglinge zurück, und das schien ausreichend; sie hörte auf zu heulen. Wie sollte der vierte zurückfinden? Doch er schaffte es: Am Abend des nächsten Tages tauchte er plötzlich wieder auf. Er war sehr hungrig, aber vor lauter Unterwerfung vor Näschen und Schönbrunn kam er kaum zum Fressen. Die anderen Welpen beschnüffelten ihn ausgiebig und verprügelten ihn dann im Spiel ordentlich.

Wenige Tage nach diesen erstaunlichen Orientierungsleistungen starb einer der Welpen. Bei für Waldhäuser ungewöhnlicher Hitze spielten die Welpen ausgiebig. Ich entfernte mich einige Minuten, und als ich zurückkam, lag das größte Weibchen am Boden – leblos, aber noch warm. Ich versuchte es sofort mit künstlicher Beatmung. In Rickling war mir ähnliches einmal mit einem jungen Pudelweibchen passiert, dem ich durch Herzmassage und Atemunterstützung wieder zum Leben verhalf. Diesmal nutzten aber alle Bemühungen nichts: Der kleine Wolf war tot. Die Obduktion ergab nichts Ungewöhnliches. Ich vermute, daß das schnelle Wachstum in diesem Alter für Herz und Kreislauf eine besonders große Belastung darstellte und plötzliche übermäßige Belastung zu Herzversagen geführt hatte.

Die anderen drei Welpen bekamen Namen aus ihrer ursprünglichen Heimat: Olomouc, Tatra und Brno. Besonders von Olomouc werde ich noch viel zu berichten haben. Solange er jung war, konnte niemand ahnen, daß er später die höchste Position in der Rudelhierarchie erklimmen und viele Jahre als Alpha-Rüde an zentraler Stelle die Geschicke des Rudels bestimmen sollte. Doch zuerst mußte er, wie alle anderen Jungwölfe auch, sich einen Platz im Rudel erobern, und das ging nicht ohne Konflikte ab, wie wir im folgenden sehen werden.

Die Eingliederung der Welpen

Nachdem ich zwei Jahre lang den ausbleibenden Nachwuchs durch fremde Welpen hatte ersetzen müssen, kamen in den folgenden Jahren, stets um den 1. Mai herum, auch im Gehege Welpen zur Welt. Doch unabhängig davon, ob die Welpen adoptiert waren oder ob sie aus dem eigenen Rudel stammten, verlief ihre Entwicklung im Rudel stets gleich, ebenso ihre spätere Eingliederung in die Rangordnung der Älteren.

Über das stürmische Verhalten der Welpen gegenüber den Alttieren habe ich schon berichtet. Vor allem wurde jeder Wolf, der erneut zu ihnen kam, lebhaft begrüßt, ob er nun Futter herbeitrug oder nicht. Waren die Älteren vollgefressen, würgten sie meistens Futter hervor, auf das sich die Welpen sofort stürzten. Besonders eifrige Fütterer waren in jedem Sommer die letztjährigen Jungwölfe. In dieser Zeit zeigten die Welpen dann auch keine Präferenz hinsichtlich des Objekts ihrer Zuneigung; alle Rudelmitglieder wurden etwa gleich häufig damit bedacht.

Diese Indifferenz der Welpen in ihrer Haltung gegenüber den Älteren wich indes bald einer zunehmenden Abstufung ihrer Reaktion. Während sie die letztjährigen, jetzt juvenilen Rudelmitglieder sowie die Rangniedrigen unter den Älteren bald nur noch um Futter anbettelten, zeigten sie gegenüber den jeweiligen ranghöchsten, den Alpha-Wölfen des Rudels immer häufiger spontanes Demutsverhalten. Offensichtlich lernten sie langsam die älteren Tiere nach deren Rang im Rudel zu unterscheiden, und zwar bevor sie selbst in irgendeiner Art und Weise diese Rangordnung zu spüren bekamen. Dies geschah schon Ende des Sommers, als die Welpen etwa vier Monate alt waren und noch vollen »Babyschutz« genossen.

Erst Monate später, im Spätherbst, wenn schon der erste Schnee fiel, wurde das Demutsverhalten gegenüber den Ranghöchsten auch nach deren Geschlecht differenziert. Alle Jungwölfe bestürmten unabhängig von ihrem Geschlecht weiterhin den Alpha-Rüden; gegenüber dem Alpha-Weibchen hingegen verhielten sich allmählich nur noch die weiblichen Jungtiere unterwürfig-freundlich. Demnach hatten die Jungwölfe jetzt ein weiteres wichtiges Merkmal der sozialen Struktur ihres Rudels erkannt: die geschlechtsgebundene Rangordnung. Dieser Lernprozeß erfolgte freilich nicht ohne Zutun der Älteren, denn im Herbst wurde vor allem das Alpha-Weibchen deutlich aggressiver, und darunter mußten auch die jungen Weibchen manchmal leiden. Die männlichen Jungwölfe indessen blieben von dieser Entwicklung vor der Ranzzeit, der Paarungszeit der Wölfe im Spätwinter, zunächst verschont.

Die »Halbstarkenbande«

Auch wenn das Alpha-Weibchen im Laufe des Winters bisweilen seinen Unmut gegenüber den heranwachsenden Weibchen äußerte, blieb doch im großen und ganzen die Beziehung zwischen den Ranghöchsten im Rudel und den jetzt acht bis zehn Monate alten Jungwölfen frei von autoritären Strukturen. Dies galt namentlich dann, wenn im Rudel zwischen Älteren und Jüngsten weitere Jahrgänge vorhanden waren. Im ersten Winter, als nur die vier Altwölfe und ihre sechs Adoptivkinder im Gehege lebten, begann deren Integration in die Rangordnung früher. In den folgenden Jahren, als mehrere Altersklassen vorhanden waren, bildeten die mittleren Jahrgänge so etwas wie einen Puffer zwischen den Ranghöchsten und der inzwischen herangewachsenen Jungschar, ein Umstand, der alljährlich die gleichen Folgen hatte: Aus den Jungwölfen wurde die »Halbstarkenbande«, wie ich sie nannte.

Über die wachsende Aggressivität der älter werdenden Jungwölfe habe ich schon berichtet. Zuerst richtete sich diese Aggressivität ausschließlich gegen die Wurfgeschwister. Dabei ging es allmählich nicht mehr nur um momentane Konflikte, etwa um Futter, sondern zunehmend um Statusfragen. Zunächst jedoch wechselten die jeweiligen Kräfteverhältnisse ständig, so daß eine klare Rangordnung nicht zu erkennen war. An einem Tag lief der eine Jungwolf mit hochgerecktem Schwanz umher, am nächsten ein anderer. Auch hierbei war eine zwischen den beiden Geschlechtern deutlich getrennte Struktur nicht zu erkennen. Noch ging alles durcheinander.

In ihrer Beziehung zum übrigen Rudel hingegen traten die Jungwölfe nun immer geschlossener auf. Wie ich noch schildern werde, nimmt der Druck von oben, seitens der Ranghöchsten im Rudel, vor der Ranzzeit im Spätwinter deutlich zu. Einzelne adulte, aber rangniedrige Rudelmitglieder können dann sogar aus dem Rudel vertrieben werden. Dies geschah nie ohne Zutun der »Halbstarkenbande«. Wenn es jemanden im Rudel zu verprügeln gab – die »Halbstarken« waren stets dabei. Zwar griffen sie nie von sich aus an, sondern beteiligten sich nur am Rande, dann allerdings so stark, daß viele der älteren »Prügelknaben« fortan auch zu ihnen Abstand hielten. Als Einzeltiere konnten die Jungen zwar älteren Wölfen noch keine Angst einjagen, als Gruppe aber waren sie gefürchtet. Und in der Gruppe traten sie dann auch hauptsächlich an.

Doch nicht immer führte die Unterdrückung durch die Ranghöchsten sogleich zum Hinauswurf aus dem Rudel. Vielmehr reagierten die Unterdrückten erst einmal mit unterwürfiger Freundlichkeit. Sie zeigten zunehmend häufig Demutsverhalten und wurden dabei immer verspielter und aufdringlicher. Es war, als retardierten sie in ihrem Verhalten, als würden sie wieder kindlich, was sicher als eine Strategie zu bewerten ist, die Aggressivität der Ranghöheren zu beschwichtigen. Denn: Kinder beißt man nicht. Und Kinder sind auch keine Konkurrenz.

War auf diese Weise die Aggressivität der Ranghöchsten wenigstens eine Zeitlang zu beschwichtigen, so ließen sich doch die Mitglieder der »Halbstarkenbande« dadurch nicht beirren. Sogar im Spiel umstellten sie einen »Prügelkandidaten« und bissen ihn kräftiger, als es dabei zulässig ist. Ältere und erfahrenere Wölfe konnten damit leicht fertig werden. Entweder gingen sie einfach weg, oder sie spielten ausgelassen weiter und konnten so bald die Angriffstendenzen der Bande in allgemeine Freundlichkeit überleiten. Demgegenüber wurden die weniger erfahrenen, gerade ein Jahr älteren Juvenilen eher Opfer solcher Gruppenflegeleien. Sie flüchteten oder begannen wild um sich zu beißen, beides

Umstellen und Vorstoßen gegen einen »Prügelknaben« (hier: Wölfchen nach seinem verlorenen Machtkampf mit Näschen im Winter 1973/1974).

starke Auslöser für einen allgemeinen Angriff, an dem sich dann auch gern die Ranghöchsten beteiligten. Solcherart traktiert, blieb den Verprügelten meistens nichts anderes übrig, als sich fortan abseits im Gehege zu halten, bis sich die Stimmung wieder beruhigt hatte. Oftmals aber war dies nicht der Fall; dann mußte der »Prügelknabe« das Rudel ganz verlassen. Nicht selten war die »Halbstarkenbande« wesentlich daran beteiligt.

Die »Klein-Alphas«

Im Laufe dieser mit dem Näherrücken der Ranzzeit zunehmend heftiger geführten Auseinandersetzungen im Rudel profilierten sich allmählich einzelne der jetzt etwa zehn Monate alten Mitglieder der »Halbstarkenbande«. Auch bei Konflikten mit ihren Altersgenossen behielten sie immer öfter die Oberhand. Nach und nach begannen sie sich ihren Geschwistern gegenüber so zu verhalten, wie es die Ranghöchsten gegenüber dem gesamten Rudel taten. Sie liefen jetzt mit hocherhobenem Schwanz umher und imponierten gegen ihre Altersgenossen, ja manchmal gegenüber älteren Subdominanten. Ich nannte sie »Klein-Alphas«. Ihre Unverfrorenheit hat mich schon so manches Mal zum Lachen gebracht. So versuchten einige sogar beim Urinieren das Bein zu heben, wie es sonst nur die Ranghöchsten im Rudel tun; da sie das Kunststück, dreibeinig den Urinstrahl obendrein möglichst hoch am Baum anzubringen, noch nicht beherrschten, fielen sie um. Andere »Klein-Alphas« rannten im Rudel neben den Ranghöchsten und trugen den Schwanz nicht minder hoch als diese. Wieder andere stolzierten vor einem der gerade Unterdrückten einher, und Augenblicke danach spielten sie ausgelassen wie Welpen. Es war jedesmal eine große Schau. Vor allem der augenblicklich ranghöchste Rüde in der Bande tat sich solchermaßen hervor. Bei den Weibchen war diese Tendenz zur Überschätzung der eigenen Kräfte nicht so ausgeprägt; dafür sorgte schon das Alpha-Weibchen. Die weiterhin ausgeprägte Toleranz des Alpha-Rüden seinem halbwüchsigen Imitator gegenüber war indessen auffallend.

Auch bei anderen Aktivitäten im Rudel zeichneten sich die ranghohen Jungwölfe aus. Kam ein fremder Hund an den Zaun, wurde er zuerst und intensiv von den Ranghöchsten angegriffen, meistens gefolgt von den »Klein-Alphas«, während die älteren, aber rangniedrigen Rudelmitglieder eher abwartend und manchmal, wenn allein, sogar freundlich reagierten. Gleiches war häufig zu beobachten, wenn es galt, Neues zu entdecken. Als ich zum Beispiel ein neues Tor zwischen dem großen und dem kleinen Gehege aufmachte, waren binnen Minuten die beiden Alpha-Wölfe durchgelaufen, gefolgt von einem weiteren ranghohen Rüden und den damaligen beiden »Klein-Alphas«. Einige der rangniedrigen Rudelmitglieder und erst recht die aus dem Rudel ausgeschiedenen »Prügelknaben« passierten das Tor hingegen erst nach Wochen. Einigkeit, so scheint es, macht auch bei Wölfen stark.

Der Sturz des »Super-Alphas«

Einigkeit macht aber auch gefährlich: auf der Jagd, im Kampf gegen Rudelfremde, beim Ausbau der eigenen Position in der Rangordnung. Davon mußte auch ich Kenntnis nehmen. An einem Nachmittag im Spätherbst 1972 hatte ich gerade meine vier alten »Oberwölfe« an die Leine gelegt, um mit ihnen eine Wanderung durch die Hochlagen des Nationalparks zu machen. Da riefen mich Freunde oben von der Tribüne. So zog ich die Wölfe ins Gehege zurück, was sie nicht gerade freundlich aufnahmen. Diese Wanderungen waren für sie immer ein großes Ereignis, und das sollte nun offenbar doch nicht stattfinden. Von der Kette befreit, stürzte sich Wölfchen, der Alpha-Rüde, als erster auf mich, sekundiert von Mädchen, dem Alpha-Weibchen. Näschen und Alexander hingegen gingen sofort weg: Es war nicht ihr Streit; nicht ihre Stellung in der Rangordnung stand zur Disposition, sondern meine und damit auch die der beiden Ranghöchsten, die zuvor nur noch mich als so etwas wie einen »Super-Alpha« über sich gehabt hatten und diesen Zustand offensichtlich nicht mehr hinnehmen wollten.

Vereint griffen die beiden Alphas an. Selten sind mir Wölfe so groß vorgekommen. Gerade noch konnte ich einen Stock ergreifen und die beiden wütenden Wölfe stockschwingend auf Abstand halten. Ich schrie aus Leibeskräften, zugleich aus Angst wie auch um den beiden ebenfalls Angst einzujagen. Ihre Nacken- und Rückenhaare standen hoch, was mir zeigte, daß sie nicht ganz ohne Hemmung angriffen, sondern auch Respekt vor meinem Gebrüll und wohl noch mehr vor meinem groben Stock hatten. Trotzdem schien sich ihre Wut nur noch zu steigern. Inzwischen waren alle Rudelmitglieder um uns versammelt, doch griff keines mit an. Offenkundig war ich im Rudel doch nicht ganz unpopulär. Die Angriffe Wölfchens und Mädchens reichten mir allerdings auch. Immer wieder mußte ich sowohl nach vorne wie nach hinten mit dem Stock um mich schlagen, damit keiner von beiden mich anspringen konnte. Auch mir standen wahrlich »die Haare zu Berge«.

Allmählich aber wich meine Angst der Wut über die, wie mir in diesen Augenblicken schien, undankbare Anmaßung der Wölfe. Daß meine Stellung im Rudel nicht wesentlich anders zu bewerten war als die jedes anderen Rudelmitglieds – diese Zusammenhänge hatte ich schließlich lange genug studiert –, daran dachte ich jetzt nicht, auch nicht daran, daß meine Stellung ja nicht allmächtig war. Ich hatte nur noch Wut im Bauch. Da traf mein Stock den Schädel von Mädchen. Sie fiel sofort bewußtlos um. Doch Wölfchen griff weiter an, bis auch ihn ein harter Schlag auf den Schädel traf. Er ging jedoch nicht zu Boden, sondern torkelte nur etwas, gerade lange genug für mich, um die rettende Tribüne zu erreichen, der wir uns, immerzu im Kreis herumwirbelnd, genähert hatten. Von hier aus sah ich, daß Mädchen langsam wieder aufstand und Wölfchen weiterhin wütend auf die Tribüne hinaufzuspringen versuchte. Die inzwischen zahlreichen Besucher und auch meine Freunde waren alle stumm vor Entsetzen. So hatten sie das Verhalten der Wölfe von mir in den letzten Jahren nicht geschildert bekommen. Eher entsprach das Erlebte dem alten Bild aus den Märchen. Ich kam mir vor, als stünde ich nicht wie ein gerade dem Tode entronnener Held vor ihnen, sondern als ertappter Lügner.

Doch wie schon gesagt, und dies mußte ich mir dann auch selber sofort bestätigen: Hier handelte es sich nicht um den Angriff eines Wolfes auf den Menschen als Feind oder Beute, sondern um einen Kampf um soziale Vormacht. Und die gewinnt, wie wir noch sehen werden, für jeden Wolf im Rudel irgendwann eine alles bestimmende Bedeutung. Wölfchen und Mädchen hatten dieses Stadium jetzt erreicht. Da ich geflüchtet war, schien von nun an der Alpha-Rüde uneingeschränkt im Rudel zu herrschen. Doch gleich am nächsten Morgen, als oben auf der Tribüne noch lange niemand zu erwarten war, ging ich ins Gehege zurück, mit einem Stock wiederum wohl bewaffnet. Die Aversion der beiden Alphas mir gegenüber war nicht geringer als tags zuvor; ihr Respekt jedoch, wohl im Einklang mit dem dröhnenden Schädel, war deutlich gestiegen. So blieb unser Verhältnis den Winter über gespannt, äußerst gespannt sogar. Aber man ging sich aus dem Weg. Erst zur Ranzzeit, im Spätwinter, beruhigte sich die Situation. Doch da war zumindest für Mädchen die Zeit ihrer Vorherrschaft im Rudel ohnehin vorbei. Denn Finsterau, ihre jetzt bald zwei Jahre alte »Stieftochter«, stand an, die führende Stellung für sich zu beanspruchen.

Finsteraus Aufstieg

Angefangen hatte Mädchens Abstieg wohl schon im Winter zuvor. Während Wölfchen als souveräner Alpha-Rüde weiterhin recht tolerant seine Herrschaft im Rudel behauptete, wurde Mädchen zunehmend aggressiver gegen eines nach dem anderen der vier jungen Weibchen. Keines von ihnen wurde aus dem Rudel vertrieben, aber ihr sozialer Freiraum in der Zeit vor und nach der Ranz war nicht gerade groß. Wie wir wissen, ging diese vorbei, ohne daß Mädchen von einem ihrer Brüder gedeckt worden war. Wieder schien die Inzesthemmung zu wirken, zumindest bei Mädchen. Die anderen Weibchen waren zur Fortpflanzung noch zu jung. Im folgenden Sommer ließ Mädchens Druck etwas nach. Die jetzt anderthalbjährigen Weibchen beteiligten sich intensiv an der Aufzucht der neuen Welpen aus Olmütz. Mädchen selbst aber blieb reserviert. Weder mit den Welpen noch mit den älteren Weibchen sah man sie jemals spielen. So versäumte sie es wohl, sich eine »Hausmacht« zuzulegen, jüngere Tiere an sich zu binden, die später für sie hätten Partei ergreifen, sie im Machtkampf hätten unterstützen können.

Dieser begann nicht einmal zwischen Mädchen und ihrer späteren Bezwingerin Finsterau, sondern ging von Finsteraus Schwester Schönbrunn aus. Sie hatte sich zusammen mit Näschen besonders intensiv um die neuen Welpen gekümmert. Zusammen mit den Welpen bildeten die beiden fast ein eigenes

Rudel, das sich hauptsächlich im Nebengehege aufhielt. Die Welpen rannten zwischen allen Tieren hin und her, doch Näschen und Schönbrunn lebten abseits. Als dann im Herbst die Jungwölfe immer mobiler wurden, versuchten die beiden sich wieder dem großen Rudel anzuschließen. Bei Näschen gelang das ohne Probleme. Zwischen Mädchen und Schönbrunn hingegen kam es zu einer Pattsituation, die schließlich in einem furchtbaren Kampf endete. Dabei siegte Mädchen, allerdings verletzt. Da inzwischen ja auch die Beziehung zwischen ihr und mir nicht gerade freundlich gestimmt war, konnte ich ihre Wunden nicht versorgen. Sie schienen zunächst auch nicht besonders schlimm zu sein. Trotzdem blieb sie in den folgenden Wochen in ihrer Beweglichkeit gehemmt. Dadurch kam Finsterau zu ihrer Chance.

Der plötzlich abgefallene Druck von oben schien Finsterau zu eigener Expansion anzuregen. Zuerst hörte sie auf, gegenüber Mädchen Demutsverhalten zu zeigen, was diese wiederum zu deutlichen Protesten veranlaßte. Doch Finsterau konnte jeder Annäherung der nach wie vor steifbeinigen Alpha-Wölfin ausweichen, und so wurde das Verhältnis zwischen den beiden immer gespannter. Bald griff Finsterau sogar Mädchen von hinten an, wobei sie die Schwäche der Rivalin geschickt ausnutzte. Gleichzeitig drängte sie sich immer aufdringlicher gegen Wölfchen, den Alpha-Rüden. Auch Mädchen zeigte ihm gegenüber mit einemmal Demutsverhalten. Im Begriff, ihre Vormachtstellung zu verlieren, unterwarf sie sich ihrem an den Auseinandersetzungen ansonsten nicht beteiligten Partner. Das Ganze war ein aufregendes Schauspiel.

Um die Jahreswende kam es dann zu dem erwarteten Machtkampf. Hemmungslos und ohne Ausdruck kämpften die beiden Wölfinnen im aufstiebenden Schnee; nur das widerliche Geräusch knackender Knochen war zu hören. Sofort waren auch die anderen Tiere zur Stelle. Die Altwölfe hielten sich zurück, doch alle drei Schwestern Finsteraus und die gesamte »Halbstarkenbande« der Jungwölfe nahmen für Finsterau Partei und griffen mit an. Damit war der Ausgang des Kampfes entschieden. Wie von Sinnen griff Finsterau an, und schließlich blieb Mädchen regungslos liegen.

Das war dann doch zuviel für mich, der ich mir nach meinem eigenen Sturz als »Super-Alpha« vorgenommen hatte, mich nicht mehr in das Geschehen im Rudel einzumischen. Ich kam gerade rechtzeitig, um Mädchen das Leben zu retten. Als ich sie aus dem Gehege trug, griffen die anderen Weibchen sie noch wie irrsinnig an. Sie hätten Mädchen ohne Zweifel getötet, wäre ich nicht dazwischengetreten.

Abwehrdrohen eines »Prügelknaben« in einer Felsspalte.

Die Verletzungen sahen schlimm aus. Mädchens Gesicht war erheblich verunstaltet, die Haut an mehreren Stellen aufgerissen und von tiefen Wunden übersät. Doch Wölfe sind zäh. Mir gegenüber war Mädchen inzwischen wieder ganz friedlich, so daß ich sie versorgen konnte. Nach einigen Wochen schien sie wiederhergestellt, und ich versuchte sie zurück ins Gehege zu bringen. Es war nicht möglich. Fast alle im Rudel, auch einige der jüngeren Rüden, griffen sofort an, und so brachte ich sie schleunigst wieder in Sicherheit. Mädchens Sturz als Alpha-Weibchen könnte man als Folge eines »Fahrstuhleffekts« bezeichnen, hervorgerufen durch den vorausgegangenen Verlust ihrer Stellung im Rudel.

Weitere Ausschlüsse

Mit Mädchens Ausschluß aus dem Rudel sollte es in diesem Winter nicht genug sein. Zuerst kündigte Alexander scheinbar freiwillig den Kontakt zu den anderen auf und ging fortan eigene Wege. Waren die Rudelmitglieder unterwegs, schlief er irgendwo; ruhten sie, war er im Gehege unterwegs. Ansonsten hielt er sich zumeist im Nebengehege auf, dort, wohin die anderen nur kamen, um Kaninchen zu jagen. Doch im Winter waren die Jagdchancen ohnehin mäßig, und so blieb Alexander fast immer allein in dem kleinen Gehege.

Seinem Rückzug vom Rudel waren Auseinandersetzungen zwischen ihm und Näschen vorangegangen. Beide hatten lange Zeit gemeinsam unter Wölfchen auf Platz zwei gestanden. Doch nachdem Näschen mit »seinen« Welpen wieder ins große Rudel zurückgekehrt war, stellte er die ranglose Beziehung zu seinem Bruder allmählich in Frage. Zuerst war nicht viel zu bemerken. Nur wenn Alexander in Näschens Nähe kam, knurrte dieser unvermittelt. Später ging er auch in steifer Haltung und mit hocherhobenem Schwanz auf Alexander zu, legte seinen Kopf über den Rücken des Rivalen und knurrte. So konnten die beiden lange stehen, ohne sich zu rühren, bis einer wegging oder gar Näschen sich mit den Vorderbeinen auf den Rükken Alexanders stellte und noch lauter und zähnebleckender drohte als zuvor. Alexander ging dann ganz langsam weg, als sei nichts passiert, während Näschen zum nächsten Baum stolzierte, mit steil angehobenem Bein urinierte und hinterher aufgeregt mit allen vieren scharrte.

Dieses ständige Drohen und Imponieren konnte Alexander auf die Dauer nicht ignorieren. So begann er zurückzudrohen, um deutlich gegen Näschens Einschüchterungsversuche zu protestieren, was, wie zu erwarten war, Näschen nur noch aufdringlicher machte. Er schob sich breitseitig an Alexander heran, und als dieser gegen ihn schnappte, drehte er – als Angreifender! – den Kopf weg. So erstarrte Alexanders Schnappen zu einem zähnebleckenden Grinsen.

Das ging wochenlang so, mal etwas ruhiger, mal wieder laut und aufdringlich. Immer war es Näschen, der zu reizen begann, und Alexander, der reagieren mußte. Ein paarmal wurde Alexander auch von der »Halbstarkenbande« mit angegriffen, konnte sich ihr gegenüber aber schnell durchsetzen. Trotzdem dürften die gleichzeitigen Angriffe von oben wie von unten in der Rangordnung den Ausschlag gegeben haben, denn kurz danach sah ich Alexander erstmals Demutsverhalten gegen Näschen zeigen. Danach hörte die Belästigung auf. Eine neue Rangfolge hatte sich etabliert, lautstark und nach langer Fehde, aber im Vergleich zu dem vorher beschriebenen Führungswechsel bei den Weibchen auf geradezu harmlose Weise. Dennoch mied Alexander danach zunehmend den Kontakt zu den anderen Rudelmitgliedern. Halb freiwillig, halb gestoßen war er aus dem Rudel ausgeschieden.

An diesen beiden Beispielen können wir einige Unterschiede in den internen Beziehungen zwischen den Rüden und zwischen den Weibchen erkennen, die auch später immer wieder bestätigt wurden. Im Rangkampf zwischen den Weibchen wurde von Anfang an aggressiv angegriffen: ohne Beißhemmung, ohne Drohen, Imponieren oder andere Formen von zur Schau gestellter Stärke. Alle Weibchen beteiligten sich an den Auseinandersetzungen, und die Verliererin des Kampfes wurde weiter hemmungslos angegriffen, ja wäre sogar getötet worden, wenn ich sie nicht aus dem Rudel entfernt hätte. Bei den Rüden (hier ging es allerdings nur um die zweite Position der Rangordnung) waren die Auseinandersetzungen sehr viel weniger aggressiv. Auftritte, Drohungen, Imponieren und Proteste beherrschten die Szene. Fest gebissen wurde kaum, und dementsprechend gab es auch keine ernsthaften Verletzungen. Außerdem war der Kampf nur auf die in der Rangordnung direkt benachbarten Tiere beschränkt, und der Verlierer erlebte keinen »Fahrstuhleffekt«. Beide Verlierer, Mädchen wie Alexander, verließen allerdings das Rudel: das Weibchen gezwungenermaßen, der Rüde, wie es schien, eher freiwillig.

Obwohl die Entscheidungen in beiden großen Rangordnungen gefallen waren, trat im Rudel keine Ruhe ein; dafür sorgte das neue Alpha-Weibchen Finsterau. Nachdem sie Mädchen besiegt hatte, ging sie zum Angriff auf Schönbrunn über. Unterstützt von den anderen beiden Weibchen, attackierte sie ihre Rivalin durch Überraschungsangriffe, und bald mußte sich auch diese abseits vom Rudel halten. Wenig später war auch das nächste Weibchen, Rachel, an der Reihe. Nach einer kurzen Phase gehemmter Auftritte, wie Drohen und Imponieren, überfiel Finsterau, manchmal von Lusen unterstützt, Rachel in wütenden Angriffen. So mußte im Januar 1973 auch Rachel das Rudel verlassen, während das vierte Weibchen, Lusen, noch toleriert wurde.

Zu Beginn der Ranzzeit, im Februar, wurde

schließlich auch Lusen als letzte der drei subdominanten Weibchen verjagt, so daß jetzt Finsterau das einzige geschlechtsreife Weibchen im Rudel war. Die Ranghöchste hatte sie als erste, die Rangniedrigste als letzte verdrängt. Interessanterweise hatte Finsterau bei dem ersten Kampf mit Mädchen die Unterstützung aller drei Altersgenossen gehabt und im weiteren Verlauf die der jeweils übriggebliebenen. Jedes der aus dem Rudel ausgeschiedenen Weibchen wurde danach immer wieder von Finsterau bedroht. Niemals verteidigten sie sich dabei gemeinsam, und sie zeigten weder untereinander noch zu den übrigen Wölfen des Rudels irgendwelche Ansätze zu sozialer Kontaktnahme. Als Ausgestoßene waren sie isoliert. Eine Solidarität der Schwächeren und Unterdrückten gibt es bei den Wölfen nicht.

Dynamik und Struktur der sozialen Rangordnung

Ich unterbreche an dieser Stelle die Beschreibung der Rudelentwicklung. Wir haben jetzt genügend Informationen gesammelt, um das Modell der sozialen Rangordnung aus dem vorigen Kapitel zu vervollständigen. Dazu möchte ich zuerst einige Gesetzmäßigkeiten bei der Entwicklung sozialer Rangbeziehungen zusammenfassen, um daraus die Struktur der Rangordnung abzuleiten.

Die Beziehungen zwischen zwei Wölfen A und B können entweder ohne Rangdifferenz sein, oder A ist dominant über B. Im letzteren Fall können wir drei Formen der Beziehung unterscheiden, wobei das Verhalten um so ausgeprägter wird, je höher die umkämpfte Position ist.

1. Stabiles Rangverhältnis: Es ist gekennzeichnet durch häufige und freundliche Kontaktaufnahmen,

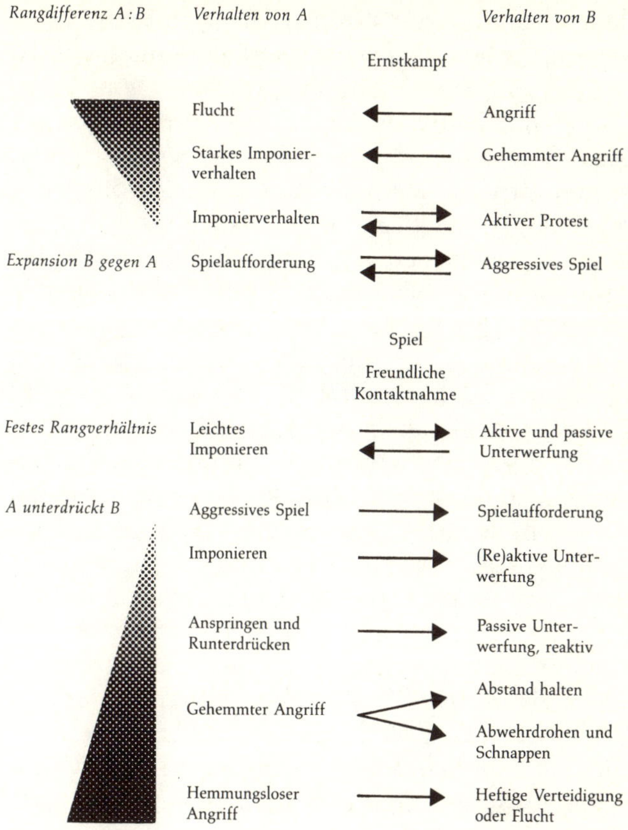

Verhalten zwischen zwei Wölfen (a und b) je nach Rangverhältnis.

durch Spielverhalten und allenfalls – wenn überhaupt – harmlose situationsbestimmte Aggressionen. B zeigt spontanes, auf leichte Drohungen auch reaktives Demutsverhalten gegen A, dessen Rangüberlegenheit meistens nur durch den leicht höher gehaltenen Schwanz zum Ausdruck kommt.

2. Unterdrückungsversuche des Ranghöheren: Sie werden manchmal zuerst im Spiel gezeigt. Kann B die Anfänge nicht abwehren, wird das Spiel zunehmend aggressiver. Schließlich imponiert A gegen B, springt ihn an, drückt ihn drohend mit den Füßen oder gar mit dem ganzen Körper zu Bo-

den. B reagiert zuerst mit passiver Unterwerfung, die zunehmend in Defensivverhalten übergeht. Es kommt zu ersten Überfällen, worauf B von A Abstand hält. Gelingt es ihm nicht zu fliehen, kommt es zu Beschädigungsbissen, in der Regel gegen den Hinterkörper. Dabei wird A nicht selten von weiteren Tieren unterstützt. Gemeinsam umstellen sie B, der sich gegen den jeweiligen Angreifer schnappend und zähnebleckend umdreht. Bei der aggressivsten Form schließlich wird B unterdrückt durch hemmungslose Angriffe, jetzt vor allem gegen Kopf, Hals und Rücken, durch Körperschleudern und Beißschütteln. B flieht bei jeder Annäherung von A und verteidigt sich, wenn eingeholt, durch intensives Beißen. Er ist zum Prügelknaben geworden und verläßt in der Regel das Rudel.

3. Expansionstendenz des Rangniedrigeren: Sie kann sich in zwei verschiedenen Formen äußern, einer gehemmten und einer ungehemmten. Die weitaus häufigere ist die gehemmte Form, die sich ebenfalls zuerst im Spiel durch gelegentlich festeres Zubeißen äußert. Wehrt A diese Anfänge nicht genügend deutlich ab, so wird das Verhältnis zunehmend gespannter; es kommt zu Droh- und Imponierauftritten und schließlich zum Ernstkampf. Dabei können beide Kämpfenden von einem oder mehreren Rudelmitgliedern Hilfe bekommen, und zwar durch gelegentliches Zuschnappen oder auch durch hemmungsloses Miteingreifen.

Zu einem neuen Rangverhältnis kommt es, wenn einer der Gegner den Ernstkampf ganz verliert, das heißt, wenn er flieht oder sich nur noch verteidigt. Demutsverhalten würde in diesem Fall gar nichts nutzen; der Sieger greift in der Regel weiter hemmungslos an.

Ob der Verlierer im Rudel bleiben kann, hängt vom Verhalten der anderen Rudelmitglieder ab. Greifen diese ihn an, so hat er offenbar auch ihnen gegenüber seine zuvor dominante Stellung verloren und wird zum Prügelknaben (»Fahrstuhleffekt«). Das letztere wird eher bei den Weibchen beobachtet, die dadurch zwangsweise aus dem Rudel ausscheiden.

Bleibt der Verlierer in der Nähe des Rudels, so normalisiert sich die Situation langsam wieder. Bei ausgelassen-freundlichen sozialen Aktivitäten im Rudel nähert er sich dem Sieger und zeigt erste Ansätze zum Demutsverhalten auf Abstand. Werden diese geduldet, zeigt er bald erste Versuche zur Kontaktaufnahme, häufig in spielerischer Haltung. Dadurch wird das Verhältnis zwischen den beiden Feinden langsam wieder freundlich und tolerant.

Aus diesen Gesetzmäßigkeiten der Rangdynamik ergibt sich die Struktur der sozialen Rangordnung. Wenn ich diese Struktur im folgenden stichwortartig charakterisiere, so müssen wir uns stets bewußt bleiben, daß eine vom menschlichen Beobachter aufgestellte Rangordnung einer Tiergruppe nur ein stark vereinfachtes Schema sein kann. In einer Gruppe von zwölf Wölfen, wie wir sie zuletzt im Bayerischen Wald beobachteten, gibt es für jeden Wolf elf verschiedene Beziehungen, die zudem alle beeinflußt werden von den insgesamt fünfundfünfzig Zweierbeziehungen der übrigen Wölfe. Diese Beziehungen können sehr unterschiedlich sein, und es ist klar, daß ihre Charakterisierung allein mit den Begriffen »Rang« beziehungsweise »Position« und »Rangdifferenz« eine erhebliche Vereinfachung der Wirklichkeit darstellt (Abb. S. 173).

Die wichtigsten Strukturmerkmale der sozialen Rangordnung von Wölfen sind folgende:

– Im Wolfsrudel gibt es zwei soziale Rangordnungen: eine für die Rüden, eine für die Weibchen. An der Spitze steht jeweils ein in der Regel älterer Wolf. Jede Rangordnung ist weitgehend nach dem Alter strukturiert.

– Zwischen den ranghöheren Wölfen sind die Rangunterschiede stark, bei den rangniedrigeren weniger ausgeprägt und bei den Welpen gar nicht vorhanden.

– Bei sehr starkem Druck von oben verwischen sich die Rangunterschiede zwischen den Rangnied-

Die soziale Rangordnung im Wolfsrudel.

rigeren. Dies ist vor allem bei den Weibchen zu beobachten.

– Innerhalb gleichaltriger Untergruppen des Rudels gibt es, außer bei den Welpen, ebenfalls eine soziale Rangordnung im kleinen.

– Zwischen adulten Wölfen verschiedenen Geschlechts existiert keine Rangordnung, wenn sie auf der gleichen Stufe in der männlichen beziehungsweise der weiblichen Rangordnung stehen. Bei größeren Unterschieden im Alter oder in der Position besteht jedoch auch zwischen Rüden und Weibchen eine entsprechende Rangordnung, die aber nie zu einem Rangkampf führt.

Sechstes Kapitel

Sexualität, Paarung und Aufzucht der Welpen

Bis jetzt haben wir erfahren, wie und zwischen welchen Tieren Rangbeziehungen entstehen, nicht aber, warum sie entstehen. Was nutzt den Wölfen eines Rudels die soziale Rangordnung? Das Dominanzverhältnis scheint zwischen bestimmten Wölfen eines Rudels die bei weitem wichtigste Angelegenheit ihrer Beziehung zu sein. Welchen Vorteil hat das Herausbilden bestimmter Kräfteverhältnisse für das gesamte Rudel, und was nutzt es einem Wolf, ranghoch zu sein, beziehungsweise was schadet es ihm, wenn er rangniedrig bleibt? Wir werden sehen, daß der Vorteil eines Individuums nicht unbedingt auch vorteilhaft für das gesamte Rudel sein muß, und umgekehrt.

Zur Beantwortung dieser Fragen ist es notwendig, den Einfluß der Rangordnung auf das Verhalten der Wölfe noch besser kennenzulernen. Viele rangbezogene Verhaltensweisen, vor allem die, welche diese Rangbeziehungen herstellen und zum Ausdruck bringen, kennen wir schon. Welchen Einfluß hat aber darüber hinaus die Rangordnung auf die Sexualität im Rudel, auf die Paarung und auf die Rolle der einzelnen Rudelmitglieder bei der Aufzucht der Welpen? Dies sind Verhaltensbereiche, die sowohl für das Rudel als Einheit wie auch für jedes seiner Mitglieder von ausschlaggebender Bedeutung sind.

Erinnern wir uns zuerst an die im vorigen Kapitel geschilderte Situation der wichtigsten Rudelmitglieder kurz vor der Ranzzeit, im Januar/Februar 1973. Von den jetzt geschlechtsreif gewordenen Weibchen war nur noch Finsterau im Rudel; die anderen drei waren ausgestoßen. Jeder Versuch, sich dem Rudel zu nähern, wurde durch die heftigen Angriffe des Alpha-Weibchens verhindert. Bei den Rüden war Wölfchen der von allen akzeptierte Chef, souverän, recht friedlich und umgänglich zumindest seinen Artgenossen gegenüber. (Wir beide gingen uns nach wie vor aus dem Weg.) Neben ihm hielten sich so auch weitere geschlechtsreife Rüden im Rudel, darunter Näschen auf Platz zwei.

Sexualität und Paarung

Ab Mitte Februar 1973 hatten alle vier geschlechtsreifen Weibchen vaginale Blutungen. Monate vorher schon hatte Finsterau sich immer wieder winselnd gegen Wölfchen gedrängt, sich vor ihm auf den Rücken gerollt, ihn im Fell gezerrt. Jetzt wurde sie geradezu aufdringlich, doch je weiter sie ging, desto mehr zog sich Wölfchen zurück. Knapp zwei Jahre alt, zeigte er nicht das geringste sexuelle Interesse an Finsterau. Dafür wurde Psenner um so aktiver und bald auch Näschen. Finsterau ließ Psenner gewähren, ohne sich viel um ihn zu kümmern, wehrte aber die Annäherungsversuche Näschens vorerst kräftig ab. Seit Näschens Rückkehr war das Verhältnis zwischen ihnen gespannt geblieben. Aber Näschen ließ nicht locker. Er verdrängte Psenner und folgte Finsterau auf Schritt und Tritt, leckte ihr das Fell und schließlich auch, von Finsterau geduldet, ihre Genitalien. Er schlief kaum noch, fraß sehr wenig; seine ganze Aufmerksamkeit war auf Finsterau gerichtet. Und sie, die in der Vorranz Wölfchen so aktiv animiert hatte, wurde zunehmend sozial inaktiver, machte lange Wanderungen durch das Gehege und urinierte häufig an Büschen und Baumstümpfen. Hinter ihr lief ganz eng aufgeschlossen Näschen, dann kamen die anderen Rüden und zuletzt die beiden einjährigen Weibchen, Tatra und Brno. Alle waren sie um Finsterau geschart, die jetzt deutlich das zentrale Tier war und Aktivität, Laufrichtung und Laufgeschwindigkeit bestimmte. Auch Wölfchen lief manchmal mit diesem Rudel, schlief in seiner Nähe und wurde auch weiterhin von allen Rudelmitgliedern freundlich-demütig begrüßt. Aber seine zentrale Rolle im Rudel hatte er jetzt offenbar an das Alpha-Weibchen abgetreten.

Die anderen aus dem Rudel ausgeschiedenen Tiere hielten sich ganz abseits. Jedes von ihnen ging eigene Wege. Bei den Weibchen hörten die Blutungen bald wieder auf, ohne daß auch nur ein Rüde versucht hatte, sie zu decken.

Alle Rüden, also auch der einjährige Olomouc, interessierten sich stark für die Urinstellen Finsteraus. Sie beschnupperten die Stellen im Schnee, bissen hinein und hoben danach den Kopf, wobei die Kaubewegungen weitergingen. Die Augen waren in typischer Weise für einige Sekunden ins Leere gerichtet. Jeder Hunderüdenhalter kennt diese Verhaltensweise und auch ihre Ursache: den Geruch von Urin einer läufigen Hündin; hier war es der einer Wölfin.

Näschen hielt fast ständigen Hautkontakt mit Finsterau. Ende Februar blieb Finsterau zum erstenmal, allerdings nur kurz, stehen, als Näschen aufzureiten versuchte. Einige Tage später war es dann soweit: Finsterau präsentierte, indem sie sich seitlich an Näschen heranschob und sich vor ihn stellte. Der Schwanz war zur Seite gebogen. Näschen ritt auf, und nach mehreren heftigen Beckenstößen »hingen« die beiden in der für Caniden typischen Weise. (Der Penis schwillt in der Scheide des Weibchens an und läßt sich dann nicht mehr herausziehen.) Finsterau fiel laut schreiend auf den Rücken, biß um sich, aber Näschen blieb ruhig stehen, und schließlich erhob sich Finsterau auch wieder. Die nächsten fünfzehn Minuten standen sie aneinandergekoppelt, die Köpfe voneinander abgewandt. Die anderen Wölfe waren zuerst sehr interessiert, wurden aber durch das deutliche Drohverhalten Näschens auf Abstand gehalten. Sie legten sich neben das kopulierende Paar, und erst als dieses sich nach rund zwanzig Minuten wieder trennte, standen sie auf. Näschen und Finsterau leckten sich kurz an den eigenen Genitalien, und dann rannte Finsterau aufgeregt auf Näschen zu, sprang an ihm hoch, winselte und rollte vor ihm auf dem Rücken, ganz wie ein freundlich sich unterwerfender Wolf. Die anderen rannten ebenfalls herum – es war ein allgemeines freundlich-aufgeregtes Umeinanderlaufen.

Paarung (Hängen) von Finsterau (links) und Näschen (rechts).

In den nächsten zehn Tagen wiederholte sich die Paarung zwei- bis dreimal in vierundzwanzig Stunden; dann wurde Näschens Interesse deutlich schwächer. Finsterau aber präsentierte weiter, auch gegen Psenner und Olomouc. Beide versuchten aufzureiten, ohne von Näschen gehindert zu werden, doch habe ich keine weitere Paarung beobachtet. Bald ließ auch Finsterau in ihrem Aufforderungsverhalten nach. Die Ranzzeit war zu Ende.

Wie vor der Ranz richtete sich Näschen erneut nach Wölfchen, der wieder seine Stellung als zentrales Tier im Rudel übernahm. Aber etwas Neues kam hinzu, etwas Unerwartetes. Näschen und Finsterau, die früher so ablehnend gegeneinander gewesen und nur aufgrund der Sexualität in der Ranzzeit zusammengekommen waren, schienen fortan unzertrennlich. Dabei ging die Bindung von beiden aus. So, wie Näschen, wenn Finsterau verschwunden war, nach dieser suchte, suchte auch Finsterau nach Näschen, wenn dieser eigene Wege ging. Sie lagen mit deutlich geringerem Abstand zueinander, und die Häufigkeit neutraler oder freundlicher Kontaktnahme wuchs sprunghaft. Offensichtlich war aus der sexuellen Paarung eine soziale Bindung hervorgegangen. Da Näschen und Wölfchen ebenfalls eng zusammenhielten, bildeten diese drei Tiere jetzt gemeinsam den inneren Zirkel des Rudels, um den sich die anderen Rudelmitglieder bewegten.

Im Laufe der nächsten Monate nahm die Unterdrückung der ausgestoßenen Weibchen durch Finsterau merklich ab. Schönbrunn wagte sich bald in das Rudel zurück. Die anderen beiden, Rachel und Lusen, mußten jedoch weiterhin auf Abstand bleiben, da sie von den jungen Wölfen immer noch angegriffen wurden. Finsterau hingegen entwickelte eine ähnlich souverän-tolerante Haltung wie der Alpha-Rüde Wölfchen.

Die Geburt

Noch wenige Tage bevor sie ihre Jungen bekam, war bei Finsterau äußerlich nichts zu erkennen. Sie rannte so schnell und beweglich wie immer. Nur an ihrem Verhalten war eine Veränderung zu spüren.

Sie grub an mehreren Stellen im Gehege kleine Löcher, bevorzugt im Sandboden direkt unterhalb eines Baumstubbens. Meistens blieb sie im Wurzelwerk stecken. Bis Mitte April hatte sie aber eine schöne Höhle fertig, weit weg von der Besuchertribüne mit ihren ständigen Störungen. Die Wahl des Höhlenplatzes war günstig, auch von der Bodenbeschaffenheit her. Im Sand ließ sich leicht graben; zudem wurde das Höhlendach durch die weiten Wurzeln einer alten Fichte abgestützt und die Höhle so vor einem Zusammenfallen geschützt. Finsterau hatte sich inzwischen auch die Haare zwischen den angeschwollenen Milchdrüsen herausgerissen.

Am 29. April 1973 sah ich Finsterau morgens noch im Gehege herumlaufen. Besonders dick war sie immer noch nicht, aber die Milchdrüsen waren jetzt deutlich zu erkennen. Als ich am Nachmittag zurückkam, war sie nirgends zu sehen. Näschen lag direkt am Höhleneingang, die anderen Rudelmitglieder schliefen gemeinsam in der Nähe. Als sie am Abend wieder aktiv wurden, zeigten sie großes Interesse für die Höhle.

Auszug aus dem Tagebuch:

»19.10 Uhr: Nach vielem freundlichem Umeinanderlaufen um Wölfchen laufen alle Wölfe zur Höhle. Näschen steht auf und droht laut. Die Jüngeren spielen ausgelassen. Wölfchen beteiligt sich auch daran. Schönbrunn, Rachel und Lusen versuchen, in die Nähe der Höhle zu kommen. Nur Alexander ist nicht zu sehen. Näschen droht gegen jeden, der in die Nähe der Höhle kommt, auch gegen Wölfchen. Er läßt sich auch nicht von Spielaufforderungen der anderen animieren. Jedesmal wenn wieder Winsellaute aus der Höhle dringen, bleiben einige der Tiere stehen und drehen die Köpfe, dann spielen sie weiter ausgelassen um die Höhle herum. Von Finsterau ist nichts zu sehen.«

Vier Tage später ging ich zur Höhle. Finsterau

kam herausgeschossen und führte sich sehr aggressiv auf. Sie drohte mit hoch aufgestellten Rückenhaaren, stampfte mit beiden Vorderpfoten auf den Boden, hielt aber dennoch deutlich Abstand von mir. So konnte ich in die Höhle hineinkriechen und die Welpen zählen; es waren drei Rüden und ein Weibchen.

Ich kroch schnell wieder heraus. Trotzdem muß dieser Besuch für die Mutter zuviel gewesen sein. Sie stürzte in die Höhle hinein und kam gleich wieder mit einem der Welpen hervor. Ohne zu zögern, rannte sie zielstrebig mit dem Welpen im Maul zu einem dreihundert Meter entfernten Steinfeld, kehrte alsbald wieder zurück und holte den nächsten Welpen. Offensichtlich hatte sie schon vor der Geburt eine zweite Höhle angelegt, zu der sie ihre Jungen nach der von mir verursachten Störung trug. Nachdem sie den letzten Welpen in der neuen Höhle abgelegt hatte, lief sie ein fünftes Mal zu der alten Höhle, verschwand darin und kam gleich wieder heraus. Gut zählen scheinen die Wölfe nicht zu können.

Das Anlegen von zwei nicht allzu weit voneinander entfernt liegenden Höhlen habe ich in den späteren Jahren immer wieder beobachtet. Nicht immer bedurfte es einer erkennbaren Störung, um die Mutter zum Umsetzen ihrer Welpen zu bewegen. Spätestens nach vierzehn Tagen hatte sie die Welpen in jedem Jahr zu der neuen Höhle gebracht. Mehrmals habe ich beobachtet, wie die Mutter vorher Futter in der Nähe der neuen Höhle vergrub, und ich wußte dann zumeist schon, daß sie ihre Welpen bald umsetzen würde. Mit zunehmendem Alter der Welpen wurden noch weitere Höhlen gebaut. Insgesamt haben die Wölfe in den beiden Gehegen innerhalb der folgenden fünf Jahre neun verschiedene Höhlen benutzt. Davon befanden sich zwei unter großen Steinen, vier unter dem Wurzelwerk alter oder abgesägter Fichten, eine in der sandigen Erde am Rande eines lichten Buchenwaldes, eine unter dem hochgehobenen Wurzelteller einer umgefallenen Fichte und eine unter einem langen Holztrog, den wir als Unterschlupf für die Kaninchen in das Gehege hineingelegt hatten. Keine der Höhlen befand sich im dichten Wald; sie lagen vielmehr alle an recht lichten Stellen nahe oder direkt am Waldrand und stets weit weg von der Besuchertribüne sowie anderen störungsreichen Stellen im Gehege, zum Beispiel der Einfahrt, die dreimal in der Woche der Jeep mit Futter passierte. Die Höhleneingänge maßen etwa fünfzig mal fünfzig Zentimeter. Von hier aus ging ein Gang in die Erde hinein, in abschüssigem Gelände stets von unten gegen die Gefällrichtung. Nach etwa einem Meter setzte sich der schmaler werdende Gang waagrecht fort, bis nach ein bis drei Metern eine runde Kammer, die eigentliche Höhle, den Gang abschloß.

Finsterau, die vier weitere Würfe zur Welt brachte, benutzte in jedem Jahr weiterhin dieselbe Höhle unter dem Felsen, in die sie so schnell ihre ersten Welpen getragen hatte. Außerdem grub sie jedes Jahr mindestens eine neue Höhle. Auch Tatra, die im Frühjahr 1977 im großen Gehege Welpen bekam, grub vor der Geburt ebenfalls zwei schöne Höhlen, gebar aber ihre Jungen dann doch in der von Finsterau im ersten Jahr angelegten Höhle unter dem großen Felsen.

Nur die trächtige Mutter gräbt eine Höhle; am Ausbau der einmal angelegten Höhle beteiligten sich jedoch auch die Welpen. Im Frühjahr 1974 hatte Finsterau ihre Welpen im Alter von sechs Wochen in eine neue Höhle unter einem alten Stubben gebracht. Nachdem die Welpen etwa drei Wochen lang in dieser neuen Höhle verbracht hatten, glaubte ich, einen Welpen, der an den Hinterbeinen etwas schwach war, in der Höhle winseln zu hören. Ich wartete zwei Tage lang. Die anderen Welpen waren inzwischen wieder in eine weitere

Höhle umgesiedelt, aber immer noch meinte ich, den einen Welpen eingeklemmt aus der Tiefe der Höhle zu hören. Gemeinsam mit mehreren Arbeitern gruben wir die Höhle aus. Einen eingeklemmten Welpen fanden wir zwar nicht, auch dann nicht, als wir einen großen Bagger extra dafür ins Gehege brachten, um den letzten Teil der Höhle freizulegen. Der Kleine war schon vorher herausgekommen, und einige Tage später sahen wir ihn mit den anderen Welpen gemeinsam spielen. Indessen waren wir über das, was wir vorfanden, sehr erstaunt: ein Labyrinth von Gängen und Kammern auf einer Fläche von etwa fünfzig Quadratmetern. Viele dieser Gänge waren von ihrem Durchmesser her so eng, daß hier nur die Welpen durchkommen konnten – also auch nur Welpen diese Gänge gegraben haben konnten. Zwischen mehreren Liegehöhlen gab es Querverbindungen, auch zwischen den drei Haupttunneln und -ausgängen. Einige der kleineren Gänge führten ebenfalls ins Freie. Es war ein richtiges »Welpenhaus«; schade, daß wir es bei unserer Suche zerstören mußten.

Als die vier im Frühsommer 1973 geborenen Welpen drei Wochen alt waren, kamen sie zum erstenmal aus der Höhle hervor. Die Aufregung bei den anderen Wölfen war groß, aber immer noch verhinderten Finsterau und Näschen, daß der Kontakt allzu stürmisch wurde. Auch die beiden »Prügelweibchen« Rachel und Lusen erkämpften sich das Recht, bei den Welpen zu sein, mit ihnen zu spielen, sie zu lecken und ihnen Futter zuzutragen. Finsterau war jetzt sowieso sehr tolerant. Nur Alexander und der inzwischen ebenfalls aus dem Rudel ausgeschiedene Psenner interessierten sich anscheinend nicht für die Welpen und blieben weiterhin im Abseits.

Im Verhalten den Welpen gegenüber ergaben sich bald Unterschiede zwischen den einzelnen Rudelmitgliedern. Anfangs war natürlich die Mutter besonders besorgt um ihre Welpen. Aber als sie nach etwa zehn Wochen mit dem Säugen aufhörte – zum Schluß tat sie es außerhalb der Höhle im Stehen –, fiel sie im Vergleich zu den anderen Weibchen gar nicht mehr besonders auf bei der Welpenpflege. Vor allem Lusen und Brno schleppten immer wieder größere Mengen Futter herbei, ebenso Finsteraus Bruder St. Oswald und der junge Olomouc. Andere wiederum hielten sich zwar bevorzugt in der Nähe der Welpen auf, beteiligten sich aber kaum beim Futterzutragen; das galt auch für Wölfchen und Näschen, die sich dafür zu Aufpassern entwickelten. Hörten sie einen Welpen schreien, kamen sie sofort herbei. Als eines Tages ein Zollbeamter, der an der nahen Grenze Patrouille ging, vom Wald her auf das Gehege zukam, löste dies nicht wie üblich die Flucht der Wölfe aus, sondern beide sprangen zum Zaun, um den Fremden anzugreifen.

Abgesehen von dieser Aufpasserrolle hatten Wölfchen und Näschen mit den Welpen jedoch nicht viel im Sinn. Kamen die Kleinen herbeigetrottet, so ließen sie diese einige Minuten lang über sich krabbeln, sich an Fell und Schwanz ziehen, legten sich dann aber bald weiter weg. Der direkte Kontakt zu den Welpen war mehr das Geschäft der jüngeren Wölfe, die ihnen das Fell leckten oder lange und ausgiebig mit ihnen spielten.

Auch in den nächsten Jahren habe ich eine ähnliche Arbeitsteilung bei der Aufzucht der Welpen beobachtet. In den ersten Tagen nach der Geburt trug vor allem der Vater Futter zur Mutter, die sich jeweils nur für wenige Minuten von den Welpen trennte. Als die Welpen zunehmend festes Futter aufnahmen, wurde ihnen auch von anderen Rudelmitgliedern Futter zugetragen, vor allem aber weiterhin von der Mutter und einigen jüngeren Helfern. Und während der Vater sowie ein oder zwei ranghöhere Rüden in der Umgebung der Höhle stundenlang Ausschau hielten, waren es die Ein- bis Zweijährigen, hier vor allem die weiblichen Wölfe, die sich besonders um den direkten Kontakt zu den Welpen bemühten. Auch wenn das Rudel in den Morgen- und Abendstunden lange Wanderungen im Gehege unternahm, blieben diese Tiere häufig bei den Welpen zurück.

Im Alter von drei Monaten schliefen die Welpen nicht mehr in der Höhle und flüchteten bei Gefahr auch nicht mehr dort hinein. Sie hielten sich jetzt in einem schwer zugänglichen Gebiet auf mit dichter Unterholzvegetation, umgefallenen Bäumen und großen Felsbrocken. Von hier aus machten sie gemeinsam immer weitere Ausflüge, wobei sie stets von mindestens einem jüngeren Aufpasser begleitet wurden. Waren die Ausflügler zurückgekehrt, entwickelten sich in dem Refugium wilde Spiele, an denen manchmal alle Rudelmitglieder beteiligt waren. Bei jeder Fütterung wurde das Futter für die Welpen dorthin getragen. Es war immer eine friedliche Zeit im Rudel.

In diesem Jahr sollte der Friede allerdings nicht lange andauern. Schon gegen Ende des Sommers 1973 nahmen die aggressiven Auseinandersetzungen wieder zu, und erneut traf die Aggressivität zuerst die Rangniedrigeren. Psenner war schon ausgeschlossen; jetzt wurde auch St. Oswald, zuerst von Näschen, dann bald auch von der »Halbstarkenbande«, angegriffen, verstand es aber, durch immer wiederholte Spielaufforderung die Aggressivität gegen sich in Spielverhalten umzuleiten. Es war geradezu phänomenal, wie er bei jeder Drohung und jedem Angriff sofort zu spielen anfing und so das Schlimmste verhinderte. Rachel und Lusen waren hingegen nicht so geschickt. Schon als Finsterau sie zum erstenmal angriff, flohen sie – wohl in Erinnerung an frühere Zeiten. Dies löste bei den anderen Rudelmitgliedern sofort auch aggressives Verhalten aus. Sie rannten hinterher, und die Gejagten, jetzt von so vielen verfolgt, rannten noch schneller. Dies wiederum animierte die Verfolger zum weiteren Angriff. So genügte ein einziger von Finsterau eingeleiteter und von den anderen aufgenommener Angriff, um die beiden, eine nach der anderen, wieder aus dem Rudel zu verjagen.

Im Herbst 1973 wurde Näschen immer aggressiver gegen den Alpha-Rüden Wölfchen. Gleichzeitig zeigte Olomouc, der früher überschwengliches Demutsverhalten gegenüber den beiden ranghöchsten Rüden gezeigt hatte, dieses Verhalten nur noch gegenüber Wölfchen. Gegen Näschen wurde er indessen immer aufsässiger. Näschen protestierte gelegentlich dagegen, etwa wenn Olomouc ihm nicht aus dem Weg ging, war aber ansonsten so sehr mit Wölfchen, also seiner eigenen Expansionstendenz nach oben, beschäftigt, daß er diese Expansionstendenz des Jüngeren wohl nicht richtig einschätzte. Zwischen Näschen und Wölfchen verlief die Auseinandersetzung ganz nach dem üblichen Schema, und so kam es Anfang Dezember 1973 zu dem erwarteten Ernstkampf. Schon nach wenigen Minuten gingen die beiden auseinander, ohne daß vorerst einer als Sieger hervorgegangen war. In den nächsten Tagen kam es immer wieder zu neuen Kämpfen, und schließlich hielt Wölfchen deutlich Abstand von Näschen und dem Rudel. Näschen hatte den Kampf wenn auch nicht durch »K. O.«, so doch durch »Punktsieg« gewonnen.

Olomouc beteiligte sich an diesen Kämpfen überhaupt nicht, veränderte aber sein Verhalten gegenüber Wölfchen schlagartig, nachdem dieser nicht mehr über Näschen dominant war. Statt Demutszeigte er jetzt Imponierverhalten, wogegen Wölfchen nichts unternahm. So hatte Olomouc inzwischen den zweiten Platz unter den Rüden erreicht, ohne dafür selbst auch nur ein einziges Mal gekämpft zu haben. Auch gegen den neuen Alpha-Rüden Näschen zeigte er kein Demutsverhalten, ging aber Näschen vorerst noch aus dem Weg.

Im Januar 1974 setzte die Ranzzeit wieder ein. Näschen war, wie im Jahr zuvor, unermüdlich bei Finsterau. Auch Olomouc und sogar Wölfchen, der als Alpha-Rüde niemals sexuelle Interessen gezeigt hatte, waren jetzt an Finsterau interessiert. So hatte Finsterau ein Gefolge, bestehend aus den drei erwachsenen Rüden und ihren drei jetzt zehn Monate alten Söhnen. An erster Stelle lief Näschen. Er wehrte jeden Kontaktversuch der anderen Rüden von Finsterau ab. Am 31. Januar hingen die beiden zum erstenmal. Olomouc und Wölfchen waren sehr aufgeregt bei diesen und den folgenden Kopulationen zwischen Näschen und Finsterau, und zum erstenmal sah ich zwischen erwachsenen Rüden ausgedehntes »homosexuelles« Verhalten, bei dem meistens Wölfchen auf Olomouc aufritt.

An den folgenden dreizehn Tagen hingen Näschen und Finsterau mehrmals täglich. Für Näschen muß das sehr anstrengend gewesen sein; er wich nicht von der Seite Finsteraus, und ständig mußte er die anderen Rüden von der Wölfin fernhalten. Schließlich muß es ihm zuviel geworden sein, denn Mitte Februar sah ich plötzlich Olomouc mit Finsterau hängen, ohne daß Näschen etwas dagegen unternahm; er stand nur da mit hängendem Kopf. Nach der Kopulation lief Olomouc dann mit gehobenem Schwanz und federnden Schritten an Näschen vorbei. Er hatte sehr geschickt Näschens körperliche Schwäche ausgenutzt und übernahm jetzt nicht nur die Alpha-Position, sondern auch das Weibchen. Als Näschen am nächsten Tag wieder auf Finsterau aufzureiten versuchte, sprang ihn Olomouc an, und Näschen fiel auf den Rücken. Einen ähnlich unkämpferischen Aufstieg auf Platz eins habe ich bei den Wölfen nie wieder beobachtet.

An den folgenden drei Tagen hingen Olomouc und Finsterau noch einige Male, dann war für Finsterau die Hitze zu Ende. Doch im Gehege gab es neben ihr fünf weitere geschlechtsreife Weibchen, von denen alle vaginale Blutungen zeigten. Zwei von ihnen, Rachel und Lusen, lebten ganz abseits, und keiner der Rüden interessierte sich für sie. Tatra und Brno, jetzt knapp zwei Jahre alt, wurden zwar weiterhin im Rudel von Finsterau toleriert, fanden jedoch ebenfalls keinen Interessenten und zeigten selber auch kein Aufforderungsverhalten. Schönbrunn hingegen hatte schon im Herbst Wölfchen immer wieder umworben. Jetzt, in der Ranzzeit, schien sie damit Erfolg zu haben, denn Wölfchen verlagerte langsam sein Interesse von Finsterau auf Schönbrunn. Jedesmal aber, wenn er auf Schönbrunn aufzureiten versuchte, kamen Finsterau, Näschen und Olomouc herbeigerannt und trennten sie durch intensive Angriffe. So fanden die beiden niemals ausreichend Zeit für das lange Vorspiel, das der Kopulation offenbar vorausgehen muß. Ich sah auf jeden Fall keine Kopulation, und zwei Monate später gebar allein Finsterau Junge; es waren, wie schon gesagt, sieben Welpen. Auch entwickelte sich zwischen Wölfchen und Schönbrunn nach der Ranzzeit keine Bindung, anders als im Jahr zuvor zwischen Näschen und Finsterau und in diesem Jahr zwischen Olomouc und Finsterau. Das Führungstriumvirat bestand jetzt aus Olomouc, Finsterau und Näschen. Der alte Alpha-Rüde Wölfchen ging zunehmend eigene Wege und wurde dabei nicht von Schönbrunn begleitet. Offensichtlich bedarf es also eines mehrmaligen Hängens, bis bei Wölfen eine über die Sexualität zustande gekommene Bindung eintritt.

Mit der Geburt der sieben Welpen waren dreiundzwanzig Wölfe im Gehege. Infolge der vielen Ausschlüsse blieb die Größe des Rudels zwar in etwa konstant, doch auch die Ausgestoßenen mußten etwas zu fressen haben, und dreiundzwanzig Wölfe zu füttern war der Nationalparkverwaltung zuviel. Auch für meine Beobachtungen waren zu viele Wölfe im Gehege. (506 verschiedene Einzelbeziehungen mal 48 mögliche Verhaltensweisen = 24288 mögliche Verhaltenskombinationen!) Zudem waren die Aggressionen im Gehege inzwischen groß geworden: In diesem Sommer wurde, anders als im Vorjahr, keines der im Winter ausgeschlossenen Weibchen zu den Welpen gelassen, und auch bei den Rüden gab es ständig Streit.

Es mußten also mehrere Wölfe weg. Aber wohin? In deutschen Zoos werden genügend Wölfe geboren. Privatpersonen gäbe es viele, die einen Wolf kaufen würden. Im Laufe der Jahre habe ich zahlreiche derartige Anfragen erhalten, die ich aber alle negativ beantworten mußte. Entweder werden die Welpen nicht zahm und müssen dann in allzu kleinen Zwingern ein trostloses Leben fristen, oder dem Privatbesitzer gelingt es, die Welpen zu zähmen, was noch viel schlimmer ist, denn dann sind die Schwierigkeiten programmiert. Den auf den Menschen sozialisierten Wolf zwingt man geradezu zur Neurose, wodurch er unberechenbar und gefährlich wird. Anfa, die nach engem Zusammenleben mit ihrem ersten Sozialpartner, einem Menschen, im Zwinger leben mußte, wurde wohl deswegen so verhaltensgestört. Der Wolf ist ein Wildtier, und man sollte ihn dort lassen, wohin er gehört: in der Freiheit. Nur in Ausnahmefällen dürfen Wölfe in Gefangenschaft gehalten werden. Leider entsprechen die Haltungsbedingungen in vielen zoologischen Gärten auch nicht den Minimalanforderungen für Wölfe. Die Gehege, manchmal nur Käfige, sind viel zu klein, der Abstand zu den Besuchern zu gering. Die Tiere, die häufig nur auf Betonboden laufen können, rennen am Zaun auf und ab in ständiger Flucht, und aus dieser entwikkeln sich bald Bewegungsstereotypien, die niemandem, auch nicht den Zoobesuchern, Freude machen können.

Wohin also mit unseren vielen Wölfen? Ich wollte schon einige der Ausgestoßenen und auch einige Welpen erschießen, da meldete sich ein staatlicher Tierpark in der Eifel. Sie hätten ein sehr großes Wolfsgehege fertiggestellt und suchten geeignete Wölfe. Mir fiel der berühmte Stein vom Herzen, und ich schickte ihnen sieben Tiere: zwei Welpen, eines der letztjährigen Jungtiere und vier der ausgestoßenen Wölfe, nämlich Schönbrunn, St. Oswald, Rachel und Lusen. Dann brachte ich drei weitere Ausgestoßene, nämlich Alexander, Wölfchen und Psenner, zu Mädchen in unser kleines Gehege. Zu ihnen kam auch Türk, ein kleiner, etwa halbjähriger Wolf, den Touristen aus der Türkei mitgebracht hatten.

Die drei erwachsenen Rüden im kleinen Gehege merkten erst langsam, daß die Zeit ihrer Unterdrükkung vorbei war, und eine lange Zeit turbulenter Rangwechsel trat ein. Jede Woche war eine neue Situation zu beobachten, und ich kam mit dem Protokollieren gar nicht mehr nach. Es ging sogar so weit, daß sie sich gegenseitig alle drei ausschalteten und der noch nicht einmal einjährige Türk zeitweilig die ranghöchste Position einnahm. Er wußte gar nicht richtig, wie ihm geschah, und verstand das Ganze wohl eher als eine Art Spiel. Es war aber kein Spiel. Immer wieder lief einer der drei älteren Rüden verletzt umher. Wölfchen wurde sogar ein Stück aus einem Ohr und vom Schwanz abgebissen; schön sah er danach nicht mehr aus. Dies zeigt, daß die Aggressivität im Rudel auch von der Zusammensetzung des Rudels abhängig ist. In einem durch eigene Welpenaufzucht sich natürlich entwickelnden Rudel kommt es viel weniger zu Streit als zwischen Tieren einer von Menschen willkürlich zusammengewürfelten Gruppe.

Im großen Gehege ging die Frequenz und auch die Intensität aggressiver Auseinandersetzungen nach dem großen Exodus im Sommer 1974 zunächst schlagartig zurück. Doch im Herbst griff Finsterau, von ihren drei übriggebliebenen letztjährigen Jungen unterstützt, die inzwischen zweieinhalb Jahre alte Tatra an und vertrieb sie schließlich aus dem Rudel, ebenso wie einige Wochen später Brno. So war während der Paarungszeit wieder nur ein geschlechtsreifes Weibchen im Rudel: Finsterau.

In dieser Ranz geschah dann etwas besonders Interessantes. Seit dem Herbst 1974 hatte sich Finsterau wie üblich immer häufiger gegen ihre beiden Begleiter Olomouc und Näschen gedrängt, sich vor ihnen hingeworfen oder sie am Fell gezogen. Zur Ranzzeit vermehrte sich dieses Aufforderungsverhalten dann sehr stark, und offensichtlich reagierte Näschen als erster darauf. In den frühen Tagen der Ranz kopulierte er mit Finsterau, während Olomouc, der Alpha-Rüde, danebenstand. Sogar zwei der inzwischen knapp zweijährigen Söhne Finsteraus kopulierten mit ihrer Mutter. Erst langsam wurde auch Olomouc sexuell motiviert und übernahm dann acht Tage lang das Kommando. Dann ließen bei ihm die Kräfte nach, und wieder konnten die anderen Rüden ihr Glück versuchen. Finsterau machte dies offensichtlich nichts aus; sie paarte sich mit jedem, der intensiv um sie warb. Es scheint also, als werde die Partnerwahl für das Alpha-Weibchen weitgehend unter den Rüden ausgemacht, wobei normalerweise dem ranghöchsten Rüden eine Schlüsselrolle zukommt.

Im Frühjahr 1975 wurden drei Welpen geboren. Bei einer Tragdauer von 61 bis 63 Tagen ließ sich der Tag der Befruchtung eindeutig festlegen, und demnach war, wie eigentlich auch zu erwarten, der Alpha-Rüde der Vater. Im kleinen Gehege gab es hingegen keine Welpen. Die Rüden dort hatten sich für Mädchen während der Ranzzeit überhaupt nicht interessiert; am Verhalten meines Hundes Flow war aber klar erkenntlich, daß auch sie läufig gewesen war. Bei Wölfen bedarf es demnach mehr als nur eines geruchlichen Signals, um bei den Rüden Sexualverhalten auszulösen, wie schon früher häufig festgestellt.

Die weitere Geschichte des Rudels ist schnell erzählt. Im Januar 1976, kurz vor der Ranzzeit, brachen aus dem großen Gehege neun Wölfe aus. Interessant dabei ist: Obwohl das Loch groß genug war, nutzten nicht alle Wölfe im Gehege die Chance. Das zentrale Dreiergespann des Rudels, Olomouc, Näschen und Finsterau, blieb im Gehege, ebenso die seit Jahren allein lebende Tatra. Brno indessen und alle Welpen Finsteraus – also die drei jetzt dreijährigen Rüden aus dem ersten Wurf sowie die zwei Rüden und die drei Weibchen aus dem vorjährigen Wurf – verschwanden.

Um im kleinen Gehege eine Falle für eventuell zurückkehrende Wölfe zu bauen, mußten wir die beiden Rudel zusammen in das große Gehege tun. Es gab eine furchtbare Schlägerei. Da das neu eingeführte Rudel aus dem kleinen Gehege größer war als die wenigen Nichtausbrecher, beherrschten sie bald das ganze Gehege. Dabei ließen sie interessanterweise Tatra, das unterdrückte Weibchen, ganz in Frieden. Olomouc, Näschen und Finsterau jedoch drängten sie auf ein kleines Felsengebiet um die Besucherkanzel zurück. Hier waren die drei relativ sicher, doch an der Front gab es immer wieder hemmungslose Kämpfe, aus denen schließlich zwei so verletzt hervorgingen, daß sie bald darauf starben: Mädchen und Näschen. Mädchen hatte sich seit ihrem großen Kampf mit Finsterau vor fünf

Jahren körperlich immer noch nicht ganz erholt. Sie war zu steif und zu langsam und bald ein wehrloses Opfer von Finsterau. Ich nahm Mädchen wieder aus dem Gehege. Trotzdem starb sie einige Tage später. Und Näschen? Er war inzwischen allzu fett und träge geworden. Ich weiß nicht, warum er so viel fraß. Niemanden, auch nicht den ranghöchsten Olomouc, ließ er ans Futter, nach jeder Fütterung konnte er mit seinem vollen Bauch kaum noch laufen. Er wurde von den Neuankömmlingen immer wieder angegriffen. Interessanterweise war auch Finsterau unter den Angreifern. Einst so eng verpaart, beteiligte sich also das Weibchen am Untergang des früheren Partners. Später habe ich ähnliches bei zwei anderen Paaren gesehen. Eine Ehe »bis daß der Tod sie scheidet« gibt es also bei Wölfen offensichtlich nicht.

Auch Näschen starb, nachdem ich ihn aus dem Gehege genommen hatte, an gar nicht sonderlich böse aussehenden Wunden. In jüngeren Jahren hätte er sie ohne Schwierigkeit überstanden, jetzt aber nicht mehr. Da er es seit seinem ersten Ausbruch zu einer gewissen Berühmtheit gebracht hatte, berichtete die Presse von seinem Tod mit Schlagzeilen wie: »Wütender Wolf zerriß Rivalen in Fetzen«, und als ich dagegen protestierte, mit: »Näschen starb an der Liebe«. Schade war es trotzdem um ihn. Neben Anfa war er es wohl, zu dem ich unter den Wölfen die engste Beziehung hatte. Doch so etwas zählt natürlich nicht bei wissenschaftlicher Arbeit.

Gleich nach dem Ausbruch, der für Finsterau auch den Verlust ihrer »Leibgarde« bedeutete, wurde Tatra zunehmend freier. Finsterau wurde in Schach gehalten von dem neuen Rudel im Gehege, während Tatra von diesem aufgenommen worden war. Es dauerte keine Woche, bis sie sich wieder völlig frei im ganzen Gehege bewegte und ihren alten Quälgeist Finsterau in die Felsen zurückdrängte. Ein paarmal kam es zu ernsthaften Kämpfen zwischen den beiden, aus denen jedesmal die etwas größere Tatra als Siegerin hervorging. Jahrelang war sie also einer ihr kräftemäßig unterlegenen Rivalin rangunterlegen gewesen, woraus man ersehen kann, daß die *vermutete* und nicht die *wirkliche* Stärke für die Rangbeziehungen zwischen den Wölfen ausschlaggebend ist.

Während all dieser Kämpfe setzte auch noch die Ranzzeit ein. Die in mehreren Würfen erprobte Mutter Finsterau ordnete sich Tatra nicht unter. Sie hielt sich vielmehr zusammen mit Olomouc in ihrer felsigen Region auf. Psenner, der ebenfalls von den anderen angegriffen wurde, schloß sich ihnen an, und so bildeten sie ein eigenes kleines Rudel. Beide Rüden kopulierten mit Finsterau. Da auch im großen Rudel Tatra mit Alexander kopulierte, der hier neuer Alpha-Rüde geworden war, hatten wir Hoffnung, nach all den Abgängen bald wieder neue Welpen zu bekommen. Aber es wurden keine geboren. Offensichtlich hatten bei beiden Weibchen die große Aggressivität und die ständige Hektik während der Ranzzeit entweder eine Befruchtung verhindert oder einen vorzeitigen Abort verursacht. Daher trennte ich die beiden Rudel wieder, nachdem das kleine Gehege und die Falle dort nicht mehr benötigt wurden. Ein Jahr später bekamen beide Weibchen Junge; insgesamt waren es elf: sieben von Finsterau, vier von Tatra. An neuen Wölfen fehlte es nicht mehr.

Siebtes Kapitel

Die Funktion der Rangordnung

Die herkömmliche Meinung von der Funktion hierarchischer Strukturen ist, daß sie dazu beitragen, »ständige Reibereien der Mitglieder zu vermeiden, Aggressionen zu neutralisieren«, und daher für die Gruppe von Vorteil sind. Ist es jedoch wirklich so? Eine hierarchische Struktur ist Eigenschaft der Gruppe und nicht eines Individuums. Können aber Merkmale einer Gruppe eine Funktion in evolutivem Sinn haben, wenn die Selektion doch am Individuum beziehungsweise an seinen Genen ansetzt?

Auf die in der heutigen evolutionstheoretischen Diskussion zentrale Frage, ob es wirklich so etwas wie eine Gruppenselektion gibt, kann ich hier nicht eingehen. Dem interessierten Leser möchte ich die beiden ausgezeichneten Zusammenfassungen zu diesem Thema von Richard Dawkins sowie von Wolfgang Wickler und Uta Seibt empfehlen. Wir werden uns hier mit diesen Fragen nur insoweit auseinandersetzen müssen, als sie Wölfe betreffen.

Wenn es tatsächlich von Vorteil für das Wolfsrudel ist, daß möglichst alles reibungslos funktioniert – was im Hinblick auf die gemeinsamen Aufgaben, zu jagen oder Welpen großzuziehen, anzunehmen ist –, wäre es dann nicht viel besser, in einer rangfreien, völlig gleichberechtigten Gruppe zu leben? Fordert nicht gerade die Existenz unterschiedlicher Ränge Aggressionen heraus? Wölfe leben aber nicht in aggressionslosen Gruppen; also müssen Aggression und hierarchische Struktur dennoch einen Vorteil haben, wenn nicht für die Gruppe, so doch für die einzelnen Wölfe. Wir kommen einer Antwort auf diese Fragen näher, wenn wir den jahreszeitlichen Verlauf sozialen Verhaltens, insbesondere den der Aggressivität, näher betrachten.

Jahreszeitlicher Verlauf der Aggressivität

Während der Wintermonate tritt bei den Wölfen eine deutliche Steigerung der Häufigkeit allgemeiner sozialer Verhaltensweisen ein, die dann zu den Sommermonaten hin wieder abfällt. Auch das aggressive Verhalten hat einen zyklischen Verlauf. Im Vergleich zum jahreszeitlichen Verlauf nichtaggressiver Verhaltensweisen, wie Chorheulen, Spritzharnen und neutrale Kontakte, tritt die Zunahme aggressiven Verhaltens im Herbst in der Regel jedoch etwas verspätet auf, dann aber sehr plötzlich; ebenso klingt sie im Frühjahr verzögert ab. Zudem beobachten wir eine deutliche Beruhigung aggressiver Auseinandersetzungen ab der Mitte des Winters, zur Ranzzeit hin. Schließlich zeigen die langjährigen Beobachtungen, daß der Prozentsatz aggressiven Verhaltens im Winter überproportional zunimmt, also viel ausgeprägter ist als die Steigerung der allgemeinen Aktivitäten. Alle Verhaltensweisen erfahren offenbar im Winter eine ähnlich endogen bedingte Antriebssteigerung, wobei die meisten Änderungen dem Sexualzyklus entsprechend verlaufen. Die Aggressivität hingegen unterliegt offensichtlich zusätzlichen Einflüssen.

Womöglich läßt sich der verzögerte Anstieg und der verzögerte Abfall aggressiven Verhaltens so erklären: Im Sommer ist das Rudel mit den Welpen beschäftigt, und die endogene Komponente der aggressiven Handlungsbereitschaft ist gering. Dieser liegen vermutlich hormonelle Faktoren zugrunde, über die wir bei den Wölfen allerdings noch wenig wissen. (Bei vielen anderen Tierarten ist hingegen ein Zusammenhang zwischen dem männlichen

Sexualhormon Testosteron und dem aggressiven Verhalten nachgewiesen worden.) Im Herbst steigt dann die aggressive Handlungsbereitschaft, doch die

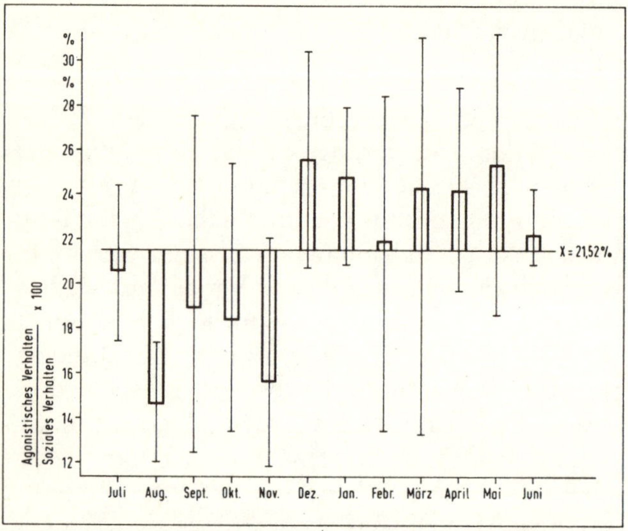

Anteil agonistischen Verhaltens am gesamten sozialen Verhalten (ohne Spielverhalten) im langjährigen Durchschnitt (21,52 Prozent). Die Säulen geben die durchschnittliche Abweichung für jeden Monat an, die dünnen Striche die Extremwerte eines jeden Monats.

festen Rangbeziehungen aus dem Sommer verhindern vorerst, daß es auch tatsächlich zu einem Anstieg aggressiven Verhaltens kommt. Erst langsam werden die Beziehungen zwischen vielen Rudelmitgliedern gespannter. Bei den Welpen gibt es erste Ansätze zu Rangauseinandersetzungen. Die Juvenilen zeigen eine Expansionstendenz nach oben, die Älteren erste Unterdrückungsversuche nach unten. Schließlich kommt es zu ausgetragenen Streitigkeiten und, als Folge davon, auch zu ersten Rangwechseln. Veränderte Rangbeziehungen zwischen Einzelwölfen haben einen Einfluß auf viele weitere Beziehungen, und die soziale Rangordnung wird von unten nach oben zunehmend instabil. Schließlich kommt es auch zu Auseinandersetzungen zwischen den älteren Wölfen mit ihren sehr viel festeren Rangbeziehungen und damit zu dem starken Anstieg aggressiver Verhaltensweisen.

Als Folge dieser Auseinandersetzungen entsteht allmählich eine neue Rangordnung, ein neues Gleichgewicht, das wiederum zu einem Abflauen aggressiven Verhaltens führt. Die Ranz setzt ein, die mit vielen kleinen, lokalisierten Konflikten, aber zumeist ohne große Kämpfe vonstatten geht. Nach der Ranzzeit verringert sich schlagartig die endogene Antriebskomponente der Aggressivität; das war in jedem Jahr sehr deutlich vor allem am Verhalten des Alpha-Weibchens zu beobachten, das vor der Ranz zu einem großen Teil für die hohe Aggressivität verantwortlich war, nachher aber immer deutlich freundlicher wurde. Dadurch läßt die Unterdrückung der subdominanten Weibchen nach. Auch die Rüden werden ruhiger. Die Folge ist eine neuerliche Veränderung vieler Beziehungen, denn das bisherige Gleichgewicht gerät aufgrund des nachlassenden Drucks von oben wieder in Bewegung. Es kommt zu neuen Kämpfen, zu Rangwechseln, bis sich schließlich Anfang des Sommers mit seinen Aufgaben eine neue Ordnung einstellt und das aggressive Verhalten wieder nachläßt.

Demnach hat das aggressive Verhalten sowohl endogene wie soziale Ursachen. Im Herbst verhindert die festgefügte soziale Ordnung eine Zeitlang, daß die endogene Antriebssteigerung sich auch in offen ausgetragener Aggressivität entlädt. Im Frühjahr ist es dann umgekehrt; jetzt bedingen gerade die Reduktion der endogenen Antriebe der Aggressivität und das damit verbundene Nachlassen von Unterdrückung und Spannung, daß die Reibereien zwischen den Wölfen bei der Neuordnung ihrer Beziehungen zunächst häufiger und intensiver werden. Es ist demnach die Rangordnung zwischen den Tieren, die im Herbst den verzögerten Anstieg, im Frühjahr den verzögerten Abfall des aggressiven Verhaltens bedingt. Aggressivität ist mithin weder ausschließlich eine Frage spontaner endogener Antriebssteigerung noch ausschließlich ein sozial bedingtes reaktives Phänomen. Aggressives Verhalten entsteht vielmehr bei der Auseinandersetzung des Individuums mit seiner sozialen Umwelt in einem außerordentlich fein abgestimmten System wechselseitiger Antriebs- und Hemmungsmechanismen.

Die Aggression ist im Interesse des einzelnen, das heißt, für seine Konkurrenz mit den Artgenossen, vorhanden. Eine ungehemmte Aggression jedes einzelnen würde aber die soziale Organisation des Rudels völlig sprengen. Die hierarchische Organisation hingegen ermöglicht, jedenfalls zeitweilig, relativ stabile Verhältnisse, da sie die Aggressivität dämpft. Das ist für das Rudel und damit auch für jedes einzelne Mitglied von Vorteil, denn es verhindert fatale Verletzungen und ermöglicht die Durchführung von Aufgaben, die für alle lebenswichtig sind.

Für jedes Rudelmitglied muß es demnach ein optimales Gleichgewicht geben zwischen den eigenen individuellen Interessen und denen des Rudels, die ja letztlich auch die seinen sind. Was sind aber nun die Interessen des einzelnen? Was nutzt ein hoher Rang? Ist es immer unvorteilhaft, rangniedrig zu sein? Um diese Fragen beantworten zu können, müssen wir uns die tatsächliche Entwicklung im Rudel noch einmal kurz vor Augen führen.

Konstanz der Rudelgröße

Trotz des jährlichen Zuwachses blieb die Größe des Rudels, nach einer anfänglichen Wachstumsphase, über die Jahre hinweg relativ konstant. Dabei habe ich nie ein Rudelmitglied, sondern immer nur bereits aus dem Rudel Ausgestoßene oder freiwillig Ausgeschiedene und einmal drei Welpen aus dem Gehege entfernt; außerdem brach, wie geschildert, ein großer Teil des Rudels von allein aus. Die Regulation der Rudelgröße haben die Wölfe also weitgehend selber bewirkt. Danach scheint die obere Kapazitätsgrenze für das Rudel in diesem Gehege bei maximal etwa elf erwachsenen und juvenilen Tieren zu liegen. Dazu kommen noch die Welpen.

Interessant sind die Beobachtungen von Dave Mech, wonach die Wölfe in Minnesota hauptsächlich im Herbst und im Frühjahr aus den bestehenden Rudeln ausscheiden. Dies deckt sich weitgehend mit dem Zeitpunkt des Ausscheidens in unserem Rudel und entspricht der Zeit erhöhter sozialer Unruhe, von der soeben die Rede war. Die Zeit sich neu formierender Rangbeziehungen ist auch die Zeit erzwungener und freiwilliger Rudelabgänge.

Wer schied aus dem Rudel aus, und warum? Mit Ausnahme des ersten Jahres, in dem die Altersklasse der Jungwölfe fehlte, handelte es sich bei den Ausgeschiedenen stets um erwachsene Tiere, die in zwei Gruppen zu unterteilen sind: Entweder waren es ranghohe Altwölfe, die ihre Position verloren hatten, oder rangniedrige, gerade adult gewordene Jungwölfe. Jeder Geburtsjahrgang wurde im Rudel von Jahr zu Jahr kleiner. Meistens blieben von jeder Altersklasse nur ein oder zwei Tiere als Erwachsene im Rudel übrig. Aus dieser altersbedingten Reduktion der Rudelgröße läßt sich ein allgemeines Modell des Wolfsrudels ableiten, bei dem ein Rudel aus einem Paar, den beiden ranghöchsten Tieren, besteht, zu denen sich unter Umständen ein oder mehrere erwachsene Wölfe, zumeist Rüden, gesellen können. Diese Tiere sind in der Regel entweder Kinder oder Wurfgeschwister von einem der beiden Alpha-Tiere; es können aber auch ganz fremde

Wölfe sein, wie einige Beobachtungen in freier Wildbahn zeigen. Zu dieser kleinen Gruppe erwachsener Wölfe im Rudel kommen die am Leben gebliebenen dies-und letztjährigen Jungtiere.

So gesehen, unterscheiden sich die Wölfe in ihrer sozialen Organisation von den anderen solitär oder in kleinen Gruppen lebenden Caniden im wesentlichen nur durch ein längeres Verbleiben der Welpen bei ihren Eltern. Allerdings gilt dies nicht immer und überall, zum Beispiel nicht für die Wölfe in den Abruzzen, von denen noch zu reden sein wird. Dort sind – durch frühe Abwanderung der Jungtiere bedingt – die Rudel klein und ähneln in ihrer Sozialstruktur eher der des Fuchses. Das hängt zusammen mit der sozialen Anpassung der Rudelgröße an die speziellen ökologischen Bedingungen, von denen ebenfalls später die Rede sein wird.

Bei den aus dem Rudel ausgeschiedenen Wölfen lassen sich einige geschlechtsbedingte Unterschiede erkennen. Es scheint, daß Weibchen eher gezwungenermaßen das Rudel verlassen: Entweder hatten sie ihre ranghohe Stellung durch Kampf verloren, oder es waren geschlechtsreife junge Weibchen, die vom Alpha-Weibchen vertrieben wurden. Etwas anders ging es bei den Rüden zu. Auch hier verließ der ehemalige Alpha-Rüde Wölfchen das Rudel, allerdings eher freiwillig als gezwungenermaßen. Ebenso verließen einige der rangniedrigeren jüngeren Rüden das Rudel scheinbar freiwillig; andere indessen, so St. Oswald, versuchten trotz heftiger Angriffe im Rudel zu bleiben und wurden schließlich nur durch größten Druck vertrieben. Doch das waren Ausnahmen.

Warum schaffen es einige Jungtiere, im Rudel zu bleiben und hier bis in die höchste Position vorzustoßen, während andere das Rudel verlassen? Zwei typische Beispiele sind Finsterau und Olomouc. Beide wuchsen sie in ein bestehendes Rudel hinein, und für beide ereigneten sich zur Zeit ihrer Geschlechtsreife bei den ranghohen adulten Rudelmitgliedern Umwälzungen, an denen sie selber zuerst nicht beteiligt waren, die sie aber zu ihrem Vorteil nutzen konnten. Dadurch übersprangen sie die rangniedrige Position der Adulten und stießen gleich in die ranghöchsten Positionen des Rudels vor.

Falls diese von mir beobachteten Vorgänge auch für andere Wolfsrudel typisch sind, ergibt sich folgendes Bild: Im allgemeinen bleiben viele der heranwachsenden Jungwölfe bis zur Geschlechtsreife im Rudel. Wenn zwischen der kleinen Gruppe alter, ranghoher Wölfe stabile Verhältnisse herrschen, verlassen sie früher oder später dann doch das Rudel und gehen eigene Wege. Nur wenn in der ranghöchsten Gruppe Umwälzungen stattfinden, etwa weil einige der Älteren sterben oder durch Rangkämpfe ihre Positionen verlieren, können junge Tiere in diese Gruppe vorstoßen und dadurch im Rudel bleiben. Eine besonders gute Ausgangsposition dafür haben die »Klein-Alphas« unter den Jungtieren.

Demnach bewirkt ein hoher Rang zweierlei: Bei den Jungen erhöht er die Chance, im Rudel zu bleiben, auch wenn eine große Portion Glück dazugehört; bei den Älteren erhöht er die Chance, sich an der Reproduktion direkt zu beteiligen, also selber Junge zu bekommen. Oder mit den Worten der modernen Evolutionsbiologen: Hoher Rang erhöht die persönliche Eignung (»fitness«), also die Möglichkeit, eigenes Genmaterial in die nächste Generation überzuführen.

Die »eigennützigen« Gene

Wenn aber nur jeweils zwei Tiere im Rudel Welpen zeugen und auf diese Weise ihre Gene in der nächsten Generation reproduzieren, warum helfen dann die Juvenilen dem reproduzierenden Paar (zumeist sind es ihre Eltern), die Welpen, ihre jungen Geschwister, aufzuziehen? Und warum bleiben sogar einige geschlechtsreife Tiere im Rudel, die, ohne selbst Junge zu bekommen, sich intensiv an der Aufzucht der fremden Welpen beteiligen? Wird nicht dadurch ihre individuelle Eignung (Fortpflanzungschance) verringert? Für unser Verständnis der letztlichen Ursachen für die Rudelbildung bei Wölfen ist dies eine entscheidende Frage. Betrachten wir dazu das Schicksal der aus dem Rudel ausgeschiedenen Tiere.

Im Gehege lebten sie weitgehend voneinander isoliert, ohne jeweils selber Welpen zu produzieren. In freier Wildbahn können sie sich aber entfernen, womöglich auch einen Partner und ein nichtbesetztes Gebiet finden und hier selber Junge aufziehen. Wahrscheinlich ist dies der übliche Anfang eines Rudels. Für die meisten Rudelabgänge stehen die Chancen aber schlecht. Genaue Daten dazu aus Gebieten mit unterschiedlichen Beutetieren fehlen uns allerdings noch. Trotzdem können wir davon ausgehen, daß es neuformierte Paare oder kleine Gruppen in Gebieten mit hoher Wolfsdichte und etablierten territorialen Rudeln schwer haben, ein eigenes Territorium zu finden und zu behaupten, das groß genug ist, die Aufzucht von Welpen zu gewährleisten. In Gebieten mit großen Beutetieren haben es kleine Rudel außerdem schwer, genügend und vor allem regelmäßig Beute zu erlegen, wodurch ihre Chancen, Welpen erfolgreich aufzuziehen, ebenfalls schlecht stehen, wie Beobachtungen auf Isle Royale gezeigt haben.

Eine erhöhte Lebenserwartung beim Verbleib im territorial etablierten Rudel erklärt aber nicht, warum sich neben den Eltern so viele weitere Rudelmitglieder scheinbar altruistisch an der Aufzucht der Welpen beteiligen.

Damit kommen wir zu den modernen evolutionstheoretischen Vorstellungen von Sippenselektion (»kin selection«) sowie zu der von Hamilton und anderen eingeführten und sich wohl allmählich durchsetzenden Theorie der »inclusive fitness«, was Wickler und Seibt mit »Gesamteignung« übersetzen. Danach ist es für den Reproduktionserfolg eines Tieres sinnvoll, sich an der Aufzucht verwandter Jungen zu beteiligen, wenn es selber nicht eigene aufziehen kann. Denn diese Jungen haben mit ihm zum Teil Gene gemeinsam: Falls keine Inzucht stattfindet, sind bei Vollgeschwistern, Kindern und Eltern 50 Prozent, bei Onkeln und Neffen 25 Prozent und bei Cousinen 12,5 Prozent der Gene im Durchschnitt völlig gleich oder »identisch«, wie häufig gesagt wird. Die Gesamteignung eines Tieres ist demnach sein individueller Beitrag zur Fortpflanzung seiner Gene *zuzüglich* des Beitrags, den es zur Fortpflanzung der gleichen Gene durch verwandte Tiere leistet. Je verwandter also zwei Tiere sind, das heißt, je größer der Prozentsatz völlig gleichen Genmaterials ist, um so mehr »lohnt es sich« demnach für eins von beiden, die eigene womöglich erfolglose Reproduktion zurückzustellen zugunsten der erfolgreichen Aufzucht der Jungen des anderen. Die Wahrscheinlichkeit, daß die gleichen Gene, die es selbst besitzt, in die nächste Generation übergeführt werden, wird dadurch größer.

Um eventuelle Mißverständnisse zu vermeiden: Wir dürfen uns keinesfalls vorstellen, daß die Tiere – oder auch der Mensch, für den das Konzept der Gesamteignung, falls es richtig ist, natürlich ebenfalls gelten muß – etwa wissen oder auch nur ahnen, was den Fortpflanzungserfolg ihrer Gene erhöht. Vielmehr hat sich ein solches für den Gesamterfolg der Gene richtiges Verhalten durch die natürliche Selektion entwickelt, indem die Träger weniger »eigennütziger« Gene – und somit auch diese Gene selbst – relativ immer weniger wurden. Zweckmäßigkeit wird nicht durch Einsicht erreicht, sondern durch Selektion.

Die Theorie der Gesamteignung oder die der »eigennützigen« Gene gibt nicht nur eine zwanglose Erklärung dafür, warum mehrere erwachsene Wölfe in einem Rudel bleiben, in dem nur ein Wurf im Jahr geboren wird. Sie erklärt auch die eigentlich ebenso erstaunliche Tatsache, daß sich ein Wolf für Jahre einem anderen unterordnet – wie beispielsweise Näschen zuerst Wölfchen (seinem Bruder) und später Olomouc (seinem Stiefsohn) oder wie die Jungwölfe den Älteren. Ebenso rückt sie die auf den ersten Blick unverständlich starke (und der Vorstellung über angebliche Gattentreue bei Wölfen widersprechende) Aggressivität des Alpha-Weibchens gegen den langsam schwächer werdenden langjährigen Partner (zum Beispiel Finsteraus Angriffe auf Näschen) in ein neues Licht. Zwischen den reproduzierenden Partnern eines Rudels bestehen in der Regel keine oder nur weit entfernte verwandtschaftliche Beziehungen. Für die erfolgreiche Aufzucht der eigenen Jungen ist ein starker Partner von Vorteil, und so wird der durch hohes Alter oder durch Verletzungen geschwächte Partner im Interesse der eigenen »fitness«, des eigenen Fortpflanzungserfolges, vertrieben. Weiter läßt sich mit dieser Theorie auch einiges zum Phänomen von Freundschaften beziehungsweise fehlenden Feindschaften zwischen den Wölfen eines Rudels auf der Ebene populationsgenetischer Funktionszusammenhänge deuten. (St. Oswald etwa, der Wurfbruder Finsteraus, beteiligte sich unter den Rüden besonders stark an der Aufzucht von Finsteraus Welpen.) Über Ursachen und Funktionen von Freundschaft und Feindschaft im Wolfsrudel gibt es allerdings, wie schon früher betont, noch viel zu forschen. Überhaupt scheint mir, daß wir erst am Anfang funktionaler Analysen sozialen Verhaltens stehen.

Der Wolf ist ein Tier der Superlative: Kein Tier wurde von Menschen so gefürchtet und gehaßt wie der wilde Wolf, keines so geliebt wie der zahme Wolf und sein domestizierter Nachfahr, der Hund.

Oben: Erik Zimen mit Zora, dem ranghöchsten Weibchen seines jetzigen Rudels.

Unten: Die Wölfe in den Abruzzen.

Erik Zimen und sein Team bei Filmaufnahmen in den Abruzzen für die Fernsehserie Wildwege.

Vor der Paarungszeit der Wölfe im Winter nimmt die Aggressivität im Rudel stark zu. Die Rangfolge wird neu bestimmt. Nur die ranghöchste Wölfin, das Alpha-Weibchen, hat danach in der Regel das Recht, sich zu paaren. Unter den Rüden (rechte Bildfolge) verhindert der Alpha-Rüde (oben rechts) die Paarung rangniedriger Rüden mit »seinem« Weibchen. Doch während er den ersten Nebenbuhler anspringt und verprügelt, versucht schon der zweite sein Glück, während das Alpha-Weibchen vor so viel Aufmerksamkeit die Augen schließt.

Einer der drei in den Abruzzen mit einem Radiosender markierten Bastarde zwischen einer Wölfin und einem Hirtenhund. Man beachte die schwarzen Streifen im Fell.

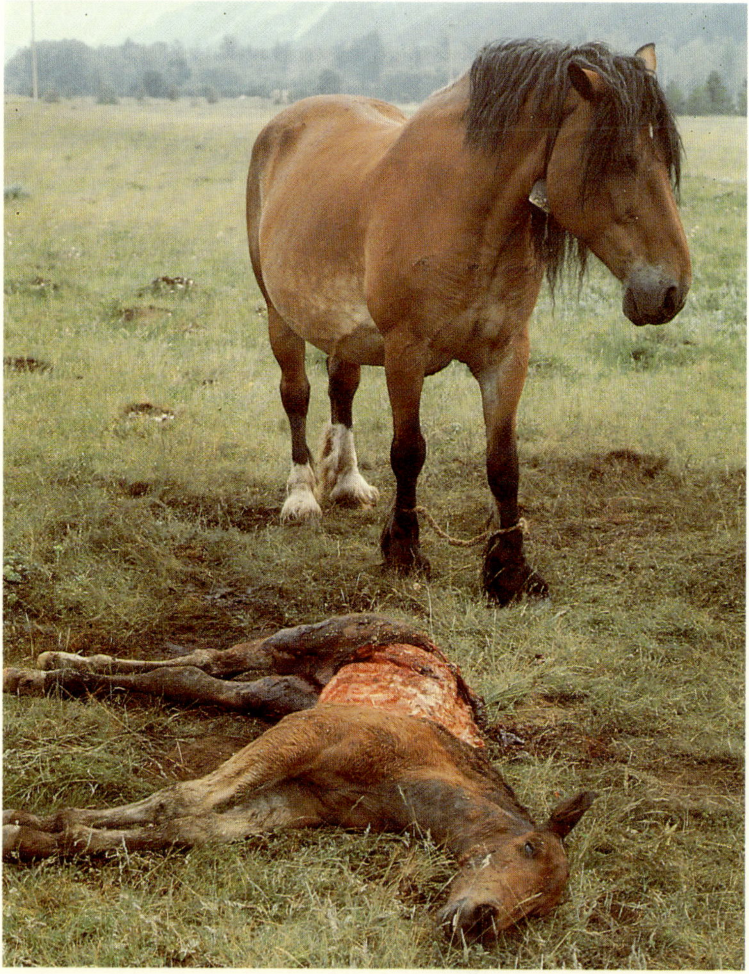

In den ersten Wochen läßt die Wölfin meistens nur den Alpha-Rüden zu ihren Welpen. Später dann beteiligen sich alle Rudelmitglieder an der Aufzucht.

Selten greifen Wölfe in den Abruzzen Pferde an. Doch wenn, wie hier, die Vorderbeine des Muttertiers mit einem Strick zusammengebunden sind, damit es nicht weglaufen kann, nutzen die Wölfe ihre Chance und greifen die Fohlen an.

Die Welpen werden in einer Höhle geboren. Im Alter von drei bis vier Wochen kommen sie erstmals ins Freie.

Gezähmte Welpen laufen eng zusammen mit ihrem »Ersatzrudel«. Links außen der Langhaarrüde Raas.

Bei gewöhnlichen Beißereien zwischen Rudelmitgliedern wird kaum fest zugebissen, sondern nur gedroht und laut protestiert.

Heulen im Chor.

Die stürmische Zeit der Welpen vergeht wie im Fluge. Danach beginnt der Ernst des Lebens, was fast unweigerlich zu Konflikten mit den Menschen führt.

Nach meinen Beobachtungen an den Gefangenschaftsrudeln spielt der Rang, den ein Wolf in der hierarchischen Struktur seiner Alters- und Geschlechtsklasse im Rudel innehat, eine für dessen Eignung ganz wesentliche Rolle. Solange die Welpen das allgemeine Wohlwollen der Älteren genießen, bedarf es für sie keiner Rangordnung. Der Zugang zum Futter wird, wenn nötig, durch lokalisierte Auseinandersetzungen behauptet. Erst wenn es um die Behauptung vakant gewordener Positionen in der eng begrenzten Erwachsenengruppe geht, ist der Ranghöhere unter den Heranwachsenden im Vorteil. Bei den erwachsenen Wölfen schließlich ist ein höherer – wenn möglich der höchste – Rang bei den Rüden von Vorteil; bei den Weibchen ist der höchste Rang sogar die Voraussetzung für die Reproduktion.

Danach müßte ein Wolf im Rudel ständig versuchen, seinen Rang zu verbessern. Wir haben aber gesehen, daß viele Tiere dies nicht tun, und verstehen jetzt, daß es im Interesse ihrer Gesamteignung so ist. Dies gilt vor allem für ältere subdominante Wölfe. Für jüngere Wölfe hingegen ist eine hohe Position Voraussetzung für den Verbleib im Rudel. Demnach müssen sie ein größeres Interesse an einem Aufstieg in der Rangordnung haben. In der Tat treten, wie wir gesehen haben, bei diesen Tieren Rangauseinandersetzungen sehr viel häufiger auf als zwischen den älteren Wölfen. Im Interesse eines effektiven Funktionierens des Rudels als Einheit bei der Nahrungsbeschaffung und bei der Welpenaufzucht müssen diese Konflikte aber möglichst unterdrückt werden, und hierzu trägt die hierarchische Struktur des Rudels wesentlich bei. So herrscht zwischen den Interessen des Individuums und denen der übergeordneten sozialen Gemeinschaft ein fein ausbalanciertes Gleichgewicht, das trotz individuellen Dranges nach oben die Funktionsfähigkeit des Ganzen gewährleistet.

Achtes Kapitel

Rudelbindung, Zusammenhalt und Führung

Unter »Rollenverhalten« versteht man in der Ethologie typische Verhaltensweisen einzelner Tiere innerhalb einer Gruppe, die einen Einfluß haben auf das Verhalten anderer Gruppenmitglieder. Einige Rollen haben wir schon kennengelernt, zum Beispiel das Verhalten der Mutter und das der Jungwölfe gegenüber den Welpen, die Aufpasserrolle der älteren Rüden und die zentrale aktivitätsbestimmende Rolle des Alpha-Rüden. Auch nach der herkömmlichen Vorstellung vom Wolfsrudel gibt es ja einen Leitwolf, dem sich alle anderen unterwerfen. Dieses Rollenverhalten der einzelnen Rudelmitglieder, das Individualinteresse, das darin zum Ausdruck kommt, aber auch den Beitrag dieses Verhaltens zur Funktionsfähigkeit des Rudels gilt es jetzt genauer zu betrachten. Hier stellt sich zuerst die Frage nach dem Rudelzusammenhalt. Wie wird das Rudel zusammengehalten, und wie finden dort die notwendigen Entscheidungsprozesse statt: wann und wo geschlafen, wann weitergelaufen wird, welcher Beute nachzujagen ist und so weiter? Bestimmt ein Rudelführer, der »Leitwolf«, allein, oder verlaufen solche Entscheidungsprozesse auf komplizierte Weise? Dazu müssen wir zuerst die Bindungen zwischen den einzelnen Wölfen im Rudel betrachten.

Ob es einen speziellen sozialen Bindungstrieb gibt oder ob Bindung durch andere Antriebe, wie Sexualität, Schutzverhalten oder Aggression, zustande kommt, ist unter Ethologen umstritten. Daher möchte ich den Begriff »Bindung« hier nicht kausal, sondern operational definieren: als die Tendenz von zwei oder mehreren Tieren, zusammenzubleiben beziehungsweise nach einer Trennung wieder zusammenzukommen. Die Stärke der Bindung läßt sich so an dem räumlichen Abstand, den die Tiere zueinander einhalten, messen. Eine weitere Möglichkeit, die Stärke einer Bindung zu ermitteln, bietet die Messung der Rückkehrgeschwindigkeit nach räumlicher Trennung.

Aus der formalen Betrachtungsweise möglicher Bindungsverhältnisse lassen sich verschiedene Fragen ableiten:

– Inwieweit ist die Bindung zwischen den Mitgliedern unseres Wolfsrudels abhängig von Alter, Geschlecht und Rang?

– Welchen Einfluß hat die Umgebung (zum Beispiel offene Landschaft im Vergleich zu geschlossenen Waldgebieten oder bekanntes im Vergleich zu unbekanntem Gelände) auf die Bindung?

– Welchen Einfluß haben jahreszeitliche Veränderungen auf die Bindung?

– Wie wirken sich Gruppengröße und Gruppenzusammensetzung auf die Bindung aus?

Methodisches

Die Abstände der Rudelmitglieder zueinander wurden zu verschiedenen Tages- und Jahreszeiten registriert, sowohl im Gehege als auch bei Wanderungen mit zahmen frei laufenden Wölfen außerhalb des Geheges. Zudem wurden mit zahmen Wölfen im Gelände Trennungsversuche durchgeführt. Die

Abstände der Tiere untereinander lassen sich natürlich nicht mit dem Meterband messen, sondern nur schätzen, was aber nach einiger Übung hinreichend genau möglich ist.

Bei dieser Methode, Bindungen im Rudel zu untersuchen, ergeben sich auch einige Schwierigkeiten. Zwei Tiere können beispielsweise beide zum selben Ort im Gelände eine Bindung haben und sich nur deswegen nahe beieinander befinden. Ein kleines Erlebnis soll diese Art methodischer Probleme illustrieren.

Nach dem Verlust ihrer Alpha-Stellung ging es Mädchen, wie berichtet, sehr schlecht. Ihre Wunden heilten nicht gut, und ihr Winterfell wuchs schlecht nach, vermutlich als Folge des Kampfes und des mit dem Rangverlust zusammenhängenden Stresses. Mädchen fror. Daher nahm ich sie mit nach Waldhäuser und steckte sie in den Zwinger bei unserem Haus. Auch hier fror sie. So machte ich ihr im Keller ein Lager: eine Schicht Heu mit einer Decke und darüber eine wärmende Rotlichtlampe. Doch Mädchen war immer noch nicht zufrieden. Stundenlang kratzte sie an der Kellertür, um herauszukommen; jetzt fehlte ihr vermutlich die Gesellschaft.

Meine Schwiegermutter überkam das große Mitleid, und sie schlug vor, Mädchen zu uns in die Wohnung zu nehmen. Ich war skeptisch, ließ mich aber schließlich überreden – unter der Bedingung, daß das Tier nur auf dem Boden liegen dürfe. Mädchen fand aber bald heraus, daß das Sofa im Wohnzimmer viel weicher und schöner war als der harte Boden. Ihre Sturheit wurde nur noch von meiner Ausdauer übertroffen; immer wieder warf ich sie vom Sofa herunter. Meine Schwiegermutter war jedoch nicht so konsequent, und so schlief Mädchen bald in meiner Abwesenheit auf dem Sofa, und Schwiegermama saß daneben. Es ist wohl unnötig zu erwähnen, daß von nun an die Bindung Mädchens an meine Schwiegermutter die an mich bei weitem übertraf.

Eines Tages fand Mädchen heraus, daß es noch etwas Bequemeres gab als das Sofa, nämlich Schwiegermutters weich gefedertes Bett. Am Tag hatte ich Mädchen in das Gehege gesperrt. Es war Frühling, die Luft war warm, und der Schnee schmolz schnell. Am Abend rutschte dann die Schneelast vom Dach mit großem Gepolter in den Wolfszwinger hinein. Als ich später hinausging, um Mädchen wieder ins Haus zu bringen, war von ihr nichts mehr zu sehen. Ich dachte sofort an die Dachlawine. Ob Mädchen darunter begraben lag? Gerade war eine Gruppe von Studenten angekommen, die ich gleich anstellte. Mit langen Stöcken stocherten wir wie richtige Lawinenretter in den Alpen jeden Quadratdezimeter ab; nichts. Dann gruben wir überall tiefe Löcher in den nassen, schweren Schnee: immer noch nichts. Um Mitternacht gaben wir schließlich auf. Erschöpft gingen wir ins Haus zurück – und fanden Mädchen schnarchend auf dem großen Federkissen im Bett meiner Schwiegermutter. Über die hohen Schneemassen der Dachlawine mußte sie durch das offene Fenster eingestiegen sein. Die Türen standen offen, und so fand sie bald den weichsten und wärmsten Platz im ganzen Haus. Mädchen ließ sich von unserem Lachen kaum beirren. Nach kurzem Aufschauen schlief sie weiter und ließ sich später nur unter größtem Protest aus dem Bett vertreiben.

Fortan war dieses Bett das Ziel all ihrer Sehnsüchte. Sie entwickelte geradezu erstaunliche Fähigkeiten, wieder dorthin zu gelangen, und nur zu oft mußten wir uns geschlagen geben. Was aber wäre gewesen, wenn wir *zwei* Wölfe mit ähnlicher Ortsbindung gehabt hätten? Das ermittelte Maß ihrer gegenseitigen sozialen Bindung wäre nach der verwendeten Meßmethode sehr hoch gewesen. Wenn auch ein warmes Federbett nicht unbedingt der bevorzugte Ort normaler Wölfe ist, so zeigt diese

Erfahrung doch, daß es bei Wölfen eine Ortsbindung geben kann, die dazu führt, daß die Tiere häufig beisammen angetroffen werden, ohne daß ihre gegenseitige Bindung dieser Häufigkeit entspricht. Diese Gefahr von Mißdeutung dürfte allerdings bei einer so mobilen Tierart wie dem Wolf, der ständig unterwegs ist, relativ klein sein. Nur bei den jungen Welpen ist eine wirkliche Ortsbindung an die Höhle und ihre Umgebung zu beobachten.

Bei den Gehegewölfen waren ebenfalls gewisse Ortsbindungen festzustellen. So legten sich die Wölfe zum Schlafen bevorzugt in den oberen Teil des Geheges, möglichst weit weg von der Besuchertribüne, an Stellen, wo ein Überblick über das Gelände möglich war. Die ausgestoßenen und verfolgten Wölfe wiederum hielten sich alle gerade an dem Felsen um die Besuchertribüne auf. Hier waren sie vor Überfällen sicherer, denn die Rudelwölfe mieden diesen Platz, weil sie bei ihren Angriffen durch die Nähe von Menschen verunsichert und abgelenkt wurden. Daher hielten sich einige der ausgestoßenen Wölfe relativ eng beieinander auf, ohne daß sie untereinander besonderen sozialen Kontakt aufnahmen.

Eine weitere Möglichkeit von Mißdeutungen bei dieser Methode, Bindung durch Abstandsmessung zu ermitteln, ist gegeben durch den nicht seltenen Fall einer starken Bindung von zwei Tieren zu einem dritten. Die beiden Wölfe halten sich infolgedessen häufig zusammen auf, ohne daß sie eine starke Bindung zueinander haben müssen. Wenn das Tier, an das sie beide gebunden sind, verschwindet, gehen sie womöglich auch auseinander. Schließlich muß der enge Zusammenhalt zweier Wölfe nicht bedeuten, daß sie *beide* zueinander eine enge Bindung haben. Es reicht ja, wenn nur einer die Nähe des anderen sucht. Um Richtung und Stärke von Bindungen wirklich zu ermitteln, muß man daher auch das sonstige Verhalten der Tiere untereinander, und hier vor allem die Häufigkeit der sozialen Kontaktnahmen, berücksichtigen.

Einfluß des Alters

Über die Bindungen der Mutter und der restlichen Rudelmitglieder an die Welpen haben wir schon einiges erfahren. Im Gehege blieb die Mutter in den ersten Tagen nach der Geburt fast ausschließlich bei ihren Welpen; erst allmählich entfernte sie sich weiter und für immer längere Zeit. Wenn die Welpen etwa drei Wochen alt waren, kehrte sie oft nicht mehr in die Höhle zum Schlafen zurück, sondern lag außerhalb der Höhle und ging nur zu den Welpen, um Milch zu geben. Auch die adulten und die juvenilen Rudelmitglieder zeigten großes Interesse für die Höhle der Neugeborenen. In den folgenden Monaten war der Aufenthaltsort der Welpen das Zentrum des Rudels.

Diese Bindung zu den Welpen und ihrem Aufenthaltsort nahm plötzlich wieder stark ab, und zwar, als die Welpen in ihrem fünften Monat, also Ende August/Anfang September, schon einigermaßen groß und selbständig waren und nicht selten auch für die Älteren recht lästig werden konnten. Im späten Herbst schliefen dann die Älteren wieder zunehmend häufiger in der Nähe der Welpen. Jetzt ging die Bindung aber weitgehend von den Welpen aus, die dem Rudel im Gehege folgten und sich deshalb auch dort hinlegten, wo die Älteren sich zum Schlafen zusammenrollten. Aus der Beziehung zwischen den älteren Wölfen und den Welpen hatte sich eine Beziehung zwischen Rudelmitgliedern entwickelt.

Die adulten und die juvenilen Wölfe veränderten ihr Verhalten gegenüber den Welpen also im Spätsommer. Wie war es aber bei den Welpen? Zuerst hielten sie untereinander eng zusammen. Auch von den älteren Tieren entfernten sie sich, wenn möglich, kaum. Es war nicht schwierig, mit allen Tieren bis spät in den Herbst hinein frei im Gelände zu laufen, da sich kaum ein Welpe weiter als hundert Meter entfernte. Erst im Alter von etwa zehn Monaten, also in ihrem ersten Winter, wurden sie schnell selbständiger. In freier Wildbahn ist es nicht anders. In den frühen Herbstmonaten verlassen die Welpen ihr Aufzuchtgebiet und folgen dem Rudel auf zunehmend längeren Wanderungen. Im ersten Winter gehen sie dann immer häufiger eigene Wege, und einige wenige verlassen jetzt sogar für immer ihr Rudel.

Die Beobachtungen zeigen, daß dem Prozeß der Loslösung sowohl der Älteren von den Welpen wie auch der Welpen voneinander und von den Älteren ein Reifungsprozeß zugrunde liegt. Dabei reift die Verselbständigung der Welpen etwas später als die Loslösung der Älteren von den Welpen. Dies ist sicherlich von Vorteil, weil die Welpen so in der kritischen Zeit ihrer ersten Wanderungen vorerst direkt beim Rudel bleiben. Erst mit zehn bis zwölf Monaten sind sie in der Lage, sich selbständig zu ernähren, wenn auch meistens immer noch mehr schlecht als recht. Im Rudel haben die Älteren inzwischen auch aufgehört, den Welpen Futter zuzutragen. Diese müssen es sich nun selbst erjagen oder sich von der gemeinsam erlegten Beute ihren Teil holen.

Im Zusammenhang mit der Verselbständigung der jungen Wölfe gibt es eine weitere recht interessante Beobachtung. Schon in Rickling fiel mir auf, daß sie allein eng bei uns blieben, aber zu zweit oder zu mehreren sich viel eher entfernten.

Um die Stärke dieser Geschwisterbindung einmal zu testen, machte ich später im Bayerischen Wald folgenden Versuch. Zusammen mit Alexander und Wölfchen nahm ich im Sommer zwei im selben Jahr geborene Welpen, Ho und Tschi, aus dem Gehege. Zwei Studentinnen, die Ho und Tschi aufgezogen hatten, kamen ebenfalls mit, desgleichen mein Hund Flow, an dem Ho und Tschi sehr hingen. Nachdem wir eine kurze Strecke zur Eingewöhnung gelaufen waren, ließen wir einen der beiden Welpen frei und trennten uns in zwei jeweils unterschiedlich starke Gruppen. Der Welpe rannte unruhig zwischen den Gruppen hin und her und versuchte möglichst lange mit uns allen Kontakt zu halten. Als es dann aber nicht mehr möglich war, entschied er sich schließlich in fast allen Versuchen für die Gruppe, bei der sich sein Bruder befand, auch wenn sie deutlich kleiner als die andere war.

Diese enge Bindung der Welpen untereinander wird erst im Alter von zehn bis zwölf Monaten geringer. Bis zum Alter von einem halben Jahr ist sie aber immer noch erstaunlich hoch – höher sogar als die Bindung zu den anderen Rudelmitgliedern. Die Frage, warum dies so ist, findet durch einen weiteren Versuch ihre Erklärung. Ich wollte wissen, ob die Älteren das Fehlen eines Welpen bemerkten, und nahm daher im Sommer 1974, als sieben Welpen im Gehege waren, jeweils ein, zwei oder drei Welpen heraus. Dies ging nicht ohne die größte Aufregung ab, wodurch das Verhalten aller Gehegetiere für Stunden beeinflußt wurde. Nur die wenigen Male, bei denen mir ein unbemerktes Wegfangen der Welpen glückte, konnte ich daher Daten für die Auswertung gewinnen. Diese genügen aber, um zu zeigen, daß wenigstens bei der Mutter Unruhe und Suchverhalten eng korreliert sind mit der Anzahl fehlender Welpen. Fehlte ein Welpe, zeigte die Mutter überhaupt keine erkennbare Reaktion. Zwei und erst recht drei fehlende Welpen lösten dagegen intensives Suchverhalten aus.

Demnach muß es für einen Welpen, wenn er einen Ausflug unternimmt, wichtig sein, diesen in Gesellschaft von Geschwistern zu machen. Möglicherweise haben die Älteren nur zu der Welpengruppe insgesamt eine Bindung und, jedenfalls zunächst, noch nicht zu jedem einzelnen Welpen. Das Fehlen mehrerer Welpen wird daher eher bemerkt als das Verschwinden eines einzelnen. Aus diesem Grund ist es für die Welpen wichtiger zusammenzubleiben, als allein Älteren zu folgen, zu denen sie den Kontakt bald verlieren können. Wenn sie in der Gruppe sind, richten sich die Großen nach ihnen. Allein aber müssen sie sich eher selber helfen – und das kann schwer sein, wenn man klein ist. Beobachtungen in freier Wildbahn zeigen überdies, daß die Sterblichkeit der Welpen in diesen ersten Herbstmonaten besonders hoch ist.

Einfluß von Rang und Geschlecht

Im Gehege waren es vor allem die ranghohen Adulten, die in der Nähe anderer Tiere zu finden waren. In Gesellschaft liefen, lagen und schliefen besonders häufig das Alpha-Weibchen und eine Gruppe ranghoher Rüden, zu denen sich die Juvenilen und die Welpen gesellten. Besonders eng geschlossen hielt das Rudel in den Wintermonaten zusammen, namentlich zur Ranzzeit, während die Tiere im Sommer mitunter auch einzeln oder in kleineren Gruppen anzutreffen waren. Dies bestätigt unsere bisherigen Erkenntnisse über das Rudel und entspricht wohl im wesentlichen auch den Verhältnissen bei natürlich lebenden Wolfsrudeln.

Eine genauere Analyse des räumlichen Verhaltens im Rudel ergab aber einige erstaunliche Unterschiede zwischen den einzelnen Tieren. Je höher der Rang, desto häufiger wurde der Wolf in Begleitung anderer Wölfe gesehen. Das entspricht unseren Erwartungen. Während aber die drei ranghöchsten Adulten etwa gleich häufig beieinander zu sehen waren, hielten sich die anderen Rudelmitglieder bevorzugt in der Nähe des Alpha-Rüden auf, auch die Welpen, nachdem sie sich im Alter von etwa einem halben Jahr aktiv dem Rudel angeschlossen hatten. Eine besondere Präferenz für den »Chef« zeigte dabei der ranghöchste Rüde unter den Juvenilen, der »Klein-Alpha«. (Die Ähnlichkeiten mit einer uns besonders vertrauten Art, der unsrigen, sind manchmal fast komisch.)

Ähnliche Ergebnisse erbrachten die Versuche mit frei laufenden Wölfen im Bayerischen Wald. Im ersten Jahr nahm ich dort häufig die zahmen Tiere mit auf lange Wanderungen. Mädchen war damals noch Alpha-Weibchen, Wölfchen unangefochten die Nummer eins unter den Rüden, Näschen Nummer zwei und Alexander Nummer drei. Nachdem wir einige Zeit gelaufen waren, registrierte ich jede zweite Minute die Abstände zwischen allen Wölfen. Das erste, was mir dabei im Vergleich zu Rickling auffiel, war, daß die Wölfe jetzt enger zusammenhielten. Warum? Ich glaube, das hing zusammen mit dem veränderten Status der Tiere. In Rickling waren sie Welpen und später, im juvenilen Alter, in der Rangordnung auf subdominanten Positionen gewesen. Nun aber waren sie adult und ranghoch, und die anderen jüngeren Wölfe im Gehege richteten sich jetzt nach ihnen, was sich im freien Laufen bemerkbar machte. Wie schon im Gehege zeigte es sich auch hier, daß die hierarchische Struktur eines Wolfsrudels ganz wesentlichen Einfluß hat auf die Art und Weise, wie sich das Rudel im Gelände bewegt.

Es war vor allem Wölfchen, der Alpha-Rüde, zu dem die anderen ständig Kontakt suchten und der auch selber immer wieder Kontakt herstellte. Am zweithäufigsten lief das Alpha-Weibchen Mädchen eng bei einem anderen Wolf, am häufigsten weiter weg lief der rangniedrigste Rüde Alexander. Auch hinsichtlich der Distanz, welche die Tiere zueinander einhielten, nahm Wölfchen eine zentrale Position ein. Sowohl Mädchen als auch die beiden subdominanten Rüden hielten zu ihm geringere Distanz, während die Bindung zwischen Mädchen und Näschen (und noch deutlicher zwischen Mädchen und Alexander) eher indirekt über ihre jeweilige Bindung zu Wölfchen zustande kam.

Diese Abstandsdaten wurden durch zwei weitere Versuche bestätigt. Gerade an jenem 1. September, als Näschen weglief und die Untersuchungen dadurch ihr frühzeitiges Ende fanden, registrierte ich anstatt der Abstände die Häufigkeit, mit der die Wölfe im Laufen zueinander Kontakt aufnahmen. Die Initiative hierzu ging am weitaus häufigsten von Wölfchen aus, und ihm selbst galten auch die allermeisten schnellen Kontaktaufnahmen. Auch die beiden subdominanten Rüden nahmen relativ häufig zueinander Kontakt auf, selten hingegen zu Mädchen.

Bei einem weiteren Versuch ließ ich entweder jeweils nur einen der vier adulten Wölfe frei laufen, während die anderen angebunden bei mir blieben, oder sie konnten alle bis auf einen, der wiederum bei mir blieb, frei laufen. Beim Vergleich der so gewonnenen Abstandsdaten zeigte sich, daß alle vier Wölfe sehr viel häufiger Kontakt zu der großen als zu der kleinen bei mir laufenden Gruppe aufnahmen; und abermals war es vor allem Wölfchen, der solche Kontakte besonders häufig herstellte. Er lief zeitweilig minutenlang neben den anderen angeketteten Wölfen her und entfernte sich nie weiter.

Alexanders Freiheitsdrang

Diese Wanderungen im Nationalpark waren eine Fundgrube für Beobachtungen individuellen Bindungsverhaltens und dessen Einflusses auf den Rudelzusammenhalt. So wurde Wölfchen stets sehr unruhig, wenn die beiden subdominanten Rüden sich gemeinsam entfernten. Er rannte hinterher und hatte den Kontakt bald wiederhergestellt. Dann war aber Mädchen weg. Wölfchen rannte an den beiden Rüden vorbei, und in dem Moment, da er sie überholte, machte er plötzliche ruckartige Spielbewegungen im Laufen, die offensichtlich die beiden zum Folgen animieren sollten. Wenn Alexander oder Näschen sich allein von der Gruppe entfernten, war Wölfchen hingegen nicht so beunruhigt. Dabei schien ihn besonders Alexander, der Rangniedrigste, am wenigsten zu interessieren.

Vielleicht bilde ich mir das jetzt nachträglich nur ein, weil es so schön ins Konzept paßt. Direkte Daten dazu habe ich keine. Allerdings: Alexander gelang es sehr viel häufiger, bei diesen Wanderungen wegzulaufen, neunmal insgesamt, gegenüber dreimal bei Näschen (wenn auch einmal für sehr lange Zeit) und keinmal bei Wölfchen und Mädchen. Das deutet nicht nur darauf hin, daß Alexander eine größere Verselbständigungstendenz hatte als die anderen, sondern auch darauf, daß Wölfchen ihn eher laufen ließ als Näschen oder Mädchen.

Es war nicht schwierig herauszufinden, wohin Alexander lief, nachdem er das Rudel verlassen hatte. Es ging jedesmal nach unten, aus dem Wald hinaus, zu den Dörfern, zu Hunden, Müllhalden, Kinderspielplätzen. Wenn irgendeiner meiner Wölfe das Zeug zur Domestikation gehabt hat – so, wie sie vor 10000 oder 15000 Jahren einmal ablief –, dann war es der freundliche, wenig schreckhafte und furchtbar naschhafte Alexander. Die Leute kannten ihn bald und hatten nach anfänglichem Mißtrauen keine Angst mehr. Deswegen war ich auch nicht weiter beunruhigt, als wir eines Tages mit Bernhard Grzimek und den Wölfen in den Hochlagen unterwegs waren und Alexander wieder einmal verschwunden war. Grzimek indessen schien es Sorge zu bereiten. Als ehemaliger Zoodirektor hatte er wahrscheinlich zu viele negative Erfahrungen mit den Reaktionen der Bevölkerung wegen ausgebrochener Zootiere gemacht. Und der Zoodirektor in ihm war es wohl auch, der, als wir nach langem Dauermarsch von Waldhäuser zurückkamen, einem kleinen Mädchen antwortete. Es hatte ihn offensichtlich gleich erkannt und fragte, ob wir einen Wolf suchten. »Nein«, sagte Grzimek, »keinen Wolf, nur ein ganz kleines und ungefährliches Wölfchen, das euch bestimmt nichts ...«. – »Dieser Wolf ist aber ganz groß«, unterbrach ihn das Mädchen und zeigte mit ihrer Hand, für wie hoch sie Alexander hielt, und das war nicht gerade klein. »Er war gerade unten am Spielplatz und hat mit uns gespielt.«

Unterhalb von Waldhäuser ist tatsächlich ein Kinderspielplatz. Ich rannte los, brauchte aber nicht weit zu laufen: Alexander kam mir über die Wiesen entgegengelaufen. Als er mich sah, versuchte er natürlich wieder auszureißen, ließ sich aber wie üblich durch mein Kettenschwingen und mein Gebrüll einschüchtern und schließlich anleinen. Der Vater des kleinen Mädchens – es waren Feriengäste – erzählte später, daß Alexander am Spielplatz mehrere Kinder beschnüffelt und dann mit einem Dakkel Spielversuche angestellt hatte. Einige Kinder wollten Alexander streicheln, worauf er wieder in Richtung Dorf verschwunden war.

Wirklich, es müssen Wölfe wie Alexander gewesen sein, die zu den Urvätern unserer Hunde wurden. Doch wie kein anderer Wolf demonstrierte Alexander auch, wie abhängig individuelles Verhalten vom sozialen Status ist. Nicht immer war er so freundlich. Ein Jahr zuvor hatte er mich ja als damaliger Alpha-Rüde angegriffen, und viele Jahre später, wieder als Nummer eins, wehrte er sich gegen jeden Versuch, ihn aus dem Gehege herauszunehmen. Er war Rudelmittelpunkt und dementsprechend auch selber ständig auf Kontakt zu seinen Rudelmitgliedern bedacht. Fremde Hunde und auch Menschen, die früher überschwenglich begrüßt worden waren, griff er jetzt hinter dem Zaun wütend an, bis er seine ranghohe Position nochmals verlor und es ihn wieder in die Fremde trieb, kontaktsuchend und gutmütig. Besser, glaube ich, läßt sich der Einfluß sozialen Ranges auf das Verhalten des Wolfes nicht demonstrieren.

Später hat Alexander als letzter Überlebender meiner zahmen Wölfe viele Jahre mit mir und meiner Familie auf einem Hof im Saarland gelebt. Er wurde auf seine alten Tage sehr anhänglich, wobei er besonders liebevoll mit unseren Kindern umging. Von allen Tieren auf dem Hof, die kleine Kinder plagen oder ihnen gar gefährlich werden können – bösartigen Hähnen, allseits verteidigungsbereiten Gantern, von Hunden und Katzen, Füchsen, Mardern, auch einem recht wilden Pony und vielen anderen Tieren –, war der Wolf Alexander der friedlichste. Ihn konnten wir mit den Kindern allein lassen, und die gegenseitige Zuneigung war groß. Als er im Alter von achtzehn Jahren an Nierenversagen starb, haben wir ihn in unserem Garten begraben.

Umwelteinflüsse

Wie ich bei den Rudelwanderungen feststellen konnte, haben neben Status und Alter der Rudelmitglieder auch Umweltfaktoren einen Einfluß auf das räumliche Verhalten des Rudels. Zuerst wertete ich das gesammelte Datenmaterial nach dem Bekanntheitsgrad des Geländes aus. Ich nahm an, daß die Wölfe enger in für sie fremden Gebieten zusammenhalten würden. Die Ergebnisse bestätigten diese Vermutung. Noch deutlicher wirkte sich die Geländestruktur aus: Im dichten Wald mit geringer Sichtmöglichkeit hielten die Wölfe enger zusammen als auf Forststraßen, die weite Sicht erlaubten.

Dieses Ergebnis war ebenfalls zu erwarten gewesen, denn die Wölfe halten ja hauptsächlich optischen Kontakt. Verwunderlich erschien mir hingegen zunächst die Beobachtung, daß die Wölfe bei steilem Anstieg eng zusammenhielten. Zuerst dachte ich gar nicht daran, den Neigungswinkel des Geländes im Protokoll festzuhalten. Der Zusammenschluß der Wölfe beim Aufstieg fiel aber bald auf. Daraufhin wurden auch die Neigungswinkel des Geländes für jede Beobachtung mitregistriert. Die gewonnenen Daten zeigen, daß meine Intuition richtig war – was aber eigentlich nicht so erstaunlich ist, denn auch Wölfe müssen sich beim längeren Steigen mehr anstrengen. Dabei machen sie – wie wir Menschen auch – keine überflüssigen Abstecher, Zwischenspurts oder Spiele, sondern laufen gleichmäßig schnell, und dadurch auch enger geschlossen, den Berg hinauf.

Weiter fiel mir auf, daß die Wölfe im Gelände einen einmal eingeschlagenen Weg oder eine Laufrichtung ungern verließen. Bei den Wanderungen lief ich lange Zeit einfach den Wölfen nach; sie bestimmten sozusagen die Richtung. Das ging aber nicht immer gut. Entlang dem Hochkamm des Bayerischen Waldes verläuft die deutsch-tschechische Grenze, die auch damals nur durch eine Schneise im Wald markiert war. Es wäre für die Wölfe vielleicht, für mich aber bestimmt mit unerfreulichen Folgen verbunden gewesen, hätten wir sie überschritten. Unterhalb des Nationalparks sind auch besiedelte Gebiete, in die ich gleichfalls nicht mit den frei laufenden Wölfen hineinwollte. Also mußte ich mehrmals am Tag die Marschrichtung doch selber bestimmen und ändern, und jedesmal hatte ich dabei Schwierigkeiten, die Wölfe mitzuziehen. Meistens mußte ich einen oder zwei von ihnen an die Kette nehmen, um durch einfache Muskelkraft die neue Richtung für alle zu bestimmen.

Einfluß der Gruppengröße

Die Schwierigkeit, die Laufrichtung der Wölfe zu ändern, wirft die Frage nach der Führung im Rudel auf. Bevor wir dieses Problem angehen können, müssen wir jedoch nach dem Einfluß der Gruppengröße auf das räumliche Verhalten des Einzelwolfes fragen. Im Bayerischen Wald wollte ich hierzu einige Versuche durchführen. Näschens Ausbruch durchkreuzte indes meine Pläne. Vorher hatte ich aber in Rickling schon einige Versuche gemacht, und von diesen möchte ich kurz berichten.

Die Versuche fanden im Sommer 1968 statt, als Alexander und seine Geschwister anderthalb Jahre alt waren. Fast jeden Tag seit ihrer Welpenzeit war ich mit ihnen und Anfa unterwegs gewesen, wobei stets ich und die angeleint laufende Anfa die Laufrichtung bestimmt hatten. Wir waren sozusagen die Führungsgruppe gewesen, nach der sich die vier

Mit wem soll ich laufen? Die Trenn-Versuche in Rickling.

jungen Wölfe richteten. Mir ging es jetzt darum herauszufinden, wie stark der Einfluß der Führungsgruppe auf den Entscheidungsprozeß jedes einzelnen der Jungwölfe war. Dazu wurden drei von ihnen ebenfalls angeleint, und nur einer, das zu testende Tier, konnte frei laufen. Bei jedem Versuch wechselten wir das Testtier. Der Versuch selbst war, wenigstens nach der Planung, einfach. Mit Hilfe von Dagmar und später mehreren, allen Wölfen bekannten Kollegen aus dem Institut bildeten wir zwei Gruppen, die sich nach einigen Minuten gemeinsamen Weges trennten und in einem Winkel von etwa neunzig Grad auseinanderstrebten. Beim ersten Versuch nahm ich neben Anfa, die immer bei mir lief, einen weiteren Jungwolf, und Dagmar hatte die anderen beiden. So trennten sich zwei gleich große Gruppen. In der nächsten Kombination nahm Dagmar alle drei Jungwölfe, während ich allein mit Anfa ging. Danach ging in der Gruppe von Dagmar und den drei Jungwölfen ein Freund mit, dann zwei und schließlich drei oder noch mehr Personen. Dadurch wurde die von der traditionellen Führungsgruppe – Anfa und mir – sich abtrennende Gruppe immer größer.

Trotz aller Schwierigkeiten und häufigen Suchens nach entlaufenen Wölfen waren die Ergebnisse sehr interessant. Bei der Trennung in zwei gleich große Gruppen liefen alle getesteten Wölfe jedesmal mit der Führungsgruppe, also mit Anfa, mir und einem weiteren jungen Wolf. Die Entscheidung fiel früh, und Versuche, die andere Gruppe zu suchen, fanden kaum statt. Auch bei einer Aufteilung von vier (Dagmar plus drei Jungwölfe) zu zwei (Anfa und ich) folgten die Testwölfe bevorzugt der Führungsgruppe, wenn auch nicht mehr jedesmal. Bei weiterer Vergrößerung der einen Gruppe entschieden sich die Testtiere aber immer häufiger für sie, und schließlich wurde sie sogar bevorzugt. Allerdings war es jetzt oft schwer festzustellen, wem das Testtier tatsächlich folgte, da es lange zwischen den auseinanderstrebenden Gruppen hin und her rannte. Manchmal liefen wir bis zu dreißig Minuten lang auseinander, bis entweder eine Entscheidung gefallen war oder der Versuch abgebrochen werden mußte, weil das Testtier seine Unentschlossenheit dadurch behob, daß es sich gänzlich von seinem »Rudel« absetzte.

Anfa war nur durch Stachelhalsband und ständiges gewaltsames Ziehen zur Trennung zu zwingen. Viel stärker als die angeleinten Jungwölfe sträubte sie sich gegen jede Trennung, und dies um so heftiger, je größer die davonstrebende Gruppe war. In dem Moment, da ich locker ließ, wollte sie sofort zur anderen Gruppe zurück. Das entspricht völlig dem Verhalten Wölfchens einige Jahre später im Bayerischen Wald, als er der Ranghöchste war. Bei keinem Tier ist die Affinität zur Gruppe so stark ausgeprägt wie bei den Alpha-Tieren.

Nach diesen Trennungsversuchen machten wir noch einige weitere Versuche, wobei eine Gruppe nach einer Rast sitzen blieb, während die andere weiterzog. Dabei erwies es sich, daß die weiterziehende Gruppe eine große Anziehung auf den frei laufenden Wolf ausübte. Keiner der Wölfe blieb jemals bei der weiterhin ruhenden Gruppe zurück.

Rudelzusammenhalt und -führung

Insgesamt zeigten die Ergebnisse, daß gewisse Tiere wesentlich mehr zum Zusammenhalt des Rudels beitragen als andere, und zwar auf zweierlei Weise: Zum einen üben sie eine große Attraktivität auf die anderen Rudelmitglieder aus, und zum anderen bemühen sie sich selbst aktiv um den Kontakt. Beide Komponenten der Bindung, Attraktivität auszuüben und selbst angezogen zu werden, scheinen für die meisten Zweierbeziehungen der Wölfe übereinzustimmen. Ein für die Rudelmitglieder attraktiver Wolf wird selbst stark von diesen angezogen.

Anders ist es bei den Welpen. Diese üben sicherlich in den ersten Wochen ihres Lebens eine größere Attraktivität auf die Älteren aus, als sie selber an diese gebunden sind. Wenn sie dann etwa fünf Monate alt sind, scheint sich das Verhältnis umzukehren: Die Welpen verlieren etwas von ihrer Attraktivität für die Älteren, werden selber aber von diesen jetzt besonders angezogen. Dies trägt dazu bei, daß das Rudel im frühen Herbst wieder auf Wanderungen gehen kann. Die Älteren können so leichter weiterziehen, während die Welpen dadurch dem Rudel auf seinen Wanderungen besser zu folgen vermögen.

Kommen wir aber zurück zu dem Phänomen, daß einzelne Wölfe mehr zum Zusammenhalt des Rudels beitragen als andere. Wenn zwischen A und B sowie zwischen A und C eine starke Bindung herrscht, muß, wie gesagt, zwischen B und C nicht unbedingt auch eine starke Bindung bestehen, obwohl beide aufgrund ihrer jeweiligen Bindung zu A häufig beieinander anzutreffen sind. Im Rudel sind es die ranghöchsten Adulten, zu denen starke Bindungen existieren, in besonderem Maße wohl der Alpha-Rüde, der so für den Zusammenhalt des Rudels eine überragende Funktion hat. Daneben kann es zwischen weiteren Tieren starke Bindungen geben, zum Beispiel zwischen den Welpen und besonders um die Welpen bemühten Rudelmitgliedern. Solche von wenigen Tieren ausgehende Bindungsachsen dürften letztlich für den Zusammenhalt vor allem der größeren Rudel ausschlaggebend sein.

Die stärksten und stabilsten Bindungen treten zwischen den kleinen Gruppen ranghoher Adulter auf: zwischen dem Alpha-Paar und vielleicht einem weiteren Rüden, der entweder nur zu dem ranghöchsten Rüden oder auch zum Alpha-Weibchen eine starke Bindung hat. Da diese Gruppe eng zusammenbleibt, übt sie nicht nur von der »Qualität« ihrer Mitglieder, sondern auch von deren Quantität her eine starke Attraktivität auf die anderen Wölfe aus. Bei den Trennungsversuchen hat es sich ja deutlich gezeigt, daß die Größe einer Gruppe einen wesentlichen Einfluß auf das Verhalten anderer Rudelmitglieder hat. Die ranghohen Adulten erfahren dadurch eine zusätzliche Attraktivität, die den Rangniedrigeren fehlt. Diese an sich weniger an ständigem Kontakt Interessierten treten nicht in dicht geschlossenen Untergruppen auf; abgesehen davon üben sie auch allein eine geringe Attraktivität aus. Kein Wunder, daß sie es sind, die sowohl von sich aus als erste das Rudel zu verlassen suchen als auch von den anderen am wenigsten daran gehindert werden.

In diesem Zusammenhang müssen wir auch die Frage nach der Führung im Rudel betrachten. Kein Rudelmitglied bestimmt allein über Aktivitätsanfang oder -ende, über Laufrichtung, Laufgeschwindigkeit sowie andere für den Zusammenhalt des Rudels wesentliche Aktivitäten der anderen Rudelmitglieder. Den alles bestimmenden »Leitwolf« gibt es nicht. Gleichwohl gibt es Tiere, die genau wie beim Zusammenhalt des Rudels Entscheidungsprozesse im Rudel stärker beeinflussen als andere. Dies müssen aber nicht unbedingt dieselben Tiere sein. Wir haben gesehen, daß eine hohe Attraktivität ausgeht von

- adulten, vor allem ranghohen, Wölfen auf jüngere;
- Ranghohen auf andere Ranghohe;
- Welpen auf ihre Eltern, weitere ranghohe Adulte und Juvenile;
- großen Gruppen auf kleine Gruppen und Einzeltiere;
- aktiven und aufbrechenden Tieren und Gruppen auf ruhende;
- Tieren und Gruppen, welche die eingeschlagene Laufrichtung beibehalten.

Es müssen aber nicht alle »attraktiven« Tiere das Rudel führen; die Welpen zum Beispiel tun es bestimmt nicht. Auch müssen etwa aufbrechende Wölfe nicht unbedingt die Entscheidung treffen, ob nun tatsächlich das ganze Rudel weiterläuft. Der »Initiator« muß also nicht unbedingt auch der »Entscheider« sein. Wer entscheidet nun aber? Beobachtungen an frei lebenden Wölfen auf Isle Royale im Oberen See an der Grenze zwischen den USA und Kanada, wo seit vielen Jahren die Ökologie des Wolfes untersucht wird – wir werden noch von diesen Arbeiten hören –, ergaben, daß eines der beiden Alpha-Tiere eines Rudels in 70 Prozent aller Fälle an der Spitze des Rudels lief. Rolf Peterson, der seit vielen Jahren die Untersuchungen auf der Insel leitet, schließt daraus, daß die Führung des Rudels weitgehend von den Alpha-Tieren ausgeht. Das ist im Prinzip richtig. Allerdings haben unsere Versuche gezeigt, daß es nicht immer ganz so einfach ist.

Es scheint vielmehr, daß alle Rudelmitglieder ihren Teil zur Entscheidung beitragen, wenn auch jedes mit unterschiedlich gewichtiger Stimme. Es ist wie in einer qualifizierten Demokratie: Je älter und ranghöher ein Mitglied ist, desto mehr Gewicht hat seine Stimme, die jedoch niemals so gewichtig werden kann, daß sie alle anderen Stimmen zusammen überwiegt. Gegen den Willen der Rudel-Mehrheit kann sich auch der ranghöchste Rüde nicht durchsetzen – nicht einmal das Alpha-Weibchen in der Ranzzeit, während deren es sonst scheinbar uneingeschränkt die Aktivität des Rudels bestimmt. Ein paarmal habe ich beobachtet, wie die läufige Wölfin – sonst stets eine Traube von Rüden hinter sich herziehend – sofort stehenblieb, als die Rüden aus irgendeinem Grund (zumeist waren es Streitigkeiten) nicht weiter hinter ihr herliefen. Auch beim Alpha-Rüden, der außerhalb der Ranzzeit das Geschehen im Rudel so stark beeinflußt, habe ich häufig den Eindruck gehabt, daß gerade er sich sehr stark nach den anderen richtet. Das zeigt, daß Entscheidungsprozesse im Rudel viel komplexer sind, als die herkömmliche Vorstellung vermuten läßt.

Einige Tendenzen haben die bisherigen Beobachtungen und Versuche zwar kenntlich gemacht, doch ich glaube, es gibt hierzu noch viel zu lernen.

Allerdings muß man das Gelernte auch behalten können. Das jedenfalls sagten mir meine Mitarbeiter, als wir mit meinen bislang letzten Wölfen in den Abruzzen Filmaufnahmen machten und Knurre, das rangniedrigste der drei Weibchen, einfach vom Drehort verschwand. Wie immer liefen im Gebirge die Wölfe frei umher, hielten sich aber den ganzen Tag über weitgehend in unserer Nähe auf. Sollte einer wirklich einmal weiter weg laufen, mußte ich nur meinen Hund Raas hinterherschicken. Seitdem sie als Welpen ihn als Rudelmitglied und Anführer bei ihren Wanderungen angenommen hatten, folgen sie ihm fast bedingungslos. Als zusätzliches Bindeglied zwischen uns menschlichen »Rudelmitgliedern« und den Wölfen war er für unsere Arbeit unentbehrlich geworden. Doch jetzt fand auch er keine Spur von dem entschwundenen Weibchen. Daß gerade Knurre als die Rangniedrigste weglaufen könnte, hätte ich, nach so vielen Erfahrungen mit der Bindung einzelner Wölfe in einem Wolfsrudel, wirklich voraussehen müssen.

Wir hatten hoch oben an den Hängen des 2793 Meter hohen Maiella-Massivs die vier Wölfe gefilmt. Dabei hatten wir auch festgehalten, wie Knurre von ihren Geschwistern weidlich verprügelt wurde. Sie hielt sich danach deutlich abseits von den anderen. Dies sagte man mir auch, doch der Sonnenuntergang versprach besonders schön zu werden, und so trieb ich alle zur Eile an, um rechtzeitig oben auf dem Berg zu sein. Knurre würde schon nachkommen, dachte ich.

Als wir mit unseren letzten paar Meter Film in der Kamera das letzte Licht über den Bergen – noch dazu für die letzten Szenen des Films – eingefangen hatten, war Knurre verschwunden. Alles Rufen und

Suchen nutzte nichts. Wieder war, wie so häufig in den Jahren zuvor, gerade ein rangniedriger Wolf eigene Wege gegangen. Es war schon völlig dunkel, als wir beim Auto unten anlangten. Wir sperrten die drei verbliebenen Wölfe in den für sie eingerichteten Trailer und schwärmten dann aus, um Knurre zu suchen. Ein eiskalter Wind blies vom Meer her die verschneiten Maiella-Hänge hinauf. Unter solchen Bedingungen Knurre zu finden schien aussichtslos. Doch was sollten wir machen? Die Wölfin hier oben allein lassen und wegfahren – das ging nicht.

Nach stundenlangem Suchen fand ich im Schnee tatsächlich die Spuren eines Wolfes. Wenig später sah ich weit unter mir im starken Scheinwerferlicht die gelben Augen eines Tieres aufleuchten. War das Knurre? Ich schrie, was ich konnte, doch gegen den inzwischen mit Sturmstärke heulenden Wind war mein Geschrei nur ein klägliches Flüstern. So kletterte ich den steilen Hang hinunter, immer in Richtung auf das im Scheinwerferlicht glimmende Augenpaar. Doch der Abstand blieb unverändert. Je weiter ich nach unten kam, desto weiter unten leuchteten erneut die Augen in der dunklen Nacht. Es war wie verhext. Ich kletterte, rutschte, fiel einen vereisten Steilhang hinab, ich tobte, brüllte nach Knurre, schickte Raas voraus, doch der zeigte kein Interesse, den vermeintlichen Spuren zu folgen. Die Lichter kamen nicht näher, und wir gerieten immer tiefer talwärts, bis wir schließlich den Wald erreichten. Hier war der Schnee nicht so stark vom Wind verweht, und ich konnte ab und zu wieder deutlich die frischen Spuren eines Wolfes erkennen. Die leuchtenden Augen hingegen waren zwischen den Baumstämmen verschwunden. Am Rande eines steilen Felsens gab ich auf.

Spät in der Nacht kam ich erschöpft zu unserem abgestellten Auto mit dem Trailer für die Wölfe zurück. Dort erwarteten mich die anderen völlig durchgefroren – ich hatte den Autoschlüssel in der Tasche. Schweigend fuhren wir nach Hause, wo wir ein heißes Bad nahmen und ein paar Stunden schliefen. Am anderen Morgen fuhren wir auf einer Forststraße hoch hinauf ins Gebirge, bis es nicht mehr weiterging. Abermals verteilten wir uns. Heute waren auch mehrere befreundete Forstleute dabei, alle mit geschultertem Gewehr. Wir, die wir Knurre so gut kannten und wußten, was für ein besonders lieber Wolf sie war, lachten darüber, aber sie sagten, sie fühlten sich so sicherer.

Wir suchten den ganzen Tag, gegen den nach wie vor eiskalten Wind ankämpfend. Knurre blieb unauffindbar. Die Forstleute waren allesamt längst wieder weg. Doch meine Mitarbeiter wollten noch nicht aufgeben, ich ebensowenig. Nach einigem ratlosen Hin und Her stieg ich allein zu der Stelle hinauf, wo wir am Abend zuvor unsere letzten Aufnahmen gemacht hatten. In dem offenen Gelände mußte ich mich gegen den Wind stemmen. Raas wich mir nicht von der Seite. Da fühlte ich, daß mir etwas gegen die Kniekehlen stieß. Ich drehte mich um – und wurde von Knurre angesprungen.

Ich weiß nicht, wer sich mehr gefreut hat: wir beide oder, als wir wieder unten waren, meine Mitarbeiter, die so wacker, Wind und Wetter trotzend, an der Suchaktion teilgenommen hatten. Auf jeden Fall waren wir alle erleichtert, endlich diese unwirtlichen Höhen verlassen zu können. Die leuchtenden Augen in der letzten Nacht mußten von einem wilden Wolf gestammt haben.

Neuntes Kapitel

Anpassungswert sozialer Verhaltensstrategien

Alter, Geschlecht und Rang bestimmen das Verhalten eines jeden Wolfes im Rudel. Darüber haben wir schon viel erfahren. Noch aber bleiben zahlreiche Fragen offen. Welches Interesse hat beispielsweise der Alpha-Rüde am Zusammenhalt des Rudels, um den er sich so bemüht? Warum ist der Beta-Rüde so aggressiv, sind die Subdominanten so verspielt? Welchen Anpassungswert, welche Funktion haben die verschiedenen im Rudel gezeigten Verhaltensweisen, Rollen und sozialen Strategien?

Um dies alles zu klären, habe ich ein sogenanntes Soziogramm für das Wolfsrudel aufgestellt, aus dem hervorgeht, wer im Rudel was wann mit wem macht. Dazu habe ich über mehrere Jahre hinweg fast täglich einige Stunden lang jede erkennbare soziale Interaktion im Rudel registriert, zuerst auf Tonband, dann in einem Tagesprotokoll. Es wurden 48 verschiedene soziale Verhaltensweisen unterschieden, wie Fellriechen, Drohen, Angreifen, Spielen und so weiter.

Im Protokoll stand also, wie häufig das Tier A gegenüber dem Tier B Verhaltensweise X in der Beobachtungszeit am Tag Y gezeigt hatte. Diese Daten wurden anschließend monatsweise zusammengefaßt. So war es möglich, für jedes Tier im Gehege die durchschnittliche Häufigkeit wie auch die Richtung der 48 verschiedenen Verhaltensweisen im Laufe der Zeit zu erkennen. Jahreszeitliche Veränderungen im Verhalten und in den Beziehungen zwischen den Tieren konnten ebenso erfaßt werden wie der Wandel des Verhaltens im Verlauf der Entwicklung der Tiere vom Welpenstadium bis zur Geschlechtsreife und darüber hinaus. Zudem hielt ich unabhängig von diesen quantitativ erhobenen Daten anhand des Ausdrucksverhaltens der Wölfe ihren jeweiligen sozialen Status fest. Dadurch konnte ich das Verhalten der Wölfe außer mit ihrem Alter und ihrem Geschlecht auch mit ihrer jeweiligen Position in der Rangordnung korrelieren. Obendrein wurde es möglich, das soziale Verhalten im Rudel unabhängig vom jeweiligen Individuum zu erfassen und so ein allgemeines Modell für das Verhalten im Wolfsrudel aufzustellen. Dazu wurde einfach das im Laufe der Zeit wechselnde Verhalten aller Alpha-Weibchen, aller subdominanten Rüden, aller »Klein-Alphas«, aller Welpen und so fort zusammengefaßt: insgesamt zehn verschiedene Positionen in Alters-, Geschlechts- und Rangstruktur des Rudels. Registriert wurde ferner das Verhalten der aus dem Rudel ausgestoßenen Wölfe im Gehege. Die Fülle des Beobachtungsmaterials ließ sich nur mit Hilfe eines leistungsstarken Computers auswerten, wobei mir Helmut Pruscha, Mathematiker am Max-Planck-Institut für Psychiatrie in München, sehr geholfen hat.

Auf diese Weise erhielt ich für jede der registrierten Verhaltensweisen eine Verhaltensmatrix. Natürlich werde ich hier nicht auf alle eingehen können, sondern mich auf eine Auswahl besonders charakteristischer beschränken. Davon ausgehend lassen sich die verschiedenen Verhaltensstrategien erkennen, und es läßt sich die Frage beantworten, *warum* ein Wolf sich so und nicht anders verhält.

Sozialkontakte

Abgesehen vom Spielverhalten kamen von den sozialen Verhaltensweisen keine so häufig vor wie einfache Kontaktnahmen (Abb. S. 236). Das Fellrie-

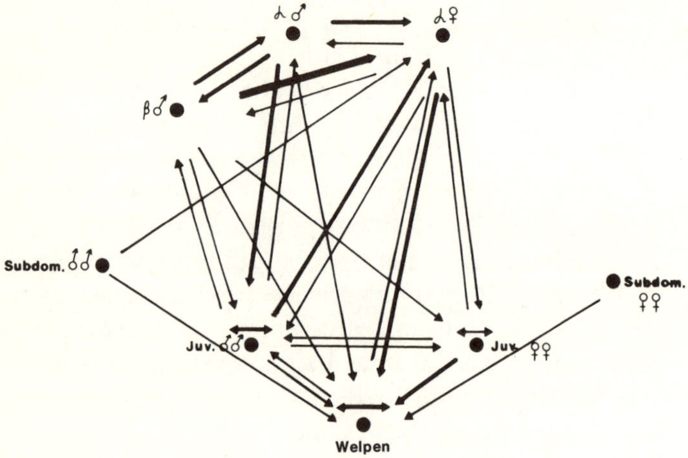

Verhaltensmatrix: Am-Fell-Riechen.

chen – denn darum handelt es sich wohl beim Schnauze-Fell-Kontakt – trat zwischen Tieren verschiedenen Alters und Geschlechts und auch zwischen verschiedenen Ranggruppen auf. Besonders häufig wurden die Welpen am Fell berochen, während erwartungsgemäß rangniedrige Adulte wenig Sozialkontakt sowohl selber zeigten als auch empfingen. Zum Kontakt Schnauze–Schnauze hingegen kam es hauptsächlich zwischen Rudelmitgliedern von gleichem Status, also zwischen den ranghohen Adulten und sehr stark zwischen den juvenilen untereinander und interessanterweise auch zwischen Juvenilen und rangniedrigen Adulten. Ähnlich wie bei den Menschen, die einander zuvor alle die Hand geben, sich aber in der Regel nur unter Gleichrangigen beziehungsweise sehr Rangungleichen, etwa Kindern und Erwachsenen, duzen, riecht bei den Wölfen im Rudel fast jeder den anderen am Fell, während nur Ranggleiche oder Rangbenachbarte Schnauze-zu-Schnauze-Kontakt aufnehmen. Beide Formen des Sozialkontakts dürften jedenfalls eine ständige Vergewisserung und gegenseitige Bestätigung friedlicher, nichtaggressiver Stimmung zwischen den Rudelmitgliedern sein.

Demutsverhalten

Der weitaus größte Anteil – etwa 40 Prozent – aller beobachteten aktiven Unterwerfungen war gegen den Alpha-Rüden gerichtet. In geringerem Maße waren auch der Beta-Rüde und das Alpha-Weibchen Empfänger. Wie zu erwarten, zeigten nicht nur die Welpen diese Verhaltensweisen, sondern auch die Juvenilen, und zwar die Rüden gegen den Alpha-Rüden und die Weibchen sowohl gegen den Alpha-Rüden wie gegen das Alpha-Weibchen. Erstaunlich häufig unterwarf sich auch der Beta-Rüde dem Alpha-Rüden.

Aktive Unterwerfung wird stets von unten nach oben in der Rangordnung gezeigt, und zwar sowohl bei großen als auch bei kleinen, aber stabilen Rangdifferenzen. Wölfe auf mittleren Positionen mit ihren eher instabilen Beziehungen zeigen dagegen kaum Demutsverhalten gegeneinander. Dies läßt den Schluß zu, daß aktive Unterwerfung durch eine Art vorbeugender Beschwichtigung Rangbeziehungen stabilisieren hilft und so das Entstehen von Aggressionen verhindert.

Im Vergleich zu der aktiven Unterwerfung war der Beta-Rüde sehr viel häufiger Empfänger passi-

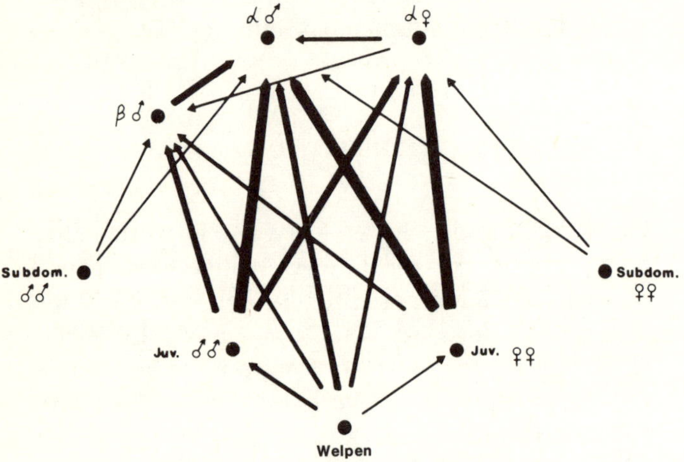

Verhaltensmatrix: Aktive Unterwerfung.

ver Unterwerfung als der Alpha-Rüde. Dies entspricht seiner, wie wir noch sehen werden, größeren Aggressivität, auf die dann die Angegriffenen häufig mit Auf-den-Rücken-Rollen reagieren. Passive Unterwerfung ist demnach eher eine direkte Form von Aggressionsbeschwichtigung. Sie trägt dazu bei, daß bereits gezeigte Aggressivität an Intensität nicht zunimmt.

Agonistisches Verhalten

Das Wesentliche über aggressives und defensives Verhalten (agonistisches Verhalten) haben wir schon im Zusammenhang mit der sozialen Rangordnung im Rudel erfahren, so auch den langsamen Anstieg der Aggressivität während der Entwicklung der Welpen. Gegen wen richtet sich nun bei den juvenilen und den adulten Rudelmitgliedern die Aggressivität? Betrachten wir zunächst den Einfluß des Geschlechts auf aggressives Verhalten. Dazu habe ich das aggressive Verhalten in vier Intensitätsstufen unterteilt. Danach wird deutlich, daß mit ansteigender Intensität die Aggressivität vermehrt gegen Gleichgeschlechtliche gerichtet wurde. Dies entspricht der Aufteilung des Rudels in zwei Rangordnungen, getrennt nach dem Geschlecht. Drohen, als eine aggressive Verhaltensweise geringer Intensität, kann zwischen allen Tieren, zum Teil unabhängig von Geschlecht und Rang, auftreten. Aggressivere Verhaltensweisen hingegen sind zunehmend Ausdruck rangbezogener Auseinandersetzungen.

Schauen wir uns das Drohen noch etwas näher an (Abb. S. 240). Vor allem war es eine recht häufige Verhaltensweise: 28,6 Prozent aller aggressiven Verhaltensweisen beschränkten sich auf Drohen. Dabei fällt auf, daß kein Wolf im Rudel annähernd so häufig drohte wie der Beta-Rüde. Insgesamt richtete er seinen Unmut fast in gleichem Maße nach oben gegen den Alpha-Rüden wie nach unten gegen Nummer drei, und auch die juvenilen Rüden bekamen ihren Teil ab. Beim Alpha-Rüden, der allerdings viel seltener drohte, war die Richtung ähnlich nach unten gegen den Beta-Rüden und gegen die juvenilen Rüden. Da diese Tiere besonders häufig zusammen waren, könnte man zuerst meinen, diese hohe Frequenz von Drohverhalten sei lediglich Ausdruck von Konflikten, die zwangsläufig bei engem Zu-

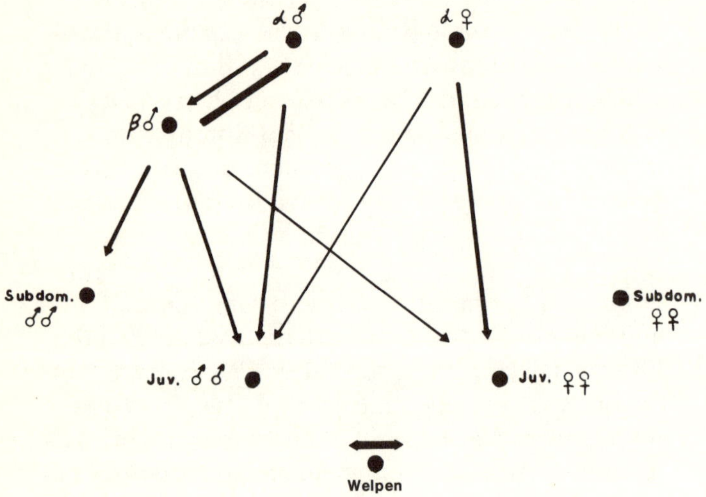

Verhaltensmatrix: Offensives Drohen.

sammenleben entstehen. Es fällt aber auf, daß das ebenfalls dieser Gruppe eng angeschlossene Alpha-Weibchen und die juvenilen Weibchen seltener Empfänger maskulinen Unmuts waren. Auch das Alpha-Weibchen drohte besonders häufig gegen die gleichgeschlechtlichen Juvenilen, daneben aber auch gegen die ranghohen und die juvenilen Rüden. Dies geschah hauptsächlich vor und während der Ranzzeit als Reaktion auf die allzu große Aufdringlichkeit der Begleiter.

Überhaupt zeigt eine nähere Analyse des Verhaltens der betreffenden Tiere *vor* dem Drohen (Abb. S. 242), daß nicht nur das Abwehrdrohen in einer Verteidigungssituation, sondern auch offensives

Drohen in den allermeisten Fällen Reaktion auf irgendeine zumeist unaggressive Form von Belästigung sind: ein Protest gegen Beeinträchtigung der Individualdistanz, sei es durch ein bloßes Zunahetreten, sei es durch eine Störung beim Schlafen, sei es durch allzu aufdringliches Demutsverhalten. Demnach könnte man meinen, auf jede derartige Belästigung müsse ein Drohen folgen; doch sind es, wie gesagt, in den weitaus meisten Fällen die unmittelbaren Rangnachbarn oder, im Falle der Juvenilen, potentielle Konkurrenten, die Drohreaktionen hervorrufen. Dies zeigt, daß auch in scheinbar unaggressiven alltäglichen Situationen ein ständiges Testen der Rangbeziehungen und anderer traditioneller Rechte, etwa des Zugangs zum Futter oder zum Geschlechtspartner, stattfindet. Drohverhalten ist Ausdruck dieser Kleinstkonflikte.

Aus Drohauftritten entwickeln sich manchmal Beißereien. Mit weit aufgerissenem Maul gehen die Gegner laut knurrend und tobend aufeinander los. Nicht selten stemmen sie sich dabei mit den Vorderbeinen gegeneinander, so daß es fast zu einer ringkampfähnlichen Situation kommt. Typisch für die Beißerei ist aber, daß nicht wirklich gebissen, sondern nur so getan wird und daß beide Tiere das gleiche tun; es darf sich also nicht einer zurückziehen, den Kopf wegdrehen oder kräftiger zubeißen. Dieses Verhalten kann somit nur zwischen gleichrangigen oder fast gleichrangigen Wölfen auftreten, und dementsprechend beobachtete ich es fast ausschließlich zwischen Juvenilen und Welpen. Als es im Rudel eine Zeitlang zwei Rüden in der Beta-Position gab (Näschen und Alexander im Herbst 1972), war es auch zwischen ihnen recht häufig zu beobachten. Beißerei setzt also wiederum im Prinzip freundschaftliche Beziehungen voraus; aber anders als beim Drohen darf keine Rangdifferenz bestehen. Nicht selten geht eine Zunahme von Beißerei zwischen zwei Tieren

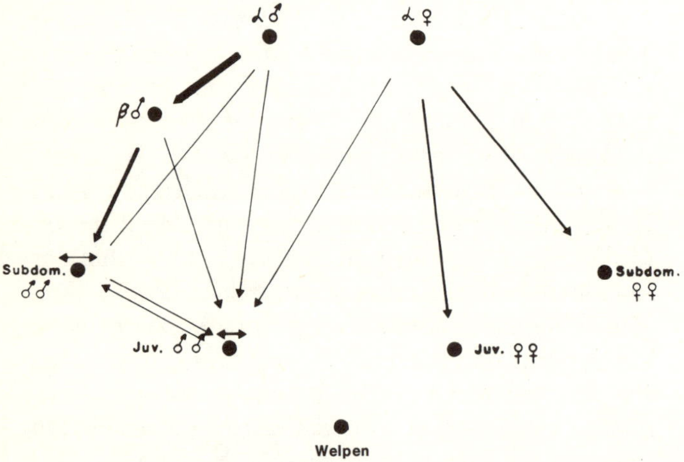

Verhaltensmatrix: Imponieren mit Halsdarbieten.

späteren stärkeren Rangauseinandersetzungen voraus.

Wie wir wissen, werden diese, bevor es zu ernsthaften Kämpfen kommt, durch Imponierverhalten ausgetragen. Auch der Anfang sowohl einer Expansionstendenz wie einer Unterdrückung kann durch eine Zunahme von Imponierverhalten zum Ausdruck kommen. So zeigt der Alpha-Rüde dieses Verhalten hauptsächlich gegen den Beta-Rüden; dieser wiederum zeigt es gegen weitere subdominante und juvenile Rüden; das Alpha-Weibchen zeigte es gegen subdominante und juvenile Weibchen; die Juvenilen, jetzt nach Geschlecht deutlich getrennt, zeigten es gegeneinander und gelegentlich auch gegen subdominante Adulte. Es erscheint also offenbar überall da, wo Rangkonflikte entstehen können. Ähnlich den bis jetzt besprochenen aggressiven Verhaltensweisen tritt demnach Imponieren in der Hauptsache zwischen rangbenachbarten Tieren auf, unterscheidet sich aber etwa vom Drohen dadurch, daß es bereits Ausdruck eines fortgeschrittenen Rangkonflikts ist.

Von diesen Formen rangbenachbarter Auseinandersetzungen unterscheiden sich zunehmend die folgenden Verhaltensweisen: Zuerst haben wir das recht häufige Umstellen (Umzingeln). Daran beteiligten sich zahlreiche Rudelmitglieder. Wieder tat sich der Beta-Rüde hervor, der häufig Gruppenangriffe auf rangniedrige Rüden einleitete. Sofort beteiligten sich die Juvenilen daran, die »Halbstarkenbande«, und zwar Rüden wie Weibchen. Auch die älteren rangniedrigen Rüden griffen mit an, wenn es einem Kollegen an den Kragen ging, und sogar die Welpen waren dabei.

Aus der Umzingelung stießen immer wieder einzelne Tiere gegen das Opfer vor. Auch jetzt waren neben dem Beta-Rüden vor allem die Juvenilen dabei, die auch nicht davor zurückschreckten, andere in die Klemme geratene Juvenile mit anzugreifen. Bei den Welpen blieb es dagegen häufig beim bloßen Mitumstellen.

Vor dem zumeist aus Umzingeln und Vorstoßen sich entwickelnden Schnappen wiederum schreckten die Juvenilen deutlich zurück. Sie waren zwar bei jedem Überfall dabei, stießen auch schon einmal vor, hielten sich aber dann doch vor dem direkten Körperkontakt zurück. Der Beta-Rüde und das Alpha-Weibchen schnappten indes auch beim Vorstoßen.

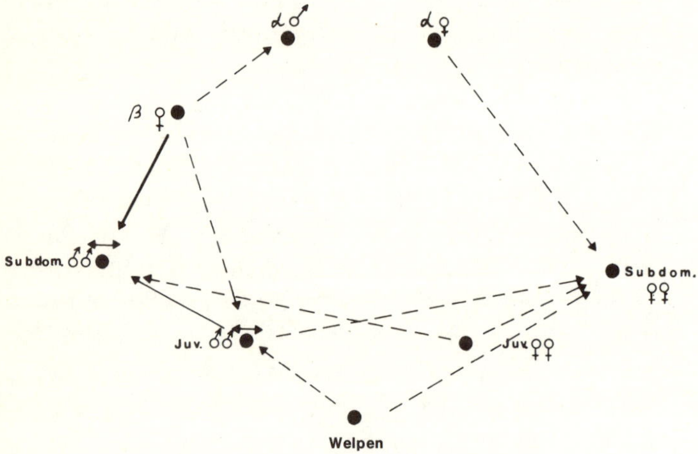

Verhaltensmatrix: Vorstoßen und Schnappen.

Wenn auch Welpen und Juvenile nicht mit vollem Einsatz dabei waren, hatten sie doch einen großen Einfluß auf den Ausgang derartiger Gruppenangriffe. Dem wirklichen Angreifer – und hier tritt jetzt das ranghöchste Weibchen ganz in den Vordergrund – erlaubt diese Hilfe der Welpen und der Juvenilen, genügend nahe an seine Opfer zu kommen, um körperbeschädigende Bisse auszuteilen. Die Opfer waren jetzt die rangniedrigen Weibchen, die bis dahin kaum in Erscheinung getreten waren.

Der schon mehrmals betonte Unterschied zwischen den dominanten Rüden und dem Alpha-Weibchen bei der Unterdrückung von Rangniedrigeren wird auch deutlich beim Vergleich zweier weiterer Verhaltensweisen: Verfolgung und Jagd. Beim Verfolgen geht oder rennt ein Wolf hinter einem anderen her, versucht aber nicht unbedingt, diesen einzuholen, sondern nur, ihn zu vertreiben. Beim Jagen hingegen versucht er, das schnell fliehende Tier einzuholen, um es dann aufs schwerste anzugreifen. Während die Rüden – und hier besonders wieder der Beta-Rüde – vor allem verfolgten,

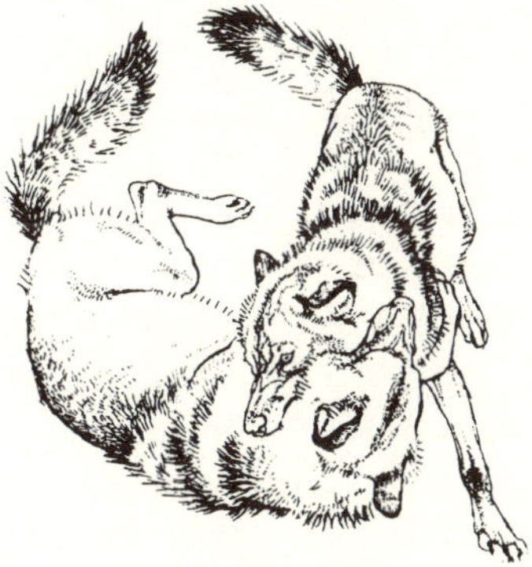

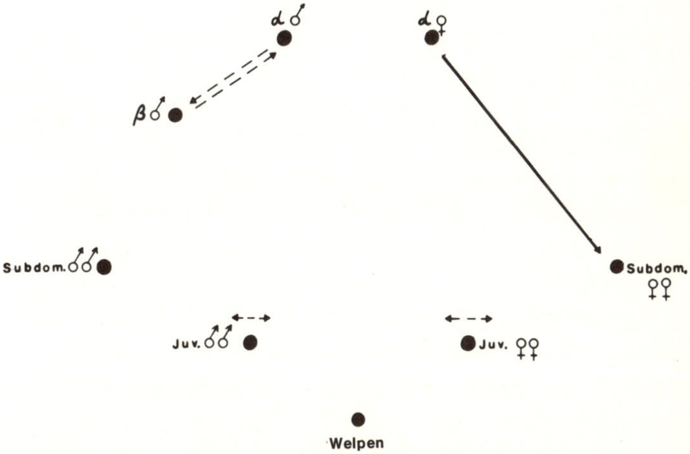

Verhaltensmatrix: Ernstkampf.

war es abermals das Alpha-Weibchen, das seine Konkurrentinnen jagte und so völlig aus dem Rudel vertrieb.

Über das Defensivverhalten wäre nur zu sagen, daß es »spiegelbildlich« ist: je intensiver das aggressive Verhalten, desto stärker die Verteidigung. Dies wird besonders deutlich bei der Reaktion auf Verfolgen und Jagen. Während die subdominanten Rüden nur Abstand zu den sie verfolgenden dominanten Rüden hielten, flohen die subdominanten Weibchen vor dem ihnen nachjagenden Alpha-Weibchen.

Neben dem agonistischen Verhalten im Rudel müssen wir noch zwei weitere Formen aggressiven Verhaltens betrachten: die gegen Rückkehrer im Rudel sowie jene gegen völlig rudelfremde Tiere. Schon in Rickling fiel mir auf, daß die jungen Wölfe nach der Wanderung jedesmal von den zurückgebliebenen älteren Wölfen »verprügelt« wurden, wenn ich sie zurück in den Zwinger schleppte. Die Ranghöheren kamen drohend heran, sprangen die Jungen an, die sich sofort laut schreiend auf den Boden warfen. Ähnliches passierte später im Bayerischen Wald bei der Rückkehr von rangniedrigen Tieren, gleich, ob Welpen, Juvenile oder Adulte. Nur bei der Rückkehr der Ranghöchsten folgte eine intensive und freundliche Begrüßung.

Sehr viel aggressiver waren die Reaktionen auf fremde Tiere. Einiges darüber habe ich schon berichtet, etwa wie die gegen Fremde zuerst ausgesprochen freundlichen Welpen langsam, ähnlich den Älteren im Rudel, aggressiv reagierten und wie diese Aggressivität schließlich stark von der Stellung im Rudel abhing. Im Winter 1972/1973 machte ich dazu einige Versuche: 48mal nahm ich insgesamt zehn verschiedene Hunde unterschiedlicher Rassen und Größen mit zum Gehege und registrierte dann die Reaktion der einzelnen Rudelmitglieder hinter dem Zaun. Fast jedesmal führten sich die ranghöchsten Wölfe wie verrückt auf, drohten, sprangen gegen den Zaun, urinierten und kratzten. Wenn sie gekonnt hätten, wären sie sofort zum Angriff übergegangen. Nur einige Male, als ich Dakkel bei mir hatte, schienen die Wölfe eher verwundert als aggressiv. Auch die juvenilen Wölfe, jetzt im Alter von zwanzig bis zweiundzwanzig Monaten, reagierten aggressiv, während die zum Teil viel älteren rangniedrigen Adulten sich entweder gar nicht um den Hund kümmerten oder ihn ohne Zeichen von Aggressivität durch den Zaun zu beriechen versuchten. Nahm ich einzelne von ihnen aus dem Gehege, versuchten sie sogar, mit dem meistens recht eingeschüchterten Hund zu spielen.

Weiter fiel mir auf, daß die Aggressivität gegen Fremde im Gehege oder in dessen Nähe besonders groß war. Nach ihrer Übersiedlung in den Bayerischen Wald reagierten die Rudelwölfe bei Spaziergängen in Waldhäuser und Umgebung anfangs nicht aggressiv auf die Dorfhunde. Das geschah erst, nachdem sie sich hier sozusagen »etabliert« hatten. Die wenigen Hunde, die aus Übermut von der Besucherkanzel ins Gehege gesprungen waren, hatten alle nicht mehr lange zu leben. Auf jeden Fall habe ich einige Male völlig zerbissene und zerrissene Hundekadaver im Gehege gefunden und auch einmal selbst den Beginn eines Angriffs beobachtet. Diesen Hund konnte ich aber retten.

Weiter scheint mir – ohne daß ich dies mit Zahlen belegen könnte –, daß die Aggressivität auch von der Rudelgröße abhängt. Nachdem wir zwei Rudel in getrennten Gehegen hielten, waren die dominanten Wölfe des kleinen Rudels (teilweise dieselben dominanten Tiere wie früher im großen Rudel) viel weniger aggressiv gegen fremde Hunde. Auch Alexander, der zuerst im kleinen und nach dem großen Ausbruch zeitweise ebenfalls im großen Rudel Alpha-Rüde war, wurde erst in diesem wirklich aggressiv.

Von allen sozialen Kontaktnahmen im Wolfsrudel ist Spielen die weitaus häufigste, zumindest was den Zeitaufwand betrifft. Mitunter können die Wölfe stundenlang ununterbrochen miteinander spielerisch kämpfen oder hintereinander herjagen. Naturgemäß gilt dies eher für die jungen als für die alten Rudelmitglieder. Doch auch diese beteiligen sich manchmal an den Spielen, und zwar nicht immer ganz freiwillig, wie wir noch sehen werden.

Keine Verhaltensweise bei Tieren ist intuitiv so leicht zu erkennen, formal aber so schwer zu beschreiben wie das Spiel. Als Merkmale für die meisten Spielformen bei Säugetieren und Vögeln gelten:

– Auflösung der normalen Handlungsfolge (im Vergleich zum Ernstverhalten treten die einzelnen Handlungen eines Verhaltensablaufes in immer neuen Kombinationen auf);
– Wiederholungen (einzelne Verhaltensabläufe werden mehrmals hintereinander wiederholt);
– Rollenwechsel (im Sozialspiel wechseln die Spielrollen, etwa zwischen Angreifer und Verteidiger);
– entspanntes Feld (Spiel tritt auf, wenn Antriebe aus anderen Funktionskreisen, etwa Jagen, Hunger, Flucht, Müdigkeit, nicht vorhanden sind);
– keine Endhandlung (im Spiel wird Jagen gespielt, die Endhandlung aber, das Töten, fällt weg);
– kein Ernstbezug beziehungsweise kein außenliegendes Ziel (gespielt wird des Spielens wegen und nicht, um irgend etwas anderes zu erreichen);
– lockere und häufig auch überschwenglich erscheinende Bewegungen.

Die vielen formalen Kriterien des Spiels deuten darauf hin, daß dieses Verhalten sich vom Ernstverhalten, dem die einzelnen Bewegungsweisen ja alle in ihrer Grundform entstammen, ganz deutlich ab-

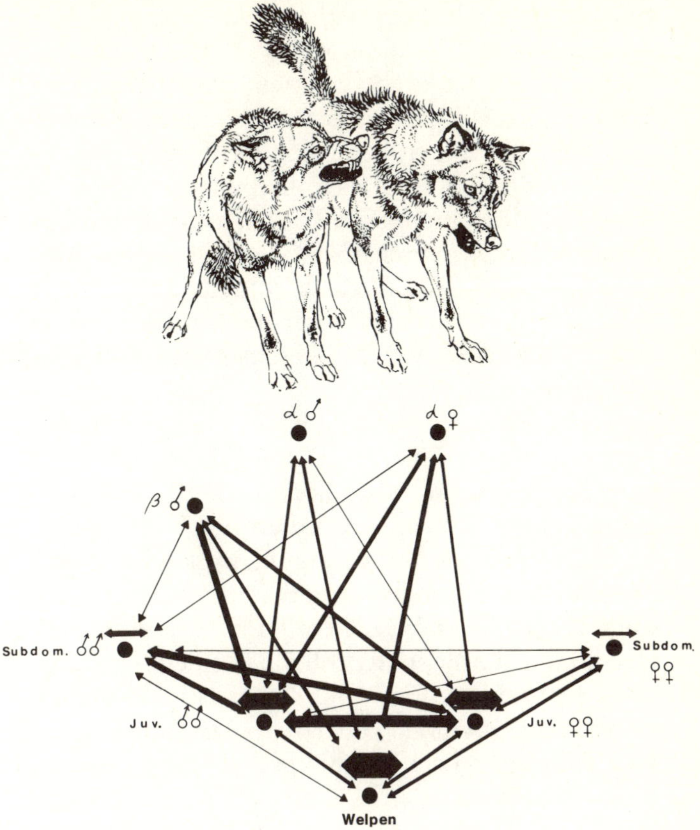

Verhaltensmatrix: Soziales Spiel.

setzt und für den Partner klar zu erkennen sein muß, damit keine Mißverständnisse über die wechselseitigen Absichten entstehen. So können vor allem die jungen Tiere im Laufe ihrer Entwicklung Bewegungen und soziale Reaktionsnormen einüben, ohne daß die im Ernstverhalten üblichen Konsequenzen erfolgen. Dies scheint die primäre Funktion des Spiels zu sein. Entsprechend häufig beobachten wir es auch im Wolfsrudel bevorzugt zwischen den Jungtieren.

Bei sozial hochstehenden Tierarten wie Primaten einschließlich des Menschen und auch beim Wolf lassen sich Spielformen beobachten, denen bis auf das letztgenannte – die überschwenglichen Bewegungen – alle anderen Kriterien fehlen. Das Spiel kann, wie wir wissen, als taktische Variante bei ernsthaften sozialen Auseinandersetzungen eingesetzt werden, aber auch als Ablenkung von weiteren Angriffen dienen oder als Trick, um solche zu kaschieren; ferner kann es den Gegner täuschen oder besänftigen, animieren oder hemmen. Der Muskeltonus ist zwar auch dann locker, der Ernstbezug hingegen fehlt keineswegs. Dieses »gespielte Spiel« ist durchaus ernst.

So ist das Spiel der älteren Wölfe, zumindest untereinander, niemals ganz losgelöst vom sonstigen Geschehen im Rudel. Soziale Konflikte, Rangbeziehungen, sexuelle Animierung, Führungsinitiative, Verteilung zur Verfügung stehender Mittel (wie Futter oder Liegeplätze) finden sehr häufig mit Hilfe spielerischen Verhaltens ihren Ausdruck. Daß Konflikte aber nicht ausschließlich spielerisch ausgetragen werden, liegt wohl daran, daß alle älteren Wölfe diese Methode beherrschen und auch in der Lage sind, den »Trick« zu durchschauen. So habe ich beobachten können, daß ältere Wölfe nur jüngere durch Spielbewegungen und Spielaufforderungen von einem Futterstück ablenken können, um es sich dann selbst zu holen. Ältere Wölfe würden sofort merken, was »gespielt« wird, und sich nicht darauf einlassen. Auch die Jüngeren reagierten nur darauf, wenn sie selber nicht mehr allzu hungrig waren. Wenn sie hingegen hungrig Futter verschlangen, kamen die anderen wohl gar nicht auf die Idee, den »Spieltrick« zu versuchen, da sie gelernt hatten, daß es nutzlos ist. Spielerisches Verhalten als Taktik einzusetzen verlangt eine genaue Einschätzung der jeweiligen Situation, und dazu bedarf es der Erfahrung.

Dementsprechend scheint sich die Funktion des Spielens im Laufe der individuellen Entwicklung der Wölfe zu verändern. Bei den Welpen dient es der Einübung komplexer Bewegungsweisen: Solitärspiele sind jetzt häufig. Bald aber wird fast nur in der Gruppe gespielt, wobei soziale Reaktionsmuster erlernt werden, zum Beispiel auch, daß eigenes festes Zubeißen aggressive Reaktionen des Partners hervorruft. So wird die Beißhemmung entwickelt. Das Spielverhalten wird schnell friedlicher. Erst mit der zunehmenden Aggressivität der älteren Welpen und der Juvenilen wird das Spiel wieder aggressiver. Jetzt hat das Spiel bereits eine neue Funktion erhalten: Es ist eine Strategie zum Austragen sozialer Konflikte.

Nach dieser Vorstellung von der Funktion des sozialen Spiels müssen vor allem Wölfe auf benachbarten Positionen miteinander spielen, und das war bei unseren Beobachtungen tatsächlich auch der Fall. Am seltensten spielte der souveräne Alpha-Rüde, dann kam das Alpha-Weibchen. Die rangniedrigen Adulten spielten indessen ausgesprochen häufig. In der Tat fielen diese Rudelmitglieder besonders durch ihr ständig verspielt-»kindlich« wirkendes Verhalten auf. Es sah aus, als verharrten sie, durch den sozialen Druck bedingt, verhaltensmäßig im Zustand von Jungtieren – eine Art sozial bedingter Retardierung auf infantiles Verhalten. Doch wie gesagt: Spiel ist ja nur scheinbar infantil. In Wirklichkeit ist es durchaus ernst, es geht nämlich für die Subdominanten um den Verbleib im Rudel – und das kann eine Vorentscheidung über Leben oder Tod sein.

Noch häufiger spielten die Juvenilen untereinander. Dabei zeigte sich eine deutliche Entwicklung von den geschlechtsunabhängigen Spielphasen der Welpen zu einem Spiel mit gleichgeschlechtlichen Partnern.

Die Analyse des Spielverhaltens zeigt demnach, daß es als taktische Variante sozialer Konfliktlösung eingesetzt wird: sowohl zur Beschwichtigung aggressiver Tendenzen Ranghöherer oder angreifender Gruppen wie auch zum kaschierten Angriff bei Expansionstendenzen von Jüngeren und Rangniedrigen auf Ranghöhere. Spielverhalten bildet somit eine Art Puffer zwischen freundlichem und aggressivem Verhalten. Es verhindert, daß schon geringe Konflikte ernsthaft ausgetragen werden, verzögert also den Einsatz verletzender und in der Regel auch eskalierender Aggressionen: für den Zusammenhalt des Rudels sicherlich eine ganz wesentliche Funktion.

Sexualverhalten

Ein wesentliches Phänomen wölfischer Sexualität kennen wir bereits: In unserem Rudel bekam nur ein Weibchen im Jahr Welpen, obwohl viele Jahre hintereinander mehrere geschlechtsreife Weibchen im Gehege waren. In den Jahren 1967 bis 1977 hätten, wenn jedes geschlechtsreife Weibchen Welpen geboren hätte, im Rudel insgesamt 22 Würfe zur Welt kommen müssen. Statt dessen waren es nur fünf Würfe mit insgesamt 25 Welpen, also durchschnittlich fünf Welpen je Wurf. Wenn wir fünf Welpen als voraussichtlichen Durchschnitt auch für die nichtgeborenen Würfe annehmen, sind also nur 25 von 110 (oder 23 Prozent) der möglichen Geburten realisiert worden.

Die Frage stellt sich, ob diese Geburtenbeschränkung eine Besonderheit ist für alle Wolfsrudel oder vielleicht nur für Gefangenschaftsrudel oder gar nur für unsere Rudel. Nun, im Frankfurter und in anderen Zoos sind schon mehrere Weibchen trächtig geworden. Doch das sind Ausnahmen, zu deren Erklärung man diese Zootiere eine Zeitlang genau beobachten müßte. Im Brookfield Zoo in Chicago beispielsweise bekam über mehrere Jahre hinweg nur das Alpha-Weibchen Welpen. Als es starb, konnten die drei subdominanten Weibchen unter sich die Rangfolge nicht gleich ausmachen und bekamen prompt alle drei Nachwuchs. Erst als im nächsten Jahr eine der drei die Rangfolge für sich entschieden hatte, wurde wieder nur ein Wurf geboren. Auch im Ost-Berliner Zoo bekamen über mehrere Jahre zwei Weibchen Junge, doch hier starben stets die Welpen des rangniedrigeren Weibchens, worauf dieses sich an der Aufzucht der Welpen des ranghöheren beteiligte.

Die Ursachen für die Reduktion der Nachwuchsrate scheinen also vielfältig zu sein. Bevor wir uns dieser Frage zuwenden, wollen wir uns erst die Verhältnisse in freier Wildbahn anschauen. Hier ergeben die ermittelten Daten ein ebenso vielfältiges Bild. Adolph Murie, der als erster Wölfe beobachtete, fand in einem Sommer im Mount McKinley National Park in Alaska ein Rudel mit zwei führenden Weibchen, die offensichtlich ihre Welpen in getrennten Höhlen zur Welt gebracht hatten, danach aber zusammenzogen und gemeinsam mit den Rüden alle Welpen aufzogen. Die verwandtschaftlichen Beziehungen zwischen den beiden Weibchen waren nicht bekannt, aber Murie nahm an, daß das eine jünger war, womöglich sogar die Tochter des Alpha-Weibchens.

Solche Einzelbeobachtungen sind natürlich nicht sehr aussagekräftig. Bessere Ergebnisse erhält man durch die Untersuchung des Geschlechtstraktes getöteter Tiere. So waren von 89 im März und im April der Jahre 1959 bis 1966 in verschiedenen Gebieten Alaskas geschossenen zwei Jahre alten und adulten Weibchen bis auf zehn alle trächtig; das sind 89 Prozent. Falls diese Zahlen für die Verhältnisse in großen Teilen Alaskas zur Zeit der Untersuchung repräsentativ sind, bekamen fast alle geschlechtsreifen Weibchen dort Welpen. Dagegen hatten von siebzehn getöteten adulten Weibchen im Algonquin Park in Ontario, Kanada, nur zehn (59 Prozent) im vorangegangenen Frühjahr Welpen geboren. Diese Daten werden von Beobachtungen aus anderen Untersuchungsgebieten Nordamerikas gestützt. Dave Mech berichtet, daß viele seiner mit Radiosendern markierten Weibchen nicht gebären. Auf der großen Isle Royale scheinen sogar die meisten Weibchen keine Welpen zu bekommen. Jedenfalls wurden zu Beginn des Winters jeweils nur wenige der beobachteten Wölfe vom Flugzeug aus als Welpen identifiziert. Das ist zwar sehr schwierig und die Fehlerquelle groß. Trotzdem ist Rolf Peterson sicher, daß der Anteil von Welpen bis Mitte der achtziger Jahre relativ niedrig war, was entweder auf eine hohe Sterberate unter den jungen Welpen oder auf eine geringe Geburtenrate zurückzuführen wäre. Peterson nimmt das letztere an, vor allem weil er auch mehrmals beobachtet hat, wie das Alpha-Weibchen die Paarung subdominanter Weibchen verhinderte.

Wie lassen sich die hohe Geburtenrate in Alaska und die verhältnismäßig geringe weiter östlich erklären? Verhalten sich die Wölfe in Alaska anders als die Timberwölfe im Osten? Ich glaube nicht. Vielmehr scheint hier der menschliche Einfluß von ausschlaggebender Bedeutung zu sein. In Alaska wurden zur Zeit des Vergleichs Wölfe intensiv verfolgt, während sie in den drei erwähnten Untersuchungsgebieten im Osten unter Schutz stehen. Die Sterberate adulter Wölfe war in Alaska daher auch sehr hoch, etwa 50 Prozent, im Vergleich zu etwa 10 Prozent auf Isle Royale, dies bis etwa 1985. (Danach wurde es auch hier anders, wie wir noch sehen werden.) Die Folge ist ein hoher Anteil von Welpen in Alaska, nämlich 44 bis 60 Prozent, im Vergleich zu 31 Prozent im Algonquin Park und vermutlich noch weniger auf Isle Royale.

In den bejagten Gebieten Alaskas waren außerdem die Rudel verhältnismäßig klein. Dies hängt offensichtlich mit der geringen Dichte aufgrund des hohen Jagddrucks zusammen. Als 1953 in einem Jagdareal (Game management unit 13) die Jagd auf Wölfe verboten wurde, vermehrte sich der anfänglich auf zwölf Tiere geschätzte Bestand auf 350 bis 400 im Jahr 1965. Gleichzeitig nahmen die beobachteten Rudelgrößen beträchtlich zu. Im Winter 1960/1961 wurde noch kein einziges Rudel mit mehr als sieben Tieren beobachtet, während fünf Jahre später 56 Prozent aller gesichteten Gruppen größer als sieben Tiere waren. Hoher Jagddruck führt zu geringen Populationsdichten und kleinen Rudeln. Bei unserem bisherigen Wissen von der sozialen Struktur des Wolfsrudels müssen wir annehmen, daß in solchen kleinen Rudeln mit einem hohen Anteil an Welpen zumeist nur ein geschlechtsreifes Weibchen lebt. Somit bekommt fast jedes geschlechtsreife Weibchen der Population Junge.

In den vor menschlicher Jagd geschützten Gebieten hingegen sind die Rudel größer, und auch das Durchschnittsalter liegt höher. Viele ältere Tiere leben außerdem solitär in kleinen, nichtterritorialen Gruppen. Der Prozentsatz gebärender Weibchen ist demnach geringer.

Daß hohe Reproduktionsraten nicht für alle Gebiete Alaskas gelten, zeigen weiter die Ergebnisse von Gordon Haber im Mount-McKinley-Gebiet, in dem die Wölfe ebenfalls geschützt sind. Wie es sich für einen modernen amerikanischen Wildbiologen gehört, beobachtet auch er die Wölfe vom Flugzeug aus – etwas, was sein großer Vorgänger Murie, der teilweise mit Hundeschlitten unterwegs war, sich wohl nicht einmal im Traum hätte vorstellen können. Haber, inzwischen ein wilder Streiter für die Wölfe, hat mit dieser Methode in den vielen Jahren seiner Arbeit ein sehr großes Datenmaterial zusammengetragen. Daraus geht hervor, daß längst nicht alle Weibchen gebären. Auch in den italienischen

Abruzzen, von denen später noch die Rede sein soll, ist die Reproduktionsrate gering – sehr gering sogar, falls unsere wenigen Daten repräsentativ sind: Von insgesamt vier radiomarkierten Weibchen, die in der Beobachtungsszeit sechs Würfe zur Welt hätten bringen können, wurde nur ein Wurf geboren. Die Ursachen hierfür liegen aber sicherlich weder an einer hohen Populationsdichte noch an großen Rudeln, sondern es dürfte umgekehrt sein: Die nichtgebärenden Weibchen fanden keinen Wolfsrüden.

Es scheint somit, daß die Reproduktionsrate beziehungsweise der prozentuale Anteil gebärender Weibchen bei den Wölfen mit abhängig ist von der Populationsdichte: Bei hoher Dichte ist sie gering, mit schwindender Dichte nimmt sie zu und bei sehr geringer Dichte dann wieder drastisch ab.

Aus dem prozentualen Anteil von Welpen in einer Population läßt sich demnach der Einfluß des Menschen auf die Wölfe abschätzen. Doug Pimlott stellte dazu Berechnungen an und kam zu dem Schluß, daß 15 bis 30 Prozent Welpen in einer Population anzeigen, daß hier kein oder nur ein geringer Jagddruck herrscht, während 50 Prozent oder mehr Welpen ein Anzeichen erheblicher Wolfsverfolgung sind. Erst eine sehr intensive Verfolgung – wie bis vor kurzem in den Abruzzen, wo die Wölfe am Rande der Ausrottung standen – führt wiederum zu einem geringeren Anteil von Welpen, weil jetzt eine kritische Dichte erreicht wird, bei der die wenigen am Leben gebliebenen geschlechtsreifen Wölfe häufig keinen Partner finden.

In diesem Zusammenhang hat Dave Mech noch eine interessante Beobachtung gemacht: In einer Population hoher Dichte im Norden Minnesotas waren von 77 Welpen 52 (66 Prozent) männlichen Geschlechts. In zwei weiteren Wolfsgebieten in Minnesota mit intensiver Wolfsbejagung (und, als Folge davon, geringer Dichte) waren hingegen unter fünfzehn gefangenen Wölfen nur vier Rüden (27 Prozent). Die Daten sind wohl zuwenig umfangreich, um den Zufall auszuschließen; sie deuten aber auf die Möglichkeit hin, daß in saturierten Populationen ein Übergewicht an männlichen Wölfen schon mitbedingt ist durch ein ungleiches Geschlechtsverhältnis bei der Geburt. Das könnte zur Regulation der Population beitragen.

Welche Faktoren sind es nun, die in Populationen oberhalb der kritischen Dichte bestimmen, ob ein Weibchen gedeckt wird, Welpen bekommt und diese auch erfolgreich aufziehen kann? Nach meinen Erfahrungen mit dem Rudel im Bayerischen Wald scheinen vier Faktoren eine Paarung der Weibchen in der Ranzzeit zu verhindern oder zu erschweren:

1. Eine Wurfgeschwister-Inzestbarriere: Von 1970 bis 1972 kam es zu keiner Kopulation zwischen Mädchen und einem ihrer drei Brüder. Auch St. Oswald, der Bruder des neuen Alpha-Weibchens Finsterau, interessierte sich nicht für seine läufige Schwester. Während der Ranzzeit im Februar 1974 war er sogar der einzige unter den vier geschlechtsreifen Rüden des Rudels, der nicht versuchte, Finsterau zu decken. Aus einigen zoologischen Gärten sind mir indessen Geschwisterpaarungen bekannt, so daß die wenigen Beobachtungen in unserem Rudel sicher keine allgemeingültige Regel, sondern nur eine Tendenz aufzeigen: Paarung ja, aber möglichst nicht mit einem der Wurfgeschwister.

Inwieweit auch eine Inzestbarriere zwischen Mutter und Sohn sowie zwischen Vater und Tochter besteht, läßt sich anhand der bei unserem Rudel gemachten Beobachtungen nicht sagen. Finsterau wehrte zwar Kopulationsversuche ihrer Söhne ab. Dies tat sie aber auch gegen andere rangniedrige Rüden, so daß ihre Ablehnung nicht unbedingt auf die nahe Verwandtschaft zurückzuführen ist.

2. Die Aggressivität des Alpha-Weibchens: In

einigen Fällen verhinderte das Alpha-Weibchen durch einen direkten Angriff eine Kopulation subdominanter Weibchen. Weitaus häufiger aber versuchten die unterdrückten Weibchen erst gar nicht, einen Rüden zu animieren. Sie hatten zwar alle vaginale Blutungen, und mein Hund Flow zeigte ebenfalls eindeutige Reaktionen, nicht aber die anderen Wölfe. Warum sie dies nicht taten, sondern – wenn überhaupt – in den allermeisten Fällen nur dem Alpha-Weibchen hinterherliefen, weiß ich nicht. Die Synchronisation sexueller Aktivität scheint bei Wölfen eine überaus diffizile Angelegenheit und Frigidität als Folge von sozialem Streß die häufigste Ursache ausbleibender Paarungen zu sein.

3. Schwere Verletzungen und Streß: Nach dem Verlust ihrer Alpha-Position und den dabei erlittenen Verletzungen wurde Mädchen während der Ranzzeit 1973 überhaupt nicht läufig. Auch in den nächsten Jahren war in dieser Hinsicht kaum etwas zu bemerken. Die Rüden in dem kleinen Gehege jedenfalls wurden in keiner Weise animiert. (Nur Flow, als hypersexualisiertem Domestikationsprodukt, entging auch dieser Anreiz nicht. Da aber im Spätwinter nicht nur die Wölfinnen, sondern auch alle Hündinnen Waldhäusers läufig waren, doch vor Flow weggesperrt wurden, ging er in dieser Zeit auf alles los, was nur den leisesten Anschein canider Weiblichkeit hatte.) Verletzungen scheinen, ähnlich wie soziale Unterdrückungen, bei den Wölfen ein Streß-Syndrom hervorzurufen, das eine voll ausgebildete Läufigkeit verhindert, mit allem, was an Verhalten und geruchlichen Signalen damit zusammenhängt.

4. Geringes Alter: Normalerweise sind Weibchen mit zweiundzwanzig Monaten geschlechtsreif. Dave Mech berichtet zwar von einem einjährigen Weibchen, das Welpen gebar, doch dies ist zweifellos eine seltene Ausnahme. Aber auch die

zweiundzwanzig Monate alten Wölfinnen zeigten – mit Ausnahme von Finsterau als Alpha-Weibchen – kein sexuell gefärbtes Verhalten vor und während der Ranzzeit, obwohl sie stets sowohl deutlich vaginale Blutungen hatten wie auch von der Alpha-Wölfin nicht im geringsten unterdrückt wurden. In keinem Fall entwickelten die Rüden irgendein sexuelles Interesse für sie. Auch hier scheint also eine sozial bedingte Frigidität vorzuliegen, die junge, noch im Rudel auf subdominanten Positionen gebliebene Weibchen an der Reproduktion hindert.

Neben diesen an den Gehegewölfen festgestellten Ursachen möglicher Nichtpaarung dürften in freier Wildbahn sicherlich noch weitere Faktoren Einfluß haben. Einen haben wir schon bei den Wölfen in den Abruzzen kennengelernt: Das läufige Weibchen ist allein und findet keinen Partner. Womöglich spielt auch der Ernährungszustand eine Rolle; bei erheblicher Unterernährung könnte die Läufigkeit aussetzen. Wichtiger in diesem Zusammenhang dürften aber die Nichtbefruchtung und der Abgang bereits befruchteter Embryonen sein.

Anhand weiterer Daten aus Alaska wissen wir, daß bei Wölfinnen nicht alle reifen Eizellen befruchtet werden und daß Embryonen im Mutterleib absterben können. Die genauen Ursachen dafür kennen wir nicht, aber es ist anzunehmen, daß Futtermangel, Verletzungen und Streß eine Rolle spielen. So bekamen weder Finsterau noch Tatra im Frühjahr 1976 Welpen, obwohl sie beide mehrmals gehangen hatten. Dafür waren fraglos die ständigen Kämpfe und Verfolgungen verantwortlich.

Welpensterblichkeit

Viel größer als die embryonale Todesrate ist die Sterblichkeit der bereits geborenen Welpen, vor allem in den ersten Lebenswochen, sodann im Laufe des Herbstes und des ersten Winters.

Schon bei der Geburt sterben einige Welpen; wie groß die Sterblichkeit hier ist, wissen wir jedoch nicht, da die Welpen ja in einer Höhle geboren werden, zu der wir meistens keinen Zugang haben. Außerdem werden totgeborene oder später gestorbene Welpen in der Regel von der Mutter aufgefressen, wie wir in Kiel beobachten konnten.

Nicht immer ging die werdende Mutter zur Geburt in den Stall. Einmal, als ich im Institut Sonntagsdienst hatte, gebar ein Puwo-I-Weibchen seine Welpen im Freien. Es hatte einige Grad unter Null, und die kleinen Welpen lagen völlig hilflos auf dem hartgefrorenen Sand. Als ich sie aufhob, um sie in den Stall zu tragen, glaubte ich, einer sei bereits tot, da er ganz kalt und steif war. Da Sonntag war, trug ich ihn ins Institut und legte ihn in einen Kühlschrank für den Präparator. Nachmittags kam ich zufällig an dem Raum wieder vorbei, und – kaum zu glauben: Aus dem Kühlschrank drangen Winseltöne. Es war wirklich ein Phänomen. Der Welpe war im Kühlschrank wieder aufgetaut und krabbelte umher. So trug ich ihn wieder hinunter zu seiner Mutter, die ihn bald an ihren Zitzen die erste Milch trinken ließ. Er überlebte und lieferte so einen wohl kaum zu übertreffenden Beweis für die Lebensfähigkeit neugeborener Wolfs- und Hundewelpen.

Länger dauernde Kälte und andauernden Hunger kann natürlich kein Wolfswelpe überstehen. Welpen sind in den ersten Wochen ausschließlich von der Mutter abhängig, und falls diese allzulange selber auf Jagd gehen muß und dann möglicherweise auch nichts findet, sterben sicherlich viele. Hierzu liegen aus freier Wildbahn nur grobe Schätzungen vor. Pimlott zum Beispiel rechnet mit einer Welpensterblichkeit von bis zu 75 Prozent im Verlauf des Sommers und des Herbstes. Dave Mech stellte fest, daß das Gewicht der Welpen im Herbst sehr wichtig ist für ihre Chancen, den ersten Winter zu überleben. Bei den Fangaktionen im Herbst hatte er im Laufe der Arbeit insgesamt 73 Welpen gefangen und vermessen, bevor er sie – mit Radiosendern und Ohrmarken versehen – wieder freiließ. Daher konnte er das weitere Geschick vieler dieser Jungen verfolgen. Es ergab sich, daß Welpen, die im Vergleich zu einer vorher an Gefangenschaftswelpen aufgestellten »Standard-Gewichtskurve« zu geringes Gewicht besaßen (unter 75 Prozent), nur eine sehr geringe Lebenserwartung hatten.

Die Beobachtungen auf Isle Royale schließlich zeigen, daß die Lebenschancen der Welpen weitgehend abhängig sind von der Größe des Rudels, in das sie hineingeboren werden. Größere Rudel hatten in der Regel mehr Erfolg, ihre Welpen bis in den ersten Winter hinein am Leben zu erhalten, während Einzelpaare oder kleine Gruppen entweder erst gar keine Jungen bekamen oder diese bald verloren. Offensichtlich waren sie nicht in der Lage, die Welpen mit genügend Nahrung zu versorgen.

Paarung

Wenn das ranghöchste Weibchen unseres Rudels im Herbst zunehmend aggressiver gegen weitere Weibchen wurde, zeigte es gleichzeitig gegen einen oder mehrere ranghohe Rüden anfangs auffällig häufig und intensiv ein freundlich-aufdringliches Verhalten (wie Quer-Hochspringen, Drängeln, aktive und passive Unterwerfung), das später deutlich sexuell gefärbt wurde, zum Beispiel durch Quer-über-dem-Partner-Stehen, Von-hinten-Hochreiten, Beckenstöße und zuletzt durch Präsentieren. Auch Spritzharnen wurde jetzt sehr viel häufiger, wobei kurz vor und während der Ranzzeit die Initiative dazu fast ausschließlich vom Alpha-Weibchen ausging. Dessen Urinstelle wurde von den meisten Rüden berochen; doch nur wenige – wie einer der beiden oder beide Ranghöchsten und womöglich auch der ranghöchste Juvenile – spritzharnten anschließend an derselben Stelle. Diese Tiere waren es dann auch, die als einzige das Alpha-Weibchen direkt genital beriechen durften. Versuche anderer wehrte entweder das Weibchen selbst oder einer der ranghöheren Rüden ab. Das Verhalten und wohl auch die geruchliche Veränderung der Wölfin schienen Spermatogenese und sexuelle Aktivität der Rüden anzuregen. In der Ranzzeit übernahmen sie dann weitgehend die sexuelle Initiative.

Vor der Ranz richtete das Alpha-Weibchen sein Aufforderungsverhalten in der Hauptsache gegen den ranghöchsten Rüden und den letztjährigen Partner, die aber nicht immer identisch waren. Dieser verdrängte zumeist während der ganzen, etwa zwei bis drei Wochen andauernden Ranzzeit die anderen Rüden vom Alpha-Weibchen und kopulierte allein mit ihm. In der Regel war es der Alpha-Rüde, der, wenigstens in der Hochranz (also etwa die zehn Tage in der Mitte, die Zeit der größten Empfängnisbereitschaft des Weibchens), die anderen Rüden verdrängte, kopulierte und den Rudelnachwuchs zeugte. Das Alpha-Weibchen zeigte zwar Präferenzen; vor allem wehrte es sich gegen Wurfbrüder sowie gegen rangniedrige Rüden und auch gegen eigene Söhne. Wer aber von den ranghöchsten Rüden an die paarungsbereite Wölfin herankam, schienen diese unter sich auszumachen.

Einige Beobachtungen aus freier Wildbahn – vor allem von Gordon Haber in Alaska – bestätigen, was wir in unserem Rudel beobachteten: daß nämlich auch der Beta-Rüde als Paarungspartner in Frage kommt. Warum der ranghöchste Rüde in diesen Fällen nicht sexuell aktiv wird, wissen wir nicht. Auf Isle Royale wurde freilich nie eine Kopulation zwischen dem zweiten Rüden und dem Alpha-Weibchen beobachtet, dafür aber häufiger eine enge Bindung zwischen dem Alpha-Paar und dem zweiten ranghohen Rüden.

Gordon Haber hat auch Kopulationen des Alpha-Weibchens mit mehreren Rüden während einer Ranzzeit beobachtet. Bei unseren Beobachtungen war dies sogar die Regel, wobei die zusätzlichen Rüden vor allem zu Anfang und Ende der Ranzzeit Erfolg hatten, also zu einer Zeit, während der eine Befruchtung unwahrscheinlich war. Rückrechnungen vom Geburtstermin der Welpen ergaben dann auch stets, daß der Partner des Weibchens in der Hochranz die Welpen gezeugt haben mußte.

Individualinteresse und Verhaltensstrategie

Die möglichen Verhaltensmuster der Wölfe sind offenbar sehr differenziert. Zur Anpassung individuellen Verhaltens an verschiedene soziale Bedingungen – also zur Maximierung der Gesamteignung – stehen den Wölfen eine Vielzahl unterschiedlicher »Verhaltensstrategien« zur Verfügung. Je nach Interessenlage der einzelnen Rudelmitglieder, die nach Geschlecht, Alter und Rang ganz unterschiedlich sein können, kommen die verschiedenen Möglichkeiten sozialen Verhaltens im Rudel zum Einsatz. Gleiches gilt für die Anpassung an die ökologischen Bedingungen.

Betrachten wir diese Verhaltensstrategien von der Interessenlage der einzelnen Rudelmitglieder. Natürlich meint der Ethologe, das sei hier nochmals betont, mit »Interessenlage« nicht, die Tiere hätten eine bewußte Vorstellung von dem, was in ihrem Interesse liegt. Das Verhalten der Wölfe hat sich vielmehr durch Selektion an die jeweiligen Bedingungen, unter denen sie im Rudel leben, angepaßt.

Genetisch vorgegebene Verhaltensnormen führen dazu, daß ein Rüde sich in vielerlei Hinsicht anders verhält als ein Weibchen, ein älterer Wolf anders als ein junger, ein Ranghoher anders als ein Rangniedriger und so fort. Daneben gibt es naturgemäß individuelle, vom jeweiligen Status unabhängige Verhaltenseigenarten, die aber hier nicht zur Diskussion stehen. Vielmehr wollen wir das geschlechts-, alters- und rangspezifische Verhalten an den je nach Status unterschiedlichen Interessenlagen der einzelnen Rudelmitglieder messen.

Das Alpha-Weibchen

Der Futterbedarf junger Wolfswelpen ist hoch. Schon im Alter von fünf bis sechs Monaten müssen sie groß genug sein, um an den Wanderungen des Rudels teilzunehmen. Für ein geschlechtsreifes Weibchen im Rudel muß es daher von Interesse sein, daß möglichst viele Wölfe sich an der Fütterung und der Aufzucht seiner Welpen beteiligen. Es muß also auch verhindern, daß andere Weibchen Welpen bekommen, die seinen eigenen Konkurrenz machen.

Wie diese Interessenlage von der ranghöchsten Wölfin im Rudel strategisch bewältigt wird, wissen wir: Durch aggressives Verhalten vertreibt sie weitere geschlechtsreife Weibchen aus dem Rudel oder sorgt dafür – falls ihr das nicht gelungen ist –, daß sie nicht kopulieren; sollte ihr das nicht möglich gewesen sein, verhindert sie, daß diese Welpen austragen oder womöglich geborene Welpen weiter aufziehen. Nach der Ranzzeit nimmt die Aggressivität des Alpha-Weibchens wieder ab, so daß ausgeschlossene oder stark unterdrückte Weibchen sich unter Umständen wieder ins Rudel integrieren und sich dann auch an der Aufzucht der Welpen beteiligen können. Wenn die Rudel sehr groß sind, scheint das Alpha-Weibchen hingegen eine Integration ausgestoßener Weibchen weiterhin zu verhindern, die ja dann nicht vonnöten ist.

Neben ihrem freundlichen Verhalten ihm gegenüber im Herbst und im Winter scheint vor allem der direkte sexuelle Kontakt zur Bindung eines Rüden an die ranghöchste Wölfin beizutragen. Im Interesse ihres Reproduktionserfolges ist es sicherlich vorteilhaft, wenn ihr Partner ein ranghoher und erfahrener Wolf ist. Von daher erklärt sich ihre starke Präferenz für den Alpha-Rüden. Kopulationen mit weiteren Rüden kommen aber auch vor. Es ist sicherlich keine Regel, tritt aber bestimmt häufiger auf, als man bisher gedacht hat. Der Vorteil liegt auf der Hand: Die Alpha-Wölfin bindet dadurch mehrere ranghohe Rüden an sich und ihre Welpen. Diese verhalten sich alle wie der Vater – also so, als gehe es um das Weiterleben von Genen, die zu 50 Prozent den ihren völlig gleich sind.

Eine List des Alpha-Weibchens? Von den mathematischen Modellberechnungen Maynard Smiths zur Evolution sozialen Verhaltens wissen wir, daß »Lügen« und »Betrug« in Tiergruppen nur eine begrenzte Lebensdauer haben, da sie keine, wie Smith es nennt, evolutionsstabile Strategie (»evolutionary stable strategy« = ESS) sein können. Zwar ist ein »Betrüger« mitsamt den Genen, die seinem Verhalten zugrunde liegen, zunächst im Vorteil bei der Fortpflanzung, denn seine Gene breiten sich in der Population aus. Bald aber wären Tiere, die den gegen sie gerichteten »Betrug« aufdecken können, selektiv noch mehr im Vorteil, wodurch die »Lüge« bald sinnlos, ja sogar zum Nachteil würde.

Doch für den »geprellten« Wolfsrüden ist es nicht so wichtig, ob er die »Lüge« entdeckt oder nicht, denn meistens ist er ja mit dem wirklichen Vater eng verwandt. Im Sinne seiner Gesamteignung (Reproduktionserfolg aller Gene, die den seinen völlig gleich sind) ist es sogar von Vorteil, wenn er sich auch intensiv um die Welpen kümmert, mit denen er ja wahrscheinlich ebenfalls einen Teil der Gene gemein hat. Ist er der Bruder des Vaters, sind es 25 Prozent, im Vergleich zu den 50 Prozent des Vaters; sollte er gar der Sohn des reproduzierenden Paares sein, wären die Welpen seine Geschwister, mit denen er 50 Prozent der Gene teilt, also ebenso viele, wie wenn es seine eigenen Kinder wären. Auch wenn gar keine Verwandtschaft mit Eltern und Nachkommen besteht, ist die erfolgreiche Aufzucht der Welpen trotzdem, auf lange Sicht gesehen, für ihn von Vorteil. Sie werden voraussichtlich eines Tages mit ihm gemeinsam jagen und so auch seinen Nahrungsbedarf decken helfen. Rudel, die keine Welpen aufziehen, erreichen in ihrer Größe bald eine kritische Grenze, bei der sie weder genügend Beutetiere erlegen noch ihre Territorien erfolgreich verteidigen können. Ein solches Rudel geht schnell zugrunde, und dies womöglich, bevor der Helfer selbst die ranghöchste Position des Rudels erreicht hat und eigene Junge reproduzieren kann. Ganz im eigenen Interesse muß ihm folglich daran gelegen sein, daß die Welpen es schaffen, selbst wenn sie mit ihm gar nicht verwandt sind. Der »Geprellte« hat also nur wenig Interesse an der Aufdeckung des »Betrugs«, und somit kann sich die Promiskuität des Weibchens als eine stabile Strategie (ESS) halten.

Der Alpha-Rüde

Auch für alle anderen Rudelmitglieder muß es ganz im eigenen Interesse liegen, daß die Welpen erfolgreich aufgezogen werden und das Rudel zur Optimierung des Jagderfolgs friedlich beisammenbleibt. Im Hinblick auf die Reproduktion eigener Gene muß dies aber von besonderem Interesse für die beiden Alpha-Tiere sein. Für das Weibchen ist die Interessenlage allerdings etwas zwiespältig, da es ja zwar für die Aufzucht seiner Welpen eine friedliche

Stimmung braucht, aber durch seinen Alleinanspruch auf Mutterschaft zeitweilig auch sehr aggressiv sein muß. Ähnlich ist das Interesse der meisten anderen Rudelmitglieder, die neben dem Vorteil der freundlichen Stimmung unter Umständen auch von eigenen oder fremden Streitigkeiten für ihre Position profitieren können. Nur der Alpha-Rüde hat nichts davon. So dürfte neben den Welpen kein Wolf im Rudel ein größeres Interesse an einer freundlich-kooperativen Stimmung haben als er.

In der Tat hat sich nach meinen Daten kein Tier im Rudel stärker um eine freundliche Stimmung und den Zusammenhalt dort bemüht als der ranghöchste Rüde. Er ist der wesentliche Entscheidungsträger, der erfahrene Initiator, der Aufpasser und Beschützer gegen äußere Gefahren, der freundlich-tolerante Mittelpunkt des Rudels. Er ist Auslöser und Zentrum der vielen freundlichen Zusammenkunftszeremonien, die vor allem in den Wintermonaten wesentlich zum Abbau von Spannungen und aggressiver Stimmung im Rudel beitragen.

Von allen Rudelmitgliedern ist der Alpha-Rüde andererseits am meisten aggressiv gegen Rudelfremde. Diese sind in der Regel nicht mit ihm verwandt, sondern stellen vielmehr eine Gefahr für sein Rudel dar: als mögliche Angreifer oder Nahrungskonkurrenten. Nur wenn sein eigenes Rudel sehr klein ist, müßte der Zuwachs durch ein fremdes Tier von Vorteil sein. Meine Beobachtungen zur Abhängigkeit der Aggressivität gegen Fremde von der eigenen Rudelgröße entsprechen diesen Erwartungen.

Was aber ist, wenn zu einem kleinen Rudel, etwa einem Weibchen mit seinen Jungen, ein fremder Rüde hinzukommt und die Alpha-Position übernimmt? Er ist dann nicht Vater der Jungwölfe und vermutlich auch nicht verwandt mit ihnen. Den Erwartungen nach müßte dieser Alpha-Rüde einerseits im Interesse der erfolgreichen Aufzucht seiner eigenen Welpen einige der ihm fremden Jungtiere im Rudel zu halten versuchen, andererseits aber im Interesse der Futterverteilung wie auch des späteren Verbleibens seiner Welpen im Rudel darauf aussein, die fremden Jungwölfe aus dem Rudel zu verdrängen.

Im Jahr 1978 konnte ich diese Vorhersage unfreiwillig testen. Während der Ranzzeit waren ohne mein Wissen und aus mir unerklärlichen Gründen neben einigen anderen Wölfen auch die beiden ranghöchsten Rüden im großen Rudel durch die Nationalparkverwaltung im Gehege erschossen worden. Das Alpha-Weibchen, Tatra, blieb mit seinen vier letztjährigen Welpen allein im Gehege zurück. Zu ihnen wurde ein fremder adulter Rüde aus dem kleinen Gehege gesetzt; es war Olomouc. Schon nach wenigen Tagen kam es zur Kopulation zwischen Tatra und Olomouc. (Sie waren Wurfgeschwister, lebten aber seit zwei Jahren getrennt.) Die beiden adulten und die vier jungen Wölfe bildeten bald ein Rudel, doch anders als früher beobachtete ich im folgenden Frühjahr bei dem neuen Alpha-Rüden eine hohe Aggressivität gegen die Jungwölfe. Der früher gegen seine eigenen Welpen so freundliche Olomouc griff immer wieder die fremden Jungwölfe an und hatte bereits zur Zeit der Geburt seiner eigenen Welpen einen jungen Rüden aus dem Rudel verdrängt. Dieser lebte danach völlig vom Rudel getrennt: der jüngste Ausgestoßene, den ich je beobachtet habe. Auch die anderen Jungwölfe zeigten vor Olomouc großen Respekt.

Das Verhalten von Olomouc scheint somit der Erwartung zu entsprechen, daß eine weitere Verhaltensstrategie des Alpha-Rüden möglich ist: Wenn ein Rüde nicht im eigenen Rudel zur höchsten Position aufsteigt, sondern sich einem kleinen Rudel anschließt, in dem das Weibchen Junge hat, werden diese vom neuen Rüden indifferent oder gar aggressiv behandelt, im Interesse der neuen, von ihm gezeugten Welpen. Natürlich müssen weitere

Beobachtungen diese Annahme erhärten (oder verwerfen). Dave Mech hat Wölfe beobachtet, die schon in ihrem ersten Winter das Rudel verließen. Möglicherweise lagen hier ähnliche Bedingungen vor.

Der Beta-Rüde

Gegen Rudelfremde ebenso aggressiv, gegen Rudelmitglieder aber viel weniger freundlich ist der zweite adulte Rüde. Gegen den Alpha-Rüden verhalten sich die Rudelmitglieder ausgesprochen freundlich-demütig; ihm folgen sie in seinen Entscheidungen. Expansionstendenzen der jungen Rüden nach oben, ihre Versuche, eine Dauerposition im Rudel zu erlangen, richten sich jedoch oftmals gegen den Beta-Rüden. Er ist der »Rammbock« des Rudels; er muß seine Position gegen Druck von unten verteidigen und zugleich seine Chance wahren, den Alpha-Rüden einmal abzulösen. Er ist die aggressive Drehscheibe unter den Rüden des Rudels und gehört gleichzeitig zu den Entscheidungsträgern. Zwischen ihm und dem ranghöchsten Rüden, manchmal auch dem Alpha-Weibchen, besteht eine enge Bindung. Er hilft mit bei der Aufzucht der Welpen, trägt ihnen Futter zu, doch wie der Alpha-Rüde überläßt er häufig anderen den direkten Kontakt zu den Welpen und konzentriert sich mehr auf deren Schutz.

Die Subdominanten

Die Gruppe der »Subdominanten« im Rudel besteht in der Regel aus jüngeren Tieren. Da sie normalerweise – zumindest in Gebieten mit großen Beutetieren – beim Ausscheiden aus dem Rudel eine verminderte Lebenserwartung haben, muß es in ihrem Interesse liegen, im Rudel zu bleiben. Andererseits stehen ihre Chancen, dann selber Welpen zu bekommen und erfolgreich aufzuziehen, vorerst relativ schlecht. Dies wird aber zum Teil dadurch wettgemacht, daß die im Rudel geborenen Welpen mit einiger Wahrscheinlichkeit ihre Voll- oder Halbgeschwister sind, mit denen sie dann 50 beziehungsweise 25 Prozent der Gene gemein haben.

Ihre Chance, im Rudel zu bleiben, ist mit abhängig von ihrem Rang, das heißt von der Anzahl über ihnen stehender Tiere sowie von der allgemeinen Stimmung im Rudel. Wenn diese freundlich ist, haben sie eine größere Chance zu bleiben. Hier besteht allerdings ein gewisser Konflikt: Einerseits müssen sie bestrebt sein, innerhalb ihrer Gruppe eine möglichst hohe Position zu erreichen, was nicht immer ohne Streit abgeht; andererseits sollen Aggressionen, wie gesagt, vermieden werden. Auch im Hinblick auf ihre Bindung zum Rudel stehen sie in einem Konflikt. Bleiben sie eng beim Rudel, ist die Nahrungsmittelversorgung zwar meistens günstig, und Aggressionen nach der Rückkehr von Absentierungen bleiben aus. Doch die Chancen, einen Partner zu finden und selbst in absehbarer Zukunft Nachkommen zu zeugen, sind dann gering.

All dem muß eine optimale Verhaltensstrategie Rechnung tragen (was sie auch tut, denn wir haben ja unsere Schlüsse über diese Strategie aus dem Verhalten der Tiere abgeleitet). Untereinander ringen sie um eine möglichst hohe Position, allerdings ohne Einsatz sämtlicher Waffen, führen doch intensive aggressive Auseinandersetzungen sofort zu einer Ausweitung des Konflikts, an der sie nicht interessiert sein können. Statt dessen versuchen sie, jeder Aggression von oben durch Demutsverhalten zuvorzukommen; auch die Auseinandersetzungen untereinander und mit dem Beta-Rüden laufen häufig in spielerischer Weise ab. Ohne das Rudel endgültig zu verlassen, entfernen sie sich auch für Stunden, Tage oder länger vom Rudel, allein oder in kleinen

Gruppen, und gehen eigene Wege. Diese Tendenz nimmt zu, je ungünstiger ihr Rang, je weniger wahrscheinlich also ihre Chance ist, selber einmal an die Spitze des Rudels zu gelangen, um zu reproduzieren. Die Reproduktionschancen sind zwar auch beim Verlassen des Rudels relativ gering, doch vermutlich größer als bei einem Verbleib. Gegen fremde Wölfe sind sie freundlich, ja suchen sogar den Kontakt zu ihnen, der nur abseits vom Rudel möglich ist. Daß die rangniedrigen Rüden eher freiwillig das Rudel verlassen als die Weibchen, liegt vermutlich an der höheren Aggressivität innerhalb der weiblichen Rangordnung.

Die Juvenilen

Für die juvenilen Tiere bedeutet eine zu frühe Loslösung vom Rudel noch größere Gefahr – sie sind noch ziemlich unerfahren. Abgesehen von gelegentlichen Verselbständigungen müssen sie sich eng an das Rudel anschließen, in dem sie viel lernen können. Außer für die Jagd gilt dies vor allem für die Welpenaufzucht, die sie zum erstenmal erleben. Die Wahrscheinlichkeit, daß die Welpen ihre Vollgeschwister sind, ist bei ihnen größer als bei den älteren Subdominanten. So beteiligen sie sich auch meistens intensiv an der Betreuung der Welpen. Da ihnen von den älteren Wölfen viel Toleranz entgegenkommt, müssen sie sich nicht intensiv um den Verbleib im Rudel bemühen. Daher können sie jede Chance nutzen, ihre Ausgangsposition für die spätere Entscheidung, ob sie im Rudel bleiben oder nicht, zu verbessern. Dies tun sie am besten, wenn sie sich an bereits von anderen in Gang gesetzten Angriffen auf die in der Rangordnung über ihnen stehenden jungen Adulten beteiligen. Abgesehen vom Alpha-Weibchen gibt es wohl keine kampffreudigere Gruppe im Rudel als diese »Halbstarkenbande«. Der Erfolg gibt den Juvenilen jedenfalls recht; häufig sind sie es, die vakant gewordene Positionen an der Spitze des Rudels besetzen.

Die Welpen

Auch für die Welpen schließlich gibt es keine Probleme, im Rudel zu bleiben. Im Unterschied zu den Juvenilen haben sie aber Interesse an möglichst vielen Rudelmitgliedern, die für sie Futter beschaffen und sie gegen Gefahren schützen. Ihre äußerst große Freundlichkeit und die Zurschaustellung ihrer »Kindlichkeit« richten sich demnach vorerst an alle Rudelmitglieder, auch, ja insbesondere an für sie fremde oder nach längerer Abwesenheit zum Rudel zurückkehrende Wölfe. Dieses Verhalten verhindert Aggressionen gegen sie und löst gleichzeitig Fürsorgeverhalten bei den Älteren aus. Erst wenn sie etwas größer und selbständiger sind, richten sie ihre Zurschaustellung infantiler Harmlosigkeit und noch vorhandener Abhängigkeit vor allem an die für sie immer noch wichtigsten Tiere: ihre Eltern, die Ranghöchsten des Rudels.

Rudelstabilität und Inzucht

Die relativ hohe Stabilität der Paarbindung zwischen den reproduzierenden Wölfen, die Rekrutierung neuer Reproduzenten aus dem bestehenden Rudel und die hohe Aversion gegen Rudelfremde führen auf die Dauer zu einer Inzucht im Rudel. Die Zunahme von Rekombinationen ähnlicher Genotypen bedingt eine Abnahme der Genvariabilität innerhalb der Rudel und eine Zunahme der Variabilität zwischen verschiedenen Rudeln. Der Selektionsdruck gegen verschiedene rezessive Genkombinationen erlaubt eine schnelle Entwicklung neuer adaptiver Genotypen. Die hohe Anpassungsfähigkeit des Wolfes ist somit ein Resultat beschleunigter evolutiver Vorgänge im stabilen Rudel. Auf der anderen Seite birgt die Häufung rezessiver Merkmale innerhalb enger Verwandtschaftsgruppen natürlich auch Gefahren, so daß sich die Frage nach der Lebensdauer der Rudel als exklusiver Reproduktionseinheiten stellt. Wie lange bleibt ein Rudel von zwei nicht nahe verwandten Tieren bestehen, bis es durch den Tod oder das Auseinandergehen seiner Mitglieder wieder verschwindet oder bis Neuaufnahmen fremder Tiere stattfinden?

Auf diese Frage können wir noch keine Antwort geben. Auf Isle Royale, wo die Freilandstudie seit 1959 im Gang ist, durften die Wölfe leider bislang nicht markiert werden, so daß bei den jährlich wiederholten Winterbeobachtungen zumeist nur wenige Tiere aus dem Vorjahr wiederzuerkennen waren. Einmal hat man beobachtet, wie ein Rudel nach Verlust des Alpha-Rüden auseinandergebrochen ist. Auch die Beobachtungen an unserem Rudel lassen vermuten, daß ein Wechsel auf einer der beiden höchsten Positionen eine Zeit großer Unruhe und Umstrukturierung einleitet, in der das Rudel unter Umständen auseinanderfallen kann. Auch wenn eine völlige Desorganisation nicht immer die Folge sein muß, so ist dies sicherlich die Zeit größtmöglicher Veränderungen, zum Beispiel durch das Abspalten ganzer Gruppen oder durch die Neuaufnahme fremder Tiere.

Das Verbleiben der Alpha-Wölfe auf ihren Positionen ist daher ein Hinweis für die Dauer stabiler Zustände im Rudel. Dabei beobachteten wir interessante mögliche Unterschiede bei Rüden und Weibchen. In unserem Rudel war Finsterau fünfeinhalb Jahre uneingeschränkt Alpha-Weibchen, während es bei den Rüden Wölfchen nur auf drei, Olomouc nur auf zwei Jahre und Alexander gar nur, wenn auch mehrmals, auf wenige Monate in der Alpha-Position brachten. Da Störungen von außen hier nicht zu vermeiden waren, sagen diese Angaben noch wenig. Doch bei einem Vergleich mit den Daten von Isle Royale ergibt sich ein ähnliches Bild. Zwar ließ sich hier nicht feststellen, wie Rangwechsel zustande kamen und was alles dabei geschah, auch nicht, wann sie stattfanden. Es wurde nur in jedem Winter versucht, die Alpha-Tiere für die verschiedenen Rudel auf der Insel zu identifizieren. Dabei stellte sich heraus, daß es bei den Rüden häufiger zu einem Wechsel gekommen war als bei den Weibchen. Außerdem wurde keines der ehemaligen Alpha-Tiere später im Rudel noch gesehen. Wie auch in unserem Rudel bedeutete also dort der Verlust der Alpha-Stellung entweder den Tod oder, auf jeden Fall, den Fortgang vom Rudel.

Die wenigen Daten von Isle Royale schließen Zufälligkeiten ebenfalls nicht aus. Da die Tendenz aber ähnlich ist wie bei unserem Rudel, können wir ihnen doch ein gewisses Gewicht beimessen. Danach kommt es in relativ kurzen Abständen zum Wechsel auf einer der beiden höchsten Positionen im Rudel, und ein reproduzierendes Paar bleibt nicht mehr als einige Jahre zusammen. Da, wie gesagt, dieser Wechsel eine Zeit erhöhter Instabilität bedeutet, ist anzunehmen, daß auch die Lebensdauer der Rudel – oder wenigstens die Zeit totaler Exklusivität – beschränkt ist und damit eine über viele Generationen dauernde Inzucht in der Regel nicht stattfindet. Weiter scheinen diese Beobachtungen die unsrigen zu bestätigen, wonach ein Wolfsrudel, in dem der Alpha-Rüde eine scheinbar so hervorragende und zentrale Rolle spielt, in Wirklichkeit ein Matriarchat darstellt. Das Alpha-Weibchen, die Mutter der Welpen, ist das wirklich zentrale und das Geschehen des Rudels bestimmende Tier, das für kürzere oder längere Zeit einen oder mehrere adulte Rüden um sich versammelt als Väter, Futterbesorger und Beschützer seiner Kinder.

Zehntes Kapitel

Zur Ökologie des Wolfes

Eine Analyse tierischen Verhaltens ohne Kenntnis der Ökologie freilebender Populationen bleibt unvollständig. Umgekehrt sind Kenntnisse des Verhaltens der Wölfe unentbehrlich für die Untersuchung ihrer Ökologie. Das Grenzgebiet zwischen der Verhaltensforschung und der Ökologie wurde bisher »Etho-Ökologie« beziehungsweise »Öko-Ethologie« genannt, je nach dem Ausgangspunkt der Fragestellung.

Wir haben uns bisher mit dem Verhalten der Wölfe anhand meiner Arbeiten mit den Gehegetieren beschäftigt. Die ökologischen Untersuchungen an freilebenden Wolfspopulationen wurden vor allem von amerikanischen Kollegen durchgeführt. Der interessierte und englischkundige Leser findet eine Liste ihrer wichtigsten Veröffentlichungen im Anhang. Ich werde hier einige der amerikanischen Kollegen und ihre Arbeitsweise vorstellen und die wichtigsten Ergebnisse zusammenfassen.

Forschungsstätten

Wölfe in Nordminnesota

Dave Mech traf ich zum erstenmal 1973 nach der Internationalen Ethologentagung in Washington, D.C. Er holte mich vom Flughafen in Minneapolis ab, und noch am selben Tag fuhren wir zusammen mit seiner Frau und den vier Kindern in den Norden von Minnesota, seinem Untersuchungsgebiet. Schon auf der Fahrt redeten wir über die uns gemeinsam interessierenden Fragen: Wie optimiert ein Wolfsrudel seine Größe? Welchen Einfluß haben die räumliche Organisation und das entsprechende Verhalten auf die Regulation der Wolfspopulation? Wie viele Freilandökologen war auch Dave zunächst skeptisch eingestellt gegenüber Ethologen, die, wie er meinte, aufgrund einiger Beobachtungen und Versuche an Gehegetieren »die Welt zu erklären suchen«. Bald aber wurde es eine sehr anregende Diskussion, da unsere Ergebnisse weitgehend übereinstimmten. Nicht die ranghöchsten Jungwölfe sind es, die das Rudel wegen ihrer Konkurrenz mit dem Alpha-Tier verlassen, wie oft behauptet wurde, sondern die rangniedrigeren Wölfe; nicht »autoritär«, sondern eher »demokratisch« wird das Rudel geführt. Die Aggressivität des Alpha-Weibchens, Futterangebot und Bindung – diese und viele weitere Phänomene, die isoliert betrachtet so unwichtig zu sein scheinen, sind für das Verständnis der Populationsregulation von größter Bedeutung. Erst spät in der Nacht kamen wir auf der Versuchsstation an, wo Daves Mitarbeiter uns erwarteten. In dem schönen großen Holzhaus bekam ich ein Zimmer, während Dave und seine Familie in ein Zelt einzogen. Ich staunte. Familienmitglieder von Staatsbeamten (Dave ist bei der obersten Naturschutzbehörde angestellt) seien im Haus unerwünscht, wurde mir erklärt. So plagten sich Daves Frau und die Kinder draußen mit den vielen Mükken ab, während ich unter dem Mückennetz als Gast der US-Regierung in einem Bett schlief.

Am nächsten Tag begleitete ich Dave auf seinem üblichen Kontrollflug. Er befestigte zwei Antennen an den Flügelverstrebungen einer Cessna 182, so daß die Peilrichtung der Antennen bei neunzig Grad zur Flugzeuglängsachse schräg nach unten zeigte. Dann ging es los. In der Luft über dem weiten, fast menschenleeren Wald- und Seengebiet erklärte er mir die Technik: Wölfe wurden fast das ganze Jahr mit Schlageisen gefangen und dann mit Radiosendern versehen. Jedes Halsband sendet auf einer anderen Frequenz, wodurch eine Unterscheidung der einzelnen Tiere möglich ist. Zur Zeit hatte er neun Wölfe und einen Luchs unter Kontrolle. Am Empfänger im Flugzeug war ein Schalter, mit dem er auf die linke oder die rechte Antenne umschalten konnte. Sehr bald hörten wir auch das erste Signal: von einem Rüden, dem Alpha-Wolf seines Rudels. Dave gab dem Piloten Zeichen, wie er fliegen sollte. Selber hörte er die einzuhaltende Richtung durch Umschalten auf die beiden Antennen heraus. War das Signal zum Beispiel auf der linken Seite lauter als rechts, so mußten wir mehr links halten. Das Signal wurde immer lauter und dann plötzlich wieder leiser – wir waren über den Wolf hinweggeflogen. Der Pilot zog das Flugzeug in einer steilen Kurve nach unten, und nun fing knapp über den Baumwipfeln das Suchen an. Immer enger wurden die Kreise, bis wir schließlich auf einem sonnenbeschienenen Felsen, der sich etwas über die Bäume erhob, vier eng beieinander schlafende Wölfe sahen, das Rudel des markierten Rüden. Sie ließen sich durch das Flugzeug überhaupt nicht stören, hoben nicht einmal die Köpfe. Offensichtlich hatten sie sich an Flugzeuge gewöhnt. Ich war so fasziniert, daß ich ganz vergaß, daß mir eigentlich hätte schlecht werden müssen von dem ständigen Kreisen.

Dann suchten wir nach den anderen Wölfen. Zuerst verfolgten wir eine Wölfin, die an diesem Morgen ungewöhnlich weit in ein Nachbarterritorium eingedrungen war. Dave erklärte sich dieses Verhalten, das er früher nicht beobachtet hatte, das jetzt aber immer häufiger auftrat, mit dem Rückgang der Hirschpopulation im Untersuchungsgebiet. Die großen Kahlschläge, die vor zehn bis zwanzig Jahren im Wald gehauen worden waren und besonders gute Äsungsplätze für das Wild boten, wuchsen allmählich wieder zu. Die Folge war ein langsamer Rückgang der Hirsche und als Folge davon auch eine mit leichter Verzögerung einsetzende Abnahme der Wolfspopulation. Zuerst wurden die Rudel kleiner, bedingt sowohl durch eine erhöhte Welpensterblichkeit als auch durch Emigration aus den Rudeln. Gleichzeitig erfolgte verstärktes Überwechseln in die Territorien der benachbarten Rudel. Meistens kehrten die Eindringlinge jedoch bald zurück in ihr eigenes Gebiet, ohne daß es zu einer Konfrontation mit den Revierinhabern gekommen war. Nur zweimal hatte Dave bis jetzt die Begegnungen zweier Rudel beobachtet, bei denen einmal ein Wolf getötet und ein anderes Mal einer verletzt wurde.

Wir mußten das ins fremde Territorium eingedrungene Weibchen lange suchen. Mindestens zwanzig Minuten flogen wir in immer engeren Kreisen ganz tief über dem Wald, sahen aber nichts. Als wir schon aufgegeben hatten und weiterflogen, entdeckten wir die Wölfin plötzlich doch unter uns, wie sie einen breiten Fluß, die Grenze zu ihrem eigenen Territorium, durchschwamm. Vermutlich war sie durch das Flugzeug im fremden Gebiet beunruhigt worden und floh jetzt in die Sicherheit zurück.

Warum versuchen die Wölfe bei zunehmender Nahrungsknappheit nicht, ihr Territorium auf Kosten der Nachbarrudel zu vergrößern, statt nur ab und zu in fremde Territorien einzudringen, ansonsten aber mit einem kleineren Rudel im eigenen Gebiet zu bleiben? Auf der Suche nach dem nächsten Wolf, einem jungen Rüden, diskutierten wir über mögliche Erklärungen. Am triftigsten erschien uns die erhöhte Verletzungsgefahr bei dem Versuch, Nachbarrudel zu vertreiben. Schon eine leichte Verletzung kann tödliche Folgen haben. Für die Überlebensstrategie eines Wolfes scheint es vorteilhafter zu sein, die territoriale Organisation weitgehend zu respektieren, das vorhandene Nahrungsangebot nach Möglichkeit rationeller auszunutzen und wenn nötig andere Rudelmitglieder zu zwingen, das eigene Rudel samt Territorium zu verlassen, als Energie und womöglich das eigene Leben in einem »Krieg um Lebensraum« einzusetzen. Erst bei erheblichen und langfristigen Veränderungen des Nahrungsangebots und seiner Verteilung dürfte sich auch die räumliche Organisation einer Population verändern.

An dieser Stelle kann ich es doch nicht lassen, einen Vergleich zwischen Mensch und Tier zu ziehen. Wie bei den Wölfen kennen wir auch bei allen anderen Tierarten (mit Ausnahme mancher Insekten, etwa der Ameisen, bei denen allerdings ganz andere Fortpflanzungs- und Verwandtschaftsverhältnisse vorliegen) nichts, das vergleichbar wäre mit dem, was wir bei den Menschen Krieg nennen: eine mit tödlichen Waffen ausgetragene Auseinandersetzung zwischen überfamiliär organisierten Verbänden wie Völkern, Stämmen, Staaten oder Klassen. Daher sind die Versuche, das Phänomen menschlicher Kriege mit Hilfe ethologischer Aggressionsmodelle zu erklären, zum Scheitern verurteilt. Tierische Aggression und menschliche Kriege mögen als Kampf um Ressourcen wie Land, Nahrung oder Macht (Rang) letztlich vergleichbare Ursachen haben; doch bei einem Vergleich der Motivation der an der Auseinandersetzung teilnehmenden Individuen zeigen sich die fundamentalen Unterschiede. Tiere handeln infolge des Selektionsvorteils »eigennütziger« Gene grundsätzlich egoistisch. Auch scheinbar uneigennütziges Verhalten dient letztlich nur der eigenen Gesamteignung, ist also im Grunde auch egoistisch. Wirklich altruistisches, sich selbst aufopferndes Verhalten zugunsten der Belange überfamiliärer Organisationseinheiten gibt es nur bei Menschen. Die Ursachen hierfür liegen nicht im biologischen, sondern im kulturellen Bereich. Wie es zu einer derartigen, der biologischen teilweise entgegengerichteten kulturellen Evolution aufopfernden Verhaltens kam – mit all ihren für uns positiven wie negativen Folgen –, ist wohl eine der interessantesten und weitgehend ungelösten Fragen der Menschheitsgeschichte. Für den Biologen jedenfalls bleibt die Frage offen, wie Menschen dazu gebracht werden können – aus welchem Grund auch immer –, andere Menschen zu töten, bei der erheblichen Gefahr, selbst getötet zu werden.

Über all dies haben Dave und ich bei unserer Suche nach dem nächsten Wolf natürlich nicht diskutiert; es ist mir beim Schreiben in den Sinn gekommen. Selber Biologe, ärgere ich mich über manche allzu biologistischen und auch psychoanalytischen Deutungen menschlicher Massenkonflikte, da sie, wie ich meine, die wirklichen Ursachen moderner Kriege verschleiern helfen, indem sie erklären, diese Massenkonflikte seien eine Form aggressiven Verhaltens, das in der Natur des Menschen liege.

Doch zurück zu den Wölfen. Der letzte Wolf, den wir suchten, war ein etwa zwei bis drei Jahre alter Rüde, der sich von seinem Rudel abgesetzt hatte und seit Wochen in südwestlicher Richtung auf Wanderschaft war. Wir fanden ihn schließlich, weit außerhalb des geschlossenen Waldgebietes, in einem Waldstück in der Nähe einer größeren menschlichen Siedlung. Nach der Regelmäßigkeit des Signals zu urteilen, schlief er fest irgendwo im Gebüsch, so daß wir ihn nicht zu Gesicht bekamen. Auf seinen Wanderungen mußte er mehrmals Straßen, Eisenbahnlinien und sogar eine Autobahn überquert haben. Dave war nicht gerade glücklich darüber, denn Wölfe in dichter besiedelten Gebieten müssen geradezu in Konflikt mit menschlichen Interessen kommen. Allein schon ein getöteter Hund, ein gerissenes Schaf würden den erklärten Gegnern des Wolfes Auftrieb geben und seinen gerade mühsam erreichten Schutz in Minnesota wieder in Frage stellen.

Dave mußte am nächsten Tag seine Familie der

Schule wegen nach Hause bringen. Ich blieb noch einige Tage, begleitete seine Mitarbeiter bei den täglichen Arbeiten und lockte, wie schon berichtet, von einem Baumsitz aus durch Heulen fünf kleine Welpen aus ihrem Versteck hervor. Dann reiste ich zurück nach Europa.

Wölfe auf Isle Royale

Zwei Jahre später war ich wieder in Minnesota, diesmal zusammen mit meinem Freund Luigi Boitani, dem italienischen Kollegen vom Abruzzen-Wolfsprojekt. Wie letztes Mal flogen wir mit Dave Mech zunächst Wölfe suchen, und dann brachte er uns nach Isle Royale, der Insel, wo seine Arbeit mit Wölfen einst begonnen hatte. Isle Royale ist eine 544 Quadratkilometer große Insel im Oberen See, gerade 24 Kilometer vom nördlichen, kanadischen Ufer entfernt. Anfang dieses Jahrhunderts wurde die Insel von Elchen besiedelt, und 1949 kamen zum erstenmal Wölfe über eine Eisbrücke auf die Insel. 1959 begann Dave, unter der Leitung von Durward Allen, als erster eine der längsten kontinuierlichen Untersuchungen über die Entwicklung einer Räuber-Beute-Beziehung, die wir in der ökologischen Wissenschaft kennen. Heute wird sie von Rolf Peterson weitergeführt mit derselben Fragestellung: Welche zahlenmäßigen Beziehungen bestehen auf der Insel zwischen der Vegetation, dem einzigen großen Pflanzenfresser, dem Elch, und dem einzigen Beutegreifer des Elchs, dem Wolf?

Ich wußte, daß man auf Isle Royale der natürlichen Entwicklung völlig freien Lauf läßt, ohne jeden Eingriff des Menschen. Diese natürliche Entwicklung sah indessen ganz anders aus, als ich gedacht hatte. Eine »Moose-Spruce Savanna« (Elch-Fichten-Savanne) nannten es Peterson und seine Mitarbeiter. Die Elche hatten buchstäblich alles, was ihnen schmeckte, kahlgefressen. Nur die Fichten –

dort wie in Europa der letzte Baum auf der Speisekarte des Schalenwildes – waren an vielen Stellen übriggeblieben. Durch Brände waren zwar immer wieder neue Äsungsgebiete entstanden, so daß der befürchtete Zusammenbruch der Elchpopulation nicht eingetreten war. Doch nirgends ist mir so deutlich geworden, daß die großen Pflanzenfresser, wie hier die Elche, nicht vom Wolf zahlenmäßig beschränkt werden, sondern in erster Linie vom Vegetationsangebot. Das heißt auch: Nicht der Wolf bestimmt die Größe des Elchbestandes, sondern die Elche bestimmen den Bestand der Wölfe. Ich komme darauf zurück.

Im Algonquin Park

Von Isle Royale flogen Luigi und ich weiter nach Toronto, wo wir Doug Pimlott trafen. Er war Vorsitzender der Wolfsgruppe der IUCN Survival Commission (International Union for Conservation of Nature and Natural Resources), und wir kannten ihn schon von seinem Besuch bei uns in den Abruzzen. Er war gerade aus der Arktis zurückgekehrt, wo er die ökologischen Folgen der Ölbohrungen im Eismeer untersucht hatte, und erzählte uns voller Sorge über die möglicherweise katastrophalen Folgen eines Ölteppichs unter der Eisdecke (eine Sorge, die Jahre später beim Exxon-Unglück an der Küste Alaskas traurige Realität werden sollte). In den Algonquin Park konnte er leider nicht mitkommen. So fuhr ich, während Luigi Freunde in New York besuchte, allein dorthin und wanderte, von einem Mitarbeiter Pimlotts geführt, einige Tage durch das Gebiet. Das Ökosystem hier ist in bezug auf die Artenzusammensetzung des Waldes, die großen Pflanzenfresser und den größten Beutegreifer, den Wolf, ähnlich wie in Nordminnesota und auf Isle Royale; aber die ökologischen Beziehungen zwischen den einzelnen Gliedern der Nahrungskette sind doch wieder ganz andere. Es wurde mir hier besonders klar, daß jedes komplexe Ökosystem spezielle Zusammenhänge aufweist. Der Versuch, induktiv allgemeingültige Gesetzmäßigkeiten abzuleiten, kann daher vorerst nur zu sehr groben Modellen führen. In diesem Sinne soll auch das folgende verstanden werden.

Beutetiere und Jagdweise der Wölfe

Als Näschen ausgerissen war, fand ich in seinem Kot Insektenreste. In den Abruzzen haben wir die Wölfe auf Abfallhaufen Spaghetti mit Tomatensoße und Tierkadaver fressen sehen, und aus der kanadischen Arktis wird berichtet, daß Wölfe sich dort längere Zeit von Lemmingen ernährt haben sollen. Der Wolf scheint demnach ein Allesfresser zu sein. Dennoch hat er nur in Gebieten überlebt, in denen ein genügendes Angebot größerer Beutetiere – von Biber, Reh oder Schaf aufwärts – zur Verfügung stand. Alle bis jetzt durchgeführten Untersuchungen zeigen, daß Beutetiere dieser Größenordnung langfristig den weitaus größten Anteil der Wolfsnahrung ausmachen und daß Wühlmäuse oder häusliche Abfälle nur kurzfristig oder als Ergänzung der Ernährung des Wolfes dienen können. Der errechnete Futterbedarf des Wolfes macht klar, warum ihm kleine Beutetiere nicht genügen können.

Beutekonkurrenz

In freier Wildbahn wurde ein täglicher Nahrungskonsum von 2,5 bis 10 Kilogramm je Wolf errechnet. Gefangenschaftswölfe können durch etwa 1 Kilogramm Futter je Tag gesund ernährt werden; doch werden hier in der Regel minderwertige Bestandteile, wie schwere Knochen, Fell, Mageninhalte und so weiter, nicht mitgerechnet. Außerdem bewegen sich die meisten Gefangenschaftstiere weniger, und häufig steht ihnen ein warmer Unterschlupf zur Verfügung. In freier Wildbahn braucht der Wolf also mehr. Wenn wir eine Mindestmenge von rund 2,5 Kilogramm Futter ansetzen, müßte ein Wolf demnach etwa hundert Wühlmäuse täglich fangen, um am Leben zu bleiben, was nur in Ausnahmesituationen, etwa bei Massenvermehrungen von Lemmingen, kräftemäßig möglich wäre. In den allermeisten Fällen dürfte der Energieaufwand hierfür bei weitem den Energiegewinn durch die Nahrung übersteigen, was den baldigen Tod bedeuten würde. Auch falls ein Wolf sich auf diese Weise eine Zeitlang gerade eben am Leben erhielte – auf die Dauer könnte er mit dem für diese Jagd sehr viel besser angepaßten Fuchs nicht konkurrieren. Der Fuchs braucht nicht nur viel weniger Nahrung, sondern ist zusätzlich noch ein geschickterer Mäusejäger. Auch bei den häuslichen Abfällen muß der Wolf mit Fuchs, Hund und Katze konkurrieren, die alle mit weniger Gefahr für ihr Leben an diese zumeist in der Nähe menschlicher Siedlungen befindlichen Futterquellen herankommen.

Bei Beutetieren mittlerer Größenordnung wie Kaninchen und Hase bis zum Reh muß der Wolf in vielen Gebieten mit dem Fuchs und einem weiteren Beutegreifer konkurrieren: dem Luchs. So liegt eine Untersuchung aus den slowakischen Karpaten vor, wonach dort die Rehe hauptsächlich vom Luchs, Hirsche dagegen vom Wolf gerissen werden. Auch in Nordamerika bevorzugt der Luchs Beutetiere in der Größe von Kaninchen und Hasen, während der Wolf in der Hauptsache die Huftiere bejagt. Kojote, Bär und Vielfraß zeigen ebenfalls, trotz gewisser Überlagerungen im Beutespektrum, deutlich vom Wolf abweichende Ernährungsgewohnheiten. Im Laufe der Evolution der Landraubtiere ist demnach eine gewisse Spezialisierung erfolgt, bei der in den

Gebirgs-, Wald- und Tundragebieten der nördlichen Erdhalbkugel der Wolf sich zum hauptsächlichen Beutegreifer der Huftiere entwickelte. Über weite Teile dieses Gebietes ist er dabei fast konkurrenzlos. Erst in den Gebieten mit hohen Wilddichten, etwa im Westen Nordamerikas mit seinen für große Pflanzenfresser günstigen Biotopen, erhält er durch den Puma Konkurrenz (siehe Tabelle). Dieser ist in bezug auf seine Jagdweise mehr spezialisiert und braucht daher größere Beutedichten. Auch in den hochproduktiven Urwaldgebieten im Süden und im Westen Asiens kommen neben dem

Habitat, Huftierdichte und Raubtiervorkommen

Lebensraum	Huftierart(en)	Dichte (n/km^2)	Gewicht (× kg)	Biomasse (kg/km^2)	Raubtierart(en)
Tundra					
Günstiges Biotop Nordkanada[1]	Karibu	0,75	100	75	Wolf
Nadelwald					
Algonquin Park Ontario[2]	Weißwedelhirsch	4	70	280	Wolf
Isle Royale[3]	Elch	1	350	350	Wolf
Gebirge Rocky Mountains National Park[4]	Dickhornschaf, Wapiti, Elch, Hirsch, Karibu, Schneeziege	14	140	1960	Wolf (Puma)
Chaparral					
Großflächiger Durchschnitt in Kalifornien	Schwarzwedelhirsch	12	70	840	Puma (Wolf)
Günstiger Standort[5]	Schwarzwedelhirsch	38	70	2660	
Savanne					
Albert Park, Kongo[6]	11 Huftierarten	35	350	11500	Löwe Leopard Gepard Hyäne Hyänenhund

Die Daten wurden entnommen aus: [1]Banfield (1954), [2]Pimlott (1967), [3]Mech (1970), [4]Cowan (1947), [5]Taber und Dasmann (1957), [6]Bourliere und Verschuren (1960).

Wolf spezialisiertere Arten wie Tiger, Leopard und Hyäne vor, die schließlich – wie der Puma im äußersten Westen Amerikas – den Wolf verdrängt haben. Die Artenzahl der auf Huftiere Jagd machenden Beutegreifer ist also weitgehend abhängig von der ihnen zur Verfügung stehenden Beutebiomasse und diese wiederum von der für Huftiere verwertbaren Primärproduktion, also von Gräsern, Sträuchern und niedrigen Bäumen. Deutlich wird dies, wenn wir die Artenzahl größerer Beutegreifer in der Savanne Ostafrikas mit ihren enormen Wilddichten betrachten.

Der Wolf ist also vor allem ein Jäger größerer Beutetiere, die in relativ geringer Dichte auftreten. Daneben nutzt er aber auch jede andere sich ihm bietende Möglichkeit, Nahrung zu beschaffen, solange seine Sicherheit nicht gefährdet und die Energiebilanz bei der Jagd positiv ist. Wann sich die Jagd lohnt, muß der junge Wolf lernen. So berichtete Dave Mech beispielsweise, daß ein von ihm beobachtetes Wolfsrudel eine Jagd sehr bald abbrach, wenn die Tiere merkten, daß das angegriffene Beutetier ihnen zu schnell war oder ein sich stehend zur Wehr setzender Elchbulle für einen Angriff zu gefährlich erschien. Gordon Haber erzählte mir, daß dies am Mount McKinley nicht anders sei; bei Gruppen junger Wölfe, die sich vom großen Rudel abgesetzt hatten, beobachtete er, wie sie manchmal tagelang einen eingekreisten Elch belagerten, bis sie schließlich einsehen mußten, daß dieser für sie eine Nummer zu groß war. Auch meine zahmen Wölfe jagten, wie wir wissen, als Welpen und Heranwachsende in ganz hoffnungsloser Position irgendeinem Tier nach. Daß Krähen auf dem Feld nicht zu kriegen waren, lernten sie schnell. Etwas länger dauerte es, bis sie Hasen mit großem Vorsprung nicht mehr nachrannten; und länger noch schließlich brauchten sie, um einzusehen, daß die Ricklinger Kühe und Pferde ihnen bei weitem überlegen waren.

Als Großwildjäger in Gebieten mit wenigen, weit verteilt lebenden Beutetieren, die zudem wehrhaft, schnell und listig sind – wie machen das die Wölfe, wie überleben sie unter solchen für sie ungünstigen Bedingungen?

Zunächst müssen sie ihre Beute finden. Mit einer Geschwindigkeit von sechs bis acht Kilometer in der Stunde durchstreifen die Wölfe ihr Revier, zumeist im Trab. Dieses Tempo können sie lange durchhalten, wenn sie dazu gezwungen werden. So berichtet man von Wolfsjagden in Finnland, bei denen Wölfe innerhalb von vierundzwanzig Stunden an die zweihundert Kilometer über den hartgefrorenen Schnee geflüchtet sind. Nach derartigen Gewaltmärschen erlahmen die Kräfte allerdings schnell. Die Saamen in Nordskandinavien haben in früheren Zeiten viele Wölfe erlegt, indem sie ihr Opfer Tag und Nacht auf Skiern verfolgten, manchmal sich abwechselnd, oft aber auch wochenlang allein, bis der Wolf vor Erschöpfung nicht mehr weiterkonnte. Wie auch viele unserer Hunde sind Wölfe in ausgeruhtem Zustand zu beachtlichen Laufleistungen fähig; doch an langfristiger Ausdauer sind sie gut trainierten Menschen unterlegen.

Wenn die Wölfe selbst ihr Tempo bestimmen können, ist ihr tägliches Laufpensum naturgemäß geringer. Laufphasen wechseln ab mit Perioden der Ruhe, sozialer Kontaktnahme und des Spiels. Dave Mech folgte auf Isle Royale in einem Winter einem Wolfsrudel 31 Tage lang. Die Tiere legten in dieser Zeit eine Strecke von 446 Kilometern zurück, durchschnittlich 14 Kilometer täglich. An 22 Tagen hielten sich die Wölfe jedoch in der Nähe einer erlegten Beute auf und bewegten sich nur im kleinen Umkreis. In Wirklichkeit also legten sie die 446 Kilometer in 9 Tagen zurück, was einen Durchschnitt von 50 Kilometer je Wanderungstag bedeutet. Da sie beim Laufen eine Durchschnittsgeschwindigkeit von etwa 8 Kilometer in der Stunde einhielten, waren sie an den Wandertagen etwa 20 bis 30 Prozent der Zeit unterwegs. In der restlichen Zeit gaben sie sich mit anderem ab: mit Schlafen, Spielen, anderen sozialen Interaktionen, vergeblicher Jagd. Erst als sie wieder erfolgreich waren, blieben sie einige Tage an ihrer Beute, meistens so lange, bis diese restlos verzehrt war.

An vielen Tagen müssen die Wölfe also trotz harter Arbeit ohne Futter auskommen. Wenn sie dann etwas getötet haben, können sie Unmengen an Futter auf einmal verschlingen. In der Literatur wird von einem Wolf berichtet, der fast 9 Kilogramm auf einmal fraß. Nach meiner Erfahrung mit den Gefangenschaftswölfen erscheint mir dies nicht ungewöhnlich viel. Die Nahrung wird außerdem bereits in wenigen Stunden verdaut, so daß die Tiere bald weiterfressen können. Nur so ist es zu erklären, daß ein Wolfsrudel einen 400 Kilogramm schweren Elch bis auf einige Knochen und Fellreste in zwei Tagen verschwinden lassen kann. Ein Wolf ist imstande, innerhalb von 24 Stunden bis zu 20 Kilogramm zu fressen. Dafür vermag er aber auch sehr lange ohne Futter auszukommen. Es scheint, daß Wölfe 14 Tage und länger ohne Nahrung ihre normale Wanderaktivität beibehalten können.

Die tägliche Routine zwischen Wandern, Jagen, Fressen, sozialer Kontaktnahme und Schlafen ist von der Jahreszeit, dem Gelände, dem Beuteangebot und anderen Faktoren abhängig. In den Abruzzen zum Beispiel verhalten sich die Wölfe, wie wir noch sehen werden, ganz anders, ebenso in der kanadischen Arktis, wo sie den migrierenden Rentierherden folgen, und in Finnland, wo sie vom Menschen stark bejagt werden. Allen Wölfen gemeinsam ist indessen ihre Fähigkeit, lange ohne Nahrung auszukommen und große Futtermengen in kurzer Zeit zu verwerten. Beides ist bei den harten Lebensbedingungen, unter denen sie häufig existieren müssen, sicherlich von großem Vorteil und ein Grund für die einst weite Verbreitung des Wolfes.

Jagd- und Tötungsweisen

Eine weitere Voraussetzung für die Fähigkeit der Wölfe, unter ökologisch sehr unterschiedlichen Bedingungen zu existieren, ist ihre anpassungsfähige Jagdweise. Gejagt wird eigentlich immer. Wenn Wölfe eine Chance sehen, probieren sie diese aus, sei es, eine Maus zu fangen, sei es, einem Elch nachzujagen. Dabei haben sie für jede Beutegröße und -art eine bestimmte Jagd- und Tötungsweise entwickelt. Bei einer Maus springen sie, wie der Fuchs, in einem Bogen hoch und stoßen dann zuerst mit den Vorderpfoten und gleich darauf mit der Schnauze auf die so festgehaltene Beute. Die Maus wird ein paarmal durchgekaut und dann verschlungen. Von meinen Wölfen jagten meistens die Welpen Mäuse oder auch fliegende Insekten, und das oft stundenlang; auch aus freier Wildbahn wird dies berichtet. Ähnlich, wie sie Mäuse greifen, fangen die Wölfe auch ein Kaninchen oder einen Hasen. Wenn sie die fliehende Beute erreichen, drücken sie sie mit den Vorderpfoten fest zu Boden und greifen dann blitzschnell mit der Schnauze nach. Getötet wird auch jetzt nicht durch Totschütteln, sondern durch mehrmaliges Hineinbeißen an verschiedenen Stellen. Nur bei jungen Welpen habe ich gesehen, daß sie für sie relativ große Beutetiere wie Meerschweinchen und Kaninchen kurz durchschüttelten. Erwachsene Wölfe scheinen diese Tötungsmethode nur bei wehrhaften Beutetieren anzuwenden. Meine beiden Katzen, die in den Ricklinger Wolfszwinger hineinsprangen, wurden auf diese Weise getötet, und einmal habe ich ähnliches mit einem zahmen Fuchs erlebt. Dieser war von einem Jäger aufgezogen und mit einem Hund zusammen gehalten worden. Dann kam er in das Fuchsgehege des Nationalparks Bayerischer Wald, aus dem er bald ausbrach. Offensichtlich Gesellschaft suchend, kletterte er über den Zaun zum Wolfsgehege, wurde sofort ergriffen und durch einige kräftige Schüttelbewegungen getötet.

Noch größere Beutetiere, wie Rehe oder Schafe, werden durch einen gezielten Biß in die Halsgegend getötet. Der Wolf packt sein Opfer im Laufen von unten quer über den Hals, reißt es herunter und hält es so lange fest, bis es sich nicht mehr rührt. Das kann Sekunden dauern, manchmal aber auch Minuten. Dabei liegt der Wolf meistens neben dem Opfer und hält es, ohne sich selbst viel zu bewegen, am Boden fest, während die anderen Rudelmitglieder schon mit dem Zerreißen der Beute beginnen. Solange sich das Opfer noch regt, hält es der Jäger fest im Griff. Die nachher erkennbaren Verletzungen sind gering; es ist kaum Blut zu sehen, kein zerfetztes Gewebe, nur ein paar kleine Löcher im Fell links und rechts am Hals. Möglicherweise stirbt das Opfer an einer Kombination von Schock und Ersticken. Die Jagdmethode ist effektiv und die Zahl der Opfer bisweilen hoch, dann etwa, wenn ein Rudel Wölfe ungehindert im Schafspferch wüten kann. Vor lauter Töten kommen die Tiere dann gar nicht zum Fressen, wie wir noch sehen werden. Jedenfalls müssen die Wölfe diese Jagdmethode nicht erst im Laufe ihrer Jugendentwicklung lernen. Die aus dem Gehege im Bayerischen Wald ausgebrochenen Wölfe, die vorher nie größere Beutetiere gejagt hatten, töteten binnen weniger Tage Rehe, die alle durch einen Biß in den Hals starben.

Die großen Beutetiere des Wolfes sterben langsam. Dave Mech schildert ausführlich, wie Wölfe Weißwedelhirsch und Elch jagen. Er unterteilt die Jagd in mehrere Phasen: die Wahrnehmung und die Ortung der Beute; das Heranpirschen; die Begegnung, bei der Wolf und Beute sich gegenseitig entdecken; der schnelle Spurt an die Beute heran; die auf den Spurt folgende Jagd, falls das Beutetier flieht; schließlich das Töten der gestellten Beute. Entgegen früheren Vorstellungen, nach denen die Wölfe ihre Beute durch lange Verfolgungsjagden zur Erschöpfung bringen, ist Dave der Ansicht, daß die Wölfe ihre Beute in der Regel durch

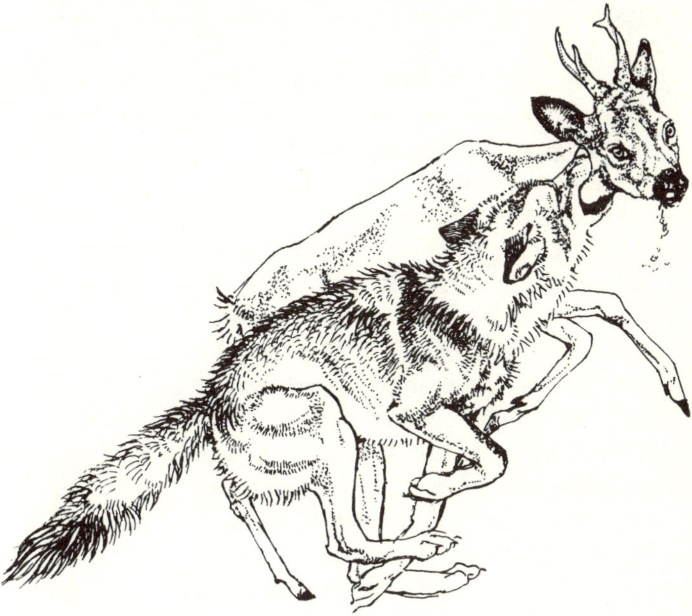

Der Tötungsbiß beim mittelgroßen Beutetier.

eine kurze, schnelle Jagd überrumpeln. Falls sie nicht herankommen, geben sie schnell auf. Auch die Beutetiere bleiben bald stehen, nachdem sie merken, daß sie nicht mehr verfolgt werden. Es geht sogar so weit, daß Rentiere erkennen können, ob ein Wolf jagt oder nur durch eine Herde trottet. Im letzteren Fall lassen sie ihn bis auf wenige Meter an sich herankommen. Außerdem weichen sie dem jagenden Wolf nur so weit wie unbedingt notwendig aus. Ebenso wie die Wölfe müssen auch die Beutetiere sparsam mit ihren Kräften umgehen.

Selber habe ich nie gesehen, wie Wölfe erfolgreich große Beutetiere jagen. In Ostafrika war ich aber Zeuge einer Jagd von Hyänenhunden, und da diese der des Wolfes ähnlich ist, will ich sie schildern. Die Hyänenhunde beobachteten wir nördlich von Governer's Camp im Masai Mara Game Reserve in Kenia; es waren drei Rüden, ein Weibchen und neun etwa drei Monate alte Welpen. In der Dämmerungszeit morgens und abends verließen die vier adulten Hunde die Höhle, in der sie die Welpen zurückließen, und zogen auf Jagd. An einem Abend folgten wir ihnen wieder mit einem Jeep, vor dem sie keine Scheu zeigten. Überall in der Umgebung zogen große Herden von Gnus, vermischt mit kleinen Zebragruppen, vorbei. Weit auseinanderlaufend näherten sich die Hyänenhunde einer Gnuherde. Die Tiere wichen aus, ohne zu fliehen. Plötzlich rannte einer der vier Hunde mit größter Geschwindigkeit, sofort von den anderen gefolgt, auf eine Gruppe von Gnus zu, die auseinanderliefen, teilweise gegen die Laufrichtung der Hunde. Wir fuhren in wilder Fahrt hinterher und merkten, daß die Hunde es auf ein jüngeres, etwa acht Monate altes Gnu abgesehen hatten. Sie sprengten es aus der Herde heraus und hatten es bald eingeholt. Zwei verbissen sich in den Hinterschenkeln, so daß das Kalb zum Stehen kam. Sofort rannte ein Hund nach vorne und biß sich in der Schnauze des Kalbes fest, das laut schrie. Die anderen Gnus, die überraschend schnell ihre Flucht beendet hatten, standen zum Teil nicht einmal hundert Meter entfernt und schauten blökend zu. Während das Kalb vorn festgehalten wurde, rissen die anderen Hunde große Fleischstücke aus den Hinterschenkeln. Einer biß ein großes Stück aus dem Anus heraus und verschlang es sofort, während der nächste Hund den Darm herausriß. Das Kalb stand immer noch mit weit aufgerissenen Augen dumpf schreiend da. Schließlich fiel es auf die Knie und dann auf die Seite; erst nach etwa acht Minuten war es tot. Die Hyänenhunde hatten sich schnell vollgefressen und verließen einer nach dem anderen den Kadaver, auf den schon mehrere Schakale, eine Hyäne und viele Geier warteten. Die Hunde kehrten zu den Welpen zurück und erbrachen ihnen in kleinen Portionen einen Großteil des erbeuteten Futters. Als es dunkel war, fuhren wir, recht weich in den Knien, langsam zu unserem Camp zurück.

Die Methode der Wölfe, großes und wehrhaftes Wild zu jagen, ist ähnlich. Flüchtendem Wild wird kurz und schnell nachgesetzt. Dabei kann es zu einer Arbeitsteilung unter den Rudelmitgliedern kommen. Während einige das Wild treiben, liegen andere im Hinterhalt. So war in einem vom Flugzeug aus aufgenommenen kanadischen Film zu sehen, wie eine kleine Gruppe von Wölfen auf der offenen Tundra ein Rentier einen Hang hinuntertrieb, an dessen Fuß zwei weitere Wölfe warteten. Diese hatten dann leichtes Spiel mit dem völlig erschöpften Opfer. In unübersichtlichem Gelände hingegen, etwa in Waldgebieten, ist diese Jagdmethode nur bedingt einzusetzen, denn die Fluchtrichtung ist für die Wölfe meistens weder im voraus zu berechnen noch zu beeinflussen. Immerhin hat Doug Pimlott im Algonquin Park erfolgreiche Jagden auf Weißwedelhirsche im Schnee rekonstruieren können, bei denen auch einige Rudelmitglieder im Hinterhalt gelegen hatten.

Ist das Opfer, das womöglich nicht einmal geflüchtet ist, umzingelt, hängt das weitere Vorgehen der Wölfe von der Wehrhaftigkeit des gestellten Tieres ab. Starke Elche etwa werden erst gar nicht weiter angegriffen – die Wölfe wissen, daß sie keine Chance haben. Andere werden stunden-, ja tagelang umstellt gehalten; viele Rudelmitglieder schlafen dabei, während andere Wache halten. Auch bereits verletzte, aber noch wehrhafte Opfer bleiben so lange umstellt, bis sie derart geschwächt sind, daß sie den Wölfen nicht mehr gefährlich werden können. Diese greifen dann von mehreren Seiten an, stoßen kurz vor und beißen irgendwo hin. Meistens versucht ein Wolf, sich in die Schnauze des Opfers zu verbeißen. Dadurch wird dieses nicht nur in seiner Bewegungsmöglichkeit stark beeinträchtigt, sondern vielleicht auch betäubt. Wir wissen beispielsweise, daß bei Pferden, denen man zur Ruhigstellung beim Hufschmied die Nasenbremse anlegt, Endophine ins Blut ausgeschüttet werden. Auch bei uns Menschen haben Endophine eine schnell betäubende, manchmal sogar euphorisierende Wirkung; zum Beispiel berichten Marathonläufer, daß sie in der Endphase des Laufes trotz schlimmer Schmerzen wie im Rausch schweben. Sicherlich wird dies nicht das Gefühl des von Wölfen am Maul festgehaltenen Tieres sein, aber die Qual ist immerhin bald vorbei. Da sich das Opfer nun kaum noch wehren kann, greifen alle Wölfe ungehemmt an; sie zerren es im Fell und an den Flanken, bis es zu Boden sinkt und sich schließlich nicht mehr bewegt.

Jagderfolg

Der Jagderfolg der Wölfe ist von mehreren Faktoren abhängig. Die wichtigsten sind Art, Alter, Geschlecht und körperliche Verfassung der Beute, Geländestruktur, Schneeverhältnisse und schließlich die Anzahl der gemeinsam jagenden Wölfe. Im kanadischen Ontario gelang es einem Wolfsrudel von sieben bis neun Tieren in einem Winter, 25 Prozent der angejagten Weißwedelhirsche zu töten. Im folgenden Winter war ein aus acht Tieren bestehendes Rudel – vermutlich dasselbe – in 63 Prozent aller Versuche erfolgreich. Das ist eine ungewöhnlich hohe Erfolgsquote, offenbar verursacht durch die in jenem Winter für die Wölfe günstigen Schneeverhältnisse. Interessant ist auch, daß sie trotz ihres hohen Jagderfolgs alle Beutetiere bis auf Haut und Knochen auffraßen. Manchmal ließen sie zwar ein angefressenes Stück liegen, kehrten aber Tage oder Wochen später dorthin zurück und fraßen es vollends auf.

Diese Daten wurden anhand von Spuren im Schnee aufgestellt; vermutlich blieben daher einige erfolglose Jagdversuche unentdeckt. Trotzdem dürfte der Jagderfolg der Wölfe bei den etwa 70 Kilogramm schweren Weißwedelhirschen höher liegen als bei den sehr viel schwereren Elchen. Dave Mech rekonstruierte 131 Jagdversuche eines 15- bis 16köpfigen Rudels bei Elchen anhand seiner Beobachtungen auf Isle Royale. Insgesamt wurden dabei nur sechs Elche getötet; das ist ein Jagderfolg von knapp 5 Prozent. Die meisten Elche konnten durch Flucht entkommen. Wurden sie eingeholt, liefen sie trotzdem weiter, ohne daß die Wölfe eine Chance bekamen, sich festzubeißen. Einige Elche blieben auch stehen und verteidigten sich durch kräftige Tritte mit den Vorderläufen.

Ebenfalls auf Isle Royale wird deutlich, daß Einzelwölfe oder kleine Rudel es sehr viel schwerer haben, genügend Beutetiere zu erlegen. Es scheint, daß sie sich teilweise von den übriggelassenen Beuteresten der großen Rudel ernähren.

Offensichtlich ist es für die Wölfe schwieriger, einen Elch zu töten, als einen Hirsch zur Strecke zu bringen. In Gebieten, in denen beide Arten nebeneinander vorkommen, bevorzugt der Wolf wohl auch deswegen die kleinere Beuteart. Auf Isle Royale, wo es außer einigen Bibern nur den Elch gibt, werden zudem nach der Setzzeit schlagartig die jungen Kälber bejagt. Die geringere Fleischausbeute eines Elchkalbes wird durch den ebenfalls geringeren Energieaufwand wettgemacht. Es scheint also, daß die Wölfe in der Lage sind, eine Art von Energiebilanz für die unterschiedlichen Beutearten zu ziehen, in die auch weitere Faktoren, wie Größe der Beute, Gelände und sonstige Jagdbedingungen, und wohl auch eine Einschätzung ihrer eigenen Fähigkeiten eingehen.

Einfluß des Wolfes auf die Beutetierpopulation

Betrachten wir jetzt etwas genauer, welchen Einfluß die Wölfe auf die Population ihrer Beutetiere haben. Diese Frage ist allerdings sehr komplex; der Einfluß wechselt von Gebiet zu Gebiet und verändert sich zudem mit der Zeit. Hier kann ich nur versuchen, die drei wesentlichen Einflüsse ganz kurz und schematisch darzustellen: erstens den auf die Altersstruktur, zweitens den auf den Gesundheitszustand, drittens den auf die Bestandsentwicklung der Beutepopulation. Langfristig betrachtet, kommt noch der Einfluß des Wolfes als Selektionsfaktor für die Evolution der Beuteart hinzu.

Altersstruktur und Gesundheitszustand der Beutepopulation

Falls der Jagderfolg der Wölfe allein von zufälligen äußeren Faktoren wie Gelände- oder Wetterverhältnissen oder von der eigenen Tagesdisposition abhinge, wäre das Spektrum der getöteten Beutetiere im Mittel ein Spiegelbild der gesamten Beutepopulation. Die »testhetzende« Jagdweise des Wolfes läßt aber vermuten, daß vor allem die schwächeren Tiere gerissen werden, das heißt, die besonders jungen, die besonders alten und die durch Krankheit oder Hunger geschwächten.

Dies wird durch sämtliche Untersuchungen bestätigt. Da gibt es zunächst die Ergebnisse aus dem

Algonquin Park. Doug Pimlott verglich das Alter von 331 durch Wölfe gerissenen Weißwedelhirschen mit dem Alter von 275 im selben Gebiet bei Straßenunfällen oder durch Abschuß getöteten Tieren. Für den Tod der zweiten Gruppe war eher der Zufall entscheidend; sie repräsentiert daher in etwa die tatsächliche Altersstruktur der Population. Der Vergleich zeigte, daß die Altersklassen von ein bis vier Jahren 59 Prozent der Population bildeten, während sie bei den von Wölfen gerissenen Tieren nur 15 Prozent ausmachten; das heißt, daß es sich bei 85 Prozent der gerissenen Hirsche um jüngere oder ältere Tiere handelte. Noch deutlicher war die Altersverteilung bei gerissenen Elchen auf Isle Royale: Hier wurden zumindest in den ersten Jahren der Untersuchung fast nur Kälber und überalterte Tiere gerissen. Später hat sich das geändert, wie wir noch sehen werden.

Der Einfluß von Krankheit geht besonders deutlich aus der Untersuchung von Adolph Murie an Dall-Schafen im Mount-McKinley-Gebiet hervor. Bei den Tieren im Alter von ein bis acht Jahren lag die Gesamtsterblichkeit (im wesentlichen durch Wölfe verursacht) bei 14 Prozent; das heißt, daß wiederum die jungen und die alten Schafe den weitaus größten Anteil der Beutetiere ausmachten. Wichtig war zudem, daß von den gerissenen Tieren im mittleren Alter 68 Prozent von einer Krankheit befallen waren, der sogenannten Actinomykosis. Dies ist eine Infektion der Kieferknochen, die unter anderem das Wiederkäuen der Nahrung sehr erschwert. Bei den jungen und den alten Tieren hingegen hatten nur 20 Prozent diese Krankheit. Ein gesundes adultes Wildschaf ist also für Wölfe offenbar nur sehr schwer zu erlegen.

Der Gesundheitszustand einer Population hängt von verschiedenen Faktoren ab, wobei ein Faktor besonders herausragt: die Ernährung. Das Futterangebot für jedes Tier ist durch die Höhe der Population bedingt. Bei überhohen Dichten kommt es zu einer Zerstörung der Vegetation, wodurch das Angebot für jedes Individuum sinkt. Die Tiere werden schwächer und anfälliger für Krankheiten und fallen somit den Wölfen leichter zum Opfer.

Genau das geschah auf Isle Royale zu Beginn der siebziger Jahre. Seit den Anfängen der Untersuchungen dort hatte sich die Elchpopulation erheblich vermehrt. Die Vegetation, durch die Elche in Mitleidenschaft gezogen, hatte sich zu einer »Moose-Spruce Savanna« entwickelt, und dadurch war der Ernährungs- und der Gesundheitszustand der immer noch sehr vielen Elche schlechter geworden. Ebenfalls wurden jetzt viel weniger Zwillingskälber geboren; die Reproduktivität hatte also abgenommen. Immer mehr Tiere, besonders junge Kälber bis zum sechsten Monat, starben an Unterernährung oder an Verletzungen, andere durch Ertrinken. Die Folge davon war, daß auch der Prozentsatz gerissener Kälber stark anstieg, wofür allerdings auch über mehrere Jahre die hohen Schneelagen wesentlich verantwortlich waren. Direkte Ursache schlechter Ernährung war aber noch mehr die erhebliche Zunahme der getöteten Elche in der Altersgruppe der Ein- bis Fünfjährigen. Während Dave Mech in den Jahren 1959–1964 insgesamt nur vier durch Wölfe getötete Elche dieser Altersklassen fand, was 5,6 Prozent aller Rißfunde ausmachte, stieg ihr Anteil in den Jahren 1970–1974 auf 52,9 Prozent!

Die Selektivität wölfischer Jagd im Hinblick auf das Alter und den Gesundheitszustand der Opfer ist also stark abhängig vom Gesamtzustand der Beutepopulation. In gesunden Populationen werden bevorzugt Jungtiere gerissen sowie Tiere, die ein Alter von mehr als der Hälfte ihrer natürlichen Lebenserwartung erreicht haben. Je größer die Beuteart, desto ausgeprägter ist diese Tendenz. Bei kleinen Beutearten können unter für Wölfe günstigen Bedingungen gelegentlich auch gesunde Tiere mittleren Alters getötet werden. Bei den größten Arten wird dies seltener. Für alle Beutegrößen gemeinsam gilt aber, daß der durch Wölfe erlegbare Anteil der Population mit zunehmender Verseuchung und Unterernährung steigt. Da beide Faktoren direkt abhängig sind von der Populationsdichte der Beute, steht den Wölfen bei hoher und überhoher Dichte des Vorkommens ihrer Beutetiere somit ein größerer Teil der Population zur Verfügung. Dies müssen wir bei der Frage nach einer möglichen Regulation der Beutepopulation durch den Wolf berücksichtigen.

Regulation der Beutepopulation

Das Thema der natürlichen Regulation von Populationen gehört zu den schwierigsten und umstrittensten in der Ökologie. Dies gilt auch für die Frage, ob der Wolf einen regulierenden oder gar limitierenden Einfluß auf den Bestand seiner Beutetiere hat. Unter »Regulation« versteht man in diesem Zusammenhang, daß die Zusammensetzung sowie die Bestandshöhe und die Entwicklung der Beutetierpopulation unter dem Einfluß der Wölfe anders sind als ohne diesen Einfluß. Eine »Limitation« wäre dann gegeben, wenn die Wölfe die Höhe des Beutetierbestandes auf einen Wert begrenzten, der niedriger läge als ohne ihre Einwirkung, also niedriger als die durch das Nahrungsangebot oder andere Faktoren gegebene Grenze.

Die wohl beste Arbeit zu dieser Frage stammt wieder von Isle Royale. Die ersten Elche kamen zu Beginn des Jahrhunderts auf die Insel. Sie waren von der 24 Kilometer entfernten Küste Ontarios herübergeschwommen, wo zur selben Zeit die Elchpopulation im Ansteigen war. Bei fast unberührter

Vegetation und ohne Feinde vermehrten sich die Tiere auf Isle Royale sehr schnell und hatten Ende der zwanziger Jahre einen Bestand von etwa 1000 bis 3000 erreicht. Die Vegetation schien stark zerstört, und vermutlich als Folge von Nahrungsmangel schrumpfte die Population in den frühen dreißiger Jahren auf einige wenige hundert Tiere zusammen. Infolgedessen konnte sich die Vegetation merklich regenerieren. Außerdem fanden 1936 zwei große Brände auf der Insel statt, die über 100 Quadratkilometer Wald vernichteten, wodurch sich die Äsungsbedingungen für die Elche weiter verbesserten. Wieder wuchs die Population stark an, wurde dann aber Ende der vierziger Jahre durch Nahrungsmangel und Unterernährung erneut reduziert.

Bis Wölfe die Isle Royale über eine zwischen Festland und Insel durchgehende Eisbrücke in dem besonders harten Winter 1949 besiedelten, war die Entwicklung der Elchpopulation also durch große periodische Schwankungen gekennzeichnet. Elf Jahre nach der Wolfseinwanderung schätzte Dave Mech den Winterbestand der Elche auf etwa 600 und den der Wölfe auf etwa 23 Tiere. Die Zahl freilebender Tiere eines Gebietes einigermaßen genau zu ermitteln gehört zu den schwierigsten Aufgaben innerhalb der Wildbiologie – trotz einer Vielzahl raffinierter Methoden. Es scheint aber, daß Daves Schätzungen für die Wölfe recht genau waren. Auch bei den Elchen war, wie spätere Untersuchungen zeigten, die ermittelte Zahl einigermaßen zutreffend; vielleicht hat Dave den Bestand etwas unterschätzt. Auf jeden Fall kalkulierte er einen jährlichen Zuwachs von 225 Elchkälbern. Aber nur 85 dieser Kälber sollen das erste Jahr überlebt haben und wurden so der Population zugeführt, während die restlichen 140 den Wölfen zum Opfer fielen. Weiter schätzte Dave die jährliche Zahl der gerissenen adulten Elche auf 83. Der natürliche Zuwachs sollte demnach durch die Wölfe wieder abgeschöpft werden, so daß die Elchpopulation auf 600 Tiere stabilisiert blieb.

Diese Zahlen sowie eine gute Kondition der Elche, ein hoher Anteil an Zwillingsgeburten und eine anscheinend noch intakte Vegetation veranlaßten Dave zu der Annahme, die Wölfe würden den Elchbestand limitieren. Nach seinen Berechnungen herrschte ein Räuber-Beute-Verhältnis von einem Wolf zu dreißig Elchen (oder einem Wolf auf etwa 10000 Kilogramm Elch). Er wurde bestärkt in seiner Annahme durch Daten aus anderen Gebieten. Im Algonquin Park zum Beispiel schien die Hirschpopulation bei einem geschätzten Räuber-Beute-Verhältnis von einem Wolf zu 100 bis 150 Hirschen (beziehungsweise einem Wolf auf 7000 bis 10000 Kilogramm Elch) ebenfalls durch die Wölfe limitiert. Dagegen wurde in einem anderen Gebiet weiter westlich, im Jasper National Park in den Rocky Mountains, bei einem für große Pflanzenfresser sehr günstigen Biotop angenommen, daß die Wölfe den Bestand ihrer Beutetiere nicht beschränkten. Insgesamt leben hier sechs verschiedene Huftierarten in viel größerer Dichte als in den Waldgebieten des Ostens. Es wurde ein Räuber-Beute-Verhältnis von einem Wolf zu 300 bis 400 Individuen der verschiedenen Beutearten angenommen (beziehungsweise einem Wolf auf 40000 bis 50000 Kilogramm Beutegewicht).

Aufgrund dieser und einiger weiterer Beispiele formulierte Dave die Hypothese, daß Wölfe den Bestand ihrer Beutetiere limitieren könnten, wenn das Räuber-Beute-Verhältnis bei oder unter einem Wolf auf 10000 Kilogramm Beutegewicht liegt, während bei Verhältnissen darüber der Wolf immer weniger Einfluß ausübe. Er sollte mit dieser Annahme nicht ganz recht behalten, wie die weitere Entwicklung auf Isle Royale zeigte.

Doch zuerst blieben die Verhältnisse relativ konstant. Der Elchbestand stieg zwar langsam auf ungefähr tausend Tiere an, was die Vegetation merklich in Mitleidenschaft zog. Danach indessen schienen die Wölfe ein weiteres Populationswachstum zu verhindern. Mehrere Jahre lang beherrschte ein Rudel von etwa fünfzehn Tieren die Insel. Daneben lebten einige Einzelgänger und Paare, die aber alle keine Jungen erfolgreich aufziehen konnten. Nur im großen Rudel kam Jahr für Jahr ein Wurf zur Welt. Dieser Zuwachs wurde jedoch weitgehend durch den Tod anderer Tiere ausgeglichen. Ein stabiles Räuber-Beute-Verhältnis von 1000 Elchen zu 25 Wölfen schien sich Mitte der sechziger Jahre einzupendeln.

Dann aber geschah Unerwartetes. Zunächst sank die Anzahl der Wölfe, obwohl der Elchbestand weiterhin langsam zunahm. Wie das? Wahrscheinlich waren soziale Unruhen dafür verantwortlich, denn ein zweites Wolfsrudel hatte sich erfolgreich etabliert und nahm jetzt die Hälfte der Insel für sich in Anspruch. Vermutlich wanderten im Zuge dieser Spannungen ganze Gruppen jüngerer Wölfe im Winter über den erneut zugefrorenen See von der Insel ab.

Es folgten zu Beginn der siebziger Jahre weitere kalte Winter mit hohen Schneelagen. Nun drehte sich das Verhältnis zwischen Wolf und Elch dramatisch um. Die zurückgebliebenen Wölfe hatten es zunehmend einfacher, Elche zu erlegen, denn da die von den Elchen bevorzugten Weichlaubhölzer weitgehend vernichtet waren, fehlte es den Tieren an Nahrung. Derart geschwächt, gelang es den Elchen im tiefen Schnee zusehends seltener, sich gegen die Wölfe zu wehren; immer häufiger wurden jetzt auch Tiere mittleren Alters deren Opfer. Die Wölfe waren so erfolgreich, daß sie sogar viele Elchkadaver ungefressen liegen ließen. Hinzu kam, daß eine in diesen Jahren besonders hohe Biberpopulation den Wölfen auch im Sommer ausreichend Beute sicherte. So stieg ihre Anzahl, nun trotz abnehmender Elchpopulation, immer weiter. Im Spätwinter 1980 zählten Rolf Peterson und seine Mitarbeiter fünfzig Wölfe, aber nur noch sechshundertfünfzig Elche. Fünf territoriale Wolfsrudel teilten sich jetzt die Insel. Die Vegetation erholte sich erkennbar; der hohe Wolfbestand schien jedoch zu verhindern, daß auch die Elche langsam wieder zahlreicher wurden.

Doch nicht lange. Die zunehmend üppige Vegetation ließ die Elche wieder kräftiger werden, und erneut milde Winter schmälerten das Jagdglück der Wölfe. Abermals kehrte sich das Räuber-Beute-Verhältnis um: Bei steigendem Elchbestand nahm die Anzahl der Wölfe von Jahr zu Jahr ab. Binnen zweier Jahre starben auf Isle Royale mindestens dreiundfünfzig Wölfe. Viele verhungerten, andere kamen bei den jetzt immer häufigeren Kämpfen zwischen den Rudeln oder auch bei Auseinandersetzungen in den Rudeln um. So lebten im Winter 1982 nur noch neunzehn Wölfe auf der Insel. Ein Jahr danach aber war das Räuber-Beute-Verhältnis neuerlich bei dem scheinbar stabilen Wert von 23 Wölfen zu 900 Elchen angelangt.

Diesmal indessen kam es anders als in den vorausgegangenen Jahren mit ähnlichen Verhältnissen. Die Anzahl der Elche stieg fast ungebremst weiter und erreichte im Winter 1988 eine Rekordhöhe von nahezu zweitausend Tieren. Die Anzahl der Wölfe hingegen sank weiter und erreichte im selben Winter den bislang niedrigsten Stand seit Beginn der Forschungsarbeiten: Elf Wölfe waren nur noch übriggeblieben; auch im folgenden Winter sollte sich der Wolfbestand nicht erhöhen.

Was ist passiert? An Spekulationen mangelt es nicht. Sicher ist nur, daß es an Nachwuchs fehlt. Die Wölfe auf Isle Royale bekommen einfach keine Welpen mehr, oder sie schaffen es nicht, Welpen aufzuziehen. Dabei ist das Nahrungsangebot höher als je zuvor, und die auf der Insel lebenden Altwölfe

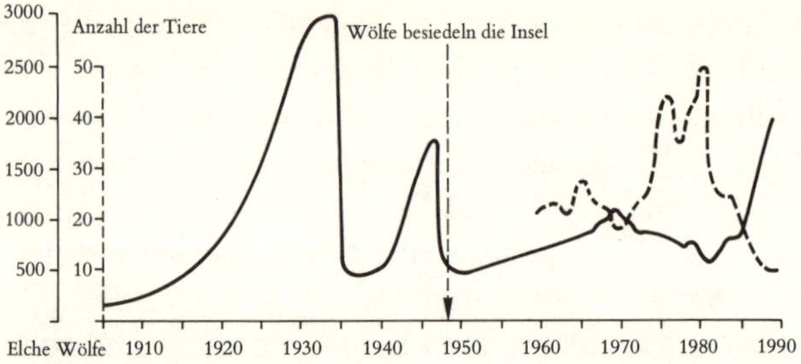

Bestandsschwankungen bei Elchen und Wölfen auf Isle Royale (nach R. Peterson, persönliche Mitteilung 1989).

befinden sich in sehr guter Verfassung. Viele Kadaver verendeter Elche stehen den Wölfen zur Verfügung; andere Elche sind zu geschwächt, um sich erfolgreich gegen auch nur wenige Angreifer zu verteidigen. So wurde mehrmals beobachtet, daß ein einzelner Wolf sogar einen ausgewachsenen Elch zur Strecke brachte – etwas, was früher nie vorkam. An fehlender Nahrung jedenfalls kann es nicht liegen, daß bei den Wölfen der Nachwuchs ausbleibt. Zuerst dachte man daher an eine Seuche, die vor allem Welpen trifft, zum Beispiel die Staupe. Es spricht jedoch einiges gegen diese Hypothese. Wegen der dramatischen Situation bekam Rolf Peterson von der Nationalparkverwaltung erstmals die Genehmigung, Wölfe auf der Insel zu fangen, um ihnen Blut abzunehmen und ihnen Senderhalsbänder umzulegen. Im Sommer 1989 gingen vier Wölfe in die Falle; zwei waren adulte Weibchen, die beide noch keine Welpen geboren hatten. Die Wirkung des unbekannten Faktors dürfte daher einsetzen, bevor es überhaupt zu einer Befruchtung kommt. Auch dies könnte auf krankheitsbedingte Ursachen zurückzuführen sein, doch fehlen bisher Anhaltspunkte dafür.

Eine weitere Möglichkeit ist es, daß die genetische Variabilität durch die ständige Inzucht auf der Insel bis zur Degeneration der Tiere abgenommen hat. Es scheint, daß sich unter den seinerzeit über das Eis zur Insel gelangten ersten Wölfen nur ein reproduzierendes Weibchen befand. Auf diese »Urwölfin« gingen dann alle heute auf der Insel lebenden Wölfe zurück. Die elektrophoretische Analyse bestimmter DNA-Moleküle im Blut der vier gefangenen Wölfe zeigen jedenfalls eine völlige Übereinstimmung, was für eine gemeinsame Abstammung spricht. Über die Jahre seit der Kolonisation könnten somit bis zu 50 Prozent der ursprünglichen genetischen Variabilität verlorengegangen sein. Das ist ein Wert, bei dem man bei anderen Arten bereits eine eingeschränkte Fähigkeit zur Reproduktion festgestellt hat.

Ob Seuche, ob Degeneration, ob beides – das weitere Schicksal der Wölfe auf Isle Royale wird uns wesentliche Erkenntnisse über die langfristige Lebensfähigkeit kleiner Tierpopulationen vermitteln. Bei der zunehmenden Isolierheit zahlreicher Populationen überall auf der Erde, nicht zuletzt in Europa mit seiner ohnehin kleinräumigen Landschaftsstruktur, ist diese Frage von größter Bedeutung. Sie wird über das Überleben oder das Aussterben vieler Arten entscheiden. Namentlich nordamerikanische Populationsgenetiker warnen anhand theoretischer Berechnungen vor dem Verlust der genetischen Vielfalt in zu kleinen Artbeständen. In bezug auf den Wolf etwa nennen sie eine Anzahl von mindestens zweihundert Tieren, die notwendig sei, damit eine Population langfristig überleben könne. Gegen solche Überlegungen setzen vor allem wir in Europa unsere reiche praktische Erfahrung mit isolierten Tierpopulationen, die häufig sehr viel kleiner sind als die für eine stabile Situation berechnete Mindestzahl und trotzdem bislang überlebt, ja manchmal sogar sich vermehrt und sich erneut ausgebreitet haben. So haben wir nicht selten hinsichtlich der Ausrottungsgefahr aufgrund genetischer Degeneration abgewiegelt oder sie zumindest nicht ernst genommen. Doch das Aussterben vieler Arten findet im verborgenen statt. Oft registrieren wir es nicht einmal, und falls doch, haben wir kaum je genetische Faktoren als Ursache für das lokale Verschwinden einer Tierpopulation in Betracht gezogen, geschweige denn Daten hierzu erhoben. Meistens haben wir Veränderungen des Lebensraumes als Hauptursache für das erneute Verschwinden einer kleinen Population hervorgehoben oder allenfalls an zufällige äußere Gegebenheiten wie Wettereinflüsse, den Tod eines besonders wichtigen Tieres oder eben auch eine Seuche gedacht. Die hohe genetische Vielfalt auch innerhalb kleiner Populationen und deren entsprechende Anpassungsfähigkeit standen für uns zumeist außer Frage.

Das Geschehen auf Isle Royale, wo mit größter Sorgfalt und in einer bislang unerreichten Langfristigkeit ein isoliertes Ökosystem beobachtet wird, könnte nun ergeben, daß wir zu einfach gedacht haben und daß es um die langfristigen Überlebenschancen kleiner Tierpopulationen schlechter bestellt ist, als es ohnehin erscheint. Genetische Veränderungen in Tierpopulationen erfolgen sehr langsam; dafür sind die Folgen womöglich um so drastischer. So hängt viel davon ab, ob die Wölfe auf Isle Royale überleben werden oder nicht, zumindest hinsichtlich unserer theoretischen Kenntnisse von der Bedrohung kleiner Tierpopulationen. Zu praktischen Konsequenzen indessen wird wohl auch dieses Wissen kaum führen, so, wie die Dinge im Natur- und Artenschutz heute stehen.

Doch unabhängig vom weiteren Schicksal der Wölfe vermitteln uns die Beobachtungen auf Isle Royale eine sichere Erkenntnis: wie wichtig es ist, auch von Menschen weitgehend ungestörte Lebensgemeinschaften genau zu studieren; denn nur so können wir den Einfluß des Menschen auch auf die Kulturlandschaft richtig ermessen. Hinsichtlich der Räuber-Beute-Beziehung in einer relativ artenarmen Waldregion lassen sich aufgrund der bisherigen Ergebnisse der Forschungsarbeit auf Isle Royale folgende allgemeine Aussagen machen:

– Das Nahrungsangebot, nicht der Räuber bestimmt langfristig die Anzahl der großen Pflanzenfresser, also den Bestand der Beutepopulation.

– Ohne Räuber schwankt jedoch die Beutepopulation periodisch mit hohen Ausschlägen.

– Wenn Räuber wie der Wolf dort jagen, sind die Populationsschwankungen bei den Beutetieren deutlich abgeflacht; bei zunehmender Überpopulation kommt es früher zu einer Reduktion und als Folge davon auch nicht mehr zu einem drastischen Zusammenbruch der Bestände. Die Wölfe haben bei mittleren und hohen Beständen ihrer Beutetiere demnach einen regulierenden Einfluß auf deren Populationsentwicklung.

– Bei niedriger Beutepopulation hingegen, aus welchen Gründen diese auch immer gegeben ist, können die Wölfe die ansonsten mögliche Zunahme der Beutepopulation verzögern und somit zeitlich begrenzt deren Bestand limitieren.

– Auch die Höhe des Wolfbestandes wird langfristig vom Nahrungsangebot bestimmt, das indessen nicht nur von der Anzahl der Beutetiere, sondern auch von deren Verfassung abhängig ist. So kann die Anzahl der Wölfe kurzfristig über die sonst tragbare Dichte steigen, obwohl die Anzahl der Beutetiere gleichzeitig sinkt; nach einer Übergangszeit muß aber auch der Wolfbestand wieder abnehmen.

– Zufällige Umweltfaktoren wie die Schneehöhe, andere klimatische Faktoren, weitere Nahrungsquellen für die Räuber sowie soziale, krankhafte oder genetische Entwicklungen innerhalb der Wolfpopulation selbst können das Räuber-Beute-Verhältnis zusätzlich beeinflussen.

Der Wolf: Feind seiner Beute?

Seit der Eiszeit hat sich in weiten Lebensräumen der nördlichen Erdhalbkugel eine langfristig stabile und sich wechselseitig bedingende enge Beziehung zwischen Vegetation, Huftier und Wolf entwickelt. Seit Jahrtausenden werden bevorzugt junge, alte, kranke und schwache Tiere gerissen – vom Wolf nicht etwa absichtlich, sondern weil er meistens nur diese zu töten in der Lage ist. Auf die Beutepopulation hat dies einen sanitären Einfluß. Außerdem wird deren Altersstruktur zugunsten der reproduzierenden Altersklasse verschoben, mit einer erhöhten Reproduktivität als Folge. Schließlich scheint der regulative Einfluß des Wolfes Populationsschwankungen zu dämpfen, was wohl wesentlich zur Stabilität des Systems beiträgt. Aufgrund der selektiven Jagdweise des Wolfes unterliegen aber nicht alle Tiere der Beutepopulation demselben Einfluß, und daher müssen wir uns auch einmal nach der Bedeutung des Wolfes für die *Einzelindividuen* unter den Beutetieren fragen.

Für die ganz jungen Beutetiere bedeutet der Wolf eine besonders große Gefahr. Einmal entdeckt, haben sie, wenn von den Eltern nicht geschützt, keine Möglichkeit, ihm zu entkommen. In diesem Alter werden somit jene Verhaltensweisen von Kind und Mutter (die vom Standpunkt ihrer eigenen »fitness« ja auch großes Interesse am Überleben der Jungen hat) selektiv von Vorteil sein, welche die Jungen für den Beutegreifer schwer zu entdecken oder gar unerreichbar machen. Das junge Reh und zum Teil auch das Hirschkalb leben in den ersten Lebenstagen und -wochen abgelegt, äußerst gut versteckt. Bei den im Gebirge lebenden Arten ziehen sich die Mütter zur Geburt und zur Aufzucht in für Wölfe unzugängliche steile Gebiete zurück. Das junge Renkalb der Tundra ist sehr bald in der Lage, jedem Wolf davonzurennen. Bei zwei weiteren Arten des offenen Geländes (Bison und Moschusochse) haben sich, wenn auch in unterschiedlicher Form, kollektive Verteidigungsstrategien für die Jungen entwikkelt; die Wölfe haben nur eine Chance, wenn sie das Kalb, oder bestenfalls Mutter und Kalb, von der übrigen Gruppe oder Herde getrennt finden oder abtrennen können. Auch eine gesunde Elchkuh kann ihr Kalb gegen ein großes Wolfsrudel verteidigen.

Die Überlebenschance der Kälber ist also weitgehend vom Verhalten der Mutter abhängig. Sicher spielen in diesem Alter auch Zufall und Glück eine besonders große Rolle. Das Kalb einer erfahrenen, wachsamen Mutter hat dennoch eine größere Chance, am Leben zu bleiben und so deren Genmaterial an die nächste Generation weiterzugeben.

Mit zunehmendem Alter des Jungtieres hängt die Entscheidung seines Überlebens mehr und mehr von ihm selbst ab. Solange es genügend zu fressen hat und gesund bleibt, ist seine Überlebenschance groß. Zwar muß es ständig auf der Hut sein vor Angriffen; womöglich wird es sogar mehrmals in seinem Leben von Wölfen auf Gesundheit und Stärke getestet. Das kostet Energie. Es bedeutet aber auch, daß wenigstens bei den im Wald lebenden Pflanzenfressern eine größere Verteilung über das Gebiet zustande kommt, die übermäßige Konzentration und eine Überweidung einzelner günstiger Wintereinstände verhindert. Die stärkeren Tiere werden auch von ihren schwächeren und kranken Konkurrenten »befreit«, was mehr Platz und Futter bedeutet sowie eine geringere Gefahr, selbst durch Ekto- oder Endoparasiten geschwächt zu werden. Dadurch erhöhen sich auch ihre Reproduktionschancen, während die Getöteten sowieso nur eine geringe Chance gehabt hätten, ihre Gene in die nächste Generation überzuführen, weil sie zur erfolgreichen Elternschaft entweder zu alt oder zu schwach waren. Für sie bedeutet der Tod nur eine schnellere Erlösung von dem Leid, das sie ohnehin zu tragen hatten.

So ist die Evolution von Beutegreifer und Beute in engster wechselseitiger Abhängigkeit voneinander verlaufen und hat bei beiden eine Vielzahl anatomischer, physiologischer, ethologischer und ökologischer Merkmale mitbedingt. Wenn diese eng verzahnte Beziehung derart verschoben wird, wie es in den letzten Jahrhunderten unter dem Einfluß des Menschen geschehen ist, muß dies langfristig nicht nur für den Beutegreifer – den die Verfolgung durch den Menschen besonders traf – von Nachteil sein, sondern auch für die Beutetiere.

Der Mensch als regulierender Faktor

Auf vielen Gebieten hat heute der Jäger die Funktion des Wolfes übernommen. Kann er das? Vergleichen wir kurz den Einfluß des Menschen und den des Wolfes auf ihre gemeinsamen Beutetiere.

In naturintegrierten Gesellschaften, wie wir sie aus der Überlieferung kennen, etwa bei den Indianern Nordamerikas und bei den Eskimos, diente die Jagd vor allem der Nahrungsbeschaffung. Der Einfluß der Jäger auf die bejagten Tierpopulationen war wohl ähnlich dem der tierischen Beutegreifer. Mit einfachen Waffen wurden in erster Linie die unaufmerksamen oder schwachen Tiere getötet, und auch nur so viele, wie zum Lebensunterhalt der Jäger erforderlich waren; der Mensch war ein integrierter Teil der Lebensgemeinschaft. Sehr oft waren die konkurrierenden Beutegreifer für diese Jäger nicht Feinde, die gehaßt und verfolgt wurden. Die Indianer zum Beispiel sprachen vom Wolf als ihrem »Bruder«.

Mit dem Übergang zu den naturausbeutenden Gesellschaften – Hand in Hand mit der Erfindung und der Entwicklung weitreichender Schußwaffen – änderten sich die Einstellung und der Einfluß der

Jäger. War bei den Naturvölkern die Nahrungsbeschaffung für den Familienkreis Motivation der Jagd, so traten in der arbeitsteiligen Gesellschaft andere Gründe in den Vordergrund. Für den Bauern waren jetzt Wolf, Bär, Luchs und die wilden Huftiere Schädlinge, die seine Haustiere fraßen beziehungsweise mit ihnen um Weideflächen konkurrierten, und für die privilegierten Schichten wurde die Jagd zum Sport. So kam es zu einer Überausbeutung der Wildtierbestände bis hin zur lokalen oder weltweiten Ausrottung. Auerochs und Wildpferd verschwanden ganz, und Bison, Wisent, Steinbock, Rothirsch, Elch sowie die großen Beutegreifer Wolf, Bär und Luchs wurden bis auf wenige Individuen in abgelegenen oder speziell geschützten Gebieten reduziert.

In manchen Teilen der Welt ist dieser Ausrottungsprozeß noch nicht abgeschlossen. In Nord- und Zentraleuropa wie auch in Nordamerika setzte indes Mitte bis Ende des 19. Jahrhunderts eine gegenläufige Bewegung ein. Die freilebenden Tierbestände wurden zu sportlichen Zwecken »gehegt«. Die konkurrierenden Beutegreifer, das angebliche »Schadwild«, wurden weiter intensiv verfolgt, während für das »Nutzwild« strikte Abschußrichtlinien und vielerorts auch Winterfütterungen, ja sogar medizinische Betreuung eingeführt wurden.

Eine schnelle Wiederausbreitung und eine beträchtliche Zunahme der Huftierpopulationen waren die Folge. Heute gibt es in Deutschland vermutlich mehr Rehe, in Schweden mehr Elche, in den USA mehr Weißwedelhirsche als je zuvor, und dies trotz erheblicher Einengung und einer auch qualitativen Verschlechterung des Lebensraumes. Die Folgen sind schwerwiegende Schäden an der Vegetation und eine zunehmende Instabilität des Ökosystems Wald. Das hat für die Forstwirtschaft eine bedeutende ökonomische Seite, für viele Bewohner der Alpen, wo dem Wald auch eine wichtige Funktion beim Schutz vor Lawinen und Überschwemmungen zukommt, sogar eine existentielle Seite.

Aufgrund der nicht »testhetzenden« Jagdweise des menschlichen Jägers fällt zusätzlich zu der Nichtregulation auch der selektive Einfluß des natürlichen Beutegreifers weitgehend weg. Durch Winterfütterung und medikamentöse Behandlung gehen weitere wesentliche Selektionsfaktoren, wie der winterliche Nahrungsengpaß und die Krankheiten, verloren. Trophäenkult und artifizielle Abschußrichtlinien sowie sogenannte Blutauffrischungen – Tiere aus fremden Gegenden werden zur erhofften Verbesserung der Trophäen in heimischen Revieren ausgesetzt – sorgen sogar für eine künstliche, den ursprünglichen natürlichen Selektionsbedingungen teilweise entgegengesetzte Auslese.

Domestikation des Wildes?

Dies sind Vorgänge, die der Tierzucht bei Haustieren vergleichbar sind, und so ist in diesem Zusammenhang viel von einer »Domestikation des Wildes« gesprochen worden, von der Entwicklung zu Hausrehen oder Haushirschen, die nur noch Jägern als lebende Zielscheiben dienen. Aus der Domestikationsforschung wissen wir heute, welche Voraussetzungen notwendig sind, damit eine Wildtierpopulation sich zu Haustieren entwickeln kann. Es müssen durch den Einfluß des Menschen wesentliche natürliche Selektionsfaktoren wegfallen. Durch Bereitstellung von Nahrung und Schutz gerät die Wildpopulation in immer größere Abhängigkeit vom Menschen, der durch bestimmte Zucht- und Schlachtrichtlinien künstliche, von den natürlichen abweichende Selektionseinflüsse ausübt. Schließlich müssen diese Veränderungen in kleinen, isolierten Populationen stattfinden.

Betrachten wir heute die Situation der wilden Huftiere in vielen Gebieten Europas und Nordamerikas, so sind alle diese Faktoren wenigstens ansatzweise wirksam. Das Ausufern der Siedlungsgebiete, der Ausbau und die immer stärkere Nutzung der Verkehrswege, die weitere Intensivierung der Landwirtschaft und die wachsende Vereinnahmung der freien Landschaft durch die Industrie führen zu einer immer kleinräumigeren Gliederung der Lebensräume und damit zu einer zunehmenden Isolierung des Wildes in kleine Einheiten, in denen zudem die wichtigsten natürlichen Auslesebedingungen durch künstliche ersetzt sind. Das zeitigt unweigerlich genetische Veränderungen, unterschiedlich nach Ausmaß und Geschwindigkeit, in den betroffenen Populationen. Zwar handelt es sich hier wie bei allen populationsgenetischen Vorgängen um langsame Veränderungen. Doch schon jetzt ist das markanteste Merkmal der Domestikation, die Zunahme der Variabilität einzelner Merkmale wie Größe, Schädel- und Geweihform sowie Fellfärbung, in vielen Beständen bereits deutlich erkennbar. Diese Entwicklung geht unter den gegebenen Umständen zwangsläufig weiter und wird wohl eines nicht allzu fernen Tages erneut in jener Form der Ausrottung von Wildtieren enden, die, Domestikation genannt, schon zu Beginn unserer Zivilisation die größten Veränderungen bei natürlichen Lebensgemeinschaften verursacht hat.

Wir Menschen denken nicht in den Zeitmaßstäben der Evolution. Es fällt uns schwer, Gefahren einer fernen Zukunft zu erkennen, gar jetzt schon Vorsorge für deren Abwehr zu treffen. Auch unser Handeln ist, wie jede Anpassungsstrategie in der Natur, reaktiv. Erst wenn wir eine drohende Gefahr unmittelbar erkannt haben, können wir, wenn es sein muß, enorme Energien freisetzen, um die Situation zu meistern. Ansonsten sind wir allenfalls in der Lage, regelmäßig wiederkehrenden oder nach unseren Zeitmaßstäben vorhersagbaren Ereignissen mit Vorsorge zu begegnen, sei es, Heizungsmaterial für den nächsten Winter zu beschaffen, sei es, für unsere Zeit als Rentner zu sparen, sei es, für die Zeit nach unserem Tod den Lebensunterhalt unserer nächsten Angehörigen zu sichern. Langfristige Bedrohungen hingegen und erst recht solche, die uns nicht ganz persönlich, sondern alle, die ganze Gesellschaft treffen, mißachten wir in erschreckender Weise.

Doch das war wohl immer so. Und bislang hat ja auch unsere kulturelle Anpassungsfähigkeit ausgereicht, die meisten der von uns selbst verursachten Umweltveränderungen noch rechtzeitig in den Griff zu bekommen. In diesem Jahrhundert jedoch haben wir Prozesse in Gang gesetzt, die, zunehmend beschleunigt, sich als irreversibel erweisen können, bevor wir sie als Gefahr überhaupt zu erkennen oder zumindest rational darauf zu reagieren vermögen. Hierzu gehören die heute schon in vielen Ländern der Erde fatalen Folgen der Übervölkerung, gehören Ozonabbau und Kohlendioxidanreicherung in der Atmosphäre mit ihren großenteils heute schon erkennbaren Folgen für das Weltklima und gehören sicher auch viele drohende Katastrophen, von denen wir derzeit noch keine Ahnung haben. Und hierzu gehören schließlich, wenn auch auf einer ganz anderen und für uns Menschen weniger bedrohlichen Ebene, die Einflüsse unseres Handelns auf die Tiere und die Pflanzen unserer Landschaft.

Wir glauben und hoffen, daß viele Folgen dieser Einflüsse so lange rückgängig zu machen sind, wie die betroffenen Arten irgendwo noch existieren. Deshalb hegen wir sie, sorgen wir für sie, wenn es ihnen, nach unseren Maßstäben, schlechtgeht, vergessen aber, daß solcherart bedingte Einflüsse zu genetischen Veränderungen in den Populationen führen können, die unumkehrbar sind. Wollen wir unsere noch verbliebenen Wildtiere wild erhalten, müssen wir also schnellstens umlernen und vor allem den menschlichen Einfluß auf die Lebensgemeinschaften erheblich reduzieren, müssen wir in der Landschaft spinnennetzartig ökologische Lebens- und Ausbreitungsräume wieder einrichten, müssen wir alle künstlichen Einflüsse durch Winterfütterung, Tiermedizin und Trophäenkult abbauen sowie möglichst viele der natürlichen Auslesebedingungen neu entstehen lassen. Da auch der ökologisch einsichtigste Jäger nicht imstande ist, die testhetzende Jagdweise der Beutegreifer zu simulieren, bedarf es dazu auch der Wiedereinbürgerung der natürlichen Feinde von Hirsch und Reh, Gemse und Steinbock. Zu ihnen zählt an überragender Stelle der Wolf.

Elftes Kapitel

Wölfe in den Abruzzen

Der Gedanke, daß Luchse, Bären, ja womöglich sogar Wölfe wieder verbreitet auf unserem dichtbesiedelten Kontinent leben sollen, dürfte viele Menschen schrecken. War die Ausrottung dieser »Raubtiere« nicht geradezu eine Kulturtat, nach all dem, was im Laufe der Zeit passiert war? Würde nicht eine Wiederkehr dieser in unserer Kulturlandschaft anachronistisch gewordenen Wildtiere uns in die finsteren Zeiten des Kampfes zwischen Mensch und Tier zurückschleudern, gar den jetzt so dringend ersehnten Ausgleich zwischen Natur und Kultur vereiteln, weil es dadurch erneut zu einer Polarisierung zwischen den verschiedenen Nutzungsansprüchen an die Landschaft käme, bei welcher der Mensch alle seine Fähigkeiten zur Zerstörung, ja seine geradezu satanische Lust daran wieder voll entfalten würde?

Nun, so erstaunlich es erscheinen mag, es gibt in Europa viele Gebiete, in denen die großen Beutegreifer noch in unmittelbarer Nachbarschaft zu Menschen leben. Die Abruzzen, unweit östlich Roms in den italienischen Apenninen, sind ein solches Gebiet. Hier leben noch Bären und Wölfe. Von den Lebensbedingungen hauptsächlich der letzteren und von der Einstellung der Menschen zu ihnen will ich in diesem Kapitel berichten.

Das Projekt

Im Jahr 1972 stellte die italienische Sektion des World Wildlife Fund for Nature (WWF) eine Liste der in Italien bedrohten Tierarten auf. In die Gruppe der besonders gefährdeten Arten kam der Wolf. Er war ohne gesetzlichen Schutz, konnte von jedermann zu jeder Zeit und überall geschossen, vergiftet oder in Fallen gefangen werden. Der WWF leitete eine Kampagne ein, und die italienische Regierung reagierte erstaunlich schnell, indem sie den Wolf für zunächst zwei Jahre unter ganzjährigen Schutz stellte. Doch Genaueres wußte man nicht: weder, wo die Wölfe lebten, noch, geschweige denn, wie viele es gab.

Deshalb wurde gleichzeitig vereinbart, daß der WWF ein Forschungsprojekt in Angriff nehmen sollte, dessen erstes Ziel es war, die Verbreitung und die ungefähre Zahl der Wölfe festzustellen. Als man mir diese Aufgabe antrug, überlegte ich nicht lange. Es war eine Chance, meine Untersuchungen an den Gehegewölfen durch Beobachtungen an freilebenden Wölfen zu ergänzen. Zudem hatte ich oft Biologen kritisiert, die wissenschaftliche Untersuchungen durchführten, ohne sich um die Lebensbedingungen in freier Wildbahn zu kümmern. Für akademische Fragen ist Zeit genug, wenn die dringenden praktischen Aufgaben zum Schutz der Tiere gelöst sind.

Ich sagte daher zu – unter der Voraussetzung, daß der WWF auch einen »Counter Part« zur Verfügung stelle, mir also einen italienischen Mitarbeiter gab. Man fand ihn in Luigi Boitani aus Rom. Er war gerade von einem mehrjährigen Aufenthalt in den USA zurückgekehrt, wo er sich hauptsächlich mit ökologischen Fragen beschäftigt hatte. Auch er sagte zu und kam für ein paar Tage in den Bayerischen Wald, wo wir das Projekt besprachen. Ich merkte sehr bald, daß Luigi der richtige Mann war; wir wurden Freunde, und unsere Zusammenarbeit in den nächsten Jahren funktionierte bestens, was sicherlich zum Erfolg des Projekts beigetragen hat.

Bestand und Verbreitung der Wölfe in Italien

Die Lebensbedingungen der Wölfe in den Abruzzen dürften in vieler Hinsicht typisch sein für die Lebensbedingungen von Wölfen, die in von Menschen besiedelten und landwirtschaftlich genutzten Gebieten leben: Bedingungen, die, wie wir sehen werden, stark abweichen von jenen, die wir in Nordamerika kennengelernt haben.

Luigi und ich waren uns einig darin, daß der Versuch einer direkten Zählung der Wölfe im Feld völlig aussichtslos sei. Dafür war das zu untersuchende Gebiet viel zu groß. In den Alpen waren die Wölfe schon Ende des 19. Jahrhunderts ausgerottet worden. Wo in dem langgestreckten, von südlich der Poebene bis an die Südspitze Kalabriens reichenden Gebirgszug der Apenninen noch Wölfe vorkamen, war unbekannt. Falls wir nur die höher gelegenen Bergzonen berücksichtigten, würde dies immer noch ein Gebiet von etwa 70 000 Quadratkilometern bedeuten. Wir kamen daher überein, daß Luigi, zunächst allein alle möglichen Wolfsgebiete bereisen sollte, um sich hier durch Befragen der einheimischen Bevölkerung einen Eindruck über Verbreitung und Anzahl der Population zu verschaffen. Im Winter wollten wir dann gemeinsam eines der Gebiete aufsuchen, in denen es Wölfe gab, um hier durch eine direkte Zählung im Feld die Zuverlässigkeit der indirekt gewonnenen Daten zu überprüfen.

Luigi ging an die Arbeit. Er stellte bald fest, daß die meisten Angaben der Befragten überhaupt nicht zu verwerten waren. Allzu viele Vorurteile und eine lebhafte Phantasie veranlaßten wohl einen Großteil seiner Interviewpartner zu maßlosen Übertreibungen. Schließlich konzentrierte er seine Befragung auf Leute, die selber direkt Kontakt mit Wölfen hatten, wie Forstleute, Straßenarbeiter, Jäger und

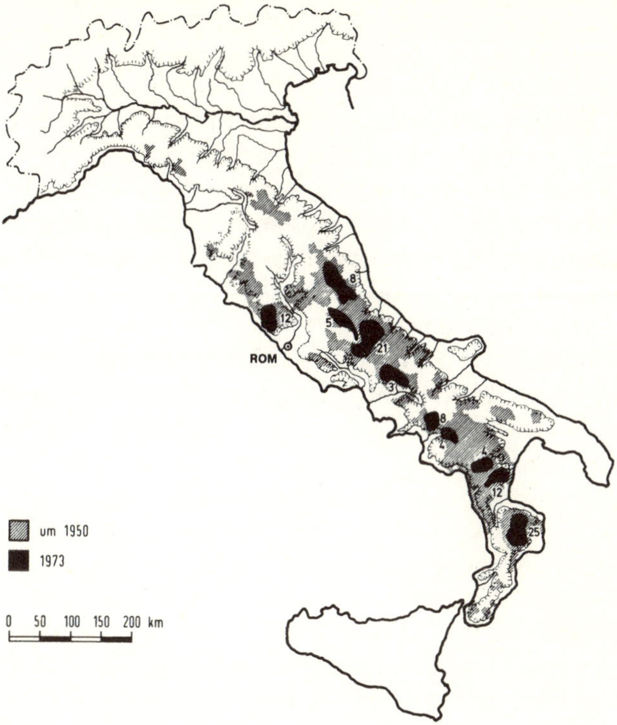

Wolfsvorkommen in Italien. Die Zahlen geben den geschätzten Bestand in den einzelnen Verbreitungsgebieten 1973 an.

Schäfer; doch auch hier hörte er viel Widersprüchliches. Diese Form der indirekten Untersuchung konnte also nur sehr unsichere Daten liefern.

Als sicher erschien aber, daß der Wolf seit einigen Jahren weder im nördlichen noch im südlichsten Teil der Apenninen vorkam und auch auf Sizilien ausgerottet war. Im übrigen Gebiet schien seine Verbreitung auf etwa zehn inselartige Vorkommen in den höher gelegenen Teilen der Apenninen beschränkt zu sein (Abb. oben). Nach Luigis Meinung konnte wegen der dichten Besiedlung sowie der vielen Straßen, Autobahnen und Eisenbahnlinien in den tieferen Lagen keine Verbindung zwischen den Wölfen in den verschiedenen Gebieten bestehen.

Da die geschätzte Zahl der Wölfe in einigen Gebieten sehr klein war, schien ihre endgültige lokale Ausrottung nur eine Frage der Zeit zu sein.

Auch in dem einzigen Verbreitungsgebiet außerhalb der höher gelegenen Apenninen, in den Tolfabergen direkt nördlich Roms, schienen die Tage der Wölfe gezählt. Überhaupt war es erstaunlich, daß hier noch Wölfe vorkommen sollten. Die Tolfaberge sind ein wenn auch recht dünn besiedeltes, so doch weiträumig landwirtschaftlich genutztes Gebiet, in dem gute Rückzugsmöglichkeiten für Wölfe fehlen. Nichtsdestoweniger wurden dort immer wieder Wölfe gesichtet, gelegentlich sogar nahe der römischen Stadtgrenze – eine für europäische Verhältnisse fürwahr einmalige Situation.

Die Abruzzen

Für die weitere Arbeit schlug Luigi die Abruzzen vor, die höchste Bergregion der Apenninen, östlich von Rom gelegen. Den dortigen Bestand an Wölfen schätzte er aufgrund seiner Befragungen auf etwa fünfundzwanzig Individuen, die in einem Gebiet von rund 1700 Quadratkilometern lebten.

Die Abruzzen bilden den zentralen Teil der Apenninen. Das Gebiet wird begrenzt vom Gran Sasso d'Italia mit der höchsten Erhebung der Apenninen (Monte Corno, 2914 Meter) im Norden, vom Monte Sirente (2300 Meter) im Westen, vom Maiella-Massiv im Osten – von dessen Monte Amaro (2793 Meter) man bei klarem Wetter das Adriatische Meer bei Pescara sehen kann – und im Süden vom Parco Nazionale d'Abruzzo mit dem Monte Petroso (2249 Meter). Es gehört zum größten Teil zur Region Abruzzi mit der Hauptstad L'Áquila.

Das Klima ist stark maritim beeinflußt mit einem jährlichen Niederschlag in den höheren Lagen von 1300 Millimeter (gemessener Fünfjahresdurchschnitt aus acht Dörfern im Nationalpark). Niederschlag fällt an etwa hundertzehn Tagen im Jahr, und im Winter liegt in Höhen über 1000 Meter normalerweise eine bleibende Schneedecke.

Während die nördlichen Teile weitgehend unbewaldet sind, bedecken im Osten und im Süden von 1100 bis 1800 Meter Höhe dichte Buchenwälder die steilen Berghänge. An einigen Stellen im Nationalpark gibt es noch ursprüngliche Kiefernwälder. Oberhalb des Waldes erstrecken sich zunächst weite offene Weiden, die in die felsigen, kahlen Regionen des Hochgebirges übergehen. Unterhalb 1100 Meter wird die Rotbuche durch Hainbuche und Eiche verdrängt. Hier liegen ebenfalls ausgedehnte Weidegebiete und in den Tallagen auch mit Mais und Getreide bestellte Felder. In noch tieferen Lagen unter 700 Meter werden Wein sowie Obst, Gemüse und Getreide angebaut.

In den Lagen über 800 Meter werden Schafe gehalten. Die lokalen Herden sind zumeist klein und umfassen selten mehr als hundert bis zweihundert Schafe und einige Ziegen. Solange kein Schnee liegt, treibt man die Herden sommers und winters täglich auf die an die Dörfer angrenzenden Weiden, während sie nachts in aus Stein gebauten Ställen in den Dörfern untergebracht sind. Nur in den Sommermonaten werden sie zum Teil höher ins Gebirge getrieben, wo sie dann in eingezäunten Pferchen übernachten. Zusätzlich zu diesen lokalen Herden kommen im Sommer große Herden aus dem Tiefland ins Gebirge, um hier von Mitte Juni bis Ende Oktober zu weiden. Sie können mehrere Tausend Tiere umfassen. Auch sie werden tagsüber durch Schäfer und Hunde bewacht und nachts in Pferchen gehalten. Eine freie Beweidung, wie sie etwa in Schottland üblich ist, wo die Schafe Tag und Nacht über große Gebiete verteilt unbewacht bleiben, gibt es hier nicht. Während die Zahl der Schafe in den letzten fünfzig Jahren ständig abgenommen hat, verzeichnet die Rinderhaltung einen leichten Aufwärtstrend. Die Rinder weiden im Sommer frei im Gebirge.

Die Menschen bewohnen hauptsächlich die tiefer liegenden Gebiete, sie leben in Dörfern und vielen kleinen sowie einigen größeren Städten. Die Populationsdichte für die gesamte Region Abruzzi beträgt 109 Einwohner je Quadratkilometer. In den höheren Zonen liegen kleine Dörfer am Fuß der Gebirgszüge bis auf 1100 Meter hinauf. Hier leben durchschnittlich 29 Menschen auf einem Quadratkilometer. Aus diesen Gebieten fand bis Mitte dieses Jahrhunderts eine beträchtliche Abwanderung statt. Einige Dörfer wurden völlig verlassen. In den letzten Jahren hat mit dem aufkommenden Tourismus in einigen Gebieten eine gegenläufige Bevölkerungsbewegung eingesetzt. Viele Auswanderer kommen jetzt aus England, den USA und Australien zurück. Die größten Skiorte sind Roccaraso (südlich des Maiella) und Pescasséroli im Nationalpark.

Im südlichen Teil der Abruzzen lebt eine kleine Restpopulation von etwa sechzig bis hundert Bären, die letzten in den Apenninen. Die Gemsen sind ausgerottet bis auf eine Kolonie von etwa fünfhundert Tieren im Nationalpark. Rehe und Hirsche waren völlig ausgerottet. Wiedereinbürgerungsversuche im Nationalpark haben 1972 begonnen. Wildschweine waren ebenfalls fast verschwunden, breiten sich aber jetzt wieder auf natürliche Weise aus. Über den Wolf schließlich lagen Luigi Boitani nur Berichte aus den stärker bewaldeten Teilen des Maiella und aus dem Nationalpark vor. In diesem Bereich wollten wir die Untersuchungen durchführen.

Die ersten Wölfe

Luigi hatte alles gut vorbereitet. Wir kehrten in ein einsam gelegenes Berghotel am Passo San Leonardo (1280 Meter) ein, wo wir zuerst einige Tage allein nach Spuren suchen wollten, bis zehn weitere Mitarbeiter – Zoologen und Naturschützer aus vielen Teilen Italiens (unter ihnen auch einige Wildhüter aus den Parchi Nazionali Gran Paradiso und d'Abruzzo) – zu uns stoßen sollten. Am Tag unserer Ankunft hatte es schon etwas geschneit, und am nächsten Morgen lag der Nebel dicht über dem Paß. Wir zogen gleich los, um nach möglichen Spuren zu suchen. Von den umliegenden Bergen sahen wir nichts. Luigi schwärmte nur von ihrer Schönheit. Auch sonst sahen wir nicht viel. Wir fuhren eine enge, kurvenreiche Straße abwärts in nördlicher Richtung, über weite, offene Hänge, die anscheinend im Sommer als Weideland für Schafe und Kühe genutzt werden. Plötzlich sahen wir eine große, ziemlich frische Spur, welche die Straße überquerte. Waren wir aufgeregt! Schon der erste Wolf?

Auf Schneeschuhen folgten wir der Spur in eine Senke hinunter, dann über Hügel wieder hinauf, dann wieder hinunter im Kreis und ständig jede Böschung durchsuchend. Eine weitere Spur kam hinzu. Wir schätzten, daß die Wölfe hier während der Nacht gelaufen waren. Sie mußten etwas gesucht haben, denn es ging nie lange Zeit geradeaus, sondern ständig in Schleifen und Kreisen, die eigene Spur häufig kreuzend.

Hätten wir Erfahrung gehabt, dann hätten wir sofort gewußt, daß die Spur nicht von Wölfen, sondern von Hunden stammte. Nachdem wir im dichten Nebel bis nach Santa Eufémia, einem kleinen Dorf an der Straße unterhalb des Maiella-Massivs, hinabgestiegen waren, wurde uns klar, daß wir uns weidlich getäuscht hatten. Große weiße abruzzische Schäferhunde bellten uns an. Unsere Enttäuschung hielt sich mit unserem Lachen die Waage. Viele der Hunde, die aus dem Nebel auf uns zukamen, trugen schwere Halsbänder mit etwa fünf Zentimeter langen, nach außen gerichteten, dichtgestellten Stacheln aus Stahl. Das konnte nur ein Schutz gegen Wölfe sein. Die von uns gesuchten Tiere mußte es also doch geben.

Zu unserer Entschuldigung muß ich betonen, daß es unmöglich ist, gleich große Spuren von Hund und Wolf mit Sicherheit zu unterscheiden. Viele Hunde haben rundere Pfoten als Wölfe und lassen sich dadurch (oder an der Größe) identifizieren. Es gibt aber auch Hunde, die Trittsiegel wie ein Wolf hinterlassen.

An den folgenden beiden Tagen schneite es ununterbrochen. Der Schneesturm fegte um das Hotel. An eine weitere Suche war nicht zu denken. Unsere Helfer waren inzwischen alle eingetroffen, und gemeinsam saßen wir in dem sonst völlig leeren Hotel und warteten auf Wetterbesserung.

Eines Morgens – endlich – war der Himmel strahlend blau. Luigi hatte recht: Die Landschaft war wirklich wunderschön. Wir befanden uns am Rande eines weiten Hochplateaus zwischen dem Maiella-Massiv im Osten und dem Monte Morone im Westen. Das Plateau war weitgehend unbewaldet; nur an den Hängen, etwa bis 1800 Meter Höhe, erstreckte sich dichter Buchenwald. An den sonnenexponierten steilen Stellen darüber gingen schon jetzt, früh am Morgen, die ersten Lawinen donnernd ab. Es waren am Hotel etwa sechzig Zentimeter Neuschnee gefallen. Den ganzen Tag über begleitete uns das Krachen der Lawinen.

Schon am Vortag hatten wir einen genauen Plan aufgestellt. Jeder hatte in einem bestimmten Gebiet zu suchen, entweder auf Skiern oder auf Schneeschuhen. Die wenigen, welche die Strapazen im tiefen Schnee scheuten, sollten mit dem Auto die Straße entlangfahren und Spuren suchen. Noch aber war an Fahren nicht zu denken; der Schneepflug mußte erst abgewartet werden. Dieser kam auch – eine ungeheure Maschine; auf viel Schnee war man hier offensichtlich vorbereitet –, als wir gerade abziehen wollten. Die Straßenarbeiter erzählten, daß weiter unten, in Richtung Pacentro, eine Wolfsspur die Straße kreuze. Dies war mein Gebiet. Auf Skiern gewann ich in dem tiefen Schnee oberhalb des Hotels nur schwer an Höhe. Dann fuhr ich, auf derselben Höhe bleibend, die südlichen Ausläufer des Monte Morone entlang. Und tatsächlich – bald hatte ich eine Spur. Wie anders sie doch verlief als die der Hunde einige Tage zuvor! Zielstrebig, ohne viele Umwege und unnötige Bewegungen im tiefen Schnee, waren zwei Tiere hintereinander den Hang entlanggelaufen, jede vom Wind schneefrei gewehte Stelle nutzend. Zwei Urinstellen inmitten der Spur, zu denen der Urin also offensichtlich durch einfaches Hinhocken abgegeben worden war, zeigten, daß es sich vermutlich um zwei junge Tiere handelte.

Bald kamen weitere Spuren hinzu. Es schien, daß ein ganzes Rudel vom Monte Morone früh am Morgen (nachts hatte es noch geschneit) heruntergekommen war. Die einzelnen Tiere waren abwechselnd in verschiedenen Kombinationen miteinander gelaufen, stets aber über den Berg verteilt und nie alle zusammen in einer Linie. Erst am Grund einer steilen Senke oberhalb der Müllgrube von Pacentro hatten sie sich alle getroffen. Den Urinmarkierungen nach zu schließen, mußte mindestens ein erwachsenes Tier dabeigewesen sein.

Ich folgte der Spur den ganzen Tag. In dem tiefen Schnee und dem steilen Gelände war das ein recht beschwerliches Unternehmen – aber auch schön. Es schienen sechs Wölfe gewesen zu sein. Voller Entdeckerfreude kehrte ich abends zum Hotel zurück. Niemand hatte eine Spur entdeckt. Einige waren wieder draußen und suchten weiter. Den Zurückgekehrten wollte ich aber meine Entdeckung zeigen. Mit dem Auto fuhren wir bis an den oberen Rand der Senke, in der die Wölfe am Morgen verschwunden waren. Plötzlich hörte ich von unten ein

Geräusch, wie wenn ein Wolf zu heulen beginnen wollte. Sofort fing ich selber an zu heulen, und innerhalb von Sekunden bekam ich aus der Senke vielstimmige Antwort. Von unserer Position aus konnten wir in dem spärlichen Dämmerlicht sechs Wölfe ausmachen, die nach dem Heulen intensiv und lange miteinander spielten.

Meine Begleiter waren gleich mir begeistert – und meine »Autorität« als Wolfsexperte für den Rest unserer Zähltage war gesichert. Am nächsten Tag fanden wir heraus, daß die Wölfe am Abend, nachdem wir unseren Beobachtungsposten oberhalb der Senke geräumt hatten und volle Dunkelheit eingebrochen war, ebenfalls die Senke verlassen hatten und auf der Straße – vorbei an dem Hotel, wo wir alle wohl gerade beim Abendessen saßen – bis nach Santa Eufémia gelaufen waren. Da der Schnee noch weich war, hatten sie vermutlich das leichtere Vorankommen auf der Straße dem Pflügen durch den Schnee vorgezogen. Spät in der Nacht waren sie dann auf der inzwischen hartgefrorenen Schneedecke von Santa Eufémia in Richtung der steilen Abhänge des Maiella-Massivs gelaufen.

Ob die Wölfe etwas zu fressen gefunden hatten, konnte die Gruppe, welche die Spur verfolgte, nicht feststellen. Ich hatte an diesem Tag hoch oben am Berg eine weitere Spur ausgemacht und war auf Schneeschuhen, an denen bei jedem Schritt kiloweise nasser Schnee klebenblieb, mühsam hinaufgeklettert; oben angelangt, mußte ich enttäuscht feststellen, daß ein Marder im Tiefschnee eine breite Bahn gezogen hatte.

Eine Wolfsjagd

In den Dörfern verbreitete sich bald die Kunde von unserem Vorhaben. Wir bekamen Besuch von dem Lehrer aus Santa Eufémia. Er erzählte, sein Hund sei mitsamt zwei Welpen in der Nacht vor dem Schneesturm von Wölfen gerissen worden. Außerdem würden die Wölfe fast jede Nacht ein Schwein aus seinem Stall holen. Seine Vorwürfe gegen die Wölfe und bald auch gegen uns wurden zunehmend lautstärker und ausdrucksvoller.

Wir sahen uns die Fellreste des Hundes und den Schweinestall an. Der Hund schien tatsächlich von Wölfen getötet und aufgefressen worden zu sein. Der Schweinestall war ein entsetzlich dreckiger, baufälliger Schuppen. Türen und Fenster waren mit Brettern, Pappdeckeln und alten Blechstücken vernagelt. Durch ein aufgerissenes Loch kletterten wir in den Stall hinein und fanden etwa fünfzig Schweine aller Altersstufen vor, die im Dreck herumsprangen. Der Schaden gehe in die Millionen (Lire), jammerte der Lehrer. Fast jede Nacht brächen die Wölfe im Stall ein und holten sich ein Schwein. Wo in diesem irren Verschlag ein Loch für Wölfe noch hätte frei sein können, konnten wir nicht entdekken – aber der Mann schwor, daß sie hineinkämen. Wie, wußte allerdings auch er nicht.

Wir gingen ins Dorf zurück. In der einzigen Wirtschaft des Dorfes, einer kühlen, neonbeleuchteten »Bar«, saß eine Gruppe von Männern, dick in Mäntel eingehüllt. Wir tranken Centerba, einen grünen, aus hundert Kräutern der Gegend gemachten 74prozentigen Schnaps, und sprachen mit den Leuten. Auch sie hatten viel von dem Jammer des Lehrers mit seinen Schweinen gehört. Selber hatten sie nur Schafe und einige wenige Rinder. Nennenswerten Schaden durch die Wölfe hatten sie nicht. Die Geschichte mit den Schweinen schien ihnen auch etwas übertrieben. Einmal, so berichteten sie, seien die Wölfe wirklich im Schuppen gewesen und hätten auch einige Schweine gerissen. Daraufhin hätten sie die Gewehre geholt und seien in Richtung der Maiella-Steilhänge gezogen, von wo sie manchmal die Wölfe heulen hörten. Der Weg sei aber zu beschwerlich gewesen, und abends seien sie ins Dorf zurückgekehrt. Ob die Wölfe danach wirklich weitere Schweine geholt hätten, wußten sie nicht.

Dann fragten sie uns aus: Warum wir Wölfe schützen wollten? Zu was ein Wolf nütze sei? Und ob wir keine Angst vor den Wölfen hätten? »Wieso Angst?« fragten wir, nicht so sehr, um unsere Gesprächspartner von der Ungefährlichkeit der Wölfe zu überzeugen, sondern erstaunt darüber, daß diese Leute hier den Wolf als Gefahr ansahen. Ob sie jemals von Wolfsangriffen gehört hätten? »Nein, das nicht, aber man hört doch viel über die Wölfe, im Fernsehen, aus Amerika und Rußland und aus Büchern.« Sie würden jedenfalls nicht nachts oben am Passo San Leonardo allein die Straße entlanglaufen, und wenn wir dies ohne Angst täten ... »Ihr seid aus der Stadt. Ihr kennt das nicht.« Nur der Schäfer, der jeweils die wenigen Schafe all dieser Männer morgens abholte und abends aus dem Gebirge zurückbrachte, sagte, auch er würde nachts auf der Straße laufen. »Angst vor den Wölfen? No mai.«

Erst Jahre später wurde mir klar, wieviel wir von den Lebensgewohnheiten der Wölfe und von der Einstellung der dortigen Menschen zum Wolf schon in diesen ersten Tagen erfuhren. Nur war damals alles noch fremd und rätselhaft. Warum wurden die Wölfe an diesem einen Tag, als die Jäger des Dorfes losgezogen waren, nicht intensiver verfolgt? Das bißchen Schnee war kein ausreichender Hinderungsgrund. In Lappland gehen Hunderte von Männern für Wochen bei größter Kälte gemeinsam auf Wolfsjagd. Dabei sahen die Leute hier nicht so aus, als seien sie verweichlicht und suchten nur die häusliche Wärme. Und warum hatten die Männer solch einen Respekt vor den Wölfen, während im selben Dorf die Schäfer und auch die Straßenarbeiter, die uns die Wolfsspur gezeigt hatten, ohne einen Gedanken daran zu verwenden, tagtäglich mitten im Wolfsgebiet zu arbeiten hatten – unbewaffnet?

In den nächsten Tagen durchkämmten wir die

Gebiete südlich des Maiella-Massivs. Wolfsspuren fanden wir auf den höher gelegenen, tiefverschneiten Berghängen nicht, nur vereinzelt in den Tallagen. Über dem Dorf Roccapia fanden wir, ähnlich wie oberhalb von Santa Eufémia und Pacentro, Spuren mehrerer Wölfe in steilen, zerklüfteten Schluchten und Felsregionen in unmittelbarer Nähe der dichten Buchenwälder an den Berghängen. Auch hier führten Spuren bis zum Dorf und wieder zurück. Wegen der vielen Spuren von Hunden, Schafen und Menschen konnten wir aber nicht feststellen, wie nahe die Wölfe an das Dorf herangekommen waren und was sie dort getan hatten.

Der Nationalpark

Im Parco Nazionale d'Abruzzo, im südlichen Teil unseres Gebietes, erwarteten uns weitere Helfer. Franco Tassi, der Leiter der Nationalparkverwaltung, stellte uns alle seine Wildhüter zur Verfügung. Doch zuerst mußten wir wegen ausgiebiger Schneefälle zwei Tage mit der Zählung aussetzen. Dann kam wieder herrliches Wetter, so daß wir innerhalb eines Tages das ganze Gebiet samt umliegenden Regionen erfassen konnten. Wie bei früheren Beobachtungen fanden wir auch jetzt kaum Wolfsspuren in den höher gelegenen, tiefverschneiten Gebieten. Die Wölfe hielten sich in Höhen bis maximal 1400 Meter auf. Wann immer möglich, schienen sie nachts die gut geräumten Straßen in den Tälern zu benutzen. Außerdem hielten sie sich offensichtlich nicht zu weit von den Siedlungen entfernt. Wieder fanden wir in der Nähe dreier hochgelegener Dörfer Spuren, die zu felsigen, bewaldeten, für Menschen fast unzugänglichen Berghängen führten. Anscheinend hielten sich hier die Wölfe tagsüber auf. Die Leute vom Nationalpark hatten im Gelände eine Futterstelle für Wölfe eingerichtet, an der sie ab und zu Schlachterabfälle auslegten. Auch hier fanden wir Spuren, und als wir abends dort einmal heulten, bekamen wir Antwort aus dem dichten Wald oberhalb. Es waren vielleicht vier oder fünf Wölfe.

Der zweimalige Schneefall hatte unsere Zählung sehr begünstigt. Ähnliche Bedingungen sollten wir in den folgenden Jahren nie wieder vorfinden. Insgesamt zählten wir mindestens siebzehn Wölfe. Der tatsächliche Bestand lag vermutlich etwas höher, bei etwa zwanzig Individuen oder knapp darüber. Der Vergleich mit der indirekten Bestandserhebung fiel also sehr günstig für Luigi Boitani aus, der den Bestand vorher ja auf fünfundzwanzig Wölfe geschätzt hatte. Trotzdem waren sowohl die indirekt als auch die direkt gewonnenen Daten nur als grobe Anhaltswerte zu verstehen. Eins allerdings zeigten sie deutlich: Bei dieser geringen Anzahl war der Wolf in Italien tatsächlich eine hochgefährdete Tierart.

Zur Wolfsökologie in den Abruzzen

Ein neues Projekt

Zusammen mit Arturo Osio vom WWF in Rom überlegten wir uns daher, was weiter zu machen sei. Bis jetzt hatten wir die wichtigsten Fragen der künftigen Schutzmaßnahmen klären können. Wir wußten ungefähr, wo die Wölfe lebten, wie viele es waren und in etwa, von was sie sich ernährten. Trotzdem entschloß sich der WWF, das Projekt weiterzuführen, und zwar nunmehr als internationales Projekt mit einer viel größeren finanziellen Ausstattung. Man versprach sich davon nicht nur genaueres Wissen über die Lebensbedingungen des Wolfes, sondern auch ein großes publizistisches Echo für den Wolf und die Belange von WWF und IUCN. Die International Union for Conservation of Nature and Natural Resources mit Sitz in der Schweiz ist eine mit der UNO assoziierte weltweite Naturschutzorganisation, die eng mit dem WWF zusammenarbeitet. Für eine Vielzahl bedrohter Tierarten hat sie Expertengremien gebildet, darunter auch einen Wolfsausschuß, dessen Vorsitz damals Doug Pimlott innehatte. Zusammen mit dem WWF war die IUCN Trägerin des jetzt beginnenden Wolfsprojekts in den Abruzzen.

Nach langen Diskussionen mit Luigi Boitani sowie Doug Pimlott, der uns in Italien besuchen kam, und den anderen Mitgliedern der IUCN-Wolfsgruppe arbeitete ich einen detaillierten Plan aus. Unser Projekt sollte in drei Teile gegliedert werden:

1. Erforschung der Ökologie des Wolfes in den Abruzzen, mit Schwerpunkt auf Populationsentwicklung, Wanderungsaktivitäten, Größe der »Home ranges« (Wohngebiete), Nahrung, Interaktion mit Menschen und Haustieren, Verhältnis zum Fuchs.

2. Wiedereinbürgerung von Reh und Hirsch. Anhand von ersten Versuchen im Parco Nazionale d'Abruzzo sollten die Möglichkeiten einer großflächigen Wiedereinbürgerung von Huftieren in Italien erarbeitet werden.

3. »Ökopolitischer« Teil. Hier ging es zunächst darum, die Einstellung der lokalen, direkt vom Wolf betroffenen Bevölkerung zu diesem zu erkunden sowie festzustellen, unter welchen Bedingungen diese Leute den Wolf als Nachbarn zu akzeptieren bereit seien. Sodann sollte die italienische Öffentlichkeit über den Wolf informiert und so eine gute Ausgangsposition für gesetzgeberische Initiativen auf lokaler und nationaler Ebene erreicht werden. Die wichtigsten Zielsetzungen dieser Initiativen waren uns von vornherein klar: Der Wolf mußte ganzjährig unter vollen Schutz gestellt werden, und – was vielleicht noch wichtiger war – die Verwendung von Gift, etwa bei der Fuchsbekämpfung,

mußte verboten werden, am besten in ganz Italien, zumindest aber in den von Wölfen besiedelten Gebieten.

Jahr für Jahr wurden in den Wintermonaten durch die lokalen Jagdverbände mit Hilfe der staatlichen Forstpolizei riesige Mengen Giftköder für Füchse ausgelegt. In den wenigen Tagen unserer Feldarbeit waren uns schon die vielen Fuchsspuren aufgefallen. Die Fuchspopulation mußte in der Tat hoch sein, zum Teil vermutlich bedingt durch die vielen häuslichen Abfälle um jedes Dorf. Die Jäger versuchten nun, dem Fuchs mit Hilfe von Strychnin beizukommen, was für die Fuchspopulation vermutlich von geringerer Bedeutung war, für empfindlichere Arten aber, wie Greifvögel, Bären und besonders für Wölfe, verheerende Wirkung hatte. Genauere Zahlen dazu hatten wir keine, aber die Berichte von Franco Tassi waren beängstigend. In der Tat sollte sich im Laufe unserer Arbeit das Gift als die hauptsächliche Todesursache der Wölfe in den Abruzzen herausstellen.

Von der Fragestellung her war unser Projekt ein Zwitter; es sollte sowohl wissenschaftliche Fragen beantworten wie dem praktischen Naturschutz dienen. Wir nannten unsere Arbeit »Naturschutzforschung«. Das brachte natürlich gewisse Schwierigkeiten mit sich, denn als Wissenschaftler wollten wir möglichst wenig Einfluß nehmen auf das zu untersuchende System, als Naturschützer dagegen wollten wir es verbessern. Als wir zum Beispiel bemerkten, daß die Wölfe zeitweilig zuwenig zu fressen hatten, forderte die wissenschaftliche Fragestellung, daß wir unter anderem beobachteten, wie die Wölfe sich verhielten und welchen Einfluß der Nahrungsmangel auf die Sterberate hatte. Als Naturschützer wollten wir sie andererseits durch Auslegen von Futter unterstützen. Trotzdem haben wir, glaube ich, was die erste Fragestellung betraf, brauchbare Ergebnisse bekommen, hinsichtlich der wissenschaftlichen wie der naturschützerischen Aspekte.

Die Fangaktion

Bei meinem Besuch in Minnesota 1973 hatte ich Dave Mech dazu überreden können, nach Italien zu kommen, um uns seine Fang-, Narkotisierungs- und Telemetrietechniken an Wölfen zu demonstrieren. Aufgrund der sehr großen Scheu der Wölfe und ihrer versteckten Lebensweise gab es keine andere Möglichkeit, die Wölfe zu studieren, als mit Hilfe

der Telemetrie. Für Luigi Boitani und mich, beide ohne Erfahrung in dieser Methode, war es daher von großem Vorteil, Dave zu gewinnen. Er hatte sich fünf Jahre mit der Technik herumgeschlagen und war nun endlich soweit, daß sie einigermaßen funktionierte. Wir übernahmen damit ein fertiges System und konnten die sonst üblichen Anlaufzeiten bei Telemetriestudien stark reduzieren.

Anfang April 1974 waren wir alle in Pescasséroli, dem Hauptquartier des Parco Nazionale d'Abruzzo, versammelt: Luigi, Dave, Hartmut Jungius vom WWF, der die Wiedereinbürgerungsaktion vorbereiten sollte, und ich. Zu uns stießen im Laufe des Monats weitere Leute, die für kurze oder längere Zeit beim Projekt mithalfen. Dave hatte alles Notwendige aus den USA mitgebracht: die Fallen, das ganze Instrumentarium für die Narkotisierung der Wölfe und für Probeentnahmen bei ihnen sowie Sender, Antennen und Empfänger. Luigi hatte die Genehmigung für das Aufstellen von Fangeisen in der Provinz L'Áquila erreicht und auch eine Genehmigung der Post für den Betrieb der Funkanlagen erhalten – im bürokratischen Italien gewiß keine leichte Aufgabe. Er hatte es sogar fertiggebracht, Daves gesamtes Material nicht nur zollfrei auf dem Flugplatz entgegennehmen, sondern auch gleich mitnehmen zu dürfen. Es waren aber bange Stunden, in denen Dave und ich voller Erstaunen sein Verhandlungsgeschick bewundern lernten; wie er sich durch ein völlig chaotisch anmutendes Gestrüpp von Gesetzen, Verordnungen, Verfahrenswegen und endlosen Papier- und Stempelaktionen bei ganz und gar gleichgültig wirkenden Beamten trickreich hindurchfand, war einfach großartig.

Luigi hatte im Herbst zwei für das Fangen geeignete Futterplätze ausgesucht, an denen den ganzen Winter über Wildhüter Futter ausgelegt hatten. In dem noch spärlich vorhandenen Schnee fanden wir viele Spuren, die zeigten, daß Wölfe, Hunde und viele Füchse die Stellen besuchten. Dave legte gleich die ersten Fallen aus. Es waren ganz gewöhnliche Tellereisen, wie die nordamerikanischen Fallensteller sie benutzen, furchtbare Dinger, bei denen jeder Tierschützer lauthals protestiert hätte. Vor allem die spitzen Zacken an den Bügeln sahen schlimm aus. Doch gerade die, versicherte uns Dave, würden Verletzungen verhindern, da der Fuß des gefangenen Tieres dadurch festsitze und nicht zwischen den Bügeln hin und her geschoben werden könne, was schwere Fleischwunden zur Folge hätte. Er jedenfalls hatte mit diesen Fallen bei den von ihm gefangenen Wölfen in Minnesota keine wesentlichen Verletzungen beobachtet. Voraussetzung dafür war natürlich, daß alle Fallen jeden Morgen geprüft wurden.

Dave setzte zuerst zwölf Fallen. Schon als Junge hatte er für Bisamratten Fallen gestellt, um sein Taschengeld aufzubessern. Ein alter Fallensteller hatte ihm dann alle Tricks gezeigt, wie man Wölfe am besten fängt. Jetzt zeigte er uns sein Können. Behutsam wurde erst ein Loch gegraben, dann die gespannte, vorher stundenlang in einem Sud aus Laub, Bucheckern und Reisig abgekochte und danach auch nur mit ausgekochten Handschuhen angefaßte Falle hineingesteckt. Vorsichtig wurde Erde darüber gestreut und die Stelle so präpariert, daß es uns unmöglich erschien, irgend jemand, und sei es der mißtrauischste Wolf, könne etwas entdecken. Gerade auf das gründliche Bedecken der Falle kam es an, ebenso auf den Ort, an dem sie versteckt wurde. Der Teller, der bei Berührung die beiden Eisenbügel zusammenschnappen läßt, ist nämlich nicht viel größer als ein Fünfmarkstück; hätten wir die Fallen wahllos irgendwo im Gelände vergraben, dann hätten wir vermutlich Jahre warten können, bis ein Wolf darauf treten würde. Dave setzte daher die Fallen zuerst allesamt in unmittelbarer Nähe besonders schöner Futterstücke, zum Beispiel des Kadavers einer ganzen Kuh, der als Köder ausgelegt wurde. Diese Methode sollte sich allerdings bald als wirkungslos erweisen.

Jeden Tag setzten wir neue Fallen, so daß wir allnächtlich zwischen zwanzig und dreißig Stück draußen hatten. Die Wölfe dachten aber nicht daran, in unsere Fallen zu treten. Fast jede Nacht fanden wir ihre Spuren an den Futterplätzen, wo sie alles Futter, an dem keine Fallen standen, weggefressen hatten, während sie die Köder unberührt ließen. Es war unfaßbar, wie sie merken konnten, wo eine Falle stand. Dave zweifelte sogar eine Zeitlang, ob wir es hier überhaupt mit Wölfen zu tun hatten, bis wir eines Morgens einen Wolf an der Futterstelle sahen. Irgend etwas machten wir falsch. Offensichtlich waren diese europäischen Wölfe doch anders als die nordamerikanischen. Schon seit Jahrtausenden wurden sie in Europa verfolgt, und nur die Scheuesten und Vorsichtigsten unter ihnen waren am Leben geblieben und hatten sich vermehrt. Diese Selektion machte sich jetzt womöglich bemerkbar. Obwohl die Wölfe täglich mit menschlichen Gerüchen und Geräten konfrontiert waren, bemerkten sie die Fallen, und dies, obwohl ihnen hier seit Jahren nicht mehr nachgestellt wurde. Dave wurde sichtlich unruhig und setzte seinen ganzen Ehrgeiz darein, die Wölfe mit immer neuen Tricks doch noch zu überlisten – umsonst. Dabei bestätigte uns Signor Ursitti, jetzt Wildhüter im Nationalpark, früher jedoch der berühmteste Wolfsjäger im Gebiet, daß Dave wirklich gute Arbeit leistete. Nur der ausbleibende Erfolg sprach dagegen.

Menschliche Probleme

Hinzu kamen andere Probleme. Anscheinend waren wir zwischen die Fronten einer schon lange bestehenden Fehde zwischen Nationalpark- und Forstverwaltung geraten. Aus dem Bayerischen Wald waren mir solche Auseinandersetzungen bekannt. Jahrelang habe ich dort beobachten können, auf welch autoritäre Weise die Forstverwaltung angestammte Nutzungsrechte am Wald gegen neue Ideen durchzusetzen versucht. Hier aber entbehrte der Kampf nicht der Komik. Nur für uns war es weniger lustig. Dave mußte Ende April in die USA zurück, und bis dahin brauchten wir einen Wolf.

Es fing damit an, daß eine Gruppe gutbewaffneter

Forstpolizisten in Uniform sich von uns die Fallen zeigen ließ. Wir dachten zuerst an nichts Bedrohliches, sondern glaubten, sie seien nur neugierig. So zeigten wir ihnen auch, wo ungefähr wir die Fallen ausgelegt hatten, wie wir es taten und so weiter. Am nächsten Morgen waren sie vor uns an den Fallen, was uns nicht gerade erfreute, und wieder einen Tag später verlangten sie von uns sämtliche Fallen; außerdem erklärten sie uns wegen unerlaubten Fallenstellens im Nationalpark für verhaftet.

Wir hatten wirklich Wichtigeres zu tun, als Statisten zu spielen in einem seit Jahren andauernden Kompetenzenstreit zwischen rivalisierenden Verwaltungen. Die Leute im Dorf hatten uns erzählt, es sei schon manches Mal zu Massenschlägereien zwischen den Wildhütern des Nationalparks und den Forstpolizisten gekommen, die beide Polizeihoheitsrechte ausübten. Der Grund des Streits lag jedoch tiefer: Die Nationalparkverwaltung mußte sich im Interesse des Naturschutzes sehr häufig gegen Interessen bestimmter Gruppen durchsetzen, die immer neue Skilifts, Hotels und Privatvillen bauen wollten. Pescasséroli, einst ein armes Bergdorf, war inzwischen zu einem oberflächlich-mondänen Skiort geworden mit einer geradezu chaotischen Bautätigkeit. Die Einheimischen hatten zwar kaum Anteil am Profit; trotzdem setzten viele von ihnen ihre Hoffnung auf bessere Zeiten weiterhin in die Kapitalgeber aus Rom und Mailand. Die Nationalparkverwaltung mußte sich also nicht nur gegen mächtige Wirtschaftsinteressen zur Wehr setzen, sondern häufig auch gegen Teile der einheimischen Bevölkerung, die nichts vom Nationalpark wissen wollten. Der einst klar und sauber durch das Dorf fließende Bach war mittlerweile zur Kloake geworden, die Hügel oberhalb Pescasserolis standen voll riesiger, häßlicher Hotelruinen, und in den vielen Villen um das Dorf zogen die Eigentümer jeweils nur für zwei oder drei Wochen im Jahr ein, zu

Weihnachten, Neujahr und zu »Ferragosto« im Spätsommer; ansonsten standen die Häuser leer. Doch daran war angeblich nur der Nationalpark schuld, der bis jetzt verhindert hatte, daß eine Seilbahn auf den Monte Marsicano gebaut wurde, mitten hinein in das Gebiet der letzten Bären der Apenninen.

Ein Streit also, der heute an vielen Orten ähnlich besteht: zwischen Kapitalinteressen und Naturschutz. Daß der Nationalpark viel mehr Arbeitsplätze geschaffen hatte und langfristig auch mehr Touristen in das Gebiet locken würde – und dies das ganze Jahr über – als noch ein Skizirkus auf noch einem Berg, das wurde übersehen. Der Naturschutz braucht keine Rieseninvestitionen und bringt damit auch keine Riesengewinne für fremde Kapitalgeber – daran lag es wohl. Der Streit war alt und wurde nicht nur in Form von Wirtshausschlägereien ausgefochten. Der konservative Bürgermeister von Pescasséroli saß inzwischen wegen Spekulationsgeschäften im Gefängnis, und ein neuer Bürgermeister war gerade gewählt worden, diesmal ein Kommunist. Er versprach, bessere Beziehungen zum Naturschutz anzustreben. Die Forstverwaltung allerdings war nach wie vor gegen den Nationalpark – nicht zuletzt deshalb, weil Naturschützer immer lauter forderten, wenigstens im Nationalpark solle keine Forstwirtschaft mehr betrieben werden. Vermutlich wurden aber auch private Fehden ausgefochten, und wir standen nun in der Mitte.

Es half nichts, daß Luigi Boitani den Polizisten die Genehmigung für unsere Fallen vorlegte. Auch lange Telefongespräche mit dem WWF in Rom, mit Tassi, der in Urlaub war, und mit dem obersten Chef der Forstverwaltung der Region Abruzzi, einem großen Befürworter und Förderer unseres Projekts, nutzten nichts. Der Polizist hatte das Recht, selbständig eine Anklage gegen uns zu erheben. Dagegen konnten alle seine Vorgesetzten zusammen nichts unternehmen. Er blieb stur.

Nun, wir wurden nicht gleich eingesperrt. Wir händigten der Polizei ein paar der Fallen aus – und machten weiter. Als wir die Polizei abermals in den Fallengebieten antrafen, platzte mir der Kragen. Ich schrie den Polizisten minutenlang alle meine nach und nach aufgeschnappten italienischen Schimpfwörter entgegen, und sichtlich verlegen verließen sie uns. Danach waren sie dann plötzlich wieder recht höflich und ließen sich unsere ganze Ausrüstung erklären. Wieder einen Tag später – der halbe Vorstand des WWF kam aus Rom zu unserer Unterstützung angereist – war der Spuk dann zu Ende. Fortan konnten wir ohne »Polizeibetreuung« auf Fang gehen. Zwei Jahre danach mußte Luigi sich selbst sowie Dave und mich vor Gericht wegen unerlaubten Fallenstellens verteidigen. Wir wurden alle drei freigesprochen. Inzwischen waren freilich auch die Forstleute unsere großen Freunde geworden.

Die Schwierigkeiten beim Fangen waren aber noch immer nicht zu Ende. Zuerst wurden uns, fast vor unseren eigenen Augen, mehrere der für uns jetzt so wertvollen Fallen gestohlen. Und dann passierte etwas Seltsames: Eines Morgens fanden wir in der Nähe eines Fallenplatzes, den außer uns nur wenige kennen konnten, Jeepspuren im frischen Schnee. Etwa zehn Meter vor dem ausgelegten Schaf, bei dem zwei Fallen vergraben waren, hatte das Geländeauto angehalten. Eine Fußspur führte vom Wagen durch das dichte Gebüsch direkt bis an die Fallen, wo deutliche Urinspuren von der Tätigkeit des Unbekannten zeugten. Der Mann hatte tatsächlich unsere Fallen angepinkelt!

Aufgrund des Reifenprofils stellten wir fest, daß der Jeep der Nationalparkverwaltung gehörte. Danach war es keine Schwierigkeit herauszufinden, wessen Stiefel und Sohlenmuster mit den Spuren im Schnee übereinstimmten. Es war in der Tat jemand von der obersten Parkbehörde. Offensichtlich wurden wir also von beiden Seiten beschossen. Warum nur? Auch die Art des Kampfes nahm mitunter seltsame Formen an.

Der erste Wolf

Inzwischen hatten wir einige Füchse und auch eine Hündin in unseren Fallen gefangen. Diese war sogar in zwei Fallen direkt am Futter gegangen, hatte aber liegend vom Köderfleisch weitergegessen. Die Füchse hingegen waren nur in Fallen getreten, die auf Pfaden zu den Fütterungsstellen lagen. Uns war klargeworden, daß auch die Wölfe in unmittelbarer Umgebung von Futter außerordentlich vorsichtig sein mußten. So fingen wir an, die Fallen zunehmend weiter weg vom Köder aufzustellen. Hier war die Wahrscheinlichkeit, daß ein Wolf eine Falle berühren würde, zwar wesentlicher geringer als direkt am Futterplatz. Wir hofften aber, daß die Wölfe hier weniger vorsichtig sein würden. Schließlich konnten sie ja nicht überall auf jeden ihrer Schritte achten. Wir legten auch einige künstliche Markierungspfosten an mit einer »Geheimsalbe« von Daves Lehrmeister, dem alten Trapper, wohl zusammengekocht aus verfaultem Fuchsfleisch, frischem Wolfskot, vergammelten Hirschinnereien und ähnlichem. Es war ein bestialisch stinkendes Zeug! Wölfe jedoch sollten laut Dave anderer Meinung sein und solchen Düften nachgehen.

Sechzehn Tage nach unserer ersten Fallennacht, für Dave eine längere Zeit als je zuvor, hatten wir dann unseren ersten Wolf: einen Rüden. Unsere Aufregung war natürlich groß. Dave zeigte uns, wie man mit einer am Ende eines langen Stocks befestigten Spritze den Wolf am besten immobilisierte. Angeblich ließen in solchen Fällen die amerikanischen Wölfe Menschen vor Schreck direkt an sich heran, ohne sich zu wehren. So ging ich mit dem Stock samt Spritze ruhig auf den Wolf zu. Plötzlich sprang er mit einem Satz auf mich zu und schlug unmittelbar vor meinem Gesicht das aufgerissene Maul heftig zusammen. Die Kette, an der die Falle befestigt war, hatte ihn wenige Zentimeter vor mir zurückgeworfen. So mußten Dave und Luigi von vorne den Wolf ablenken, während ich ihm von hinten die Spritze gab.

In wenigen Minuten war er betäubt. Er wog nur vierundzwanzig Kilogramm, wurde vermessen und bekam Blut abgezapft für eine Untersuchung über Blutwerte freilebender Wölfe, die ein Kollege Daves durchführte. Da unser Wolf doch recht aggressiv war, stülpten wir ihm sicherheitshalber einen Maulkorb über. Später hat nie wieder ein Wolf ein derartiges Verhalten gezeigt, und der Maulkorb blieb ungenutzt. Schwierigkeiten hatten wir eigentlich immer nur mit Hunden, die in die Fallen gegangen waren. Sie bissen zumeist wie wild um sich, obwohl sie zuerst, nachdem sie in die Falle gegangen waren, immer ruhig blieben. Die Wölfe dagegen kämpften intensiv gegen die Fallen, und das war im Hinblick auf Verletzungen das Gefährliche. Einmal von Menschen eingeengt, blieben sie aber alle, bis auf unseren ersten Fang, völlig eingeschüchtert, nicht selten kotend und urinierend, zusammengekauert liegen, bis wir aus nächster Nähe die Spritze anbringen konnten. Schließlich zeigte uns Dave, wie das Radiohalsband angelegt wurde. Das Gerät funktionierte, und während der Wolf aus seiner Narkose langsam aufwachte, trugen wir ihn in den Wald oberhalb der Futterstelle. Hier schlief er zuerst einige Stunden. Am Abend hatte er seine Position (wie wir jetzt ja feststellen konnten) etwas verändert, und am dritten Tag war er schon lange Strekken unterwegs.

Bis zu Daves Abreise fingen wir noch zwei Wölfinnen, und so wurde zuletzt auch diese Seite von Daves Aufenthalt ein voller Erfolg. Dave hatte uns zudem in die gesamte Technik der Telemetrie bestens eingeführt. Viel Spaß hatten wir auch, und das nicht nur beim Fangen: Es war eine schöne Zeit.

Luigi und ich verfolgten abwechselnd die drei markierten Wölfe bis Ende des Jahres. Dann zogen wir aus dem Nationalpark weg, um die Arbeit im Maiella-Gebiet, weiter nördlich, fortzuführen. Der obenerwähnte Streit, der für uns immer weniger durchschaubar wurde, war nicht unschuldig an unserem Wegzug. Auch bekamen wir von der Nationalparkverwaltung keine Fanggenehmigung mehr. Außerdem wollten wir lieber Wölfe studieren, die für italienische Verhältnisse unter repräsentativeren Bedingungen lebten: ohne Schutz durch Wildhüter, ohne Winterfütterung und wiedereingebürgerte Beutetiere.

Fangen und Telemetrie im Maiella-Gebiet

Schon am dritten Tag unserer ersten selbständigen Fangaktion im Januar 1975 fingen wir eine Wölfin, und zwar mit Hilfe des obengenannten Stinkzeugs. Luigi wurde dann mehr und mehr durch die »ökopolitischen« Aufgaben in Anspruch genommen. So führte ich die weiteren Fangaktionen selber durch, jetzt von Paolo Barrasso unterstützt, einem jungen italienischen Biologiestudenten aus der Region Abruzzi, der zu uns gestoßen war. Wir fingen insgesamt elf Wölfe, dazu viele Hunde und vielleicht an die dreißig Füchse. Die Wölfe waren immer noch äußerst vorsichtig. Manchmal dachten wir an fast »übersinnliche« Fähigkeiten. Doch auch wir wurden geschickter. Einmal fand ich, während einer Fangaktion zur Ranzzeit der Wölfe, im Gelände frischen Wolfskot. Statt ihn aber wie üblich aufzuheben und, in eine Plastiktüte verpackt, zu den vielen hundert Tüten gleichen Inhalts zu legen, schob ich ihn vorsichtig beiseite, grub eine Falle ein und legte die Wurst dann wieder ganz nahe an die

Falle zurück. Am nächsten Tag hatten wir eine läufige Wölfin in dieser Falle.

Das Fallenstellen wurde für mich schließlich fast zur Manie. Die Wölfe irgendwie zu überlisten beschäftigte mich Tag und Nacht. Manchmal mußten mich die anderen geradezu zwingen, endlich aufzugeben, wenn es sich herausgestellt hatte, daß die Wölfe nach monatelanger Verfolgung an den üblichen Fangplätzen nicht mehr zu kriegen waren oder die Schneeverhältnisse weitere Versuche unmöglich machten. Die Motivation und die Leidenschaft des Jägers, der tage-, wochen-, ja monatelang hinter einem besonderen Tier her ist, waren mir in dieser Zeit durchaus vertraut. Allerdings war ich froh darüber, daß die Befriedigung meines Jagdtriebs nicht mit dem Tod des Tieres bezahlt werden mußte.

Zur Ortung der Wölfe und zur Verfolgung ihrer Wanderungen hatten wir tragbare Antennen, die wir auf die Rucksäcke schnallen konnten. Aus England bekamen wir einen Landrover, auf dem wir die Richtantenne so montierten, daß wir sie vom Fahrersitz aus um 360 Grad schwenken konnten. Mit diesem Fahrzeug wurde die Ortungsarbeit im wesentlichen ausgeführt. Anfänglich hatten wir auch meine beiden Norwegerpferde, die ich aus Deutschland mitgebracht hatte; sie bewährten sich jedoch nicht. Das heißt, die Pferde waren schon gut – nur die Wölfe verhielten sich anders als erwartet. Ein tage- und wochenlanges Verfolgen der Wölfe über die Berge, für das wir die Pferde einsetzen wollten, war überflüssig, denn die Wölfe waren ausgesprochen standorttreu.

Das Signal der Wölfe war gradlinig von Bergspitze zu Bergspitze mindestens zwanzig Kilometer weit zu empfangen. Im Wald war die Reichweite beträchtlich geringer, und ein Bergmassiv, ja schon ein kleiner Hügel zwischen uns und dem Wolf bedeutete das Ende des Empfangs. Der Wolf brauchte sich manchmal nur wenige Meter zu bewegen, und der pulsartige Piepton in unserem Empfänger hörte schlagartig auf. Wie viele Tage wir bergauf, bergab gelaufen, wie viele Zehntausende von Kilometern wir gefahren sind, um derart für unsere Empfänger entschwundene Wölfe wiederzufinden – ich mag gar nicht daran denken. Einmal waren wir zu dritt zehn Tage lang im Gebirge zu Fuß unterwegs, um unseren zuerst gefangenen Wolf zu suchen; die Ausbeute beschränkte sich auf die Feststellung, daß das Tier seinen üblichen Tagesrastplatz gerade um etwa sechshundert Meter in eine Talsenke verlegt hatte. Einen anderen jungen Wolf, der aus dem Maiella-Gebiet im Alter von vierzehn Monaten auswanderte, haben wir ein halbes Jahr lang mehrmals in der Woche über die halbe Region Abruzzi ohne Erfolg gesucht. Mit einem Helikopter einmal unterwegs, fand ich ihn binnen Minuten.

Luigi Boitani hatte ein solches Flugzeug für uns organisieren können. Eine weitere Polizeieinheit im Gebiet, die Finanzpolizei, besaß in Pescara zwei Hubschrauber. Eine Unterredung im Finanzministerium in Rom brachte Erfolg: Eine der beiden Maschinen stand uns zur Verfügung. Auf dem Papier. Mit den Gebühren für all die Telefongespräche, die wir vergebens mit Pescara führten, hätten wir ein Flugzeug viele Stunden lang kommerziell chartern können – wenn wir nur eins gefunden hätten. Mit dem Helikopter war immer irgend etwas anderes los. Mal fehlte es an Benzin, mal war er kaputt, mal war das Wetter schlecht, mal streikten die Piloten, mal war die Flugplatzfeuerwehr dran, mal ging der dienstliche Einsatz vor, so daß eine neue Genehmigung aus Rom notwendig war. Geflogen sind wir nur einige wenige Male. Auch mit Privatflugzeugen klappte es nicht: Bei einem Piloten fehlte uns die Genehmigung zum Funken aus der Luft, ein anderer traute sich nicht ins Gebirge zu fliegen – stets gab es neue Hindernisse. Schließlich wurde es mir zu dumm. Ich lernte in Deutschland fliegen, charterte eine kleine Cessna 150 und flog zusammen mit Dagmar, meiner Frau, über die Alpen und die Adria nach Pescara. So hatten wir im letzten Jahr für unsere Arbeit endlich ein Flugzeug zur Verfügung – leider viel zu spät.

Wir versuchten jeden der markierten Wölfe täglich zu orten. Wie gesagt, gelang es uns häufig nicht, trotz aller Bemühungen. Es gab aber Zeiten, in denen wir wochenlang hintereinander den genauen Ort feststellen konnten, an dem die Wölfe sich tagsüber aufhielten. Daneben nahmen wir uns auch nachts einzelne Wölfe vor und verfolgten sie auf ihren nächtlichen Wanderungen. Manchmal mußten wir uns dazu trennen. Eine Gruppe kampierte für Wochen oben im Gebirge und stellte den Aufenthaltsort des Wolfes bei Tage fest. Wenn er am Abend talwärts zog, übernahm unten die zweite Gruppe die nächtliche Verfolgung vom Landrover aus, bis der Wolf in der Morgendämmerung wieder ins Gebirge hinaufzog. Jeden Wolf versuchten wir auf diese Weise wenigstens einmal im Monat über mehrere Tage und Nächte hintereinander kontinuierlich zu beobachten.

Die täglichen Wanderungen der Wölfe

Die Ergebnisse dieser zweieinhalb Jahre dauernden Verfolgung von mit Sendern versehenen Wölfen in den Abruzzen zeigte uns, daß der Wolf hier eine weitgehend andere Lebensweise pflegt als etwa in den nordamerikanischen Wildnisgebieten. Von dort wissen wir, daß die Wölfe, zumeist im Rudel zusammengeschlossen, lange Wanderungen durch ihr Territorium machen und dabei jeden Tag woanders schlafen. Nur im Sommer, während der Welpenaufzucht, verlaufen die Wanderungen der Wölfe sternförmig von und zu dem Aufenthaltsort der Welpen. In den Abruzzen hingegen blieb diese sternförmig verlaufende Aktivität das ganze Jahr über bestehen. Jeder Wolf, jedes Rudel hatte einige wenige Orte im Revier, zu denen sie tagtäglich zurückkehrten, manchmal wochenlang zu ein und demselben Ort. Diese traditionellen Rückzugsgebiete, wie wir sie nannten, lagen an für Menschen weitgehend unzugänglichen, mit dichtem Buchenwald bewachsenen Steilhängen. Ihre Distanz zum nächsten Dorf war nicht unbedingt sehr groß, doch wurden sie nur selten von Menschen betreten. Im Winter hielten sich die Wölfe in etwas tiefer gelegenen Gebieten auf, während sie sich im Sommer höher auf den Berg zurückzogen. Wir beobachteten auch, daß sie in manchen Gebieten sonntags höher am Berg waren als unter der Woche. Viele für Autos befahrbare Gebiete in tiefen Lagen waren an schönen Sonntagen von Unmengen picknickfreudiger Menschen überlaufen. Für die Wölfe war es also durchaus sinnvoll, sich an diesen Tagen weiter zurückzuziehen. Manchmal hatten wir sogar den Eindruck, daß sie sich bereits am Sonntagmorgen, vor der Picknickinvasion, höher ins Gebirge zurückgezogen hatten: daß sie also gewußt haben mußten, für wann die Invasion bevorstand. Doch das kam uns zumindest zu Beginn unseres Unternehmens ganz unwahrscheinlich vor.

Von ihrem Rückzugsgebiet aus unternahmen die Wölfe mit Einbruch der Dunkelheit Wanderungen, die sie von einem möglichen Futterplatz zum nächsten brachten: einer Müllgrube, einem Dorf, einem Schafstall, einer weiteren Müllgrube. Morgens zogen sie sich dann wieder zurück, häufig in dasselbe Gebiet, in dem sie sich tags zuvor aufgehalten hatten. Dies war auch die Zeit, in der wir sie am ehesten zu Gesicht bekamen. Abends warteten sie fast immer, bis es ganz dunkel war, bevor sie herunterkamen, doch morgens blieben sie nicht selten unten, bis die ersten Bauern ihre Felder betraten. Sie paßten sich also weitgehend dem menschlichen Aktivitätsrhythmus an, der ja in bezug auf den Sonnenstand meistens einige Stunden hinterherhinkt.

Dabei kam es auch vor, daß sie aus den menschlichen Siedlungsgebieten manchmal nicht rechtzeitig in die Berge zurückkamen. Einige Wölfe blieben dann den Tag über in irgendeinem Versteck und zogen erst bei Dunkelheit wieder weiter. Wolf 1/2 zum Beispiel (das war der erste von uns gefangene Rüde, dem wir ins linke Ohr die Marke 1, ins rechte die 2 geklemmt hatten) blieb tagsüber manchmal in einem kleinen Wäldchen unterhalb eines Dorfes, keine hundert Meter vom nächsten Haus entfernt. Wolf 9/10 indessen, ein Weibchen im Maiella-Massiv, scheute die größten Umwege nicht, um in sein Tagesgebiet zurückzukommen, die steilen Felshänge am Fuß des Maiella oberhalb von Santa Eufémia.

Raumnutzung von Mensch und Wolf

Die Wölfe scheinen in der Tat beste Kenntnisse über die menschlichen Aktivitäten zu haben. Sie meiden den Kontakt soweit wie möglich. Andererseits gibt es für sie fast nur in der Nähe des Menschen Freßbares. Im Sommer benutzen sie kaum jemals geteerte Straßen, sondern Feldwege und Pfade im Gelände. Im Winter dagegen sind die geräumten Straßen ihre hauptsächliche Wanderroute. Alle waldfreien offenen Gebiete, wo tagsüber Menschen sich aufhalten können, werden jedoch nur bei Dunkelheit oder sehr früh am Morgen begangen. Dies gilt vor allem für die Sommermonate, während deren die menschliche Aktivität im Gelände ungleich größer ist als im Winter.

Eines Vormittags im Januar 1976 kam ich mit dem Landrover von Campo di Giove in Richtung Passo San Leonardo gefahren. Von Fonte Romana ortete ich das Signal von 9/10 und zweien ihrer neun Monate alten Welpen. Vermutlich rastete das ganze Rudel nur wenig oberhalb meines Standorts im Wald. Ich fuhr weiter. Vor dem Paß war die Straße durch meterhohe Schneewehen blockiert. So kehrte ich nach Fonte Romana zurück. Im Empfänger konnte ich heraushören, daß die Wölfe unruhig wurden. Nach etwa zwanzig Minuten zogen sie los in Richtung Passo und in ihr traditionelles Tagesgebiet um Santa Eufémia, etwa acht Kilometer weiter nördlich. Stets bewegten sie sich bei solchen Tages-

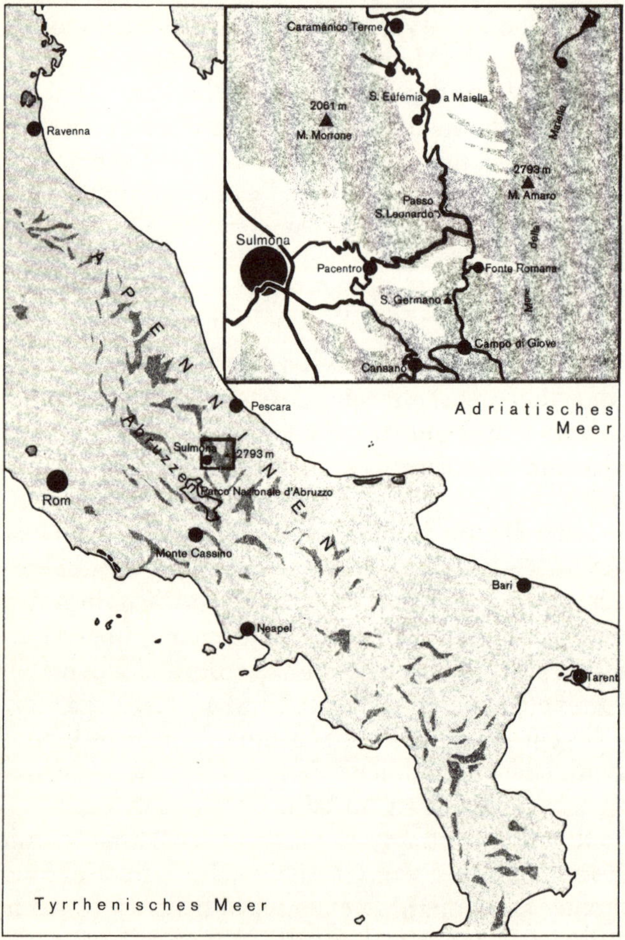

Das Maiella-Untersuchungsgebiet.

wanderungen im Wald zu Füßen des Maiella. Jedenfalls hatte ich sie noch nie bei Tageslicht über das offene Gelände um den Passo San Leonardo laufen sehen.

Als sie hinter Fonte Romana verschwunden waren, schnallte ich mir die Skier an und kletterte den Hang hinauf, um zu sehen, wie viele es gewesen waren. Ich fand bald die Spur von sechs Wölfen und folgte ihnen in Richtung auf den Paß. Sie hatten einen Vorsprung von vielleicht dreißig Minuten. Als sie das große Hochplateau erreicht hatten, zogen sie diesmal nicht weiter am Waldrand entlang, sondern aus dem Wald heraus bis zur Straße – und das mitten am Tag. Noch nie hatte ich ähnliches vorher gesehen. Irgendwie mußten sie bemerkt haben, daß auf den schneeverwehten Straßen keine Autos fuhren, ja daß Autos überhaupt nicht fahren konnten. Nun war der Verkehr in dieser Jahreszeit sowieso minimal: drei, vier Wagen vielleicht an einem normalen Tag. Trotzdem verließen die Wölfe den Wald an solchen Tagen nicht. Sie mußten also jetzt auch am Zustand der Straße gemerkt haben, daß sie sich an diesem Tag gefahrenfrei im offenen Gelände bewegen konnten: keine Autofahrt möglich – also auch keine Menschen.

Ich gebe zu, daß diese Deutung ihres Verhaltens gewagt ist, wird hierbei doch geradezu Einsicht vorausgesetzt. Eine bessere Erklärung fällt mir indes nicht ein – das Laufen der Wölfe über das offene Plateau war allzu ungewöhnlich, um zufällig gewesen zu sein. Zuerst liefen sie die Straße entlang. Dann machten sie einen Umweg zu einer kleinen Hütte, in der wir früher gewohnt hatten, wobei sie sich der Hütte von hinten näherten, offensichtlich auch hier sicher, daß diese gerade unbewohnt war. Dann kreuzten sie erneut die Straße und den Paß, einige hundert Meter vom Hotel entfernt. Unterhalb des Passes war die Straße frei, und die Spur der Wölfe führte von der Straße weg hinauf in Richtung der Steilhänge. Mühsam stapfte ich der Spur nach. Auf einer Anhöhe heulte ich in Richtung der Wölfe. Die Antwort kam sofort: das Heulen eines ganzen Rudels, kaum fünfhundert Meter von mir, aus dem Wald. Die Tiere hatten sich also nicht einmal beeilt – so sicher mußten sie sich ihrer Sache gewesen sein.

Ähnliche Beobachtungen gäbe es noch viele beizusteuern. Bei schwerem Unwetter zum Beispiel blieben die Wölfe zumeist auch nachtsüber in ihrem Rückzugsgebiet und fingen erst dann an, sich zu bewegen, wenn der Sturm vorüber war. Manchmal kam es vor, daß sie auch bei schönem Wetter abends nicht loszogen. Wir schlossen dann regelmäßig Wetten ab, ob binnen kurzem ein Unwetter aufziehen würde – und meistens gewann der, der Sturm vorhersagte. Wie aber merkten die Wölfe, daß schlechtes Wetter im Anzug war?

Eine andere interessante Beobachtung machte ich bei Wolf 5/6, einem juvenilen Weibchen, im Nationalpark. Die Wölfin war ein ausgesprochener »Müllhaldentyp« und hielt sich tagsüber bevorzugt in einem steilen Gebiet oberhalb der Müllgrube von Pescasséroli auf. An einem Sommerabend folgte ich ihr von der Müllgrube bis zu den großen Hotelruinen oberhalb von Pescasséroli. Unter uns beiden lag das Dorf. Ich achtete darauf, daß ich ihr mit dem Auto nicht zu nahe kam. Im Ort war alles ruhig. Nur aus Pepes Bar dröhnte es noch. Die Wölfin blieb oben zwischen den Ruinen. Erst als auch das Licht bei Pepe ausging, kam sie herunter, vorbei am Schlachthof bis ins Dorf hinein. Ich wollte es einfach nicht glauben. Da lief diese Wölfin mitten durch das schlafende Dorf hindurch! Überall heulten Hunde wie verrückt. Die Wölfin war auf der westlichen Seite des Flusses, mußte also über den Dorfplatz und die Flanierstraße gelaufen sein, vorbei am Nationalpark-Hauptquartier, und war dann in südlicher Richtung verschwunden.

Nichtsdestoweniger haben die wenigsten Menschen in den Abruzzen je einen Wolf gesehen. Vom Scheinwerferlicht werden Wölfe manchmal auf der Landstraße überrascht. Nur die Wildhüter, die Forstpolizisten und natürlich die Schäfer sehen sie im Gelände ab und zu. Auch wir, die wir ihnen so nahe auf den Fersen folgten, sahen sie verhältnismäßig selten. Meine Frau Dagmar war schon lange in den Abruzzen, als sie ihren ersten wildlebenden Wolf sah: in einer Herbstnacht zwischen dem Tennisplatz und dem leeren Swimming-pool mitten in Campo di Giove. Wir waren dem Tier 7/8, einer alten Wölfin, bis ins Dorf hinein gefolgt. Plötzlich war das Signal sehr laut. Ich schaltete unseren großen Suchscheinwerfer ein, und bald hatten wir die Wölfin im Lichtkegel. Sie ließ sich davon überhaupt nicht beeindrucken; das war ganz normal. An den Müllhalden konnten wir die Wölfin im hellen Scheinwerferlicht stundenlang beobachten, ohne daß sie davon Notiz zu nehmen schien. Offensichtlich bedeutete für sie Scheinwerferlicht keine Gefahr. Hier, in Campo di Giove, suchte die Wölfin auch nach Eßbarem. Von Cansano, unten im Tal, arbeitete sich ein Personenzug langsam den Berg herauf. Als die beleuchteten Wagen krachend an uns vorüberfuhren, war die Wölfin direkt unten an den Schienen. Sie schaute den vorbeiratternden Zug nicht einmal an.

Ihren zweiten Wolf sah Dagmar an der Müllhalde von Caramánico. Außer dem Wolf waren ein Fuchs und eine Katze auf dem Müllplatz. Dabei hielt die Katze deutlich Abstand von dem Fuchs und dieser von dem Wolf. Am nächsten Morgen stellten wir fest, daß die Tiere von einer großen Ladung Schlachterabfälle gefressen hatten. Anders als in Deutschland kommen in Italien viele dieser Abfälle nicht in die Abdeckerei. Tagsüber nutzen die Dorfhunde und unzählige Krähen das Angebot, nachts vor allem Füchse, dann Wölfe und in manchen Gebieten auch verwilderte Hunde, von denen noch die Rede sein wird.

Haustiere als Beute

An den Menschen, einziger Feind und Nahrungsspender zugleich, hat der Wolf sich anscheinend ausgezeichnet angepaßt. Seine Aktivität fällt in die Zeit, in welcher der Mensch entweder schläft oder, sofern er sich im Freien aufhält, als sich hauptsächlich visuell Orientierender sicht- und damit bewegungsbehindert ist. Das gilt nicht nur für die Zeit tiefen Schnees und für die Nacht, sondern auch für den Tag, wenn Nebel aufkommt. Am Passo San Leonardo ist dichter Nebel eine häufige Erscheinung. Im Sommer, wenn Schafe in dem Gebiet weiden, ist das besonders die Zeit der Wölfe. Die einheimischen Schäfer mit ihren kleinen Herden ziehen bei Nebel sofort talwärts und, falls es auch dort nicht lichter wird, zum Stall zurück. Fremde Hirten hingegen, häufig in Sachen Wölfen unerfahren, mit großen Herden und ebenfalls unerfahrenen Hunden, sind sich der Gefahr nicht immer bewußt, oder es gelingt ihnen nicht rechtzeitig, die vielen Schafe zu sammeln und ins Tal zu treiben. (Die Hunde dienen hier nur dem Schutz gegen Wölfe. Das Zusammenhalten und -treiben muß der Schäfer selber besorgen.)

In einer solchen Situation geschah die erste Massentötung von Schafen während unserer Arbeit. Es war im Sommer 1974. Luigi Boitani und ich bekamen im Nationalpark Nachricht, im Maiella-Gebiet seien dreihundert Schafe auf einmal von Wölfen gerissen worden. Wir riefen die Carabinieri-Station in Santa Eufémia an, die den Bericht bestätigte, worauf wir sofort hinfuhren. Leider kamen wir zu spät. Hundertfünfzig getötete Schafe hatte man schon wegen der Seuchengefahr mit Hilfe eines Baggers begraben. Ein Schäfer, der dabeigewesen war, erzählte, am Vortag sei spät am Nachmittag plötzlich ein Gewitter mit Sturm und dichtem Nebel aufgekommen. Zwei Herden von je fünfhundert Tieren hätten um Roccacaramánico, ein halbverlassenes Dorf an den Hängen des Monte Morone, geweidet. Sie seien sofort nach unten getrieben worden. Als die Schäfer die Schafe in die Netzeinzäunungen hineingetrieben hätten, seien plötzlich fünf bis sieben Wölfe dagewesen. Die Hunde seien weggelaufen, und die Wölfe hätten die Schafe auseinandergejagt.

Nachdem das Unwetter vorbei war, zählten die Schäfer im Umkreis von etwa einem Quadratkilometer hundertfünfzig tote Schafe. Die gleiche Anzahl von Tieren war verschwunden. Der Amtstierarzt und die Forstpolizei, die den Vorfall untersucht hatten, bestätigten den Bericht der Schäfer. So hatten auch wir keinen Grund, die Geschichte nicht zu glauben. Nur die hundertfünfzig verschwundenen Schafe kamen uns etwas seltsam vor. Warum wurden sie jetzt nicht gefunden? Sie gehörten einem der größten Schafhalter der Region Abruzzi, einem Geschäftsmann mit recht zweifelhaftem Ruhm.

Auf Drängen des WWF hatte die Regierung in Rom beschlossen, in diesem Jahr zum erstenmal den Schäfern Ersatz für durch Wölfe verursachte Schäden zu zahlen. Uns war klar, daß der Schutz des Wolfes nicht auf dem Rücken einzelner ausgetragen werden durfte. Dem Großschäfer stand also ein voller Ersatz seines Schadens zu. Da es sich angeblich um besonders wertvolle, aus Frankreich importierte Tiere handelte, ging es nicht gerade um kleine Summen.

Zwei Tage später erreichte uns die Nachricht, daß vierzig der versprengten Schafe gefunden worden waren. Diesmal kamen wir nicht zu spät. Direkt an der Straße unterhalb des Passo San Leonardo lagen die Tiere im Gelände verteilt: alle tot. Ein Bagger war gerade dabei, unter Anleitung der Forstleute, einiger Schäfer und des Schafhalters ein großes Loch auszuheben. Es gelang uns gerade noch, das Zuschütten aufzuschieben und die toten Tiere anzuschauen. Der Betrug war sofort erkennbar: Die angeblich von Wölfen gerissenen Tiere hatten alle einen sauberen Einstich in der Halsgegend, nicht von einem Zahn, sondern deutlich von einem Messer verursacht. Außerdem waren bei jedem Schaf die Eingeweide entfernt. Sicher, einige Tiere waren angefressen – gestorben aber waren sie durch menschliche Einwirkung. Wölfe, Füchse oder Hunde hatten sich nur nachträglich satt fressen können.

Wir teilten den Forstpolizisten unsere Beobachtungen mit, und diese waren sehr erstaunt. Der Besitzer hingegen versuchte, ihnen nachdrücklich klarzumachen, es seien Wölfe gewesen. Das Ganze war jedoch zu offenkundig, und bald wurde ein neues Protokoll aufgenommen. Der Besitzer, der unser Kommen nicht gerade freundlich begrüßt hatte, war plötzlich wie verwandelt. Es kam zu einem langen Gespräch, bei dem ich wohl recht harte Worte gebrauchte. Luigi bat mich daraufhin, allein sprechen zu dürfen – und in der Tat konnte er so etwas viel besser. Nach vielen Gesprächsstunden und einem gemeinsamen guten Essen im Hotel am Paß kam die ganze Geschichte, wie sie sich vermutlich zugetragen hatte, ans Licht. Außerdem trafen Luigi und der Schafhalter folgende Vereinbarung: Wir würden die Sache nicht an die große Glocke hängen, und er würde kein Gift gegen die Wölfe auslegen und überdies unsere Bemühungen, im Maiella-Massiv ein großes Schutzgebiet einzurichten, unterstützen, was bei seinem politischen Einfluß von großer Bedeutung sein konnte. Ich muß zugeben, daß ich von Luigi im Laufe dieser Jahre vieles gelernt habe.

Was war passiert? Die Geschichte mit dem Unwetter und dem Angriff der Wölfe stimmte wohl: Den Wölfen gelang es, einige Schafe zu reißen. Nur waren es nicht gleich hundertfünfzig und die gleiche Anzahl von vertriebenen Tieren. Um doppelte Bezahlung der Schafe zu erreichen, hatten die Schäfer weitere Tiere geschlachtet und ebenfalls als von Wölfen gerissen deklariert, nicht aber mit vergraben lassen. Diese sowie die »Versprengten« wurden vielmehr schwarz an Metzger der Umgebung verkauft. Einer von ihnen sah dann auf seiner Fahrt über den Paß mehrere Forstpolizisten und wurde plötzlich unsicher. Aus Angst, entdeckt zu werden, lud er die »heiße« Ware wieder ab. Später wurden die schon leicht stinkenden Schafe so verteilt hingelegt, daß man von weitem hätte schließen können, sie seien von Wölfen gerissen worden.

Im ersten Jahr der Erstattung von Wolfsschäden war dieser Fall sicher nicht der einzige Betrugsversuch. Insgesamt wurden 1974 in der Region Abruzzi über 130000 Mark an Schadenersatz gezahlt. Wir schätzten, daß mindestens die Hälfte aller gemeldeten Risse nicht durch Wölfe, sondern durch Hunde verursacht oder einfach erfunden waren. Franco Tassi von der Nationalparkverwaltung, der mit solchen Fragen sehr viel mehr Erfahrung hatte – da bei ihm zuerst von Bären und dann von Wölfen verursachte Schäden seit Jahren bezahlt wurden –, schätzte den realen Schaden auf 20 bis 30 Prozent des angegebenen. In den folgenden Jahren wurden daher auf unseren Vorschlag hin die Bestimmungen für den Schadenersatz strenger gefaßt. Nur wirklich als solche identifizierte Risse waren künftig zu bezahlen. Außerdem sollten die Schäfer eine genügend große Anzahl von Hunden halten und nicht mehr als hundert Schafe je Mann führen. Die letzte Forderung war von den einheimischen Hirten leicht zu erfüllen, für die fremden, nur im Sommer auftreibenden Schäfer mit ihren großen Herden war sie indes zu rigoros. Sie wurde daher nicht allzu streng ausgelegt. Außerdem hatte die Forstverwaltung damit angefangen, auch für die fremden Herden große, befestigte Pferche im Gebirge zu bauen, in die weder Wolf noch Bär eindringen können. Die zu bezahlende Schadensumme ist so in der Folge deutlich geringer geworden.

Während die Schafe in den Abruzzen ständig bewacht werden, weiden dort Kühe und Pferde frei. Einige Male habe ich Wölfe durch eine Rinder- oder eine Pferdeherde laufen sehen, ohne daß die Tiere sich darum gekümmert oder die Wölfe Ansätze zur Jagd gezeigt hätten. Für die relativ kleinen Wölfe, die nur in kleinen Rudeln oder allein laufen, sind dies einfach zu große Beutetiere. Auch getötete Kälber und Fohlen haben wir nur ganz vereinzelt als sichere Wolfsrisse identifizieren können. Meistens handelte es sich um Jungtiere, die von der Mutter getrennt worden waren. Bei den Mutterstuten waren die Vorderbeine stets zusammengebunden. Das ist eine übliche Methode bei Pferden, die dafür sorgt, daß die Tiere sich nicht allzu weit entfernen können. Allerdings bedeutet die Fesselung gleichzeitig ein Handikap gegenüber Wölfen, und einige Fohlen haben das mit dem Leben bezahlen müssen.

Neben den in Herden gehaltenen Nutztieren gibt es im Maiella-Gebiet vereinzelt Wildschweine. Wir haben sogar einmal eine Rotte von sechzehn Tieren gesehen und Wildschweinspuren bis in fast 2000 Meter Höhe gefunden. Einzelne große Tiere, vermutlich Eber, waren auch im Winter bei tiefen Schneelagen unterwegs, während das Gros der Tiere sich in tiefen, schneefreien Lagen aufhielt. Aus der Türkei wird berichtet, daß die Wölfe dort hauptsächlich Wildschweine jagen. In den Abruzzen fanden wir indessen kein einziges gerissenes Wildschwein, nicht einmal Wildschweinhaare im Kot der Wölfe. Vermutlich sind auch die Wildschweine den kleinen Rudeln zu wehrhaft.

Die weitaus meisten Schafe, die während unserer Arbeit gerissen wurden, waren Einzeltiere. Nachts schlichen sich die Wölfe an die Netzeinzäunungen der großen Herden und holten sich ein Schaf, das sie zumeist aus dem Pferch herauszogen und draußen dann verzehrten. Die einheimischen Schäfer meldeten ebenfalls den Verlust von Einzeltieren, die auf dem Heimweg oder bei Nebel abseits geraten waren und dann gerissen wurden. Viele von ihnen wurden gleich an Ort und Stelle aufgefressen. Übrig blieben bloß die schweren Knochen und das Fell. Nicht selten aber ließen die Wölfe auch nur angefressene Tiere zurück, wohl dann, wenn sie beim Fressen gestört worden waren. Reste von Einzeltieren wurden meistens am nächsten Tag den Hunden überlassen.

Allerdings haben wir auch größere Schäden gesehen. Bis zu zehn gerissene Schafe waren keine Seltenheit, und zweimal waren es über hundert. Es scheint, daß es immer dann zu Massenrissen kommt, wenn unter den Schafen Panik ausbricht und eine große Anzahl blökend umherrennt. Für die Wölfe bedeutet dies ein allzu starkes Signal zum Beutemachen, und sie töten, was sie können – ähnlich dem Fuchs im Hühnerstall. Im Nationalpark wurde von einem Bären berichtet, der in einen Schafstall einbrach und hier alle Schafe – es sollen über hundert gewesen sein – tötete, bis er vor Ermüdung einschlief. Am Morgen fand ihn der Schäfer inmitten der toten Schafe schlafend im Pferch.

Dieses Verhalten des Massentötens kennen wir von vielen Beutegreifern. Die überoptimalen Tötungsauslöser eingepferchter Beutetiere, die nicht entkommen können, sind so stark, daß die Raubtiere vor lauter Töten gar nicht zum Fressen kommen. Paul Leyhausen hat in seiner detaillierten Studie über das Tötungsverhalten von Katzen eine »relative Stimmungshierarchie« festgestellt, wonach die einzelnen Abschnitte der Jagd, wie das Anschleichen, das Töten und das Fressen, jeweils eigene Antriebe und eine eigene Endhaltung haben. Diese müssen jeweils befriedigt sein, bevor der nächste Abschnitt der gesamten Handlungsfolge ausgelöst wird. Das Töten der Beute ist also nicht vom Hunger bedingt, sondern von den Schlüsselreizen, die entstehen, wenn eine Beute durch die Jagd in eine bestimmte Situation gebracht wird. Tauchen immer neue Schlüsselreize zum Töten auf, reagiert das jagende Tier entsprechend. Nur das Auf-Jagd-Gehen, das Suchen nach Beute, also das »Appetenzverhalten«, wird auch durch den Hunger gesteuert.

In der für Raubtiere unnatürlichen Situation einer Massenhaltung bewegungsbeschränkter Beutetiere kann es daher zu solchen Tötungsexzessen kommen. Ganz anders als bei der Jagd auf wildlebende Beutetiere, die, wenn gerissen, sogleich von den Wölfen aufgefressen werden, töten sie daher manchmal mehr Haustiere, als sie verwerten können. Erki Pulliainen berichtet von einer Untersuchung in Nordfinnland, wo von einhundertneunundvierzig Schafen, neun Kühen, fünfzehn Kälbern und drei Pferden, die getötet wurden, nur einunddreißig Schafe, drei Kühe, fünf Kälber und ein Pferd aufgefressen wurden.

Dieses Verhalten ist es auch, das den – verständlichen – Haß der Schäfer gegen die Beutegreifer, hier insbesondere den Wolf, hervorruft. Der gelegentliche Verlust eines Schafes, eines Fohlens, eines Kalbes wäre zu verschmerzen. Aber gleich hundert und mehr gerissene Tiere – das ist zuviel! Und diese dann nicht einmal alle aufgefressen! Jedesmal nach einem solchen Vorfall waren die Zeitungen voll der Berichte, und die Stimmung gegen die Wölfe und ihren Schutz äußerte sich lautstark.

Mortalität der Wölfe

Doch auch im umgekehrten Fall – beim gewaltsamen Tod eines Wolfes – berichteten die Zeitungen und das Fernsehen voller Abscheu von der Tat, so, als Luigi Boitani und ich unseren ersten Wolf, Wolf 1/2, tot in einem Bach fanden. Das Tier war im Nationalparkgebiet offenbar von einem Wilderer, der wohl auf Vogeljagd gegangen war, mit einer Ladung kleinkalibrigen Schrots angeschossen worden. Vermutlich hatte es einige Zeit gedauert, bis der Wolf starb und seine Leiche, bei Hochwasser mitgerissen und schließlich im Ufergebüsch festgeklemmt, von uns gefunden wurde. Der Sender hatte uns dorthin geführt.

Auch weitere von uns markierte Wölfe starben durch menschlichen Einfluß. Gleich am Anfang unserer Arbeit im Maiella-Gebiet hatten wir zwei adulte Weibchen aus benachbarten Rudeln gefangen. Zusammen mit dem einen Weibchen, Wolf 7/8, lebten mindestens vier weitere Wölfe: wahrscheinlich ein adulter Rüde und drei Welpen. Im Frühjahr bekam die Wölfin wieder Welpen. Die Höhle befand sich in einem dichten Waldabschnitt an der Cresta Maggiore oberhalb Cansanos. Luigi fand die Höhle und sah dort zwei Welpen; es können aber auch mehr gewesen sein. Den ganzen Sommer über war die Höhle der Sammelpunkt des Rudels. Im darauffolgenden Winter gelang es mir, den adulten Rüden und zwei inzwischen neun Monate alte Welpen zu fangen. So hatten wir vier Tiere des Rudels unter Kontrolle.

Sie durchstreiften gemeinsam ein Gebiet von etwa zweihundert Quadratkilometern zwischen Sulmona, dem Passo San Leonardo und Pescocostanzo. Bald fanden wir einen der Welpen tot. Eine Untersuchung ergab, daß er Strychnin gefressen hatte, das in einem Schafkadaver versteckt gewesen war. Auch der adulte Rüde starb wenig später, ebenfalls an Strychnin.

Für einen erfahrenen Wolf war dies ungewöhnlich. Der Rüde war bei seinem Tod allerdings sehr abgemagert; vielleicht hatte der Hunger ihn unvorsichtig werden lassen. Sein schlechter körperlicher

Zustand wiederum ging womöglich auf unser Konto. Er hatte sich nämlich in der Falle erheblich verletzt, und diese Wunde war immer noch nicht verheilt. Wir hatten sie zwar vernäht und dem Tier Penicillin gespritzt, aber es hatte nichts genutzt. So waren wir bei unseren Bemühungen, die Wölfe in den Abruzzen zu erhalten, möglicherweise mitschuldig am Tod eines sehr wichtigen Tieres.

Diese Geschichte sowie die vielen bösen Verletzungen bei den in unseren Wolfsfallen gefangenen Füchsen gaben dann den Ausschlag für mich, die Tellereisen bei unserem Projekt nicht mehr zu verwenden. In einer Empfehlung an den WWF habe ich auch für weitere Wolfsschutzprojekte dringend empfohlen, Wölfe mit anderen Methoden zu fangen.

Zum Verhalten adulter Wölfe gegenüber Strychnin machte Luigi eine interessante Beobachtung. Als er nach dem Tod des Rüden der Wölfin 7/8 in der Nähe von Campo di Giove folgte, fand er unterwegs einen toten Hund. Zurück im Dorf, erfuhr er, daß Gift in der Gegend ausgelegt worden war und daß ein Hund, auf den die Beschreibung paßte, im Dorf fehlte. Deshalb fuhr er am nächsten Tag wieder hinauf, um den Hundekadaver mitzunehmen, fand aber nur noch Reste davon. Vermutlich hatte die Wölfin inzwischen von dem vergifteten Aas gefressen. Ganz entgegen dem wolfsüblichen Verhalten hatte sie aber die Eingeweide unberührt gelassen, ja nicht einmal die Bauchhöhle aufgerissen.

Sicher ist dies noch kein Beweis dafür, daß sie »gewußt« hatte, wie gefährlich der Verzehr dieser Teile sei. Strychnin soll auch für Wölfe ganz geruchlos sein. Trotzdem sind gesunde erwachsene Wölfe außerordentlich vorsichtig im Umgang mit vergiftetem Fleisch; die Wolfsjungen dagegen fallen ihm leicht zum Opfer. Entsprechende Berichte liegen uns aus Nordamerika vor, wo im 19. Jahrhundert ungleich größere Mengen Strychnin als irgendwo sonst im Kampf gegen Wölfe, Kojoten und andere Beutegreifer zum Einsatz gekommen sind.

Der zweite markierte Welpe verließ seine Mutter und das Gebiet, in dem er aufgewachsen war, im Alter von zwölf Monaten. Er machte lange Wanderungen und kam acht Wochen später für kurze Zeit »nach Hause« zurück, zog aber gleich wieder weiter. Den letzten Funkkontakt mit ihm hatten wir im Nationalparkgebiet. Gern hätten wir mehr über ihn gewußt, vor allem, durch welche Gebiete er zog, doch es fehlte uns, wie gesagt, das Flugzeug. Als es dann endlich zur Verfügung stand, funktionierte entweder der Sender des Tieres nicht mehr, oder auch dieser Wolf war irgendwo versteckt gestorben, so daß wir sein Signal nicht empfangen konnten.

Der Sender der Mutter gab nach achtzehn Monaten Betriebszeit ebenfalls keine Signale mehr. Ich sah die Wölfin vorher noch mit einem anderen Wolf, vermutlich einem Rüden: vielleicht einem ihrer Söhne, den wir nicht hatten fangen können. Welpen brachte sie im Frühjahr danach keine zur Welt, und als ich im Sommer des folgenden Jahres an der alten Höhle heulte, bekam ich keine Antwort. Dieses Rudel existierte dann wohl nicht mehr.

Von den fünfundzwanzig in den Jahren 1974 bis 1976 uns bekanntgewordenen toten Wölfen in den Abruzzen starben mindestens neun, vorwiegend junge Wölfe, an Gift, drei erlagen Schußverletzungen, ein Wolf wurde überfahren. (Die Todesursachen der übrigen zwölf waren nicht zu erfahren.) Menschliche Einflüsse waren also die bei weitem häufigste Ursache für die Mortalität der Wölfe. Von unter natürlichen Umständen – durch Krankheit, Alter, Verletzungen oder Unterernährung – gestorbenen Wölfen in den Abruzzen besitzen wir zwar keine Informationen; doch bei einem geschätzten Bestand von etwa fünfundzwanzig Wölfen, von denen binnen zweier Jahre dreizehn, wahrscheinlich aber noch mehr getötet wurden, bleiben für einen natürlichen Tod nicht mehr viele übrig.

Räumliche Organisation

Aufgrund der versteckten Lebensweise der Wölfe waren wir nicht in der Lage, uns ein genaues Bild von der Struktur der Population, wie Altersaufbau, Gruppengrößen, Reproduktionsraten und so weiter, zu machen. Die Beobachtungen an der Wölfin 7/8 und ihrem Rudel zeigen aber, daß auch die Wölfe in den Abruzzen kleinere Rudel zu bilden vermögen, die eine Zeitlang stabil sind und ein Gebiet in Anspruch nehmen, das gegen fremde Artgenossen verteidigt wird. Die hohe anthropogen bedingte Sterberate wie die auch sonst von Menschen stark abhängigen Lebensbedingungen lassen aber solche Rudel, und damit auch die räumliche Organisation der Population, nicht langlebig werden. Der hohe Nahrungsbedarf von Jungtieren und der dadurch bedingte höhere Druck auf Haustiere als potentielle Nahrungslieferanten führen dazu, daß die Verfolgung der Wölfe durch den Menschen zunimmt, wenn sich irgendwo ein Rudel gebildet hat. Die Folge ist eine weitgehend in Einzeltiere oder Kleingruppen aufgesplitterte Restpopulation von Wölfen, die hauptsächlich von Abfällen leben und nur unter besonders günstigen Bedingungen sich vermehren und Welpen aufziehen können.

Die vermutlich sehr niedrige Geburtenrate findet so ihre Erklärung, auch das nur sporadische Auftreten des Wolfes in vielen Gebieten der Abruzzen. Als wir 1973 mit unserem dortigen Projekt anfingen, lagen aus dem Gebiet des Gran Sasso d'Italia keine Berichte von Wölfen vor. Zwei Jahre später wurde jedoch von erheblichen Rißschäden berichtet, und alles deutet darauf hin, daß die Verursacher tatsächlich Wölfe waren. Auch im Maiella-Gebiet waren Wölfe lange Jahre unbekannt oder zumindest sehr selten gewesen. Mehrere Schäfer, die in den letzten Jahren Schäden erlitten hatten, erzählten uns, daß ihnen dies zum erstenmal in ihrem ganzen Leben widerfahren sei. Schließlich mußte sich der WWF sogar energisch zur Wehr setzen gegen Gerüchte, wir hätten die Wölfe eingeführt. Vom Flugzeug aus sollen wir aus Kanada importierte Wölfe mit dem Fallschirm abgesetzt haben – das war die häufigste Variante. Sicher hat es hier immer vereinzelt Wölfe gegeben; doch erst durch die erfolgreiche Aufzucht von mindestens drei uns bekannten Würfen wurde der Druck auf Haustiere spürbar. Inzwischen sind die meisten dieser Wölfe entweder gestorben oder verschwunden. Von Schäden wird kaum noch berichtet. Dafür tauchten weiter westlich, in einem Gebiet, aus dem zur Zeit unserer Arbeit keine einschlägigen Berichte vorlagen, Wölfe auf. Offensichtlich hatte sich hier durch erfolgreiche Welpenaufzucht ein neues Rudel gebildet. Allerdings blieb auch die einheimische Bevölkerung nicht untätig: Vier Wölfe starben binnen kurzer Zeit, und so war auch von diesem Rudel bald nichts mehr zu hören.

Wolf-Hund-Bastardierung

Neben der direkten Verfolgung droht den Wölfen in einem Gebiet mit geringer Dichte und intensiver menschlicher Nutzung eine weitere Gefahr: die Bastardierung mit Hunden. Außer der Wölfin 7/8 fingen wir im Winter 1975 im selben Gebiet die Wölfin 9/10. Wir wissen nicht, ob sie von dem Rudel abstammte, das wir ein Jahr zuvor bei der Zählung gesehen hatten, oder ob sie aus dem Rudel der Wölfin 7/8 ausgestoßen worden war. Auf jeden Fall hielt sie zu 7/8 und deren Begleitern Abstand und bewohnte das Gebiet nördlich des Passo San Leonardo. Während des Winters deutete alles darauf hin, daß sie allein war. Paolo Barrasso sah dann im Sommer als erster die Wölfin in Begleitung eines schwarzen Welpen. Im folgenden Winter hörten wir mehrmals das Heulen des Rudels oberhalb von Santa Eufémia, wobei sich deutlich Belltöne ausmachen ließen. Wir waren daher nicht erstaunt, als wir den ersten Bastard fingen: ein fast schwarzes Tier, nur an den Beinen und an der Brust mit weißen Flecken besetzt. Wenige Wochen später gingen uns zwei weitere dieser ansonsten sich völlig wie Wölfe verhaltenden Tiere in die Fallen: ein schwarzes Weibchen mit weißen Flecken und ein wolfsfarbenes Weibchen, das nur von einem Kenner als Mischling zu erkennen war. Einem Schäfer jedenfalls fiel nichts Ungewöhnliches auf; für ihn war es ein Wolf. Wenig später sah ich dann das ganze Rudel beisammen. Es umfaßte außer der Wölfin und einem vermutlich später hinzugekommenen Wolfsrüden sechs Jungtiere: vier schwarze und zwei wolfsfarbene.

Wir diskutierten lange, was wir mit den Jungen tun sollten. Ich hatte sie allerdings alle drei nach dem Fangen erst einmal, mit Senderhalsbändern versehen, wieder freigelassen. Damit waren unsere Einflußmöglichkeiten eigentlich auch erschöpft, denn trotz intensiver Versuche gelang es mir nicht, weitere Bastarde zu fangen. Sie waren auch alle derart scheu, daß ein Abschuß kaum möglich war. Und Gift wollten wir auf keinen Fall verwenden – nicht nur wegen der Gefahr für die beiden »echten« Wölfe. Damit blieb uns nichts anderes übrig, als das zu machen, was ich ohnehin als das Bestmögliche ansah: nämlich nichts.

Ich ging von folgender Überlegung aus: Es war nicht anzunehmen, daß wir zufällig einen ganz seltenen Vorfall beobachtet hatten. Aus Israel wurde von einem ähnlichen Fall berichtet, bei dem eine Wölfin sich einem Schäferhund angeschlossen und mit ihm Welpen bekommen haben sollte. Weitere

Berichte lagen auch aus Nordamerika vor. Bastardierungen am Rande einer Population zwischen einzelnen Wölfen und Hunden dürften demnach auch mehrmals in Italien vorgekommen sein. Ein Wolf in der Gruppe frißt den Hund; allein aber paart er sich mit ihm. Dabei ist, wegen der notwendigen Anregung zur Spermienreifung beim Wolfsrüden, die Paarung zwischen Hund und Wölfin vermutlich die üblichere Form.

Trotz einer gelegentlichen Bastardierung ist die Wolfspopulation in den Abruzzen in genetischer Hinsicht bis jetzt wahrscheinlich nicht wesentlich davon beeinflußt worden. Soweit wir es beurteilen können, besteht sie aus reinen Wölfen. Das gleiche gilt für die nordamerikanischen Wölfe. Inzwischen liegen zwar biochemische Untersuchungen vor, die andeuten, daß Bastardierungen etwa zwischen Wölfen und Kojoten viel häufiger sind, als man es bislang zwischen zwei getrennten Arten, um die es sich hier ja handelt, für möglich gehalten hat. Wegen der nicht unterscheidbaren Molekularstruktur der untersuchten Merkmale beim Wildtier Wolf und bei seinem domestizierten Nachkommen Hund wissen wir jedoch nicht, ob hier gleiches zutrifft. Vieles spricht allerdings dagegen. Ein Bastard aus Wolf und Kojote ist vom Aussehen her kaum zu erkennen, einer aus Wolf und Hund schon eher. Sichtbeobachtungen von Wolfshunden sind aber äußerst selten, auch wenn Kreuzungen in der ersten Generation offenbar nicht ganz ungewöhnlich sind. Das kann nur bedeuten, daß der einmalige »Fehltritt« eines Wolfes ohne populationsgenetische Folgen bleibt, Rückkreuzungen zwischen den Bastarden und normalen Wölfen aus der Population also höchstwahrscheinlich nicht auftreten. Obwohl die Bastarde sich in ihrem Verhalten dem Menschen gegenüber nicht von dem der Wölfe unterscheiden, sind sie für die Wölfe keine Artgenossen, jedenfalls so lange nicht, wie den Wölfen wirkliche Artgenossen zur Verfügung stehen. Die Bastarde bleiben demnach unter sich oder vermehren sich weiter mit Hunden. Für eine ansonsten lebensfähige Wolfspopulation bedeutet die Bastardierung somit keine Gefahr. Für eine Population indessen, die durch weitere Einkreuzungen oder durch Konkurrenz mit den Bastarden gefährdet wäre, ist es vermutlich sowieso zu spät. Die Verpaarung mit Hunden ist dann nur der letzte Akt ihres Verschwindens, wobei freilich ganz andere Gründe maßgeblich sind als derartige »Seitensprünge«.

Hunde als Konkurrenten

Erst Jahre später sollten wir erkennen, daß Hunde wenn nicht als mögliche Geschlechtspartner, so doch als Konkurrenten für die Wölfe einen Einfluß auf deren Überlebenschance haben. Als Anfang der achtziger Jahre die Tollwut von den Alpen her immer weiter in südlicher Richtung vordrang, begann man sich in Italien auch über die vielen streunenden Hunde Gedanken zu machen. Luigi Boitani schickte einen Fragebogen an alle Forstämter in den Apenninen. Das Ergebnis der Befragung war beunruhigend. Außer den vielen Hunden in den Bergdörfern lebte eine nicht geahnte Anzahl verwilderter Hunde im Gebirge. Daneben gab es eine noch größere Menge von Hunden, die sowohl in den Dörfern als auch im Gebirge herumliefen. Einige dieser Streuner hatten einen Besitzer, andere lebten eher als eine Art Pariahunde am Rande der menschlichen Siedlungen.

Natürlich ist es unmöglich, diese verschiedenen Kategorien von Dorf- und Pariahunden von streunenden oder völlig verwilderten Hunden zu unterscheiden. Auch scheint mir die aus den gewonnenen Daten hochgerechnete Zahl von angeblich 3,5 Millionen herrenlosen Hunden in Italien stark übertrieben. Daß viele Hunde jedoch an den Müllhalden eine Konkurrenz für die Wölfe darstellen, steht außer Zweifel. Ebenso ist zu befürchten, daß viele der den Wölfen angelasteten Rißschäden an Haustieren in Wirklichkeit von Hunden verübt werden.

So begann Luigi zusammen mit Francesco Francesi im Umkreis des Dorfes Ovíndoli im westlichen Teil der Abruzzen das Verhalten der dortigen Hunde genauer zu untersuchen. In der Tat stellten sie bald fest, daß es hier neben zahlreichen »Gelegenheitsstreunern« eine Gruppe verwilderter Hunde gab, die im Gebirge lebten. Wölfe fehlten offenbar in dem Gebiet. Die verwilderten Hunde verhielten sich indes ganz ähnlich wie anderswo die Wölfe. Sie waren sehr scheu und zogen sich tagsüber in unzugängliche Bergzonen zurück. Nur nachts kamen sie ins Tal und besuchten dann regelmäßig den Müllplatz des Dorfes.

In anderer Hinsicht unterschieden sie sich jedoch erheblich von den Wölfen. Zwar waren Angriffe auf Schafe relativ selten, da die Herden hier wie überall in den Abruzzen von Schäfern bewacht wurden. Hingegen griffen die Hunde immer wieder die in den Sommermonaten frei weidenden Rinder und Pferde an. Als ich dort einmal zu Besuch war, fanden wir ein Pferd und gleich drei ausgewachsene Kühe tot im Gelände. Alle vier Kadaver waren kaum angefressen. So konnten wir das Geschehen recht gut rekonstruieren. Alle Tiere waren im steilen Gelände verendet und wiesen Beinfrakturen auf. Offensichtlich hatten die Hunde ihre Opfer den Berg hinuntergejagt, wobei diese erheblich verletzt wurden; außer Beinbrüchen stellten wir auch Schädelfrakturen fest. Erst danach hatten die Hunde wohl richtig angegriffen. Die eigentliche Todesursache ließ sich allerdings nicht eindeutig ermitteln. Womöglich waren die Tiere eher an ihren Sturzverletzungen gestorben als an den Bissen der Hunde. Auf jeden Fall aber mußten die Opfer die Hunde als

Gefahr verkannt haben. Hunde sind ja auch in der Regel nicht gefährlich, und diesen »Harmlosigkeitsvorteil« scheinen die reißend gewordenen Hunde zu nutzen. Nahe bei ihrem Opfer angekommen, können sie dann plötzlich angreifen und so auch bei größeren und wehrhaften Tieren eine panische Reaktion hervorrufen.

Zumindest im Sommer schien es den Hunden also nicht an Nahrung zu mangeln. Im Winter aber zogen einige der Bandenmitglieder, die sonst die Nähe von Menschen so sehr gemieden hatten, zurück ins Dorf, ja sogar zu ihren Besitzern ins Haus, in die warme Unterkunft. Der Anführer der Bande, ein großer weißer abruzzischer Hirtenhund, blieb freilich auch im Winter draußen, gefolgt von einer kleinen Schar Getreuer. Nur im letzten Winter der Untersuchungszeit blieb er ganz allein, worauf auch er eines Tages wieder ins Dorf kam. Francesi, der ihm gerade folgte, wollte es zuerst gar nicht glauben. Doch der früher so scheue und von den Hirten inzwischen viel gejagte Hund lief seelenruhig durch die Dorfstraßen und über die belebte Piazza. Stunden später entschwand er erneut ins Gebirge, diesmal gefolgt von einer jungen Hündin, die zuvor nur im Dorf und im Haus ihres Herrn gelebt hatte – eine »Entführung aus Ovíndoli«.

Diese Beobachtungen zeigen, daß es sich hier nicht um eine stabile Population ausschließlich verwilderter Hunde handelt, sondern daß die Tiere stets mehr oder weniger stark vom Menschen abhängen, wobei die Übergänge zwischen den verschiedenen Lebensphasen fließend sind. In einer Hinsicht scheint die Abhängigkeit sogar besonders groß zu sein: Obwohl immer wieder Welpen im freien Gelände geboren wurden, gelang es den verwilderten Hunden nur einmal, einen einzigen Welpen aus einem Wurf auch großzuziehen; alle anderen Welpen starben. Offenbar bedürfen die Tiere zur Aufzucht von Welpen der menschlichen Hilfe. Dabei scheint die Futterfrage nicht entscheidend zu sein, zumindest nicht bei der »Ovíndoli-Bande«, die in der Zeit der Welpenaufzucht genügend zu fressen hatte. Die meisten Welpen starben erst im Alter von drei bis vier Monaten, als sie anfingen, mit den Älteren mitzulaufen. Allem Anschein nach waren weder die Mutter noch die anderen Althunde, geschweige denn die Welpen imstande, beisammenzubleiben. Immer wieder verlief sich ein Welpe, wurde zurückgelassen oder vergessen und starb dann bald an Erschöpfung.

So findet die Neurekrutierung der Population verwilderter Hunde in den Apenninen wohl hauptsächlich über die vorhandenen dörflichen Hundepopulationen statt. Zwischen beiden Gruppen besteht auch sonst ein reger Austausch, so daß man eigentlich gar nicht von getrennten Populationen reden kann. In vielen Gebieten der Apenninen kommt es ohnehin nicht zu einer Verwilderung ganzer Banden, wie das einige Jahre lang in Ovíndoli beobachtet worden ist. Ausschlaggebend hierfür scheint die Präsenz von Wölfen zu sein. Dort, wo sie noch leben, verhindern sie wohl, daß Hunde sich freilebend im Gebirge etablieren können. Umgekehrt scheinen aber auch die verwilderten Hunde Wölfe daran zu hindern, sich in einem Gebiet niederzulassen. Im Gebiet von Ovíndoli jedenfalls traten Wölfe erst dann wieder auf, als die Bande der verwilderten Hunde faktisch nicht mehr existierte.

Über ähnliche Beobachtungen in der Sowjetunion berichtet Dmitrij Bibikov in seiner neuen Biographie des Wolfes. Auch in der UdSSR sind Hunde normalerweise eher Beute denn Partner der Wölfe. Verwilderte Hunde treten deshalb nur dort verstärkt auf, wo die Wölfe von Menschen besonders stark verfolgt werden und deshalb verschwinden. Bevor sie aber gänzlich verschwinden, kommt es vermehrt zu Bastardierungen mit Hunden. So berichtet Bibikov von einer vierjährigen Wölfin, die sich Hunden gegenüber deutlich aggressiv verhielt; als sie nach mehreren Wochen, in denen sie keinen Kontakt zu anderen Wölfen gehabt hatte, mit denselben Hunden zusammenkam, begrüßte sie diese auffällig freundlich und forderte sie zum Spielen auf.

Wie die italienischen scheinen demnach auch die russischen Wölfe nur in sozialer Notlage sich Hunden anzuschließen und sich mit ihnen zu paaren. Ansonsten verhindern sie offenbar, daß sich freilebende Hundegruppen etablieren. Aus diesem Grunde sieht man in der UdSSR inzwischen vielerorts davon ab, die Wölfe völlig auszurotten.

Der Wolf in Italien

Unsere Arbeit in den Abruzzen hat deutlich gemacht, welchen Anspruch der Wolf an seinen mit Menschen geteilten Lebensraum stellt. Außer einem ausreichenden Angebot an Nahrung – wobei er nicht gerade wählerisch ist – braucht er Rückzugsgebiete, in denen er von Störungen durch den Menschen weitgehend frei ist. Das können entweder große, unerschlossene Waldgebiete sein oder steile, zerklüftete Bergregionen, die ebenfalls bewaldet sein müssen. Im italienischen Verbreitungsgebiet des Wolfes fanden wir jedenfalls kein von Wölfen heute noch besiedeltes Gebiet, wo Wald und Gebirge fehlten. In diesem Zusammenhang haben die Bemühungen der Forstverwaltung, die weithin entwaldeten Gebirge Italiens wiederaufzuforsten, sicher einen günstigen Einfluß.

Die Beobachtungen der nächtlichen Aktivität der Wölfe haben auch gezeigt, daß diese in von Menschen stärker besiedelte Gebiete eindringen können. Zweimal habe ich Wölfe bis nach Sulmona verfolgen können, einer Stadt mit etwa dreißigtausend Einwohnern, wobei die Tiere am Tag stark befahrene Straßen und Eisenbahnlinien mehrmals überqueren mußten. Unsere ursprünglichen Vorstellungen von der Verbreitung des Wolfes in den Apenninen, verteilt auf eine Anzahl inselartiger, nicht miteinander in Verbindung stehender Populationen, schienen damit in Frage gestellt.

Daher flogen Dagmar und ich zum Abschluß unserer Arbeit in den Abruzzen die Apenninen entlang: von Florenz im Norden bis in den Süden Kalabriens. Wir wollten uns vor allem ein Bild davon machen, wie die Gebiete zwischen den von Luigi Boitani bei seiner Umfrage festgestellten Wolfsvorkommen in den höher gelegenen Gebirgsteilen aussehen. Vier Tage lang flogen wir kreuz und quer übers Gebirge. Dabei fanden wir nicht ein einziges Verbreitungsgebiet, das von anderen Gebieten isoliert zu sein schien. Nirgendwo waren wirkliche Barrieren für die Wölfe zwischen den Gebirgszügen zu erkennen. Alle wichtigen Straßen einschließlich der Autobahnen verlaufen streckenweise durch Tunnel oder über Brücken. Auch versperren nirgends größere Siedlungsgebiete eine mögliche Passage, und das Tiefland zwischen den Gebirgen ist an keiner Stelle so ausgedehnt, daß ein Wolf nicht leicht in einer Nacht von einem Gebirge zum anderen überwechseln könnte.

Unsere Annahme, die Wölfe hätten lediglich auf einigen wenigen Verbreitungsinseln überlebt, zwischen denen kein Wechsel und somit auch kein Genaustausch möglich sei, erwies sich von daher als kaum mehr haltbar. Zwar gibt es zweifelsohne für die Wölfe besonders geeignete, räumlich begrenzte Regionen, und zwar verstreut über die gesamten Apenninen. Doch zwischen diesen Wolfsregionen besteht überall die zumindest theoretische Möglichkeit eines Austausches über Verbreitungsbrükken. Das war das Ergebnis unserer Flugerkundung.

Die weitere Entwicklung sollte uns auch in der Praxis recht geben. Ob infolge der gesetzlichen Schutzmaßnahmen, ob aufgrund eines langsamen Wandels in der Einstellung der Menschen zum Wolf, jedenfalls schien die Anzahl der Wölfe in den wesentlichen Verbreitungsgebieten Italiens Ende der siebziger Jahre leicht anzusteigen, namentlich in den Abruzzen. Von hier aus wanderten wohl einige Wölfe in nördlicher Richtung ab, denn zuerst kamen Meldungen aus Umbrien, dann immer häufiger aus der Toskana. Schließlich wurde ein ganzes Wolfsrudel in den Ausläufern der Apenninen südlich Turins gesichtet und – kaum zu glauben – im Sommer 1988 ein junger Wolf in den französischen Seealpen erschossen. Offensichtlich siedeln sich Wölfe in Gebieten wieder an, aus denen sie längst verschwunden waren.

Sollte dieser Trend anhalten, erscheint es nicht unmöglich, daß in absehbarer Zeit das Verbreitungsgebiet der Wölfe wieder die gesamten Apenninen und womöglich sogar Teile der Alpen umfassen wird. Allerdings sind die Widerstände gegen diese Ausbreitung der Wölfe beträchtlich, insbesondere bei Schäfern und Jägern. Während sie dort, wo stets Wölfe vorkamen, wie in den Abruzzen, geradezu abgeklärt wirken, reagieren sie in den neu von Wölfen besiedelten Regionen, als wollten Behörden und Naturschützer vereint sie ins Mittelalter zurückstoßen. Das Unverständnis könnte nicht größer sein – ein Phänomen, das uns im nächsten Kapitel noch beschäftigen wird.

Die Wiedereinbürgerung

Keine Tierart in Europa lebt heute noch unabhängig vom Menschen. Landwirtschaft und Landnutzung, ja unser Verhalten ganz allgemein sind zu alles bestimmenden ökologischen Faktoren für die Tierwelt geworden. Für kaum ein Tier gilt dies mehr als ausgerechnet für jenes, das wir in romantischer Verklärung als Symbol letzter Wildheit sehen: für den Wolf. Doch *er* kennt keine Ästhetik, kennt keinen Abscheu davor, im Müll des Menschen zu wühlen. *Wir* sind es, die ihm andere Lebensumstände wünschen, damit für uns die Welt wieder in Ordnung sei, damit der Müll dort abgelagert werde, wo man ihn nicht bemerkt, und der Wolf seine einsame Fährte wieder irgendwo jenseits der Realität ziehen könne. Wenn wir darum bemüht sind, diese Abhängigkeit des Wolfes vom Menschen in Italien abzubauen, tun wir es also nicht für den Wolf, auch nicht für Hirsch und Reh, ja nicht einmal für so etwas Abstraktes wie das ökologische Gleichgewicht, sondern für uns selber und unsere nostalgische Seele.

In den Abruzzen starb der Rothirsch Ende des 19. Jahrhunderts aus. Eine kleine Restpopulation von Rehen hielt sich im Nationalparkgebiet noch bis in die Mitte unseres Jahrhunderts, verschwand dann aber ebenfalls. Die Ursachen hierfür waren wohl die gleichen wie anderswo auch: die ständige Konkurrenz mit den allzu vielen Haustieren und der hohe Jagddruck. In den Jahren 1971 und 1972 wurden dann fünfundvierzig Hirsche aus Jugoslawien und einundzwanzig Rehe aus Norditalien im Nationalpark freigelassen. Als unser Projekt ein Jahr später anfing, wußte man aber über den Verbleib der Tiere recht wenig. Die Hirsche hatten sich im Gebiet um die Stelle ihrer Freisetzung etabliert, während die Rehe wieder verschwunden zu sein schienen.

Unser Plan war es daher, ein nochmaliges Freilassen von Tieren beider Arten genau zu verfolgen, um Erkenntnisse für weitere großangelegte Wiedereinbürgerungen zu gewinnen. Besonders hätten uns die Vermehrung, der Einfluß auf die Vegetation und Interaktionen mit Haustieren sowie mit Wolf und Bär interessiert. Leider konnten wir diesen Plan nicht durchhalten. Das lag wohl auch daran, daß

Luigi Boitani und ich uns voll auf die Wölfe konzentrierten und die Beobachtung der Hirsche den Leuten vom Nationalpark überließen. Diese aber hatten, wie auch zu erwarten, vor allem Interesse an der Wiedereinbürgerung der Tiere im Nationalpark, während sie Erkenntnisse für Aktionen in anderen Gebieten als zweitrangig betrachteten. So blieben unsere telemetrischen Halsbänder für die Hirsche unbenutzt – und eine Chance war vertan. Von 1974 bis 1977 wurden weitere achtundzwanzig Hirsche und sechzehn Rehe an verschiedenen Stellen im Nationalpark freigelassen. Die Hirsche stammten alle aus dem Bayerischen Wald. Sie wurden im Rahmen der Partnerschaft zwischen der Region Abruzzi und Niederbayern sowie zwischen den beiden Nationalparks vom bayerischen Staatsministerium für Ernährung, Landwirtschaft und Forsten gespendet. Dessen Leiter, der inzwischen verstorbene Minister Hans Eisenmann, mußte dabei heftige Kritik gerade aus jener Gegend einstecken, aus der er selbst stammte. Die »Bildzeitung« empörte sich über »deutsche Hirsche für italienische Wölfe«, und auch die Jägerschaft fand nicht gerade freundliche Worte.

Ein häufig verwendetes Argument war der »Vogelmord« in Italien. Solange solche Mißstände herrschten, hieß es, dürfe man auf anderen Gebieten nicht »ökologische Entwicklungshilfe« leisten. Im Grunde ging es wohl wieder um Beutekonkurrenz. Aber auch die vorgeschobenen Gründe waren wenig stichhaltig. Sicherlich, der millionenfache Abschuß von Vögeln, auch Zugvögeln, muß aufhören. Die Form der italienischen Jagd ist unerträglich. Doch auch millionenfacher »Vogelmord« ist immer noch weniger schlimm, als den Tieren ihren Lebensraum durch Trockenlegung letzter Feuchtgebiete, Begradigung letzter natürlicher Wasserläufe, Umbau natürlicher Wälder zu Fichtenplantagen, massive Giftanwendung in Land- und Forstwirtschaft, kurz: durch die Nutzung noch des allerletzten Quadratmeters unseres Bodens zu nehmen. Hier, glaube ich, könnten wir selbst einiges an »Entwicklungshilfe« gebrauchen.

Uns ging es bei der Wiedereinbürgerung der Hirsche auch nicht darum, für den Wolf lebendes Futter heranzuschaffen, sondern darum, eine von Menschen, nicht zuletzt den Jägern selbst, zerstörte ökologische Beziehung wiederherzustellen. Es sollten nicht nur die Wölfe ihre natürlichen Beutetiere, sondern auch Hirsche und Rehe ihre natürlichen Beutegreifer zurückbekommen – eine ökologische und, wie gesagt, auch gefühlsmäßige »Wiedergutmachung«, die der gestörten Lebensgemeinschaft in den ausgewählten Gebieten und den dort lebenden Menschen zugute kommen würde.

Die freigelassenen Hirsche vermehrten sich schnell. Im Sommer 1976 zählte man hundertdreißig Tiere, wenige Jahre später waren es doppelt so viele. Zuerst besiedelten die Hirsche die angrenzenden Täler, vor allem jene, aus denen in Herden gehaltene Nutztiere inzwischen verbannt waren. Natürlich haben sie die Vegetation, die sich mittlerweile regeneriert hatte, erneut kräftig verbissen, doch die Reserven sind noch groß, und weite Landstriche sind nach wie vor unbesiedelt. Die Hirsche können sich relativ leicht in neuen Gebieten festsetzen, denn es dauert einige Jahre, bis Wölfe und Bären dort die neue Beute zu nutzen verstehen – nicht anders als die vielen Jäger, die ebenfalls Jahre brauchen, bis sie erkennen, welche Masse Fleisch »ungenutzt« im Walde lebt. Die Jagd auf Schalenwild ist zwar im Nationalpark ganzjährig verboten, doch das bedeutet nicht viel in einem Land, in dem die Wilderei eine jahrhundertealte Tradition hat. Da indessen die einst so beliebte Jagd auf Hirsch und Reh mangels Masse lange unterbrochen gewesen ist, kommt sie auch in der Illegalität nur zögernd wieder in Gang. Das dürfte den neu angesiedelten

Wildpopulationen genügend Zeit lassen, sich zu etablieren.

Inzwischen hat die Forstverwaltung damit begonnen, auch im Maiella-Gebiet Hirsche und Rehe aus einem großen Zuchtgatter freizulassen. Wie zuvor im Nationalpark vermehren sich die Hirsche auch hier schnell, die Rehe aber nur langsam. Deren große Standorttreue scheint sowohl für die Vermehrung als auch für die Ausbreitung hinderlich zu sein. Womöglich fallen die Rehe auch Wolf und Bär eher zum Opfer. Daher bedarf ihre Wiederansiedlung einer längeren Frist. Vielleicht muß man ihnen weiträumigere Ausbürgerungsgatter zur Verfügung stellen. Aber immerhin – es gibt wieder Rehe dort, und das ist spannend genug.

Zur »Politökologie« des Wolfes

Schon zu Beginn unseres Projekts wußten wir, daß wir es in den Abruzzen, wie in den übrigen Verbreitungsgebieten des Wolfes in Italien, mit einer Tierart zu tun hatten, deren Tage gezählt waren, wenn sich nicht bald Grundlegendes änderte. Was sich ändern mußte, erfuhren wir bei fortschreitender Arbeit: Jede Bejagung der Wölfe hatte zu unterbleiben, desgleichen möglichst bald auch die Verwendung von Gift in freier Wildbahn. Außerdem mußten wesentliche Rückzugsgebiete des Wolfes von der Bebauung mit Straßen und Skiliften verschont bleiben. Allerdings war uns klar, daß die besten Gesetze nichts nutzen würden, wenn die einheimische Bevölkerung den Wolf nicht als Mitbewohner ihres Gebietes akzeptierte. Daher mußten wir auch die Einstellung der Menschen im Wolfsgebiet erkunden und herauszufinden suchen, unter welchen Bedingungen sie den Wolf zu akzeptieren bereit wären.

Unsere ersten Versuche in dieser Richtung unternahmen wir schon im Anschluß an unsere erste

Zählung im März 1973. Wir fragten eine Reihe von Leuten, ob sie der Meinung seien, Wölfe könnten Menschen gefährlich werden. Dabei gewannen wir den Eindruck, daß der Wolf als desto gefährlicher eingeschätzt wurde, je weiter die Befragten von Wolfsgebieten entfernt wohnten. In den Wolfsgebieten hielten diejenigen am wenigsten von der angeblichen Gefährlichkeit des Wolfes, die direkten Kontakt mit Wölfen hatten. Alle befragten Schäfer waren sich über die völlige Ungefährlichkeit des Wolfes in bezug auf den Menschen einig. Die Berufsgruppe, die den Wolf für besonders gefährlich hielt, war interessanterweise die der Wirtshausbesitzer: ein Ergebnis, das uns nicht erstaunte.

Unsere bei der Umfrage gesammelten Eindrücke wurden zwei Jahre später durch eine vom Soziologischen Institut der Universität Rom zusammen mit uns durchgeführte wissenschaftliche Untersuchung bestätigt. Die Befragung fand in mehreren Dörfern des Maiella-Gebietes statt. Vorausgesagt sei, daß unsere Arbeit mit den Wölfen inzwischen viel Publizität erhalten hatte, und zwar überwiegend positive. Mehrere Fernsehfilme wurden gedreht und in der »Televisione« gesendet. Auch in der Presse waren zahlreiche Berichte erschienen, der lokale Radiosender hatte Interesse gezeigt, und Luigi Boitani hatte eine Menge Vorträge gehalten. So gab es wohl kaum jemanden, der nicht uns oder wenigstens unseren antennengeschmückten Landrover kannte, der Tag und Nacht unterwegs war. Bekannt war auch unser gemeinsam mit dem WWF geführter Kampf gegen die Pläne, am Passo San Leonardo ein neues Wintersportzentrum zu errichten, mit Skiliften, Hotels und Ferienhäusern. Wir schlugen stattdessen die Gründung eines neuen Nationalparks oder wenigstens eines Regionalparks im Maiella-Gebiet vor; unser Plan zielte auf ein Jagdverbot, die Wiedereinbürgerung von Reh und Hirsch und, statt des Baues kolossaler Hotelkästen, die Sanierung der wunderschönen alten Dörfer mit dem Ausbau privater Übernachtungsmöglichkeiten und kleiner Pensionen. Gegenüber den spektakulären Plänen der industriellen Erschließung des Maiella-Gebietes mit Pisten und Beton sah unser Vorschlag sicher etwas »unmodern« aus, hatte aber den Vorteil, daß seine Verwirklichung dem Gros der einheimischen Bevölkerung zugute käme und der Naturtourismus – auch wenn er weniger Geld einbrächte – jahreszeitlich nicht so eng begrenzt wäre wie der Skitourismus.

Die Befragung ergab nun sehr deutlich, daß die Einstellung zum Wolf weitgehend abhängig war von den Interessen, welche die Befragten an den verschiedenen Alternativen für die künftige Entwicklung dieser Bergregion hatten. Im allgemeinen positiv zum Wolf und zu seinem Schutz eingestellt waren die Befragten aus den tiefer liegenden Gebieten, die weder Schaden durch den Wolf noch Vorteile von der Einrichtung eines Wintersportzentrums zu gewärtigen hatten. Eine wesentliche Rolle spielte hier der kulturelle Gesichtspunkt, ein Tier, das die Geschichte dieses Gebietes so stark mitgeprägt hatte, nicht einfach auszurotten. Die Schäfer zeigten sich gleichfalls erstaunlich aufgeschlossen. Solange ihnen ihre Schäden ersetzt würden und die Anzahl der Wölfe nicht überhandnähme, waren auch sie nicht gegen den Wolf. Ebenso beurteilten sie den Plan, Hirsch und Reh wiedereinzubürgern, die den Druck des Wolfes auf ihre Schafe verringern könnten, in der Regel zustimmend.

Ich finde diese Einstellung der Schäfer ganz bemerkenswert – immerhin steht ihresgleichen seit Jahrtausenden traditionell im Kampf mit Wolf und Bär. Weniger positiv eingestellt waren hingegen die Jäger. Obwohl der Wolf gegenüber ihren »Beutetieren« kaum eine Konkurrenz für sie war, beurteilten sie seinen Einfluß weitgehend negativ, wobei sie häufig den Schaden der Haustiere mit ins Feld führten. Als ganz ablehnend eingestellt erwiesen sich schließlich diejenigen, die sich durch einen Skizirkus im Maiella-Gebiet Vorteile versprachen, sei es, daß sie Hotels bauen wollten, sei es, daß sie Gelände besaßen, das sie teuer zu verkaufen hofften. Besonders ablehnend waren die Leute in Pacentro, auf dessen Gemarkung die Skilifte und die Hotels entstehen sollten. Das Mädchen, das die Befragung durchführte, wurde sogar einmal als »kommunistische Agentin« aus dem Dorf vertrieben: eine Geschichte, die bald eine Vielzahl von Varianten erhielt.

Viel aufgeschlossener reagierten indes die Menschen in den Dörfern, durch die wir besonders häufig fuhren und wo viele uns persönlich kannten. Doch auch hier hing die Meinung im wesentlichen von der Interessenlage ab, wenn auch die Grundeinstellung freundlicher war. Dies zeigt, so meine ich, daß aller Aufklärung, aller Public-Relations-Arbeit in ihrer Wirkung Grenzen gesetzt sind. Es gab Leute, mit denen wir bestens auskamen und die auch für unsere Argumente zugänglich waren, die aber trotzdem jeden Wolf schießen oder verfolgen wollten, wenn sie es gekonnt hätten.

Die Befragung machte deutlich, daß Naturschutzarbeit auf die Dauer nicht gegen die Interessen der einheimischen Bevölkerung operieren kann, und seien sie noch so fragwürdig. Sie muß vielmehr versuchen, die Mehrheit der Bevölkerung auf ihre Seite zu bringen, durch Einlenken, durch Vorlage alternativer Entwicklungspläne, durch Bereitstellung von Ersatz für verlorene Rechte und natürlich auch durch sehr viel sachliche, den widerstreitenden Interessen nicht ausweichende Aufklärung. Die Menschen dürfen nicht das Gefühl bekommen, auch die Naturschützer seien einige von »denen da oben«, die, ohne sie zu fragen, bestimmen, was in ihrer Gegend passieren soll. Sie müssen vielmehr erkennen, daß der Naturschützer im Grunde auch ihre Interessen vertritt. Das ist ein langer, mühseliger und durchaus politischer Prozeß, der in der Naturschutzarbeit, wie mir scheint, nicht immer genügend beachtet wird. In den Abruzzen, so glaube ich, ist es uns gelungen, unser Naturschutzanliegen – nämlich den Wolf zu erhalten – wenigstens ansatzweise in ein alternatives, ökologisches und ökonomisches Entwicklungskonzept zu integrieren, das sich letzten Endes für die Menschen dieser Gegend als vorteilhaft erweisen wird.

Doch nicht nur auf der lokalen Ebene wird die Zukunft des Wolfes und jener Werte, für die er steht, mitentschieden. Eine wesentliche Rolle spielt auch die nationale Gesetzgebung. Hier gelang es Luigi Boitani und dem WWF zu guter Letzt, zwei entscheidende Voraussetzungen für die Erhaltung des Wolfes zu schaffen. Im Dezember 1976, kurz vor meiner Abreise aus Italien, wurde vom Landwirtschaftsministerium in Rom der Wolf überall in Italien auf unbeschränkte Zeit ganzjährig unter völligen Schutz gestellt. Außerdem wurde jede Verwendung von Gift zur Bekämpfung von Tierpopulationen in der freien Landschaft verboten, und zwar ebenfalls für ganz Italien. Vielleicht weil dieser letzte Erfolg so unerwartet kam, dafür aber um so wichtiger war – und zwar nicht nur für den Wolf –, haben wir uns darüber besonders gefreut.

Zwölftes Kapitel

Der Wolf: verehrt, verkannt, verleumdet

Auf Abwegen traf sie ihn zuerst im Wald, dann machte er ihr sogleich im Bett große Augen, und schließlich vernaschte er sie ganz, wie zuvor die Großmutter – er, der große, böse Wolf, dieser Wüstling. Doch der gute, treue Jäger half ihr aus der Not – ihr, der Tochter aus gutem Hause, die da auf verbotenen Wegen gewandelt war.

Als eines der berühmtesten Märchen ist die Geschichte vom Rotkäppchen in aller Welt bekannt, und die Interpretationen, die sie gefunden hat, sind ebensowenig zu zählen wie die Bilder, mit denen Künstler zu allen Zeiten das spektakuläre Thema illustriert haben. Generationen haben sich davon in Spannung versetzen lassen, bis hin zu den heutigen Allerjüngsten, und dies, obwohl zumindest der Wolf und inzwischen wohl auch kleine Mädchen mit roter Haube – wenn auch nicht die Jäger – bei uns längst ausgestorben sind. Tief in unserem Bewußtsein verankert, erfüllt das Märchen vom Rotkäppchen nach wie vor seinen pädagogischen Zweck: daß nämlich der Wald und wilde Tiere gefährlich sind, desgleichen die Verlockungen des Unbekannten für Mädchen allen Alters, wenn sie die Ermahnungen ihrer Mütter nicht befolgen, auf dem rechten Weg zu bleiben. Der Jäger aber, als Wächter der guten Sitte und der rechten Ordnung, schützt uns vor allen diesen Gefahren des Wilden.

Mit dem Odium des Gefährlichen behaftet, ein Sinnbild des Bösen schlechthin, ist der Wolf bei uns verhaßt, obwohl er aus unseren Breiten seit Jahrhunderten verschwunden ist. Dort aber, wo er noch lebt, stellen wir eine gewisse Toleranz ihm gegenüber fest, zumindest aber einen erstaunlichen

Amor im Wolfspelz ...

Gleichmut. Dabei ist zu fragen, ob es diese Toleranz war, die den Wolf mancherorts vor der Ausrottung bewahrte, während blanker Haß ihn anderswo vernichtete. Oder war der Wolf vielleicht doch nicht überall so schlimm, wie das Märchen uns glauben machen will? Hilft uns seine Verteufelung heute nur, unseren Sieg über ihn und die Natur zu rechtfertigen?

Jedenfalls ist es erstaunlich, daß es in den Abruzzen, mit einer relativ hohen Bevölkerungsdichte, noch Wölfe gibt, während sie etwa aus den unzugänglichen und fast menschenleeren Tundren Nordskandinaviens, wo man sie viel eher vermuten würde, inzwischen verschwunden sind. Die heutige Verbreitung des Wolfes ist offensichtlich nicht allein von der Struktur eines Gebietes, von der Bewaldung, vom Beuteangebot oder von anderen ökologischen Faktoren abhängig, sondern – und zwar in ganz wesentlichem Ausmaß – unmittelbar von den Menschen.

Nun, für welche Tierart gilt das nicht? Zur Umwelt, zur Ökologie unserer Wildtiere gehört heute der Mensch mit seiner Beziehung zu seiner Umwelt und zu den Tieren, die darin leben. Diese Beziehung ist historisch entstanden, abhängig von Wirtschaft und Kultur. Um das Verhalten und die Ökologie einer Tierart voll erfassen zu können, muß man deshalb auch diesen Faktor berücksichtigen – für einen Biologen eine etwas ungewöhnliche Aufgabe. Doch gerade der Wolf, der wie kein anderes Tier unsere Phantasie beschäftigt und unsere Ängste geschürt hat, zwingt uns dazu.

Das Wolfsbild in der Geschichte

Von dem positiven Wolfsbild der Indianer und der Eskimos Nordamerikas habe ich schon berichtet. Sie jagten die gleichen Beutetiere wie der Wolf, waren also im ökologischen Sinne seine Konkurrenten, wenn auch die Jagd des einen die Beute des anderen kaum verringert hat. Nichtsdestoweniger mußte der Wolf auch von ihnen Feindseligkeiten ertragen, denn die Prärieindianer jagten ihn gelegentlich des Felles wegen, in schlechten Zeiten womöglich auch als Nahrung. Trotzdem nannten sie ihn »Bruder«, wohl in Kenntnis ihrer ähnlichen ökologischen Stellung. Auf Büffeljagd gingen sie nicht selten in Wolfsfelle gehüllt. Adulte Büffel und Büffelherden ließen Wölfe ohne weiteres an sich herankommen, da diese für sie kaum Gefahr bedeuteten. Derart verkleidet, gelang es den Indianern, die Fluchtdistanz der Büffel, die Menschen gegenüber viel größer war als gegenüber Wölfen, so weit zu unterschreiten, daß sie Pfeil und Bogen oder Wurfwaffen erfolgreich einsetzen konnten.

Besonders gut ist uns die religiöse und mythische Vorstellungswelt der Indianer an der Westküste Kanadas bekannt. Anschauungsmaterial liefern ihre geschnitzten »Totempfähle«, die Legenden, Sagen oder überlieferte Begebenheiten abbilden. Auf dem einst über fünfzehn Meter hohen Totempfahl von Wakias in British Columbia ist ganz oben ein Adler dargestellt, König und Herrscher der Lüfte, darunter ein Wal, Herrscher des Meeres, noch weiter unten ein Wolf, Herrscher auf dem Land. Er galt als mutig und weise. Nach der durch Erzählungen überlieferten Legende der Indianer am Columbiafluß war die Zeit vor der ihrigen die Zeit, als Menschen Tiere waren. Es gab die Hirsch-Menschen, die Biber-Menschen, die Vogel-Menschen und viele andere Tier-Menschen mehr. Außerdem gab es Monster. Meistens saßen sie in den Flüssen an den seichten Stromschnellen und zogen die vorbeikommenden Tier-Menschen in die Tiefe. Alle diese Wesen waren von der Erde geschaffen. Die Tier-Menschen aber waren unwissend und selbstsüchtig. Daher sandte die Erde den Tier-Menschen den Wolf. Er tötete die Monster und kämpfte gegen alles Böse. Überdies zeigte er den Tier-Menschen, wie sie sich am besten verhalten sollten, und lehrte sie viele brauchbare Dinge. Ständig wanderte er umher und vollbrachte gute Taten. Schließlich schuf er aus den verschiedenen Körperteilen eines getöteten Monsters den Menschen. Aus den Beinen machte er die Menschen des Klickitat-Stammes, die besonders schnell laufen konnten, aus dem Rumpf die Indianer, die am Fluß lebten, aus den Armen die Cayase-Indianer, die besonders gut mit Pfeil und Bogen umgehen konnten. So entstanden aus den einzelnen Körperteilen die verschiedenen Stämme mit ihren unterschiedlichen Eigenschaften. Doch eins hatte der Wolf vergessen: den Menschen an der Küste einen Mund zu geben. Als er zu Besuch kam, fand er die Küsten-Indianer alle sehr abgemagert und hungrig. Daher nahm er sein Messer und öffnete ihnen den Mund. Da er jedoch in großer Eile war, leistete er schlechte Arbeit. Seitdem sollen alle Indianer an der Küste einen häßlichen Mund haben.

Der Wolf war demnach eine gute, fast gottähnliche Erscheinung, etwas schlampig zwar, zu hastig und unüberlegt, aber stets gütig, mitfühlend und weise. Auf einem berühmten Totempfahl, dem vom Gitlatedanix, wird eine Geschichte erzählt, die man immer wieder in abgewandelter Form findet: Ein Mann hilft einem Wolf, dem sich ein Holzstück zwischen den Backenzähnen festgeklemmt hat. Der Wolf revanchiert sich später, indem er für den Mann und seinen Stamm in Zeiten der Not Hirsche tötet.

Tatsächlich können festgeklemmte Holzstücke einem Wolf große Schwierigkeiten bereiten. Als Näschen nach seiner viermonatigen Frei-Zeit zurückkam, fraß er zwar viel, machte aber bald einen kranken Eindruck. Der Tierarzt untersuchte ihn, fand jedoch nichts; so führte er Näschens Schwäche auf Nahrungsmangel in der Freiheit zurück. Doch Näschen wurde immer kränker. Er roch stark aus dem Mund, und dort fand ich endlich die Ursache seiner Krankheit: ein zwischen den hinteren Zähnen im Oberkiefer festgeklemmtes Holzstück. Nachdem es entfernt war, ging es Näschen binnen Stunden besser.

Man könnte versucht sein, die Legende vom geretteten Wolf, der aus Dankbarkeit für die Menschen jagt, als Beleg für erste Domestikationsversuche zu deuten. Nach unserem heutigen Wissen haben aber weder die Indianer noch die Eskimos Nordamerikas versucht, Wölfe zu zähmen, etwa indem sie gefundene Welpen bei sich aufzogen. Ihre Hunde haben sie vermutlich aus Asien mitgebracht.

Berichte alter Eskimos zeigen ein erstaunliches Wissen über die Ökologie und das Verhalten des Wolfes. Auch sie jagten ihn wegen seines Felles, später dann, um Abschußgelder der Regierung zu kassieren. Ebenso wie den Indianern fehlt den Eskimos indessen der Haß auf den Wolf, der in anderen Gesellschaften so deutlich ist. Ihre Vorstellung deckt sich vielmehr weitgehend mit unserem heutigen Bild vom Wolf. Nur in einigen Punkten gibt es Differenzen. Nach der Vorstellung der Eskimos ist der Wolf nicht nur äußerst intelligent, geschickt und sozial, was ihre Bewunderung hervorruft, sondern er handelt häufig auch einsichtig und vorsätzlich: eine Vorstellung von tierischem Verhalten, die mir nach vier Jahren Forschungsarbeit in den Abruzzen nicht mehr so ganz abwegig erscheint.

Wir haben allen Grund zu glauben, daß diese positive oder wenigstens nicht negative Einstellung zum Wolf typisch war für viele Gesellschaften auf der Stufe der Sammler, Jäger und ersten Ackerbauern. Erst mit der extensiven Haltung von Haustieren änderte sich das Bild.

Die ersten Hochkulturen

In der altgermanischen Mythologie war der Wolf bereits Symbol dunkler Mächte. Odin, auch Wotan genannt, Göttervater und Kriegsgott zugleich, wurde auf der Welt von seinen beiden Wölfen Geri und Freki begleitet. Doch mit dem Fenriswolf kam für ihn und die ganze Welt der Untergang – die »Götterdämmerung«. Im alten Ägypten galt der Wolf wie auch sein domestizierter Nachfolger, der Hund, als Wächter der Gräberstadt und Gott des Totenreiches. Es gab eine ganze Stadt, die dem Wolfskult geweiht war, Lykopolis, was nichts anderes als »Wolfsstadt« bedeutet. Hier herrschte der Wolfsgott Upuaut. Er schützte das Land vor feindlichen Heeren und führte die eigenen Soldaten sicher ins Feindesland.

Der Umstand, daß der Wolf mit Kampf und Tod in Verbindung gebracht wurde, war indessen weder bei den Germanen noch bei den Ägyptern abwertend gemeint. Ganz im Gegenteil: Es ging hier um den ruhmvollen Tod des Kriegers oder des Herrschers, nicht aber um den Tod des wehrlosen

Opfers. Auch die führenden Geschlechter vieler Turk- und Tatarenvölker leiteten ihre Herkunft von mythologischen Wölfen ab, so auch der Mongolenfürst Dschingis Khan, der besonders stolz auf seinen Ahnherrn, den Wolf, war. Noch empfand man wohl den Wolf nicht als Bedrohung der eigenen leiblichen oder wirtschaftlichen Existenz. In Nordeuropa waren die ausgedehnten Wälder, die Moore und Sümpfe noch weitgehend ungenutzt, und dementsprechend dürften Konfrontationen mit Wölfen selten gewesen sein. Auch in Ägypten war der Wolf keine Gefahr. Zumindest im intensiv genutzten Niltal gab es kaum Wölfe, bildete doch der Nil südöstlich des Mittelmeers die westliche Verbreitungsgrenze des Wolfes. Weiter nach Afrika ist dieser nie vorgedrungen.

Anders war und ist es hingegen weiter östlich, in Palästina, wo Wölfe bis heute überlebt haben. Stets standen sie hier in Konflikt mit den Hirten des Landes. Nicht von ungefähr erfolgt im Alten Testament erstmals auch eine moralische Verdammung des Wolfes, wird der »böse Wolf« als der leibhaftige Satan im Zusammenhang mit Habgier und Zerstörungswut des Menschen dem »guten Hirten« gegenübergestellt. So heißt es an einer Stelle (Hesekiel 22, 27): »Die Fürsten von Jerusalem gleichen den räuberischen Wölfen, denn sie vergießen Blut und stürzen Menschen ins Verderben des niedrigsten Gewinnes wegen.« Und im Neuen Testament schärft Jesus seinen Jüngern in der Bergpredigt ein: »Hütet euch vor den falschen Propheten. Sie kommen zu euch in Schafskleidern, inwendig aber sind sie reißende Wölfe.«

Bei den Griechen der Antike war diese Version des Wolfsbildes unbekannt, zumindest in der herrschenden Klasse. Zeus, Gottvater der Griechen, verwandelte zwar den Tyrannen Lykaon zur Strafe in einen Wolf, der als Verkörperung der Wildheit galt. Doch zuweilen trat der Wolf auch als Beschützer der Menschen vor noch wilderen Tieren auf. So schützte er sie vor dem schrecklichen Stier von Argos. In Delphi soll er das Heiligtum des Apollo gegen einen Dieb verteidigt haben, wofür man ihm ein Denkmal setzte. Sogar Aphrodite, Göttin der Schönheit und der Liebe, wurde manchmal in Begleitung eines Wolfes dargestellt. Ansonsten erfahren wir in der antiken griechischen Mythologie recht wenig über den Wolf. Er spielte hier nicht mehr die gleiche große Rolle wie bei den Naturvölkern mit ihren zumeist animistischen Glaubensvorstellungen oder bei den Hirtenvölkern, die in ständigem Konflikt mit Wölfen lebten. Im alten Griechenland suchte man nach rationalen Erklärungen für die astronomischen, physikalischen und biologischen Phänomene der Welt. Auch brachte es die zunehmende Verstädterung der Herrschenden mit sich, daß die Erfahrungen der Landbevölkerung, also auch die im Umgang mit wilden Tieren wie dem Wolf, in den Hintergrund rückten.

Dies galt in vermehrtem Ausmaß für das antike Rom und das wachsende Römische Reich. Auch Roms Wohlstand beruhte auf einer blühenden Landwirtschaft, auf Ackerbau und Viehzucht. Doch wie zuvor in Griechenland lebten auch hier die Besitzer des Landes und der Herden in den Städten. Dementsprechend spielte die Jagd eine untergeordnete Rolle. Neben Hirsch, Wildschwein, Fasan und dem aus Mesopotamien eingeführten Damhirsch wurden zwar gelegentlich auch Wölfe gejagt, doch kam es nicht zu einer organisierten Verfolgung. Für den Schafbesitzer war der Wolf nur einer unter vielen Störfaktoren bei der Wohlstandssicherung und -vermehrung. Getötete und angefressene Schafe bekam er nicht zu Gesicht, und was die Landbevölkerung dachte, ist uns nicht überliefert. Doch die Schäden hielten sich vermutlich in Grenzen, denn trotz umfangreicher Waldrodungen gab es für die Wölfe noch genügend große Rückzugsgebiete, in denen sie eine ausreichende Anzahl wilder Beutetiere fanden.

Natürlich erklärt dies nicht, warum gerade in Rom der Wolf im Zusammenhang mit der Stadtgründung so verehrt wurde. Aber die fehlenden Konflikte einer urban geprägten Gesellschaft mit dem noch weitgehend ursprünglich lebenden Wolf waren hierfür die Voraussetzung. Jedenfalls begann die Geschichte damit, daß – so die Legende – Numitor, der Herrscher von Alba Longa, im Jahr 770 v. Chr. von seinem Bruder Amulius gestürzt wurde. Allerdings behielt Rhea Silvia, die einzige Tochter Numitors, für ihre männlichen Nachkommen den Anspruch auf den Thron; da sie indes als Vestalin, als jungfräuliche Priesterin, Keuschheit gelobt hatte, mußte der neue Herrscher nichts befürchten. Doch dann wurde Rhea Silvia ausgerechnet vom Kriegsgott Mars geschwängert und gebar Romulus und Remus. Daraufhin befahl König Amulius, die beiden Kinder in einer Kiste auf dem Tiber auszusetzen. In der Nähe des Palatins wurde die Kiste jedoch ans Ufer getrieben und hier von einer Wölfin entdeckt. Sie säugte die Zwillinge und zog sie auf, als wären sie ihre eigenen Jungen. Als Romulus und Remus später das Erbe ihres Großvaters übernahmen, gründeten sie aus Dankbarkeit für ihre Ziehmutter just an der Stelle, wo diese sie einst gerettet hatte, die Stadt Rom, das spätere Zentrum eines auf drei Erdteile ausgreifenden Imperiums.

Daß sich die beiden Brüder bald zerstritten und Romulus schließlich Remus im Kampf um die Vorherrschaft erschlug, ließ die selbstlose Tat der Wölfin nicht verblassen. Sie wurde alljährlich auf dem Luperkalienfest in Rom verehrt und galt fortan in Italien als Symbol mütterlicher Aufopferung und Fruchtbarkeit, was sogar die Prostitution einschloß: »Il lupanare« heißt auf deutsch das Bordell.

So galt der Wolf schon früh in unserer Geschichte, wohl in Abhängigkeit von seiner realen Beziehung zum Menschen, entweder als Bote des Todes oder als Fruchtbarkeitssymbol, als Stellvertreter Satans auf Erden oder als Wächter des Heiligen, als Städtegründer oder als wütender Krieger, als Weltverschlinger oder als Stammvater von Herrscherdynastien. Doch die ganz große Auseinandersetzung mit dem Wolf stand noch aus.

Das Mittelalter

Der Ausrottungsfeldzug gegen den Wolf begann nach dem Zusammenbruch des Römischen Reiches. Auch infolge einer Klimaverschlechterung waren wieder große Sumpfgebiete entstanden, und der Wald hatte sich weitgehend regeneriert. Ob die Anzahl der Wölfe, wie später häufig nach Kriegen und einem Zusammenbruch der staatlichen Ordnung, zu jener Zeit ebenfalls zunahm, wissen wir nicht. Sicher ist nur, daß jetzt immer häufiger von Wölfen berichtet wird, die unter den Haustieren großen Schaden anrichten, und zum erstenmal auch von Wolfsüberfällen auf Menschen die Rede ist. Kaiser Karl der Große (742–814) verpflichtete seine Ritter zur Hatz nicht nur auf die heidnischen Sachsen, sondern auch auf die Wölfe. Erstmals hört man nun von organisierten Wolfsjagden. Für sie wurden besonders große Hunderassen gezüchtet, so der berühmte und bald an allen Höfen Europas verbreitete irische Wolfshund, und eine Vielzahl neuer Jagd- und Tötungsmethoden entwickelt. Wie kam es zu diesem Wandel in der Beziehung zwischen Mensch und Wolf?

Bis dahin waren in Europa die Lebensräume von Wolf und Mensch getrennt gewesen. Doch im frühen Mittelalter hielten in der Landwirtschaft wesentliche Neuerungen Einzug. Der schwere Pflug wurde entwickelt, die Pferde bekamen Eisen unter die Hufe, und die Dreifelderwirtschaft setzte sich durch. Infolgedessen drang die Landwirtschaft weit in bisher ungenutzte Gegenden vor, und die Bevölkerung nahm, insbesondere um die Jahrtausendwende, überall stark zu. Erneut wurden die Wälder gerodet, diesmal bis hoch hinauf ins Gebirge, und in den verbliebenen Wäldern wie auch in Mooren und Sümpfen ließ man jetzt die Haustiere weiden. Im Winter von Menschen gefüttert, konnten sie die Vegetation viel intensiver nutzen als die Wildtiere, die daher immer stärker verdrängt wurden. Nur in den jagdlichen Bannwäldern des auf seinen Ländereien ansässigen Adels konnten sie sich halten, ja sie wurden mit zunehmender Bedeutung der Jagd hier gehegt. Ihrer ungehinderten Vermehrung standen indes die Wölfe entgegen. Als Konkurrenten des Jägers bald unerbittlich verfolgt, zogen sie in solche Gebiete, in denen die Menschen kaum bewaffnet waren, und hielten sich hinfort an Haustieren schadlos. So wurden sie hier zur Plage der Bauern und der Hirten, ja zur Landplage ganzer Regionen. Es war ein hausgemachter Konflikt, aber niemand dachte über Ursache und Wirkung nach, wenn nun immer häufiger der Ruf durch die Weiler hallte: »Die Wölfe kommen!« Die Kunde von Räubern oder marodierenden Soldaten war kaum schlimmer als diese Schreckensbotschaft.

Jesus und der Wolf (mittelalterlicher Stich).

Nicht zu zählen sind die Geschichten, die Märchen, die Fabeln, die Beschwörungen, die Riten vom, gegen, über den Wolf in Brauchtum, Mythen und Aberglaube des Mittelalters und in den Jahrhunderten danach. Er war zum Teil des Lebens der Menschen geworden. Jeder kannte ihn, und doch wußte man nicht wirklich etwas von ihm. So wurden die unterschiedlichsten Bilder von ihm gezeichnet, die uns heute indes eher etwas über die Menschen von damals aussagen, über ihre Ängste und ihre Sorgen, über ihr Machtstreben und ihre Art, Unterdrükkung zu überleben, als über den Wolf selbst. Furchterregend war er gewiß und überall verhaßt, doch zugleich auch ehrfurchtsvoll überzeichnet und bewundert wie, je nach Bedarf, lächerlich gemacht und verachtet. Die Vorstellungen vom Wolf hatten sich den Menschen so tief eingeprägt, daß uns ihr Wolfsbild heute, Jahrhunderte danach, noch immer anhängt – ein Erbe aus jener Zeit.

Die Rolle des Wolfes im vorerst nur mündlich überlieferten Volksmärchen kennen wir schon. Er tritt hier nicht besonders häufig auf, und wenn, dann eher als Wesen jenseits der Wirklichkeit, ähnlich den vielen übersinnlichen Figuren wie Hexen, Feen oder Zauberern. Diese Wesen stehen zwar in unmittelbarem Konflikt mit den handelnden Menschen, verkörpern aber eher untergründige Ängste oder verbotene Wünsche denn eine reale Gefahr. Ihre Deutung obliegt heute dem Literaturhistoriker oder gar dem Psychoanalytiker. Über die Stellung des wirklichen Wolfes in der Vorstellungswelt der damaligen Menschen sagen uns die Märchen wenig.

In der anderen großen Sparte der volkstümlichen Überlieferung, den Fabeln, spielt der Wolf hingegen eine prominente Rolle. Die Tierfabeln stammten aus dem Orient und wurden im 6. Jahrhundert v. Chr. angeblich von dem schlauen, listigen und mit allen Schwierigkeiten fertig werdenden Sklaven Äsop in Griechenland in literarische Form gebracht. Richard Schaeffer schreibt in dem von ihm herausgegebenen Band »Deutsche Tierfabeln vom 12. bis zum 16. Jahrhundert« (Berlin 1955): »Vermutlich hat Äsop nie gelebt. Die Phantasie des Volkes dichtete sich ihren Helden so zusammen, wie sie ihn brauchte: Äsop war klein, bucklig, wulstlippig, er stotterte, schon seine äußere Gestalt verkörperte einen Gegenpol zum hellenistischen Schönheitsideal der griechischen Oberschicht. Seine innere Größe entstammte den Leiden und Mißhandlungen, denen er als Sklave ausgesetzt war und die er mit Geduld ertrug oder denen er kraft seiner Geistesgegenwart auszuweichen wußte.«

Über Italien gelangten die Äsopschen Fabeln auch in den germanischen Bereich, wo sie zuerst an Höfen und Klöstern zur Unterhaltung nacherzählt wurden. Eine neuerliche Entfaltung erfuhr die »Fabulierkunst« aber erst, als sie vom Volk übernommen wurde und nun in humorvoll-satirischer Weise Lebensweisheiten, häufig auch im Umgang mit der Oberschicht, verkündete. Aus den fremden Tierarten Löwe und Schakal wurden einheimische Tiere wie Bär, Wolf und Fuchs, und auch der Handlungsablauf, die überraschende Pointe sowie die Schlüsse, die sich daraus ableiten ließen, paßten sich den anderen Lebensverhältnissen an. Neben dem Fuchs wurde der Wolf zu einem der beliebtesten Fabeltiere. Aus dem ständigen Zweikampf mit anderen Tieren und dem Menschen gingen die beiden mal als Sieger, mal als Verlierer hervor. Der Wolf gewann, wenn er auf noch Dümmere traf, der Fuchs verlor, wenn einer noch schlauer war als er. In ihren beiderseitigen Auseinandersetzungen siegte jedoch stets der schwächere, aber listigere Fuchs über den stärkeren, aber begriffsstutzigen Wolf, der zudem ungebildet und bei all seiner Kraft mitunter gutmütig-dumm daherkam.

Die Vermutung liegt nahe, daß hier der Wolf aus dem Blickwinkel des Volkes die allmächtige Oberschicht jener Zeit verkörpert, der Fuchs hingegen, ähnlich wie einst Äsop selbst, den schwachen, aber raffinierten, sich der jeweiligen Situation anpassenden Untertanen, der auch nicht selten die Rivalitäten der Stärkeren untereinander zu seinen Gunsten nutzt. Womöglich stellt der Wolf auch symbolhaft die Natur dar, deren Stärke und Willkür durch den schwächeren, aber denkenden Menschen besiegt wird. Besonders interessant jedenfalls ist der rein individuelle Widerstand des Fuchses gegen die Willkür der Mächtigen. Die Verhältnisse an sich wurden nicht in Frage gestellt. Jeder mußte sich für seinen Teil an die durch göttliche Macht festgelegten Lebensbedingungen möglichst gut anpassen. Erst später, etwa in den Fabeln des begeisterten Lutheraners Hans Sachs aus Nürnberg und in jenen des Heinrich Steinhöwel, Stadtarzt zu Ulm, sollten die Fabeln auch eine politische Dimension erhalten. Es war die Zeit, in der ein für die neuen Ideen des Humanismus und der Reformation aufgeschlossenes Bürgertum, inzwischen zu erheblicher wirtschaftlicher Macht gekommen, sich dem kirchlich-feudalen Herrschaftssystem widersetzte. Den folgenden revolutionären Bauernbewegungen gegenüber waren die Fabeldichter indessen – wie auch Martin Luther selbst, der ebenfalls einige Fabeln schrieb – skeptisch oder gar feindlich eingestellt. Jetzt wurde der Wolf zum Symbol für den tölpelhaften, groben und einfältigen Bauern, der die hergebrachte Ordnung stört. Als Beispiel hierfür sei die Fabel vom Wolf und vom hungrigen Hund genannt, die der Luther-Anhänger Burkhard Waldis in seine belehrend-moralisierende Fabelsammlung »Esopus« von 1548 aufnahm.

Der Hund wird von seinem Herrn schlecht gefüttert und ist erbärmlich abgemagert. Eine List des Wolfes verschafft ihm bessere Behandlung, wofür er den Wolf ein Lamm aus der Herde seines Herrn reißen läßt. Als der Wolf um eine nochmalige Vergünstigung dieser Art bittet, widersetzt sich der Hund. Doch mit dem Hinweis, er müsse ja nur die Schafe bewachen, nicht das Haus, zeigt er dem Wolf immerhin den Weg in die Speisekammer. Dort wird der Eindringling entdeckt, und er muß eine saftige Tracht Prügel einstecken. Die Moral lautet:

»Wir lernen hier vom geizigen Herrn:
der dem Gesinde gibt nicht gern
die Kost, die rechtens ihm gebührt,
sich selbst dadurch in Schaden führt.
Der Wolf uns anzeigen tut,
daß schädlich sei und gar nicht gut,
wenn jemand sich nicht läßt begnügen
an dem, was Gott ihm will zufügen.
Es werden uns dadurch bedeut
die tollen, frechen, rohen Leut,
die, wenn sie gute Tage haben
und sich an Trank und Speisen laben,
ganz ohne Gottesfurcht dann leben
und nichts auf gute Ratschläg geben.«

In schroffem Gegensatz zu dem harmlosen Tölpel, den er in der Fabel des Volkes abgab, wurde der Wolf im Mittelalter von den Mächtigen als schrekkenerregender Wüterich, ja sogar als Werwolf dargestellt. Halb Mensch, halb Tier und vom Teufel besessen, trieb er sein Unwesen in mondheller Nacht, trank das noch warme Blut, verschlang die Eingeweide seiner unschuldigen Opfer in Orgien satanischer Grausamkeit – so wurde es den Untertanen berichtet und von diesen sicher auch geglaubt und weiter ausgeschmückt.

Die Lykanthropie, wie die vermeintliche Fähigkeit genannt wird, sich in einen reißenden Wolf zu verwandeln, war freilich nicht nur eine Erscheinung jener Zeit. Schon in der Antike hatte man in

Geheimbünden und kriegerischen Bruderschaften Wolfsgötter verehrt. Es waren vor allem ehrgeizige junge Männer, die, als Wölfe verkleidet, nicht einmal vor Menschenopfern zurückschreckten, ja sogar Kannibalismus trieben. Um in den Bund der Werwölfe aufgenommen zu werden, mußte der Kandidat an einem Ritual teilnehmen, bei dem menschliche Eingeweide zusammen mit den Innereien von Tieren gegessen wurden. Danach mußte er ein Jahr lang wie ein Wolf unsichtbar in den Bergen leben und durfte sich nur von Raub und Totschlag ernähren.

Auch bei den alten Germanen kannte man ähnliche Praktiken, bei denen junge Männer sich in blutrünstige Raubtiere verwandelt haben sollen. Man nannte sie Berserker, »Krieger in Bärengestalt«, oder Ulfhednar, was soviel wie »Wolfshirten« heißt. Nachkommen der einstigen Germanen, die sich diesem Erbe besonders verpflichtet fühlten, fanden sich nach dem Ersten Weltkrieg in Deutschland zu einer militärischen Untergrundorganisation namens Werwolf zusammen. Sie ging 1933 in der SA auf und wurde zum Vorreiter der gleichnamigen nationalsozialistischen Freischärlerbewegung, die gegen Ende des Zweiten Weltkriegs dem tief in die Heimat eingedrungenen »Feind« spürbare Verluste beibringen sollte. In einer flammenden Rede vor dem Volkssturm versuchte Hitler die alten Werwölfe ein letztes Mal zu mobilisieren – ohne Erfolg, wie wir wissen. Mehr Erfolg haben dafür heute noch die vielen Gruselgeschichten von Dracula, Werwölfen und anderen Monstern in Filmen und Comics.

Niemals zuvor oder danach hat die Lykanthropie jedoch solche absurden Ausmaße erreicht und so viel Leid über die Menschen gebracht wie im ausgehenden Mittelalter und in der beginnenden Neuzeit, die wir ausgerechnet Renaissance nennen, womit die Wiedergeburt der antiken Rationalität gemeint ist. In blutigen Orgien des Wahnsinns und der Hexerei sollen unter dem Einfluß von Drogen und Beschwörungsriten vor allem Kinder und Frauen Opfer von Werwölfen geworden sein, Männern, die sich wie Wölfe fühlten und aufführten. Nach einigen Berichten kam es zeitweilig zu einem regelrechten Massenwahn der Bestialität. Daher nahm sich die Inquisition der Sache an. Der im Jahr 1489 erschienene »Hexenhammer« galt als Anleitung, Hexen und Werwölfe zu erkennen. »Wie etwa«, so wurde darin gefragt, »stellen es die Hexen an, Menschen in Tiere zu verwandeln?« Und weiter: »Die Frage, ob es wirkliche Wölfe sind oder Teufel in Wolfsgestalt, ist nur so zu beantworten, daß es sich um wirkliche Wölfe handelt, die jedoch vom Teufel besessen sind [...] womit Gott ein Volk für seine Sünden straft; heißt es doch im Leviticus: Ich werde die wilden Tiere auf euch hetzen, damit sie eure Kinder rauben und euer Volk zerreißen sollen.«

Die Folgen waren furchtbar. Unzählige Menschen mußten als vermeintliche Werwölfe in den Folterkammern der Inquisition leiden und anschließend, nach erzwungenem Geständnis, qualvoll auf dem Scheiterhaufen verbrennen. Allein in den Jahren 1598 bis 1600 verurteilte ein Richter namens Boguet im französischen Jura sechshundert angebliche Werwölfe zum reinigenden Tod im Feuer. Das geringste Vergehen war dafür Anlaß genug. Wer aus einer Familie mit sieben Kindern stammte, galt als verdächtig, wer von »erotischer Melancholie« befallen war, auffällig einen Wolfspelz trug oder sich nur mit einer Salbe aus Wolfsfett oder Tollkirschen einrieb, mußte bald um sein Leben bangen, erst recht natürlich jeder, der es am nötigen Respekt vor der Kirche und ihren Gesetzen fehlen ließ. Ebenso wie beim gleichzeitigen Hexenwahn standen der Denunziation Tür und Tor offen. In der Stadt Dole im Jura erließen die Justizbehörden sogar einen Aufruf zur Selbstjustiz, die sämtliche Bürger dazu verpflichtete, »mit Piken und Hellbarden sich zu versammeln, um den Werwolf zu jagen und zu verfolgen, wo immer sie ihn finden können, und sollen ihn fangen, töten und erlegen, ohne daß ihnen eine Strafe droht«.

Eine wahrhaftige (?) Begebenheit im Jahr 1635.

So nimmt es nicht wunder, daß bald viele Menschen zu glauben begannen, auch die richtigen Wölfe seien Menschen in Tiergestalt oder als Teufel verkleidete Tiere. Auf zeitgenössischen Darstellungen sind Wölfe häufig wie Menschen gekleidet, bevorzugt am Galgen hängend. Wurde ein Wolf lebend gefangen, erschlug man ihn mancherorts nicht einfach, sondern eröffnete eine längere und im Ablauf gesetzlich genau festgelegte Gerichtsverhandlung über seine Untaten, bei der ihm sogar ein Verteidiger zustand. Das Urteil des Gerichts stand freilich von vornherein fest: Tod durch Erhängen; jedenfalls ist uns kein Freispruch überliefert worden. Im Vergleich zu den sonstigen Sitten der Zeit war das ein gnädiger Tod. Den überführten »Wölfen« unter den Menschen erging es schlechter, wenn auch ihre Identität ebenfalls bald Anlaß zu gelehrten theologischen Disputen gab. Hatten im »Hexenhammer« die Werwölfe, wie gesagt, als vom Teufel besessene Wölfe gegolten, so bestritt besagter Richter Boguet aus der Freigrafschaft, daß Menschen sich in Tiere verwandeln könnten. Er war vielmehr davon überzeugt, der Teufel habe lediglich seine menschlichen Opfer mit einer Salbe eingerieben und ihnen ein Wolfsfell übergezogen, so daß sie sich wie Wölfe bewegten, um Schafe und Kinder zu erwürgen. Sein nicht minder berüchtigter Kollege, der Richter und Hexeninquisitor Bodin, behauptete hingegen in seinem 1587 erschienenen Buch »Geisterglauben der Zauberer«, es gebe überhaupt keine richtigen Wölfe, sondern nur Zauberer und Hexen, welche die Gestalt von Wölfen angenommen hätten. Für die als Werwölfe Verurteilten war es einerlei. Ihr Tod mußte qualvoll sein, denn, so schrieb Bodin, »dadurch wird bewiesen, daß mit der Ursache auch die Folgen beseitigt werden und daß Gott den Menschen Prüfungen auferlegt, wie es ihm gefällt«.

Erst zu Beginn des 18. Jahrhunderts hörte der grausame Spuk auf. Im Jahr 1710 veröffentlichte Laurent Bordelon sein berühmt gewordenes Buch »Die Phantasien des Herrn Oufle, ausgelöst durch die Lektüre von Büchern über Magie«, in dem der Hexenwahn lächerlich gemacht wurde. Auf einen Schlag wurden die Prozesse gegen Hexen und Wolfsmenschen unmöglich. Im Volksglauben aber lebten die Vorstellungen von Werwölfen weiter.

Die Gefährlichkeit des Wolfes

Wie gefährlich war der Wolf nun tatsächlich? Daß er große wirtschaftliche Schäden verursachen konnte, steht fest. Für den kleinen Pächter, der gerade ein paar Schafe und eine Kuh oder zwei besaß, war der Wolf eine existentielle Bedrohung; sein Wüten bestimmte nicht selten über Leben und Tod der ganzen Familie. Hat der Wolf jedoch auch Menschen direkt angegriffen, standen nicht nur die Haustiere des Menschen, sondern die Menschen selber auf seinem Speiseplan?

In unserer vom Rotkäppchenmärchen geprägten

Vorstellung vom Wolf steht dies außer Frage. »Der Wolf ist ein Raubtier, und ein Raubtier ist gefährlich!« war der kurze Kommentar einer Bäuerin im Bayerischen Wald, als die Wölfe dort ausgebrochen waren. Das Bild von der Bestie sitzt noch immer tief. Die Schilderungen von marodierenden, Menschen verschlingenden Wölfen aus früheren Zeiten sind allerdings auch so häufig, daß die bis heute bestehende Angst vor ihnen nicht erstaunt.

Und doch: Ob Wölfe jemals tatsächlich Menschen angegriffen haben, ist nach wie vor ungewiß. Amerikanische Wissenschaftler streiten dies zumindest für ihren Kontinent und in bezug auf gesunde Wölfe schlichtweg ab; allenfalls tollwütige Wölfe könnten ihrer Meinung nach Menschen in ganz seltenen Ausnahmefällen angegriffen haben. Im Sog einer romantisierenden Rehabilitation des Wolfes während der letzten Jahrzehnte, von der noch die Rede sein wird, wurde diese Vorstellung inzwischen weltweit kolportiert, auch bei uns in Europa. »Wölfe sind besser als ihr Ruf«, so lautete unisono der Tenor fast aller Berichte über dieses Tier in den letzten Jahren.

Wölfe greifen ein Dorf an (mittelalterlicher Stich).

Es ist in der Tat heute kaum noch möglich, in den zahlreichen Wolfsgeschichten insbesondere aus dem Mittelalter zwischen dem wirklichen Geschehen sowie Dichtung und Phantasie zu unterscheiden. Es herrschte eine magische Denkweise vor, in der Mythisches und Übersinnliches eine beherrschende Rolle spielten. So sind viele Nachrichten von Wolfsüberfällen voller Widersprüche. Die Wölfe werden oft übertrieben groß und zudem als schwarzfarben beschrieben und auch bildlich dargestellt. Doch es hat niemals schwarze Wölfe in Europa gegeben. Womöglich liegen hier Verwechslungen mit Hunden vor, oder es hat sich gar um Bastarde zwischen Wolf und Hund gehandelt.

Wie leicht es zu solchen Fehleinschätzungen kommen kann, haben wir in den Abruzzen erlebt. Die Bastarde wurden auch von alterfahrenen Schäfern, denen wir sie zeigten, nicht erkannt, und selbst Hunde wurden mehrmals mit Wölfen verwechselt. So bekamen wir eines Sommertages im letzten Jahr unserer dortigen Arbeit Kunde von einem toten Wolf, der in der Nähe von Campo di Giove gefunden worden sei. Wir fuhren hin, sahen aber von weitem sofort, daß es ein ganz gewöhnlicher, wenn auch wolfsfarbener Hund war. Trotzdem gelang es uns nicht, die vielen Neugierigen, die aus dem Dorf gekommen waren, um den »Wolf« zu sehen, davon zu überzeugen. Sie waren weiterhin sicher, es handle sich um einen Wolf – und dies in einer Gegend, in der Mensch und Wolf seit Jahrtausenden nebeneinander leben.

In vielen der überlieferten Berichte verhalten sich die angreifenden Wölfe überdies ungewöhnlich. Sie tragen für sie allzu große Lasten, halbwüchsige Kinder etwa oder ganze Schafe, im Maul davon, und auch sonst sind ihre Kräfte geradezu übernatürlich und ihre Anzahl häufig jenseits jeder Realität. Bei ihren Angriffen sollen sie schaurig geheult haben, und nicht selten wurden sie im Winter aus ihren

Zeitgenössische Darstellung eines Wolfsangriffs in Rußland (19. Jahrhundert).

Höhlen vertrieben. Viele Darstellungen wiederholen sich zudem geradezu stereotyp, und zwar in einer je nach Gegend und Epoche oftmals charakteristischen Weise.

So erzählt man in Schweden gern die folgende Geschichte, die sich im Jahr 1729 in einer Pfarrei Mittelschwedens zugetragen haben soll. Der Pastor Petrus Petri Schissler hörte eines Morgens aus einer von ihm angelegten Wolfsgrube viele Wölfe, die »ihre schaurige Stimme der Einsamkeit erklingen ließen«, wie es heißt. Als er versuchte, einen der insgesamt sechs gefangenen und zähnebleckenden Wölfe zu erschlagen, fiel er selber in die Grube. Doch o Wunder: Die Wölfe zerrissen ihn nicht, sondern zogen es vor, über den Rücken des Pastors aus der Grube zu springen und das Weite zu suchen.

Großer Beliebtheit erfreut sich besonders in England die Erzählung von jenem einsamen Soldaten – manchmal ist es auch ein Postbote –, der in kalter Winternacht im Moor von Wölfen überfallen wird. Zuerst gelingt es ihm, mit dem Schwert mehrere Tiere zu töten. Daraufhin ziehen sich die übrigen Wölfe zurück, und der Mann steckt sein Schwert wieder in die Scheide. Doch das hätte er nicht tun sollen, denn die Wölfe greifen erneut an, und nun ist sein blutiges Schwert in der Scheide festgefroren. So wird er doch getötet und gefressen. Nur sein Schwert bleibt zurück als »Beweis« für das tragische Geschehen.

Tausendfach abgewandelt wurde auch die beliebte russische Mär von ganzen Rudeln wütend heulender Wölfe, welche die durch die Winternacht dahinsprengende Troika verfolgen. Bei dem nordamerikanischen Pendant dazu ist es der einsame Held, der sich gewehrkolbenschwingend am Lagerfeuer gegen die von allen Seiten angreifenden Wölfe verteidigt.

So lassen sich zahlreiche Berichte von Wolfsüberfällen von vornherein als Nacherzählung einer althergebrachen Standardbeschreibung wölfischer Angriffstaktiken erkennen und somit dem Bereich der Phantasie zuordnen. Bei vielen anderen Geschichten werden zudem die gängigen Interpretationen unkritisch übernommen. Ist ein Kind getötet worden, sind es natürlich Wölfe gewesen. Die viel wahrscheinlichere Möglichkeit, daß es sich um Hunde gehandelt hatte, wird gar nicht in Erwägung gezogen. Auch die irgendwo in der Wildnis aufgefundenen zerfetzten Überreste eines Menschen zeugen selbstverständlich von einem Wolfsangriff. Daß der Mann einem Herzschlag erlegen sein könnte und seine Leiche erst später von Bären, Füchsen, vielleicht durchaus auch von Wölfen angefressen wurde – eine erheblich wahrscheinlichere Erklärung –, geht in der allgemeinen Aufregung unter.

Ein paarmal war ich selber Zeuge, wie solche Gerüchte entstanden. Da war die erst acht Wochen alte Anfa, aus der ein »böses sibirisches Ungeheuer« wurde, und der Junge im Bayerischen Wald, der einige Kratzer am Po abbekommen hatte und als »zerfleischtes Kind« Schlagzeilen machte. Auch einer der alljährlich im Winter wiederkehrenden Zeitungsmeldungen der Art: »Wölfe überfallen Dorf« oder »Große Kälte treibt Wölfe aus den Bergen« konnte ich einmal nachgehen. In Deutschland las ich die Meldung von einem fünfzigköpfigen Wolfsrudel, das angeblich ein Dorf in den Abruzzen belagerte. Wenige Tage später fuhr ich selber dorthin und fand heraus, was geschehen war. Die dpa-Meldung aus Rom ging auf einen langen Artikel in »Il Messagero d'Abruzzo« zurück. Darin wurde der übliche Streit zwischen Kapital und Naturschutz in einem Dorf im Gran-Sasso-Gebiet geschildert. Einige Dorfbewohner wollten ein neues Skigebiet erschließen lassen, und die Naturschützer waren dagegen. Nebenher wurde von den Befürwortern auch das Engagement des WWF für die Wölfe kritisch erwähnt. In diesem Jahr, so hieß es, hätten die Dörfler durch Wölfe erheblichen Schaden erlitten (zum erstenmal seit langem) und müßten jetzt verstärkt ihre Viehherden bewachen. Einer von ihnen verstieg sich zu der Behauptung, es müßten mindestens fünfzig Wölfe sein, und auch die Dorfkinder seien nicht mehr sicher.

Diese eine Aussage unter vielen in einem Artikel

über ganz andere Fragen war wohl dem dpa-Korrespondenten in Rom aufgefallen. Zur »Kurzinformation« umgewandelt, ging die »Nachricht« von den fünfzig Wölfen wenige Stunden später über Fernschreiber bei den deutschen Zeitungsredaktionen ein, wo sie, für die Jahreszeit passend, wortgetreu nachgedruckt wurde. Zeitungen zu verlegen und täglich füllen zu müssen ist ein Geschäft, und der Verkauf von Informationen auch. Wen interessiert da die Wahrheit?

Übertreibungen, Sensationslust, Lüge, Geschäft – gewiß keine Phänomene nur des 20. Jahrhunderts. Eine bestimmte Erwartungshaltung in bezug auf Wölfe wurde in allen Jahrhunderten befriedigt, je nach den Bedürfnissen der Zeit und kaum beeinflußt vom wirklichen Verhalten des Wolfes. Das subjektive Erlebnis, der Schrecken und die Angst, die das nächtliche Heulen eines Wolfsrudels den Menschen einjagten, die von der Gefährlichkeit des Wolfes, ja früher sogar von seinem Pakt mit dem Teufel überzeugt waren und sich daher in größter Not fühlten, konnten am nächsten Morgen wohl nur durch die Schilderung eines blutigen Angriffs einigermaßen glaubhaft wiedergegeben werden.

Doch so ganz unabhängig vom Verhalten des Wolfes kann die seit dem frühen Mittelalter gängige Erwartungshaltung nicht gewesen sein. Allzu zahlreich sind die einschlägigen Meldungen, allzu groß war die Furcht vor diesem Tier, allzu dominant dessen Stellung in der Mythologie jener Zeit, als daß wir alles nur der reichen Phantasie unserer Vorfahren zuschreiben könnten. So häufen sich Nachrichten von Wolfsüberfällen auffällig in Zeiten langer Kriege, politischer Unruhen und Hungersnöte. Während des Hundertjährigen Krieges zwischen England und Frankreich (1337–1453), einer Zeit allgemeiner Instabilität, wird mehrmals von Wölfen berichtet, die sogar bis ins Zentrum von Paris vordrangen und hier Nahrung stahlen, Hunde töteten und manchmal auch Menschen fraßen. Im Frühjahr 1421 zum Beispiel war es in Paris sehr kalt. Die Bevölkerung darbte, und viele Menschen starben Hungers. Auch die Wölfe waren so ausgehungert, daß sie eilends begrabene Leichen hervorscharrten und verschlangen. Nachts rannten sie durch die Gassen, und mehrmals schwammen sie sogar über die Seine. Zuletzt begnügten sie sich nicht mehr mit den Toten, sondern griffen auch die Lebenden an, namentlich Frauen und Kinder. So sollen sie ein kleines Mädchen auf der Place aux Chats hinter der Rue des Innocents aufgefressen haben. Ein andermal waren gar siebzehn Menschen in nur einer Nacht ihr Opfer; elf von ihnen erlagen ihren schweren Verletzungen, wie in dem berühmten »Tagebuch eines Pariser Bürgers« für die damalige Zeit auffällig sachlich berichtet wird. Einige Wölfe wurden getötet und an den Hinterbeinen aufgehängt durch die Straßen getragen. Daraufhin spendeten die Bürger dem Jäger Geld, ein Brauch, »quête du loup« genannt, der sich in Frankreich bis ins 19. Jahrhundert hielt.

Am meisten unter Wölfen zu leiden hatten die Franzosen aber einige Jahrhunderte später, nach dem für Frankreich unrühmlichen Ende des Siebenjährigen Krieges gegen Preußen (1756–1763). Das Land war von großen Unruhen heimgesucht, die Staatsfinanzen waren zerrüttet, die Landbevölkerung verarmt. Im Frühjahr 1764 hörte man erstmals von einer »Bestie« bei Gévaudan, welche die Herden der Schäfer überfalle. Bald sprach man im Languedoc und in der Auvergne nur noch von »La Bestio«, anderswo von der »Bestie von Gévaudan«, die in den folgenden Jahren nicht nur unter den Haustieren wütete, sondern auch mehr als hundert Menschen getötet haben soll. Beschrieben wird sie als »groß wie ein Kalb, mit breitem Kopf und einer spitzen Windhundschnauze«; ihr Fell soll rötlich mit schwarzen Streifen gewesen sein, die Brust ganz

Die Bestie von Gévaudan.

breit und die Hinterbeine etwas länger als die Vorderbeine.

Das sind alles für einen Wolf ungewöhnliche Merkmale, die eher auf einen Hund oder auch auf einen Bastard schließen lassen. Was für ein Tier die menschenfressende Bestie wirklich war, werden wir jedoch nie erfahren, auch nicht, wie viele Menschen von ihr tatsächlich getötet wurden. Durch unzählige Gespräche in der Küche und am Kamin sowie eine Vielzahl von Bilderbogen und »fliegenden Blättern« verbreitet, wurde die Kunde von dem Geschehen bald in ganz Frankreich zum großen Ereignis miterlebter Urängste. Überall, bei Hofe wie in der Hütte, wurde sie nacherzählt und um weitere schreckliche Details vermehrt. In der Gegend um Gévaudan brach Panik aus, denn die Ereignisse überstürzten sich. In der Pfarrei Aumont fraß das Untier eine Witwe auf, bald danach sieben Hirtenkinder. Mehrmals wurden Soldaten in das Gebiet entsandt – ohne Erfolg. Die berühmtesten Wolfsjäger der Zeit kamen angereist – einer von ihnen hatte angeblich zuvor in der Normandie eintausendzweihundert Wölfe getötet –, doch das »Morden« bei Gévaudan ging weiter. Auch Treibjagden mit mehr als zwanzigtausend Bauern waren vergeblich. Inzwischen hatte König Ludwig XV. sechstausend Livres demjenigen versprochen, der die Bestie tötete. Doch wie zum Hohn fiel diese nun sogar am hellichten Tag ihre Opfer an und verstümmelte sie furchtbar. Die Berichte davon breiteten sich in Windeseile aus und erfuhren immer neue Ausschmückungen. Schließlich gelang es, einen auffällig großen Wolf zu erlegen, später auch sein Weibchen samt den Jungen. Man glaubte, das Ende der Qual sei gekommen.

Doch bald wurden neue blutrünstige Taten gemeldet. Ein kleines Mädchen wurde von »einem wilden Tier, dessen Namen und Art man nicht genau beschreiben kann« gerissen. Wenig später hieß es, das Ungeheuer habe einen achtjährigen Jungen in den Wald getragen und ihm die Halsschlagader durchgebissen. Inzwischen zählte man achtundsechzig tote Frauen und weit über hundert Kinder unter fünfzehn Jahren, die, meistens beim Viehhüten in den Wäldern und Bergen, getötet worden waren – allesamt Opfer der Bestie. Nachdem jedoch am 19. Juni 1767 bei einer neuerlichen großangelegten Treibjagd ein riesiger Wolf, wie es heißt, zur Strecke gebracht worden war, kam es zu keinen Überfällen mehr. Der Wolf wurde einbalsamiert und an den Hof nach Versailles geschickt, wo er jedoch infolge der herrschenden Wärme stark zersetzt und verwest ankam. Daher erhielt weder der erfolgreiche Jäger seine Belohnung noch die Nachwelt Aufschluß über die wirkliche Natur des Tieres.

So sind die Spekulationen über jene Vorgänge bis heute nicht abgebrochen. Von einem Sadisten im Blutrausch war die Rede, auch von einem Wahnsinnigen, der unter dem Deckmantel der »Bestie« die Morde begangen habe. Vieles spricht indes dafür, daß es sich wirklich um eines oder um mehrere große Tiere gehandelt hat, vielleicht Wölfe, vielleicht aber auch aus der einmaligen Paarung einer Wölfin und eines besonders großen Hundes hervorgegangene Wurfgeschwister. Für letzteres spricht die häufig wiederkehrende Beschreibung der »Bestie« als auffallend groß, breitbrüstig und von rötlicher Färbung mit schwarzen Streifen. Auch die beiden heller gefärbten Bastarde in den Abruzzen hatten auffallende schwarze Streifen im Fell.

Gut hundert Jahre später sollte es in Finnland zu ähnlichen Vorfällen kommen. In den sogenannten Wolfsjahren 1880 und 1881 wurden den Berichten nach in der Gegend von Turku zweiundzwanzig Kinder im Alter von zwei bis neun Jahren von Wölfen getötet. Auch hier war die Unruhe in der Bevölkerung groß und die Jagd auf die Übeltäter anfänglich ebenso intensiv wie erfolglos. Unterdes wurden die Räuber immer dreister. Erst als schließlich mehrere besonders große Wölfe erlegt worden waren, hörte der Spuk schlagartig auf.

Nachrichten über Greueltaten von Wölfen häuften sich in Deutschland zur Zeit des Dreißigjährigen Krieges (1618–1648), in Schweden nach den vielen Kriegszügen und dem Tod König Karls XII. (1712), in Frankreich erneut nach der Revolution und zur Zeit Napoleons, in Rußland während des Ersten Weltkrieges und der anschließenden Revolutionsjahre sowie im Zweiten Weltkrieg. Meistens wird von direkten Angriffen berichtet, manchmal auch von Leichen, die von Wölfen gefressen worden seien. Auf jeden Fall scheint es, daß die Wölfe in diesen Zeiten sich nicht nur, dank nachlassender Verfolgung, stark vermehrten, sondern einige von ihnen auch ungewöhnlich dreist waren.

Sollten Wölfe also doch ihre normalerweise panische Angst vor ihrem Feind, dem Menschen, verlieren, ja diesen gar als Beute betrachten können? Hält man sich ihre große Fluchtdistanz auf freier Wildbahn vor Augen, erscheint das kaum möglich. Nachts allerdings verhalten sie sich auffällig anders, wie wir etwa in den Abruzzen erlebt haben. Es ist dort nicht ungewöhnlich, daß Wölfe bei Nacht ohne größere Scheu mitten durch ein Dorf, über den Hof eines Bauern laufen. Der Wolf hat seine tausendjährige Verfolgung nur deshalb überleben können, weil er die Gewohnheiten des Menschen genau kennt und weiß, wann dieser ihm gefährlich werden kann und wann nicht. Und nachts ist er jedem Menschen zumindest hinsichtlich der Orientierung überlegen.

Aus einem gelegentlichen Dorfbesucher muß freilich noch lange nicht ein Menschenfresser werden. Welche Bedingungen müssen hierfür wohl erfüllt werden?

Schon in dem um 500 n. Chr. niedergelegten, in rohem Latein abgefaßten salischen Gesetz der Franken wurde das germanisch-latinisierte Wort »Wargus« für den Leichenschänder benutzt; es heißt da: »[...] wenn er eine schon bestattete Leiche ausgräbt und ausplündert, vor Gericht Grabplünderung genannt, und es ihm nachgewiesen wird, sei er ein Wargus bis zu dem Tag, da er mit den Verwandten des Verstorbenen übereinkommt.« Im Altgermanischen ist »Warg« auch der Wolf (schwedisch »Varg«). War der Wolf also ein Leichenschänder? Dasselbe Wort wurde auch in anderem Zusammenhang verwendet. So bezeichnete man die Diphtherie, eine Krankheit, die den Hals »einschnürt«, als »Warcgingil«, nannte man den ausgestoßenen, friedlosen Verbrecher »Warg, Warag, Wearg, Wearh«, gleich Räuber, Verbrecher, Friedloser, Ungeheuer, Böser, Verdammter. Ähnlich dem Wolf lebte er rastlos im Wald. Nach damaliger Rechtsprechung durfte niemand ihn beherbergen oder ihm helfen, und jedermann konnte ihn erschlagen. Der Umstand, daß der Wolf und der zur Friedlosigkeit verdammte Verbrecher ein und dieselbe Bezeichnung tragen, hat in der philologischen und der rechtsgeschichtlichen Literatur reichhaltigen Niederschlag gefunden, wobei es vor allem um die Frage geht, wer nach wem benannt wurde. Für Wilhelm Grimm leitete sich die Bezeichnung der Friedlosigkeit als Strafe für den Übeltäter von jener des friedlosen Wolfes ab, während heutige Sprachforscher der Meinung sind, daß das Tier seinen Namen in Anlehnung an den gesetzlosen Menschen bekam. Demnach wurde aus dem Wildtier Wolf erst im nachhinein und im Zusammenhang mit seiner zunehmenden Abhängigkeit von Mensch und Haustier zu Beginn des Mittelalters der Friedlose.

Neben diesen sprachlichen Hinweisen auf einen Zusammenhang zwischen dem Wolf und dem Leichenschänder deuten so manche Berichte darauf hin, daß Wölfe in der Tat menschliche Leichen nicht nur gefressen, sondern sogar ausgegraben haben. Zur Zeit Maria Stuarts soll in Schottland die Wolfsplage so groß gewesen sein, daß man die Toten gar nicht erst auf Friedhöfen begrub, sondern sie notdürftig auf Inseln im Meer bestattete, bis man der Wölfe wieder Herr wurde. Auch aus Nordamerika liegen einschlägige Nachrichten vor; als um die Mitte des 19. Jahrhunderts in Kalifornien Gold gefunden wurde und zahlreiche Menschen auf dem Weg dorthin am Gelbfieber starben, sollen dort Wölfe viele Leichen gefressen haben.

So gehen sicherlich nicht wenige Berichte von Wolfsüberfällen darauf zurück, daß Wölfe menschliche Leichname verschlangen; in der Folge machte man sie dann selbst für den Tod dieser Menschen verantwortlich. Unter der Voraussetzung, daß Wölfe sich an lebende wie an tote Menschen gewöhnt hatten und auch in der Lage waren, zwischen gefährlichen und ungefährlichen Menschen zu unterscheiden, erscheint es möglich, daß Wölfe in seltenen Fällen tatsächlich lebende Menschen angegriffen haben. Dies kann der Fall gewesen sein,

– wenn in Zeiten von Kriegen, Seuchen oder Hungersnöten menschliche Leichen nicht sogleich oder nicht sicher genug vergraben wurden;

– wenn die Verfolgung der Wölfe lange Zeit nachgelassen hatte, weil die Männer im Krieg waren oder nicht mehr lebten;

– wenn die Frauen und die Alten allein und unbewaffnet zu Hause blieben und die Kinder das Vieh hüten mußten;

– wenn den Wölfen andere Beute fehlte und ihr Hunger groß war.

Solche Bedingungen gab es in Europa besonders im Mittelalter. Daher dürften sich die meisten Überfälle von Wölfen auf Menschen – wenn überhaupt – während dieser Zeit zugetragen haben. Mit der besseren Bewaffnung der Menschen und der stärkeren Verfolgung des Wolfes in den folgenden Jahrhunderten wurde die Gefahr dann immer geringer, und Überfälle wurden entsprechend seltener. Heute sind derartige Bedingungen in Europa nirgendwo auch nur ansatzweise gegeben. Wolfsüberfälle sind bei uns nicht mehr aktuell, ja nahezu undenkbar. Auch in Nordamerika sind und waren die Verhältnisse niemals so, daß von Wölfen eine Gefahr für Menschen hätte ausgehen können, und zwar zu Zeiten der Indianer ebenso wie danach; das erklärt das völlige Fehlen glaubwürdiger Berichte über Wolfsüberfälle auf dem Subkontinent.

Doch nicht überall im Verbreitungsgebiet des Wolfes ist die Entwicklung so weit fortgeschritten wie beiderseits des Atlantiks. In anderen Weltgegenden gleichen die Lebensbedingungen der Menschen von heute noch großenteils jenen ihrer Vorfahren in früheren Jahrhunderten. So wird in Indien noch immer vom »child lifting« der dortigen Wölfe berichtet; daß Wölfe kleine Kinder rauben sollen, ist für uns kaum vorstellbar, für meine indischen Kollegen aber bar jeden Zweifels. Aus Indien stammen auch die meisten Berichte über Wolfskinder, an deren Existenz man dort ebenfalls fest glaubt, während bei uns die Geschichte etwa von Romulus und Remus zu Recht in den Bereich der Sage fällt.

Bei der langsamen, jahrelangen Entwicklung des Säuglings im Vergleich zu der kurzen Laktationszeit einer Wölfin von maximal zehn bis zwölf Wochen ist eine andere Interpretation auch gar nicht möglich. Doch die Phantasiebezogenheit einer Geschichte muß den Wahrheitsgehalt einer anderen nicht schmälern.

Das Wolfsbild heute

In Abhängigkeit von ihrer realen Beziehung zum Wolf hat sich das Bild, das die Menschen sich von ihm machten, unablässig gewandelt. Für unsere noch jagenden Vorfahren war der Wolf lediglich ein weiterer Jäger und manchmal auch willkommene Beute. Er wurde geduldet oder gar wegen seiner Stärke und seiner geschickten Jagdweise bewundert. Erst für den Viehzüchter wurde er zum Schädling, für den Sportjäger dann zum Konkurrenten und für den unbewaffneten Menschen bisweilen sogar zum Raubfeind. Doch diese Zeit der totalen Konfrontation ist bei uns in Europa längst dahin. Zwar ist der Wolf in manchen Gebieten noch eine Gefahr für die Haustiere, in anderen wohl noch vermeintlicher Konkurrent des Jägers; ansonsten aber ist er weitgehend ausgerottet, ist er zu einem Tier geworden, das unserer Vergangenheit angehört.

Obwohl oder vielleicht gerade weil die Erfahrung mit ihm fehlt, stammt das Bild, das wir uns vom Wolf machen, aus der Zeit verständlicher Feindschaft. Nach dem Ausspruch »Homo homini lupus«, den der englische Philosoph Thomas Hobbes von dem altrömischen Komödiendichter Plautus übernahm, ist zwar der Mensch selbst des Menschen größter Feind, doch für Feind steht hier synonym der Wolf. Von frühester Kindheit an erfahren wir, was alle Kinder in Europa von den Älteren hören und später an ihre eigenen Kinder weitergeben: Der Wolf ist böse und haust im dunklen, unheimlichen

Wald. Ich kenne sogar Förster, die bei Dunkelheit ungern allein in den Wald gehen; dabei ist dies wohl der sicherste Ort, den man dann aufsuchen kann.

In dieser irrationalen Beziehung zu einer Tierart und ihrem Lebensraum manifestieren sich wahrscheinlich uralte, ererbte Ängste, nicht der Jäger zu sein, sondern der Gejagte, nicht der Beutemacher, sondern die Beute – Ängste, die den wirklichen Gefahren der Neandertaler und womöglich auch der Steinzeitmenschen angepaßt waren, die aber, verglichen mit den heutigen Gefahren der Zivilisation, ohne Bedeutung sind. Vermutlich sterben derzeit täglich mehr Menschen im Straßenverkehr, als im Laufe der Geschichte jemals von Wölfen gerissen wurden. Trotzdem haben wir vor dem Wolf und seinem Lebensraum Angst, nicht aber vor dem Auto und den Straßen der Stadt. Selbst unter den Tieren haben Pferde, Schweine und Hunde, ja sogar Bienen sehr viel mehr Menschen getötet, war und ist im Wald noch heute der Bär ungleich gefährlicher als je ein Wolf. Doch Haustiere sind uns vertraut, und der Bär mit seinem runden Kopf, seinem wolligen Fell und seinen scheinbar so unbeholfenen Bewegungen löst bei uns eher Wohlwollen und Gefühle der Fürsorge aus. Der Wolf hingegen stellt mit seiner langen Schnauze und seinem von spitzen Zähnen starrenden Maul den Prototyp des Räubers zu Lande dar, nicht anders als der Hai im Meer, das Krokodil im Fluß.

Zu diesen atavistischen Ängsten vor dem Wolf und zu seiner mythologischen Einordnung in die Nähe des Teufels sind allerdings in neuester Zeit einige weitere Wolfsbilder hinzugekommen. Schon Ende des 19. Jahrhunderts, als vielerorts der Sieg über den Wolf bereits errungen war und sein Ende sich allgemein abzeichnete, erlebte der Wolf in unserer Vorstellungswelt eine radikale Umkehrung früherer Bewertungen. Bei Jack London und Rudyard Kipling ist der Wolf plötzlich nicht mehr Vertreter böser Mächte, sondern König des Waldes, Herrscher und Gegenpol des Menschen in seinem verderblichen Streben.

Es war die Zeit einer enormen Entfaltung der kapitalistischen Wirtschaft. Die Verfechter des sogenannten Sozialdarwinimus versuchten den Erfolg der ungehemmt aufstrebenden Unternehmer und die rücksichtslose Ausbeutung der arbeitenden Massen mit Darwins großartigem Entwurf der Selektionstheorie vom »Survival of the fittest« zu rechtfertigen. Aus der Biologie leitete man die irrige Meinung ab, allein der Sieg des Stärkeren über den Schwächeren garantiere auch in der menschlichen Gesellschaft die Fort- und Höherentwicklung. Und in jener Zeit des Aufbruchs wurde aus dem räuberischen Verbrecher Wolf auf einmal der Herrscher, dessen Stärke angeblich den Untergang seiner Beute, des Schwächeren, rechtfertigte.

Dieses veränderte Wolfsbild war wohl auch die Motivation für die Züchtung eines Hundes, der äußerlich dem Wolf ähnlich sah. So entstand durch Kreuzung und strenge Weiterzucht gegen Ende des 19. Jahrhunderts der deutsche Schäferhund. Diese Rasse ist also nicht, wie so häufig angenommen wird, eine besonders alte und mit dem Wolf nahe verwandte, sondern eine Rasse neuen Datums. Die Züchter gingen allerdings mehr von ihrem eigenen Bild vom Wolf aus als von seinem wirklichen Aussehen. So wurde der Schäferhund zu einem breitbrüstigen, massigen Tier mit relativ kurzen Beinen, im Vergleich zu dem hochbeinigen, schmächtigen Wolf. Ähnlich falsche Vorstellungen haben noch heute viele Schäferhundbesitzer vom Verhalten des Wolfes. Manch einer wünscht sich einen äußerst »scharfen, mutigen« Hund, der nur einen Herrn akzeptiert, dem er sich total unterordnet. Doch das Vorbild Wolf kann man kaum mehr verkennen. Die bekannten Probleme mit dem Schäferhund – keine Rasse beißt so häufig und so fest den Falschen wie der deutsche Schäferhund – wurden auf diese Weise jedenfalls, sowohl von der Zucht her wie durch Erziehung und Haltung, programmiert. Wenn die Wirklichkeit den Erwartungen dann nicht entspricht, glaubt mancher Züchter, den Schäferhund durch Einkreuzen mit Wölfen noch »schärfer«, noch »mutiger«, noch »treuer« zu bekommen. Welch ein Trugschluß! Die aus den Kreuzungen hervorgegangenen Tiere sind genau das, was sie nicht sein sollen, nämlich ängstlich – der Halter würde sogar »feige« sagen –, unbelehrbar, aber selbständig, das heißt, weniger an den Menschen gebunden.

Wie verführerisch dieses Bild von »wölfischer Treue« und von der angeblichen »sozialen Monogamie« des Wolfes ist, zeigt sich auch in der einstigen Annahme Konrad Lorenz' von der Abstammung des Hundes. Lorenz unterschied den »Aureus-Hund« vom »Lupus-Hund«. Während die eher gegen jedermann freundlich eingestellten Hunderassen vom Schakal (*Canis aureus*) abstammen sollten, hätten die nur einen Herrn akzeptierenden Hunde den Wolf (*Canis lupus*) als Stammvater. So hat das heroische Bild vom Wolf sogar einen Wissenschaftler seines Ranges zu Fehldeutungen verleitet.

Demgegenüber mutet das neuerdings vor allem in Nordamerika kolportierte Bild vom Wolf als einem »doch nicht so schlimmen Räuber wie früher immer behauptet« geradezu komisch an. Vermutlich begann es mit dem Buch »Never Cry Wolf« von Farley Mowat, das 1963 erschien (und 1971 unter dem Titel »Ein Sommer mit Wölfen« auch in deutscher Übersetzung herauskam). Der Verfasser beschreibt darin seine Erfahrungen als Forscher hoch oben im Norden Kanadas, wo er einen Sommer lang ein Wolfsrudel beobachtete, das sich nicht etwa von Karibus oder Elchen ernährte, sondern von Mäusen. Um zu erfahren, wie dies möglich war, machte Mowat dazu auch noch einen Selbstversuch. Dieser gelang, womit der Beweis erbracht war, daß die Wölfe viel friedlicher sind als ihr Ruf.

Wenn der Inhalt auch rein fiktiv und streckenweise absurd war – das Buch war hinreißend geschrieben. Es erschien gerade zu Beginn der Naturschutzbewegung in Nordamerika und löste eine Lawine aus. Jede Form von »Predator control«, von Raubtierbekämpfung, wie man sie so lange und so intensiv in Nordamerika praktiziert hatte, wurde fortan abgelehnt, nicht zuletzt in den noch verbliebenen Wildnisregionen und erst recht in den Nationalparks, wo man ebenfalls zuvor Wölfe, Kojoten, Bären und Pumas im vermeintlichen Interesse des Wildes auszurotten versucht hatte, häufig mit Erfolg. So lautete die neue Botschaft: »Räuber sind gar nicht so blutrünstig.« (Über das Leben von Mäusen macht man sich wohl nirgendwo Sorgen.)

Die Botschaft wurde gründlich mißverstanden. Nach einer Tagung über Verhalten und Ökologie des Wolfes bei Mike Fox in Saint Louis, Missouri, an der viele Wissenschaftler und noch mehr Anhänger der neuen »Save the wolves«-Bewegung teilgenommen hatten, fuhr ich zusammen mit einem älteren Ehepaar im Taxi zum Flughafen. Die beiden machten Unterrichtsfilme für Schulen und erzählten mir von dem traurigen Erlebnis mit einem Wolf, das sie vor kurzem gehabt hatten. Um den Schülern zu beweisen, daß Wolf und Lamm sehr wohl friedlich zusammenleben könnten, hielten sie in je einem Gehege nebeneinander einen jungen Wolf und ein junges Schaf. Diese beschnüffelten sich auch immer wieder freundlich am Zaun. Doch am Tag der entscheidenden Aufnahme passierte es. Wolf und Lamm sollten zusammen spielen. Zu diesem Zweck wurden sie im Garten des Ehepaars vor die Kamera gebracht. Tatsächlich spielten sie zuerst miteinander. Dann aber rannte plötzlich das Lamm davon, und der junge Wolf setzte hinterher. Nach einem gezielten Biß in die Kehle war alles vorbei.

Eine betrübliche Geschichte. Doch schon im Alten Testament galten folgende Sätze des Propheten Jesaja von einem zukünftigen Reich ewigen Friedens nur als Vision: »Der Wolf ist bei dem Lamm zu Gast, der Panther lagert bei dem Böcklein, und Kalb und Löwe fressen miteinander; ein kleiner Knabe treibt sie aus.«

Man mag diese Prophezeiung als Hoffnung oder als Illusion betrachten – sicher ist, daß auch heute noch, nicht anders als in früheren Zeiten, der Wolf in unserer Vorstellung zugleich Angst und Schrecken wie Faszination und Bewunderung auslöst. Hierbei existieren bei uns nun mehrere Wolfsbilder nebeneinander: ein atavistisches, ein heroisches und ein romantisches. Hinsichtlich der Verfolgung des Wolfes jedoch hat bislang nur eine Vorstellung Einfluß gehabt: die vom feindlichen Konkurrenten. Die blutige Geschichte des Wolfes ist noch nicht zu Ende geschrieben.

Die Ausrottungsgeschichte

Der Beginn des tausendjährigen Krieges gegen den Wolf in Europa geht auf das Jahr 813 zurück, als Kaiser Karl der Große seine Grafen verpflichtete, je zwei Beamte zu ernennen, die ausschließlich für die Wolfsjagd zuständig waren. Diese »Luparii« genossen viele Privilegien, mußten aber dem Kaiser persönlich Rechenschaft über ihre Arbeit geben. Dafür wurden sie vom Waffendienst befreit, hatten überall das Recht auf kostenlose Übernachtung und Bewirtung, und es standen ihnen ein bestimmtes Maß an Getreide sowie andere Abgaben zu. Sie waren die ersten Kopfjäger dieser Geschichte.

Viele weitere sollten im Laufe der Jahrhunderte folgen. Jedes Land hatte seine eigenen, zumeist hauptamtlichen Wolfsjäger. Besondere Berühmtheit erlangte die straff militärisch organisierte Louveterie in Frankreich. Ihre Mitglieder hatten allerdings nicht nur die Aufgabe, die Wölfe von Bauern und Hirten fernzuhalten, sondern mußten auch die Jagdreviere des Königs vor Wölfen schützen und die in Adelskreisen bald sehr beliebten Parforcejagden organisieren, erstrangige gesellschaftliche Ereignisse, bei denen es hoch zu Roß gegen die Wölfe ging. Auch in England gewann diese Jagdform weite Verbreitung; lange Zeit galt sie dort als die Krönung jagdlicher Betätigung schlechthin.

Die »Wolfsangel«.

Dennoch war der Erfolg der Wolfsjäger eher mäßig. Obgleich immer raffiniertere Methoden eingesetzt wurden: Tellereisen und Wolfsangeln, Fallgruben und Fanggärten, Luderplätze und Gift, Hunde und Locktiere aller Art, gelang es nirgends, die Wölfe zu vertreiben. Oder wollte man es vielleicht gar nicht? In den meisten Ländern waren jene, die unter den Wölfen am schwersten zu leiden hatten, nicht befugt, sich mit Waffengewalt gegen sie zu wehren. Allenfalls durften sie mit Heugabeln, Sensen, Stöcken oder durch Steinwürfe versuchen, angreifende Wölfe zu verscheuchen, wie in vielen

Erlassen und Verordnungen aus jener Zeit genauestens festgehalten ist. Denn die Jagd war Privileg des Adels. Sogar Hunde durfte der Landmann zeitweilig nicht mehr besitzen. Nur die Hirten in den abgelegenen Gebirgsregionen hatten das Recht, große Hunde zu halten, um ihre Herden gegen die Wölfe zu schützen; bis heute sind in vielen der traditionellen Schafzuchtgebiete Europas diese großwüchsigen Hirtenhunderassen im Einsatz. Zum Schutz der Hunde legte man ihnen – und tut dies auch heute noch – schwere Eisenketten mit nach außen gerichteten spitzen Nägeln um den Hals. So durfte man sich also wehren. Vertreiben aber konnte man die Wölfe dadurch nicht.

Als erstem Land in Europa gelang es England, den Wolf auszurotten. Dies war freilich nicht das Verdienst der vielen Wolfsjäger, der jagdbegeisterten Ritter oder gar der unter den Wölfen leidenden Bauern, sondern hing mit der Vernichtung des Waldes auf der Insel zusammen. Bis heute zeugen Namen wie Wolf Howes, Howl Moors und Wolf Pits von den damaligen Wolf-Rückzugsgebieten, von denen jedoch am Ende des Mittelalters die meisten bereits gerodet, trockengelegt oder verbaut waren. Ohne Schutz indes waren die Wölfe verloren. Kurz bevor die letzten von ihnen verschwanden, wurde ihnen sogar eine jagdliche Schonzeit zugesprochen; doch auch das konnte sie nicht mehr retten. Allzu groß war der Haß des Volkes, als daß es sie zum sportlichen Vergnügen des Adels geduldet hätte. Zu Anfang des 16. Jahrhunderts war der Wolf aus England verschwunden, zweihundert Jahre später auch aus Schottland und Irland, nachdem hier ebenfalls der Wald vernichtet und die Moore kultiviert worden waren.

Im Jahr 1743 war der letzte Wolf des Inselreiches gefallen. Fünfzig Jahre später schlug ein begeisterter Jäger vor, man möge den Wolf in England wieder züchten und zur Jagd freigeben; erst so, meinte er, könne der wirkliche Jäger volle weidmännische Befriedigung finden. Die inzwischen eingeführte Fuchsjagd als Ersatz für die einstmals so aufregende Wolfshatz hoch zu Roß erschien ihm offenbar nicht mehr abenteuerlich genug. Doch die wütenden Reaktionen seiner bäuerlichen Nachbarschaft erstickten die spätfeudalen Allüren des werten Colonel Thirton of Thornville Royale im Keim.

Auf dem europäischen Kontinent hielten sich die Wölfe auch in dichtbesiedelten Gebieten noch bis weit ins 19. Jahrhundert hinein. Nur in der fast waldlosen Tiefebene entlang der Nordsee verschwanden sie früher. So wurde der letzte Wolf in Dänemark 1772 erlegt. Allerdings sichtete man damals auch in Norddeutschland Wölfe immer seltener, und wenn dies geschah, war das allgemeine Aufsehen groß.

Überall sonst aber gab es noch ausreichend große Wald- und Bergregionen, in die sich die Wölfe zurückziehen konnten. Es hatte den Anschein, als sei der Krieg gegen sie nicht zu gewinnen. Doch dann kam die Französische Revolution und als Folge davon vielerorts der Abbau der alten Jagdprivilegien des Adels. Dies führte bis zur Mitte des 19. Jahrhunderts weithin zu einem drastischen Rückgang der Bestände von Hirsch, Reh und anderen Beutetieren des Wolfes. Auch in Skandinavien wurden die früher so zahlreichen Elche bis auf einen kleinen Restbestand hoch oben im Norden ausgerottet. Gleichzeitig setzte in allen stärker von Menschen besiedelten Gegenden die Industrialisierung ein. Man baute neue Verkehrswege für dampfende, laute Maschinen, die damals nicht nur die Wölfe in Panik versetzten; allenthalben entstanden Industrieanlagen, und die Landwirtschaft wurde zunehmend intensiviert.

So verschwanden die Wölfe binnen weniger Jahrzehnte aus einem großen Teil ihrer früheren Verbreitungsgebiete. Aber auch in den traditionellen Rückzugsgebieten, in denen das Klima rauher war, erging es ihnen ohne natürliche Beutetiere schlecht, zumal im Winter, wenn die Haustiere in den Stall gesperrt wurden. Aus dem Tiefland von Maschinen verdrängt, im Waldgebirge ohne Nahrung – das Ende der Wölfe war abzusehen. 1809 erlegte man im Bayerischen Wald den letzten Hirsch, 1847 den letzten Wolf und bald danach auch den letzten Bären und den letzten Luchs. Gleichzeitig verschwand der Wolf im nördlichen Teil der Alpen. Dort aber, wo man dank milderem Klima auch im Winter das Vieh auf die Weide trieb, konnte er sich länger halten. Noch im Jahr 1871 wurden im linksrheinischen Bezirk Koblenz Schußgelder für sechsundzwanzig Wölfe ausgezahlt. In der Eifel starb der letzte Wolf 1888, im Saarland 1891 und im Elsaß sogar erst im Winter 1911. Ihnen zur Ehre hat man Gedenksteine gesetzt, die an das Ende dieses tausendjährigen Krieges erinnern.

Auch in Skandinavien waren die Wölfe nicht besser dran. Noch in den Jahren 1827 bis 1839

Wolfsfalle mit lebendem Schaf.

erlegte man in ganz Schweden jährlich etwa fünfhundert Wölfe. Zwanzig Jahre später war der Wolf aus Südschweden verschwunden und wiederum zwanzig Jahre danach nur noch in den weiten, baumlosen Gebirgen des Nordens vorhanden, wo er Schutz und in den Rentieren der Saamen noch ausreichend Nahrung fand. Aber auch hier ging der Kampf gegen die Wölfe weiter. Nicht zu zählen sind die Geschichten von fast übermenschlichen Anstrengungen berühmter Wolfsjäger, die Tag und Nacht den Wölfen auf dem Fjäll an den Fersen hingen. Als schließlich Mitte des 20. Jahrhunderts das Gebirge durch neue Straßen, durch Flugzeuge und vor allem durch den motorisierten Schneescooter zugänglich wurde, waren auch hier die Tage der Wölfe gezählt.

Zwar traten jetzt, ähnlich wie Jahrhunderte zuvor Gleichgesinnte in England, die wildesten Wolfsjäger unter den Saamen für den Schutz der Wölfe ein. Tatsächlich wurde der Wolf 1966 unter vollen Schutz gestellt; doch geholfen hat es ihm nicht. Ende der sechziger Jahre schätzte man den heimischen Wolfsbestand auf gerade noch sechs Tiere. Dann verschwanden auch sie. Da man auch in Norwegen keine Wölfe mehr sichtete, schien die Ausrottung in Skandinavien vollzogen. Ein letzter Wolf hielt sich noch südlich des Rentiergebietes in den Grenzwäldern zwischen dem norwegischen Hedmark und dem schwedischen Värmland: anklagendes Symbol für den Monopolanspruch des Menschen.

Ganz anders verlief die Ausrottung des Wolfes in Nordamerika. Hier gibt es nach wie vor zahlreiche geeignete Rückzugsgebiete, und das Wild wurde nirgends völlig vernichtet. Trotzdem gelang es den europäischen Einwanderern binnen kurzer Zeit überall dort, wo sie das Land in Besitz nahmen, die Wölfe zu vertreiben. Was ihre Väter auf dem alten Kontinent in tausend Jahren nicht schafften, die

Wölfe nämlich durch direkte Verfolgung zu vernichten, gelang ihnen auf Anhieb. Die Gründe hierfür waren sowohl in ihrem Verhalten als auch in dem der Wölfe zu suchen. Dem rigorosen Alleinanspruch des weißen Mannes auf das Land und dessen Ertrag hatten die Wölfe aufgrund fehlender Erfahrung mit dem Menschen als Feind nichts entgegenzusetzen. Es war ein von vornherein ungleicher Kampf, nicht unähnlich dem der Indianer um ihre Existenz.

Zu Hunderttausenden gingen so die Wölfe in die Fallen der neuen Amerikaner oder schluckten das von diesen in Ködern versteckte Gift. Vermutlich ist nirgendwo und gegen kein Tier mehr Strychnin in der Landschaft verstreut worden als hier in den letzten hundertfünfzig Jahren. Zuerst verschwanden die Wölfe östlich des Mississippi. Als dann um die Mitte des 19. Jahrhunderts die geradezu wahnwitzige Vernichtung der viele Millionen zählenden Büffel einsetzte, entledigte man sich der Wölfe gleich mit. Von den neuen Viehzüchtern der Prärie bezahlt, legten die sogenannten Wolfers ganze Strecken giftgetränkter Kadaver von frisch geschossenen Büffeln oder, als diese seltener wurden, von Gabelantilopen aus. Schon einen Tag später konnten sie dann den steifgefrorenen Opfern in Massen das Fell abziehen.

Auf diese Weise brach die später so legendär gewordene Lebensgemeinschaft von Büffel, Wolf und Indianer innerhalb weniger Jahre völlig zusammen. Nur einige wenige Büffel überlebten das Massaker. Wurde das Herz von Crazy Horse, Häuptling der Oglalla-Sioux, noch am Wounded Knee in den Black Hills begraben, so avancierte Sitting Bull, Häuptling der Teton-Sioux, zur Attraktion in Buffalo Bills Wildwestschau. Von den großen, hellmähnigen Büffelwölfen schließlich blieb keiner am Leben. Diese Unterart des Wolfes ist für immer verloren.

Die Zukunft des Wolfes

Im Rückblick auf den langen und hartnäckigen, letztlich aber erfolgreichen Vernichtungsfeldzug gegen den Wolf erscheint es müßig, über die Zukunft des Besiegten zu spekulieren. Der Wolf hat keine, mag man meinen. Seine Zeit auf Erden ist vorbei, sein spärliches Vorkommen bestenfalls ein Anachronismus aus längst vergangener Epoche. Der Fortschritt schiebt alles ihm im Wege Stehende erbarmungslos beiseite; dazu gehört auch der Wolf.

Und trotzdem, es gibt ihn noch. Das allein ist wundersam genug. Aber auch die Zeiten des schnellen Rückgangs sind anscheinend vorüber. In riesigen Gebieten Kanadas, Alaskas, Sibiriens und Kasachstans ist der Wolf ohnehin von Menschen wenig bedroht. Auch im europäischen Teil der Sowjetunion ist es inzwischen erklärtes Ziel der Behörden, ihn nicht auszurotten, wenn auch die Bestände weiterhin unter strenger Kontrolle gehalten werden. Nur in China strebt man offenbar nach wie vor die totale Vernichtung des Wolfes an. In manchen Gegenden Chinas wie auch in anderen Gebieten Asiens sind jedoch die geographischen Bedingungen für die Wölfe günstig, und auch die sozioökonomischen Lebensbedingungen der dortigen Menschen entsprechen eher denen unserer im Kampf gegen die Wölfe erfolglosen Vorfahren als denen bei uns, die wir die Fähigkeit zur Naturvernichtung haben.

Doch sogar in dieser Hinsicht scheint sich ein Wandel anzubahnen. In den meisten europäischen Ländern mit noch verbliebenem Wolfsbestand gelten inzwischen zumindest gewisse gesetzliche Beschränkungen für die Jagd auf den Wolf, und mehrere Länder, so Schweden, Norwegen, Italien und Portugal, gewähren ihm sogar völligen Schutz.

In der Tat ist die Anzahl der Wölfe in manchen Gebieten, in denen sie früher stark vom Aussterben

Geschätzte Anzahl und Verbreitung sowie biologischer und rechtlicher Status des Wolfes in Europa im Jahr 1990 (ergänzt nach Zimen und Boitani, 1975)

Land	Anzahl Wölfe[1]	Von Wölfen besiedelte Fläche (km^2)	% der Staatsfläche von Wölfen besiedelt	Status Biol.[2]	Status Rechtlich
Norwegen	10	1000	<1	A	Geschützt seit 1973
Schweden	10	1000	<1	A	Geschützt seit 1966
Finnland	100[3]	30000	10	A	Außerhalb von Rentiergebieten geschützt
UdSSR (europ. Teil)	10000[4]	10 Mi	50	C	Bestand stark reglementiert
Polen	500	25000	8	B	Reglementiert jagdbar
Tschechoslowakei	100	10000	8	B	Geschützt
Rumänien	2000	40000	17	C	Kein Schutz
Bulgarien	100	Keine Information		B	Kein Schutz
Jugoslawien	1000	140000	55	C	Teilschutz in einigen Teilrepubliken
Albanien		Keine Information			
Griechenland	500[5]	30000	30	B	Kein Schutz
Italien	200	15000	5	B	Geschützt seit 1972
Spanien	200	60000	8	B	Reglementiert jagdbar
Portugal	100	15000	17	B	Geschützt seit 1989

[1] Zum Teil nur sehr grobe Schätzung
[2] Biologischer Status: A = nahezu ausgerottet; B = bedroht; C = gesichert
[3] Keine reproduzierende Population, aber regelmäßige Zuwanderung aus der UdSSR
[4] Bestand schwankt stark je nach Intensität der Reglementierung
[5] Nur griechisches Festland; Bestand geht durch Forstwegebau und unkontrollierte Jagd zurück

bedroht waren, wieder angestiegen. Am spektakulärsten geschah dies im europäischen Teil der UdSSR in den siebziger und den frühen achtziger Jahren. Im Zuge des Wiederaufbaues nach dem Zweiten Weltkrieg hatte man die Wolfsbestände drastisch verringert. Es galt, das Land mit allen Kräften nach den Fünfjahresplänen nutzbar zu machen. Dem standen die Wölfe im Wege, und deshalb wurden sie intensiv verfolgt. Dann aber kam der große Rückschlag. Weniger die Unbill der Natur, sondern wohl eher das System der Planwirtschaft selbst brachte die Pläne zum Scheitern. Die Verfolgung der Wölfe ließ nach, und die Bestände nahmen erneut beträchtlich zu. Seit dieser Zeit versucht man nach einem neuen System, die Populationen zwar nicht völlig zu vernichten, aber doch, wie gesagt, sehr genau zu kontrollieren. Die äußerst detaillierten Pläne dieser angestrebten Bestandslenkung müssen allerdings jedem, der mit der zurückgezogenen Lebensweise des Wolfes in auch von Menschen bewohnten Gebieten nur ein wenig vertraut ist, ziemlich abwegig vorkommen. So werden nicht nur das Geschlecht, das genaue Alter und der soziale Status eines jeden zu erlegenden beziehungsweise zu schonenden Tieres im jeweiligen Rudel genau festgelegt, sondern auch für jede Kategorie der zu tötenden Wölfe die Tötungsmethode im voraus bestimmt. Wieder, so scheint es, werden Pläne am grünen Tisch ersonnen, die jenseits aller Realisierbarkeit stehen. Doch das ist eine andere Geschichte.

Auch in Kanada und in Alaska hat man in den letzten Jahren versucht, lokale Wolfspopulationen unerbittlich auszumerzen, um den immer zahlreicheren und auch gut zahlenden Jagdgästen aus Europa, insbesondere aus Deutschland, möglichst hohe Abschußzahlen bei der Jagd nach Trophäenträgern zu sichern. Wieder geht man, wie in den finstersten Zeiten der Wolfsverfolgung, rücksichtslos gegen die Tiere vor, nun aber mit besserem technischem Gerät. Vom Flugzeug und vom Helikopter aus werden Wölfe geschossen und Giftköder abgeworfen. Doch der erhoffte Erfolg stellt sich fast nirgendwo ein, wohl nicht zuletzt wegen der massiven Opposition gegen diese Programme aus der einheimischen Bevölkerung.

So scheint es denkbar, daß die heute noch vorhandenen Wolfspopulationen die nächsten Jahrzehnte überleben werden, was bei der heutigen Schnelllebigkeit schon als halber Sieg zu bewerten ist. Ob die Wölfe allerdings verlorenen Boden zurückerobern können, erscheint fraglich. Seit langem plant man eine Wiedereinbürgerung des Wolfes im Nordwesten der USA, in den Rocky Mountains. Doch der Widerstand vor allem der Jäger ist ungebrochen. An ähnliche Pläne in Europa ist nicht einmal zu denken, obwohl es auch hier gut geeignete Gebiete gibt. In dem 2000 Quadratkilometer großen Grenzgebirge zwischen Bayern und Böhmen etwa leben nach wie vor kaum Menschen, und die Waldweide ist dort völlig eingestellt worden. Die Anzahl der Rehe und der Hirsche hier ist inzwischen höher als je zuvor und eine natürliche Regulation ihrer Bestände wahrlich wünschenswert. Doch neben der unveränderten Aversion der Jäger gegen den Wolf erscheint die Angst vor ihm in der Bevölkerung, trotz seiner jetzt bald hundertfünfzigjährigen Abwesenheit, mittlerweile eher gestiegen als gesunken zu sein. Manche Reaktionen auf den Ausbruch der neun Wölfe im Jahr 1976 erinnerten jedenfalls eher an mittelalterliche Verhältnisse als an die in einer aufgeklärten Gesellschaft. Ein großer Teil der Bevölkerung stimmte gegen einen erneuten Versuch, Wölfe in Mitteleuropa wiedereinzubürgern. Zwar wurde der letzte der neun Wölfe erst zwei Jahre nach dem Ausbruch erschossen, was bestätigt, daß das Gebiet aus ökologischer Sicht für Wölfe geeignet ist. Doch dieser Faktor ist bekanntlich längst nicht mehr der entscheidende im Leben unserer Wildtiere.

Ähnlich irrational reagieren zur Zeit viele Menschen in den vom Wolf auf natürliche Weise neu besiedelten Gebieten in den Apenninen, wovon ebenfalls schon die Rede war. Zu welchen geradezu grotesken Reaktionen Menschen fähig sind, wenn Wölfe in ihrer Gegend erneut auftreten, möchte ich zuletzt anhand eines Beispiels aus meiner schwedischen Heimat aufzeigen. Da es auch nicht einer gewissen Komik entbehrt, mag es helfen, uns zum Abschluß etwas versöhnlich zu stimmen.

Von dem einsamen Wolf im großen Grenzwald zwischen Norwegen und Schweden habe ich schon gesprochen. Jahrelang zog er seine Fährte weit südlich des Rentiergebietes der Saamen, die ihn wohl kaum unbehelligt hätten leben lassen, wären sie seiner ansichtig geworden. Doch im Wald schien ein Wolf gleich kein Wolf zu sein, denn man hörte kaum etwas von dem Einzelgänger. Dann aber passierte Unerwartetes. Zuerst meldete man in Norwegen, dann auch auf der schwedischen Seite, in Värmland, ein ganzes Rudel von Wölfen. Offensichtlich hatte der einsame Wolf eine Partnerin gefunden und die gemeinsamen Jungen erfolgreich aufgezogen. Wie die Paarung möglich war, weiß niemand. Das nächste Wolfsvorkommen liegt etwa 2000 Kilometer entfernt an der sowjetrussisch-finnischen Grenze, und dazwischen erstreckt sich auch noch Saamenland, also Feindesland. Seit über hundert Jahren hatte es zudem in dieser Region keine Wölfe mehr gegeben, auch wenn sie heute für Wölfe besonders geeignet erscheint. Ein Jahr zuvor hatte ich dem Naturschutzverband sogar Nordvärmland als die beste Region in ganz Schweden für eine mögliche Wiedereinbürgerung des Wolfes vorgeschlagen. Meine Argumente waren gewesen, daß hier nur wenige Menschen sowie keine Saamen mit ihren Rentieren leben und inzwischen wieder besonders viele Elche vorhanden sind. Und jetzt zog es die Wölfe von selber dorthin.

Es folgten aufregende Zeiten. Die Naturschützer waren freudig erregt, die Jäger und die wenigen Kleinbauern des Gebietes hingegen außer sich. Doch diese konnten wenig machen. Das Recht war auf seiten der Wölfe, und die Naturschützer waren immer zur Stelle. Jede Bewegung, jeder Riß und natürlich auch jeder Wurf der folgenden Jahre wurde von ihnen kontrolliert und bewacht. Als dann zuerst einer der Jungwölfe in südliche Richtung abwanderte, verfolgte die ganze Nation am Bildschirm gespannt das Geschehen. Denn dieser Wolf lief immer weiter und erschien zuletzt nahe bei Malmö im dichtbesiedelten Schonen, im äußersten Süden des Landes. Einem Massenaufgebot der Polizei gelang es schließlich, den Wolf in einem Getreidefeld einzufangen und in seine angestammte Heimat zurückzubringen. Doch abermals hielt es ihn nicht dort. Wieder zog er ab, diesmal bis vor die Tore Göteborgs an der Südwestküste, wo er dann von einem Jäger erlegt wurde.

Die Wogen der Erregung ob dieser je nach Standpunkt frevlerischen oder richtigen Tat des Schützen gingen hoch. Eine Nation war gespalten. Als dann aber ein Jahr später – inzwischen war ein weiterer Jungwolf bis nach Stockholm gelaufen, wo er von einem Auto überfahren wurde – in Värmland die Wölfin-Mutter der ersten Würfe von einem Jäger erschossen wurde, der zur Begründung angab, er habe lediglich seine Schafe verteidigen wollen, war das Entsetzen landesweit. Nur in dem betroffenen Gebiet selbst war man anderer Meinung. Es bildeten sich zwei Vereine gegen und ein Verein für die Wölfe. Die beiden Anti-Wolf-Vereinigungen hatten bald jeweils mehrere tausend Mitglieder, während der Pro-Wolf-Verein einen deutlich geringeren Zulauf verzeichnete, und zwar hauptsächlich von Leuten, die weit weg vom Geschehen lebten. In Redeschlachten auf zahllosen Versammlungen, in nicht enden wollenden Leserbriefen in den Zeitungen äußerte sich die aufgebrachte Volksseele – und das wegen einer Handvoll Wölfe, die fernab im Wald lebten und niemandem etwas zuleide taten. Auch Schäden an Haustieren wurden keine gemeldet, und selbst die paar Elche, die sie erlegten, hätten nicht der Rede wert sein dürfen.

Doch sie waren es. In einem Land, in dem der Wald von den allzu vielen Elchen buchstäblich aufgefressen wird und alljährlich hunderttausend von ihnen mit der Kugel erlegt werden, stiftete der Umstand, daß einige wenige Elche von Wölfen gerissen wurden, tatsächlich verbreiteten Unfrieden. Von den Wolfsgegnern wurde zwar nicht die Anzahl, wohl aber das Leiden der gerissenen Elche als Argument zur Verdammung der Wölfe in die Waagschale geworfen. Bei einer öffentlichen Versammlung mußte allerdings der Vorsitzende einer Jagdorganisation, der dem Publikum zuvor in dramatischen Worten die Brutalität der Wölfe geschildert hatte, auf eine entsprechende Frage zugeben, daß auch er nicht alle zweihundertneunundsiebzig (!) von ihm erlegten Elche mit nur einem Schuß zur Strecke gebracht hatte.

Das Ganze begann absurde Züge anzunehmen und glich immer mehr einer unter allgemeiner Beteiligung aufgeführten Staatsoperette. Wie in Italien, wo in den letzten Jahren ebenfalls Wölfe erneut aufgetreten sind, wurde auch hier das Vorhandensein von Wölfen letztlich der Regierung angelastet und mit schweren Vorwürfen gekoppelt. Die Forstwirtschaft, früher der einzige Wirtschaftszweig von Bedeutung in der Region, ist weitgehend mechanisiert. Überall fehlen Arbeitsplätze. So ziehen die Jungen weg, und nur die Alten, die Kranken, die Schwachen bleiben verbittert zurück. Höfe verfallen, das Land verarmt – soweit dies im Wohlfahrtsstaat Schweden möglich ist –, und da »schickt der Staat auch noch Wölfe«, denn selbstredend gilt es als sicher, daß diese ausgesetzt wurden. Zurück ins Mittelalter solle es gehen, der Wald solle entvölkert werden, damit die Naturschützer aus Stockholm mit ihren Wölfen allein hier leben könnten. Eine große Verschwörung sei das Ganze, die Perversion einer neuen Zeit, das wahre Gesicht der Sozialdemokratie.

Die Phantasie der Menschen kennt auch in der Verbitterung keine Grenzen. So werden im Kampf bevorzugt Ängste geschürt, Kinder und Frauen als zukünftige Opfer dargestellt, während Männer sich als Retter der Ehre und der alten Ordnung hervortun. Alle Mädchen und Frauen, die ich im Rahmen einer Umfrage im Wolfsgebiet ansprach, äußerten Angst vor den Wölfen, aber kein einziger Junge und auch kein Mann. Sie hatten nur Angst um ihre Kinder und ihre Frauen, um ihre Schafe und natürlich um ihre Elche – sowie einen unbändigen Haß auf die Wölfe.

Die Geschichte kommt uns bekannt vor. Sie ist so alt wie das Märchen vom Rotkäppchen, das zuerst vom Wolf gefressen (oder vielleicht nur verführt?) und dann vom Jäger gerettet wurde. Rotkäppchens von diesem Erlebnis herrührende Angst, die Angst aller Frauen und Mädchen vor dem »bösen Wolf« ist der Vorteil des Mannes, dient zur Rechtfertigung seiner Privilegien, und zu ihnen gehört die Jagd.

Inzwischen haben sich die Wogen etwas geglättet. Eine weitere Wölfin bringt jetzt in Värmland alljährlich einen Wurf zur Welt. Zu spektakulären Abwanderungen kommt es nicht mehr. Vermutlich haben sich die Wölfe in der Gegend »etabliert«. Ab und zu wird einer von ihnen illegal erschossen oder, wie in einem Fall, absichtlich mit dem Auto gejagt und überfahren. So hält sich der Bestand bislang relativ stabil bei weniger als zehn Tieren. Das wird, wie wir heute wissen, auf Dauer nicht ausreichen. So diskutiert man viel über die für eine langfristige Sicherung des Bestandes notwendige Mindestzahl, die man aber in Relation setzen muß zu der von der Bevölkerung allmählich akzeptierten Höchstzahl.

Die Unterschiede könnten nicht größer sein: zweihundert auf der einen und zehn auf der anderen Seite. Aber immerhin, ein neuer Anfang ist gemacht.

Die Klage der Wölfe

Als ich im Januar 1978 die letzten Sätze zur ersten Ausgabe dieses Buches zu Papier brachte, kam gerade Kunde vom Abschuß des letzten der neun aus ihrem Gehege im Bayerischen Wald ausgebrochenen Wölfe. Zwei Jahre lang hatte er sich im Grenzgebirge zwischen Bayern und Böhmen halten können. So verfaßte ich einen Nachruf auf diesen »gejagten Jäger«, voll düsterer Ahnungen von unser aller Bedrohung infolge zunehmender Umweltzerstörung, für die mir des Menschen Umgang mit dem Wolf symptomatisch erschien. Sei er einst Symbol für unsere Angst *vor* der Natur und für unseren Kampf *gegen* sie gewesen, schrieb ich, so sei er jetzt Symbol für unsere Angst *um* die Natur. Hierbei geht es nicht um die Wiederherstellung intakter ursprünglicher Lebensgemeinschaften. Dies ist ohnehin eine fragwürdige Vorstellung; für die Menschen früherer Zeiten jedenfalls war die unberührte Natur eher furchterregend und ihre »Zähmung« eine große Kulturleistung. Nein, es geht um das Maß unserer Entfremdung von der Natur, um den Wolf als Indikator für unsere Fähigkeit, uns in natürliche, wenn auch von uns mitbestimmte Lebensabläufe einzugliedern, statt gegen sie zu verstoßen oder uns gar außerhalb von ihnen zu stellen. Und es geht auch um unsere Sehnsucht nach schöpferischen Freiräumen, in denen nicht alles nach der schieren Nützlichkeit beurteilt wird.

Seit jenem »Nachruf« hat sich auf der Welt vieles verändert – leider nicht nur zum Besseren. Eine Milliarde mehr Menschen leben jetzt auf der Erde. Demgegenüber sind so manche Kulturen kleiner Völker untergegangen, sind die Nashörner und die

Elefanten Afrikas fast ausgerottet und der tropische Regenwald überall weiter abgeholzt worden, der Rhein mehrmals bis zur Mündung vergiftet, die Adria von einem Algenteppich und die Küsten Alaskas ebenso von einem Teppich aus Öl beinahe erstickt worden. Man hat das Ozonloch entdeckt und das Waldsterben, und das Weltklima droht vollends aus dem Lot zu geraten. Im ukrainischen Tschernobyl ist ein Kernkraftwerk, im indischen Bhopal ein Giftgastank in die Luft geflogen. Unterdes werden in der Nordsee weiterhin Sonderabfälle »verklappt«, sterben dort die Seehunde wie anderswo die Delphine in den neuen Netzen der Hochseefischer, wie die Wale weiterhin. Und während Bangladesch langsam im Meer versinkt, breiten sich anderwärts die Wüsten immer schneller aus, ist die Sahelzone zum Dauernotstandsgebiet geworden, in dem Millionen Afrikaner hungern und verelenden.

Es ist wahrlich kaum zu fassen, wie viele Katastrophenmeldungen uns in so kurzer Zeit zu Ohren gekommen sind, stets »live« vom Fernsehen dokumentiert. Das läßt für die wenigen Jahre bis zur Jahrtausendwende noch einiges befürchten. Dabei sind wir in Europa, in Nordamerika, in Japan und in Australien reicher als je zuvor. Andererseits ist es ebendieser unser Reichtum, der nicht nur die Katastrophen bedingt, sondern auch technischen wie politischen Fortschritt ermöglicht und uns somit hoffen läßt, die vielen gewaltigen Probleme doch noch rechtzeitig lösen zu können. Die Zeit drängt allerdings, und die enormen Kosten der Krisenbewältigung müssen wir alle tragen.

Und die Wölfe? Bei dem soeben skizzierten Szenario mag es absurd erscheinen, sich über die Zukunft einer Tierart Gedanken zu machen, gar einer bislang für den wirtschaftenden Menschen vermeintlich so schädlichen wie des Wolfes. Was, so kann man fragen, interessieren uns die Überlebenschancen einiger weniger Wölfe in den fernen Abruzzen, das Fortbestehen letzter ursprünglicher Lebensgemeinschaften um den Wolf irgendwo in Kanada oder in Sibirien, die Wiederkehr von ein paar Wölfen in Schweden, wenn wir selber bald alle ums Überleben zu kämpfen haben werden? In diesem Kampf seien Prioritäten zu setzen, und die gälten allemal den Menschen, nicht ihren Feinden.

Nun, wie die Bewältigung unserer angehäuften Probleme auch immer, falls überhaupt, erfolgen wird – eines ist sicher: Den Primat der Ökonomie über die Ökologie müssen wir genau umkehren. Forderungen von Wirtschaft und Umwelt dürfen nicht etwa gleichberechtigt nebeneinander stehen; vielmehr muß der Vorrang der Ökologie eindeutig gewährleistet sein. Jede andere Strategie ist langfristig zum Scheitern verurteilt und läuft letztlich auch auf schlechte Ökonomie hinaus, da sie vom Zins und nicht vom Kapital der natürlichen Ressourcen bezahlt wird.

Zuerst bezeichnete der Wolf, zum Hund domestiziert, den revolutionären Beginn einer systematischen Nutzung dieser Ressourcen durch den Menschen. Später stand er, wild geblieben, dieser Nutzung geradezu leibhaftig im Wege. Sollte es jetzt infolge der Übernutzung unser Umwelt tatsächlich zu einer erneuten Revolution in unserer Beziehung zur Natur kommen, zu einer Umkehrung der Prioritäten, zu einer Wandlung der Umwelt zur Mitwelt, dann dürfte auch der Wolf, hoch anpassungsfähig, wie er ist, davon profitieren. So gesehen, ist unser Schicksal mit dem des Wolfes wie alles Lebendigen verwoben. Es mag zwar sein, daß der unabdingbare Ausgleich zwischen Ökologie und Ökonomie, zwischen Natur und Kultur eine Illusion bleiben wird. Doch auch eine Illusion kann Hoffnung sein.

Zum Schluß

Es war am ersten Schultag nach den Sommerferien dieses Jahres. Ich war in München, die Kinder in der Schule, Dagmar, meine Frau, zu Hause und die Wölfe in ihrem Gehege. Das heißt, dort sollten sie sein. Sie waren aber ausgebrochen. Eine unserer Hennen hatte sich entschlossen, ausgerechnet am Gehegezaun ihr Nest zur Eiablage anzulegen. Das war dann doch zuviel für die Wölfe. Sie zerrissen den Zaun, packten das Huhn und drei weitere dazu und versuchten dann als erstes, ihre Beute in unserem Seerosenteich zu ertränken. Als Dagmar das hörte, dachte sie, die ungeliebten Enten seien wieder einmal verbotswidrig dorthin zurückgekehrt, schrie zum Fenster hinaus – und bekam einen großen Schreck, als sie statt dreier Enten auf dem Teich vier Wölfe in dem Teich sah, die immer noch je ein Huhn zu ertränken versuchten.

Dagmar kann sehr laut schreien. Die Wölfe können auch sehr laut heulen, aber vor dem Schreien des Menschen haben sie Angst. So rannten sie hinüber auf das Nachbargrundstück. Dort steht die Dorfschule. Kaum waren sie drüben, klingelte bei Dagmar schon das Telefon. Es war die strenge Hausmeisterin. »Ihre Wölfe laufen mit Hühnern im Maul auf dem Schulhof herum«, teilte sie mit. »In fünf Minuten ist große Pause. Machen Sie was!«

Jetzt muß man die Vorgeschichte kennen, um zu verstehen, was dann passierte. Es geht um das Heulen der Wölfe. Nebenan ist auch die Dorfkirche. Immer wenn die Glocken läuteten, und das passiert hier in Niederbayern häufig am Tag, fingen die Wölfe nämlich an zu heulen. Und weil es so schön war, auch immer wieder zwischendurch. Nie zuvor habe ich Wölfe gehabt, die so viel heulten, und das auch noch mitten im Dorf. Anfänglich, als die Wölfe noch klein und niedlich waren, fanden es alle lustig. Dann aber kamen die Beschwerden. Besonders bei den Begräbnissen hörte man es nicht gern. Doch jedesmal wenn zu den getragenen Klängen der Blaskapelle der freiwilligen Feuerwehr der Sarg langsam hinabgesenkt wurde und die Trauernden weinten, stimmten die Wölfe, keine fünfzig Meter entfernt, heulend mit ein.

Das ging zu weit. Die Ablehnung im Dorf wurde immer stärker. Einer der Dorfbewohner meldete sich beim Amtsarzt krank, weil er das Heulen einfach nicht mehr aushielt. Nun gibt es zwar im Dorf einige Hunde, die mitunter die ganze Nacht bellen, ferner ein paar Halbwüchsige, die auf dem Schulhof vorzugsweise zu später Stunde mit ihren frisierten Mopeds Rennen veranstalten, und auch die Luftwaffe kann es nicht lassen, immer wieder einige ihrer Maschinen im Tiefflug übers Dorf zu schikken. Doch es waren die Wölfe, die den Bedauernswerten krank machten. Ein anderer Mann aus dem Dorf beantragte auf dem Landratsamt einen Waffenschein »zwecks der Wölfe«, wie er angab, falls sie einmal ausbrechen sollten.

Und jetzt war es soweit. Was ich stets als unmöglich abgetan hatte, war doch geschehen: Die Wölfe waren los und ich zu allem Überfluß weit weg. Zuallererst rief Dagmar bei dem Nachbarn an, der sich in meiner Abwesenheit um die Tiere kümmerte. Aber der war beim Arzt. Dann rief sie beim Stellvertreter meines Stellvertreters an. Doch der war unauffindbar. Schließlich rief sie bei mir im Schneideraum der Bavaria in Geiselgasteig an, wo wir just letzte Hand an den Film legten, in dem die vier Wölfe den Hauptpart spielten: »Die Wölfe von Val Orfento«.

Viel war am Telefon nicht zu verstehen, außer daß etwas Furchtbares passiert sei. Ich versuchte, Dagmar zu beschreiben, wo die Leinen für die Wölfe waren, damit sie die Ausreißer wieder einfangen könne. Meine Sätze gingen jedoch in ihrem Schreien unter. Ich bekam lediglich mit, daß die Kinder gerade auf den Schulhof strömten, wo die Wölfe noch mit den Hühnern ... – da stürzte ich auch schon zum Auto, um zu retten, was noch zu retten war. Doch nach Peterskirchen fährt man auch bei schnellstem Tempo von München aus mindestens zwei Stunden.

Inzwischen waren die Kinder wirklich auf den Schulhof gestürmt. Vor lauter Schreck über den vielen Lärm hatten die Wölfe daraufhin die Hühner fallen lassen und waren auf die Dorfstraße gelaufen. Dort töteten sie zuerst blitzschnell eine Katze und faßten dann abermals je ein Huhn des Nachbarn. Als die Polizei nicht gerade leise anrückte, luden die Wölfe ihre neue Beute mitten auf der Dorfstraße ab und holten sich gleich weitere Hühner beim Nachbarn gegenüber. Das Durcheinander war perfekt.

Unter Polizeischutz brachte man einen Teil der Kinder zurück in die Schule, die gerade eingeschulten Erstkläßler aber mit Bussen und ebenfalls unter Polizeibedeckung nach Hause. So endete für sie der erste Schultag recht unplangemäß. Mittlerweile waren natürlich auch sämtliche Jäger aus dem weiten Umkreis angerückt. Für sie galt es hier, etwas zu verteidigen, und zwar schnell. Hinzu kamen wohl so etwas wie Rachegelüste mir gegenüber, der so häufig mit den Wölfen durch ihre Reviere gelaufen war und dann auch noch behauptete, ihre Sorgen um das Wild seien unbegründet, ja sogar abwegig, denn die Wölfe seien nur von Vorteil für das Wild. Hier ging es also um Grundsätzliches, und das mochte jetzt mit vier gezielten Schüssen aus der Welt zu schaffen sein.

Doch dann begab sich Erstaunliches: Mehrere Dorfbewohner stellten sich schützend vor die Wölfe. Wo immer diese hinrannten, stets blieben einige der Männer bei den Jägern, um sie am Schießen zu hindern. Keiner von ihnen traute sich zwar, die

Wölfe an die Leine zu legen, aber in deren Nähe wollten sie bleiben, um Schlimmeres zu verhüten. Hin und her ging es durchs Dorf und über die benachbarten Felder, die Wölfe mit immer neuen Hühnern im Maul, hinter ihnen die Dörfler zu ihrem Schutz. Die Jäger standen bereit, doch bei solch massiver Gegnerschaft mußten sie den Finger gerade lassen. Die Schafe konnte man noch rechtzeitig wegsperren, und meine Pferde ließen sich durch die Wölfe nicht einschüchtern. Sie kannten die Wölfe von klein auf, und so jagten sie sie jetzt in ausgelassenem Spiel über die Felder. Als dann auch noch eine junge Nachbarin mit ihren anderthalbjährigen Zwillingen an der Hand am Ort des Geschehens eintraf, gelang es Dagmar im Chor mit vielen Dorfbewohnern, die Polizei davon zu überzeugen, daß man noch warten könne, bis ich einträfe, bevor Endgültiges zu entscheiden sei.

Die restliche Geschichte ist denkbar undramatisch. Zuerst gelang es dem irgendwann dann doch noch aufgetauchten Stellvertreter meines Wölfe-Stellvertreters, zwei der ausgebrochenen Tiere an die Leine zu legen: die liebe Knurre und Zora, die souveräne Alpha-Wölfin. Peter und Rin-tin-tin entzogen sich indes jedem Versuch, ihre neugewonnene Freiheit zu beenden, und rannten in den Wald. Als ich dann endlich mit quietschenden Reifen vorfuhr, mußte ich nur meinen Hund auf ihre Spur ansetzen. Binnen Minuten brachte er die Wölfe in wildem Galopp zurück. Beide sprangen mir vor Freude ins Gesicht, und ich konnte sie unter den Augen aller Versammelten zurück ins Gehege bringen.

Nun, keine Lektion ohne Lehre. Zwei waren es diesmal: zum einen, daß Wölfe eben doch nicht in ein Dorf in Niederbayern gehören, und zum anderen, daß Kenntnisse über Wölfe Teilnahme an ihrem Schicksal und Verständnis für sie fördern, auch wenn ihr Heulen am Grabe des Guten doch zuviel ist. So bezahlte ich zuerst unseren Nachbarn die gerissenen Hühner. Dann packte ich die Wölfe in ihren Anhänger und brachte sie zurück in die Abruzzen, wo sie nunmehr in einem großen Gatter untergebracht sind und ein schönes Leben haben. Unterwegs nahm ich mir vor, dieses Buch, dessen erste Ausgabe längst vergriffen war, zu überarbeiten und neu herauszubringen. Denn, wie gesagt, es ist die Information über die Wölfe, die sie trotz der alten, einst so übermächtigen Feindschaft eines Tages für uns Menschen tolerierbar machen wird. Und wenn ich mit diesem Buch fertig bin, fahre ich in die Abruzzen und laufe einige Tage mit den Wölfen durchs Gebirge.

Peterskirchen, um die Jahreswende 1989/1990

Erik Zimen

Literatur

Allen, D. L. (1979): *Wolves of Minong.* Houghton Mifflin Company, Boston

Altmann, D. (1975): *Beziehungen zwischen sozialer Rangordnung und Jungenaufzucht bei Canis lupus.* Zoologischer Garten 44, S. 235–236

Bekoff, M. (Hrsg.) (1974): *Social play in mammals.* American Zoologist, Vol. 14, No. 1, S. 266–427

Bibikov, D. I. (1975): *The Wolf in the USSR.* In D. H. Pimlott (Hrsg.): *Wolves.* IUCN Publication Series, Suppl. Paper No. 43, Morges, S. 29–35

Bibikow, D. I. (1988): *Der Wolf.* Die Neue Brehm-Bücherei, Wittenberg

Bjärvall, A. u. Isakson, E. (1986): *Värmlandsvargarna 1981–1985. Antal och vandringar.* In Vargen. Värmlands Museum, Karlstad

Boitani, L. (1986): *Dalla Parte del Lupo.* L'Airone di Giorgio Mondadori, Mailand

Boitani, L. u. Zimen, E. (1978): *The role of public opinion in wolf management.* In E. Klinghammer (Hrsg.): *The Behavior and Ecology of Wolves.* Garland Press, New York

Bornhalm, D. (1977): *Wölfe. Eingewechselt und verfolgt.* Landbuch-Verlag, Hannover

Bourliere, F. u. Verschuren, J. (1960): *Introduction à l'écologie des ongules du Parc National Albert.* Institut des Parcs Nationaux du Congo Belge, Brüssel

Bubenik, B. (1966): *Vliv rysa a vlka na strukturu populaci srnci a jeleni zvere (Über den Einfluß des Luchses und Wolfes auf die Populationsstruktur des Reh- und Rotwildes).* Mammaliologicke Zpravy: Lynx 6, S. 7–13

Burkholder, B. L. (1959): *Movement and behaviour of a wolf pack in Alaska.* Journal Wildlife Management 23, S. 1–11

Calvo, E. F. u. Dancette, V. (1977): *Die Bestie ist tot – Der zweite Weltkrieg bei den Tieren.* Abi Melzer Prod., Dreieich

Carbyn, L. N. (Hrsg.) (1983): *Wolves in Canada and Alaska.* Canadian Wildlife Service, Report Series 45, Edmonton

Clark, E. (1969): *Indian legends of the Pacific Northwest.* University of California Press, Berkeley
Cowan, J. M. (1947): *The timber wolf in the Rocky Mountain National Parks of Canada.* Can. J. Res. 25, S. 139–174
Crisler, L. (1958): *Arctic wild.* Harper and Bros., New York (in deutscher Übers.: *Wir heulten mit den Wölfen.* F. A. Brockhaus, Wiesbaden 1972)

Darwin, C. (1872): *The expression of the emotions in man and animals.* London
Dasman, R. F. (1964): *Wildlife Biology.* John Wiley & Sons, New York
Dawkins, R. (1976): *The Selfish Gene.* Oxford University Press, Oxford
Dent, A. (1974): *Lost Beasts of Britain.* Harrap, London

Eibl-Eibesfeldt, I. (1967): *Grundriß der vergleichenden Verhaltensforschung.* R. Piper Verlag, München
Eibl-Eibesfeldt, I. (1975): *Krieg und Frieden.* R. Piper Verlag, München
Eisfeld, D. (1966): *Verhaltensbeobachtungen an einigen Wildcaniden.* Zeitschrift für wissenschaftliche Zoologie, Bd. 174, 3/4, S. 227–289
Ende, R. von (1982): *Über Wölfe und Hunde.* VEB Deutscher Landwirtschaftsverlag, Berlin
Ewer, R. F. (1973): *The Carnivores.* Weidenfeld & Nicolson, London

Fagen, R. (1981): *Animal Play Behavior.* Oxford University Press, Oxford
Fengewisch, H.-J. (1968): *Großraubwild in Europas Revieren.* BLV, München
Fischel, W. (1956): *Haushunde.* Handbuch der Zoologie 8, S. 1–16
Fox, M. (1971): *Behaviour of wolves, dogs and related canids.* Harper & Row, New York (in deutscher Übers.: *Vom Wolf zum Hund.* BLV, München 1975)
Fox, M. W. (1972): *Socio-ecological implications of individual differences in wolf litters: A developmental and evolutionary perspective.* Behaviour 41, S. 298–313
Frank, H. (Hrsg.) (1987): *Man and Wolf.* W. Junk Publishers, Dordrecht

de la Fuente, F. R. (1975): *Protection of the Wolf in Spain – Notes on a Public Awareness Campaign.* In D. H. Pimlott (Hrsg.): *Wolves.* IUCN Publication Series, Suppl. Paper No. 43, Morges, S. 103–112

Fuller, W. W. (1966): *The biology and management of the bison of Wood Buffalo National Park.* Canadian Wildlife Service, Wildlife Management Bulletin Series No. 16

Garzon, I. (1974): *Especies en Peligro – el Lobo.* Adena, No. 8, WWF, Spanien

Gerholm, T. R. u. Magnusson, S. (1966): *Idé och samhälle,* SÖ-Förlaget, Skolöverstyrelsen, Stockholm

Godenhjelm, U. (1891): *Minnen från Vargåren 1880–82.* Helsingfors (Ausschnitte in Jaktmarker och Fiskevatten, Nr. 2, Stockholm 1972)

Goldmann, E. A. (1944): *The wolves of North America.* Part II. American Wildlife Institution, Washington D.C. (Neuauflage 1969 bei Dover Publications, New York)

Griechisches Ministerium für Nationalökonomie (1975): *The kill of wolves in Greece, 1964–1972.* In D. H. Pimlott (Hrsg.): *Wolves.* IUCN Publication Series, Suppl. Paper No. 43, Morges, S. 81–82

Gunn, S. W. A. (1965): *The totem poles in Stanley Park.* Whiterocks Publishers, Vancouver, B.C.

Haglund, B. (1969): *De fyra stora.* Nordstedt, Stockholm

Haglund, B. (1975): *The wolf in Fennoscandia.* In D. H. Pimlott (Hrsg.): *Wolves.* IUCN Publication Series, Suppl. Paper No. 43, Morges, S. 36–43

Hall, L. R. u. Sharp, H. S. (Hrsg.) (1978): *Wolf and Man. Evolution in Parallel.* Academic Press, New York

Hamilton, W. D. (1964): *The genetical theory of social behaviour, I, II.* Journal of Theoretical Biology, 7 (1), S. 1–52

Harrington, F. u. Paquet, P. (Hrsg.) (1982): *Wolves of the World.* Noyes Publishers, New York

Herre, W. u. Röhrs, M. (1971): *Domestikation und Stammesgeschichte.* In Heberer: *Die Evolution der Organismen.* G. Fischer Verlag, Stuttgart

Jacoby, M. (1974): *Wargus, vargr – Verbrecher Wolf: eine sprach- und rechtsgeschichtliche Untersuchung.* Acta Universitatis Upsaliensis, Uppsala

Jordan, P. A., Shelton, P. C. u. Allen, D. L. (1967): *Numbers, turnover, and social structure of the Isle Royale wolf population.* American Zoologist 7, S. 233–252

Joslin, P. W. B. (1967): *Movements and home sites of timber wolves in Algonquin Park.* American Zoologist 7, S. 279–288

Kleimann, D. (1967): *Some aspects of social behaviour in the canidae.* American Zoologist 7, S. 365–372

Klinghammer, E. (Hrsg.) (1979): *The Behavior and Ecology of Wolves.* Garland Press, New York

Kolenosky, G. B. (1972): *Wolf predation on wintering deer in east-central Ontario.* Journal Wildlife Management 36, No. 2, S. 356–369

Leyhausen, P. (1956): *Verhaltensstudien an Katzen.* Zeitschrift für Tierpsychologie, Beiheft 2, Paul Parey Verlag, Berlin

Leyhausen, P. (1965): *Über die Funktion der Relativen Stimmungshierarchie (dargestellt am Beispiel der phylogenetischen und ontogenetischen Entwicklung des Beutefangs von Raubtieren).* Zeitschrift für Tierpsychologie 22, S. 412–494

Loizos, C. (1966): *Play in mammals.* Symposium Zoological Society London, 18., S. 1–9

Lopez, B. H. (1978): *Of Wolves and Men.* Charles Scribner's Sons, New York

Lorenz, K. (1940): *Durch Domestikation verursachte Störungen arteigenen Verhaltens.* Zeitschrift für angewandte Psychologie und Charakterkunde 59, S. 2–81

Lorenz, K. (1943): *Die angeborenen Formen möglicher Erfahrung.* Tierpsychologie 5, S. 235–409

Lorenz, K. (1950): *So kam der Mensch auf den Hund.* Dr. G. Borotha-Schoeler Verlag, Wien

Lorenz, K. (1963): *Das sogenannte Böse.* Dr. G. Borotha-Schoeler Verlag, Wien

Lorenz, K. (1971): *Der Sinn für Harmonie.* Kosmos 67, S. 187–191

Maynard Smith, J. u. Price, G. R. (1973): *The logic of animal conflict.* Nature, London, No. 246, S. 15–18

Michurin, L. N. (1970): *The influence of wolves on population of wild reindeer in the north of Middle Siberia.* Trans

actions of the 9th International Congress of Game Biologists, Moskau
Mech, L. D. (1966): *The wolves of Isle Royale.* U.S. National Park Service, Fauna Series 7, Washington D.C.
Mech, L. D. (1970): *The wolf – The ecology and behaviour of an endangered species.* Doubleday, New York
Mech, L. D. (1973): *Wolf numbers in the Superior National Forest of Minnesota.* USDA Forest Service Research Pap. NC-97, St. Paul, Minnesota
Mech, L. D. (1974): *Current techniques in the study of elusive wilderness carnivores.* Proceedings of the 11th International Congress of Game Biologists, Stockholm, S. 315–322
Mech, L. D. (1975): *Disproportionate sex rations in wolf pubs.* Journal Wildlife Management 39, S. 737–740
Mech, L. D. (1977a): *Productivity, mortality and population trends of wolves in northeastern Minnesota.* Journal of Mammalogy, Vol. 58, No. 4, S. 559–574
Mech, L. D. (1977b): *Wolf pack buffer zones as prey reservoirs.* Science 198
Mech, L. D. (1988): *The Arctic Wolf. Living with the Pack.* Voyager Press, Stillwater
Mendelssohn, H. (1973): *A case of free pairbond formation between female wolf and domestic dog.* Abstracts, 13th International Ethology Conference, Washington D.C.
Meyer-Holzapfel, M. (1956): *Das Spiel bei Säugetieren.* Handbuch der Zoologie 8/2, S. 1–26
Mowat, F. (1965): *Never cry wolf.* Dell Publishing Co., New York (in deutscher Übers.: *Ein Sommer mit Wölfen.* Engelbert-Verlag, Balve 1971)
Murie, A. (1944): *The wolves of Mount McKinley.* U.S. National Park Service, Fauna Series 5, Washington D.C.

Peters, R. u. Mech, D. (1975): *Scent-marking in wolves.* American Scientist, Vol. 63, No. 6, S. 628–637
Peterson, R. (1977): *Wolf Ecology and Prey Relationships on Isle Royale.* U.S. National Park Service, Fauna Series 11, Washington D.C.
Peterson, R. (1989): Persönliche Mitteilungen
Pimlott, D. H. (1967): *Wolf predation and ungulate populations.* American Zoologist 7, S. 267–278
Pimlott, D. H., Shannon, J. A. u. Kolenosky, G. B. (1969): *The ecology of the timber wolf in Algonquin Park.* Ontario

Department Lands and Forests, Wildlife Research Rep. 87
Pulliainen, E. (1965): *Studies of the wolf in Finland.* Annal. Zool. Fennici 2, S. 215–259
Pulliainen, E. (1978): *The present status of the wolf in Finland and adjacent areas.* Wolf symposium, Edinburgh, April 78

Rabb, G. B., Woolpy, J. H. u. Ginsburg, B. E. (1967): *Social relationships in a group of captive wolves.* American Zoologist 7, S. 305–311
Ragache, C.-C. u. G. (1981): *Les loups en France.* Editions Aubier-Montaigne, Paris
Rausch, R. A. (1967): *Some aspects of the population ecology of wolves.* Alaska, American Zoologist 7, S. 253–265
Rumänische Akademie, Kommission für Naturdenkmäler (1975): *Data of the situation of the wolf in Rumania.* In D. H. Pimlott (Hrsg.): *Wolves.* IUCN Publication Series, Suppl. Paper No. 43, Morges, S. 44–52
Rutter, R. J. u. Pimlott, D. H. (1968): *The world of the wolf.* J. P. Lippincott, Philadelphia

Sandoz, M. (1961): *Crazy Horse.* Bison-Book, University of Nebraska Press
Schaeffer, R. (1955): *Deutsche Tierfabeln.* Rütten & Loening, Berlin
Schenkel, R. (1947): *Ausdrucksstudien an Wölfen.* Behaviour 1, S. 81–129
Schenkel, R. (1967): *Submission: Its features and functions in the wolf and dog.* American Zoologist 7, S. 319–329
Scott, J. P. u. Fuller, J. L. (1965): *Genetics and the social behavior of the dog.* University of Chicago Press, Chicago
Siennes, R. (1976): *The order of the wolf.* Hamilton, London
Slowakisches Institut für die Pflege von Denkmälern und Naturschutz (1975): *Status, distribution and problems of protecting wolves in Slovakia.* In D. H. Pimlott (Hrsg.): *Wolves.* IUCN Publication Series, Suppl. Paper No. 43, Morges, S. 63–72
Stephenson, R. u. Ahgook, B. (1975): *The eskimo hunters view of wolf ecology and behaviour.* In M. Fox (Hrsg.): *The wild canids.* Litton Publishers, New York
Suminski, P. (1975): *The wolf in Poland.* In D. H. Pimlott

(Hrsg.): *Wolves.* IUCN Publication Series, Suppl. Paper No. 43, Morges, S. 44–52

Theberge, J. P. u. Falls, J. B. (1967): *Howling as a means of communication in timber wolves.* American Zoologist 7, S. 331–338

Tinbergen, E. A. u. Tinbergen, N. (1972): *Early childhood autism – an ethological approach.* Beiheft zur Zeitschrift für Tierpsychologie Nr. 10, Paul Parey Verlag, Berlin

Van Ballenberghe, V. u. Mech, L. D. (1975): *Weight, growth, and survival of timber wolf pups in Minnesota.* Journal of Mammalogy, Vol. 56, No. 1, S. 44–63

Varjola, P. (1970): *Den stygga vargen.* Nordkalottmuseet, Oulu, Luleå und Tromsö

Weatherby, H. (1944): *Tales the totem tell.* Macmillan, Toronto

Wickler, W. u. Seibt, U. (1977): *Das Prinzip Eigennutz.* Hoffmann und Campe, Hamburg

Wilson, E. O. (1975): *Sociobiology.* Harvard University Press, Cambridge

Wolfe, M. L. u. Allen, D. L. (1973): *Continued studies of the status, socialization and relationships of Isle Royale wolves.* Journal of Mammalogy, Vol. 54, No. 3, S. 611–633

Woolpy, J. H. u. Ginsburg, B. E. (1967): *Wolf socialization: a study of temperament in a wild social species.* American Zoologist 7, S. 357–364

Young, S. P. (1944): *The wolves of North America,* Part I. American Wildlife Institution, Washington D. C. (Neuaufl. 1964 bei Dover Publications, New York)

Zimen, E. (1972): *Wölfe und Königspudel – Vergleichende Verhaltensbeobachtungen.* R. Piper Verlag, München

Zimen, E. (1975a): *Social dynamics in the wolf pack.* In M. Fox (Hrsg.): *The wild canids.* Litton Publishers, New York

Zimen, E. (1975b): *Vargen i Sveriges.* Sverige Naturs Årsbok, S. 163–173

Zimen, E. (1976a): *Das Wolfsgeschehen im Bayerischen Wald.* Nationalpark, 3/76, S. 5–10

Zimen, E. (1976b): *On the regulation of pack size in wolves.* Zeitschrift für Tierpsychologie, Bd. 40, S. 300–341

Zimen, E. (1976c): *Wolf reintroduction: suitable areas and techniques.* In L. Boitani (Hrsg.): *Reintroductions: techniques and ethics.* Serie atti e studi No. 2, WWF, Rom, S. 151–161

Zimen, E. (1982): *A wolf pack sociogram.* In Harrington, F. u. Paquet, P. (Hrsg.): *Wolves of the World.* Noyes Publishers, New York

Zimen, E. (1988a): *Der Hund. Abstammung, Verhalten, Mensch und Hund.* C. Bertelsmann Verlag, München

Zimen, E. (1988b): *Der Wolf.* Jahrbuch des Vereins zum Schutz der Bergwelt, 53. Jahrgang, München, S. 115–149

Zimen, E. u. Boitani, L. (1975): *Number and distribution of the wolf in Italy.* Zeitschrift für Säugetierkunde Bd. 40, S. 102–112

Zimen, E. u. Boitani, L. (1978): *Status of the wolf in Europe and possibilities of conservation and reintroduction.* In E. Klinghammer (Hrsg.): *The Behavior and Ecology of Wolves.* Garland Press, New York